魏晋南北朝

川勝義雄

はじめに

中国史における乱世

中国最初の統一国家としての秦漢帝国約四百年の歴史があったのち、われわれは、本書において、それとはまったく反対に、二～三世紀のかわりめから始まる恐るべき混乱と分裂の四百年を概観しなければならない。このいわゆる魏晋南北朝《ぎしんなんぼくちょう》時代は、ようやく六世紀の末ちかくになって、隋帝国がふたたび中国全土を統一したときに、はじめて終結する。それ以後の約三百年は、少なくとも外見上は絢爛《けんらん》たる隋唐帝国の時代がつづく。秦漢と隋唐と、この二つの大帝国時代にはさまれた魏晋南北朝時代は、いわば暗い谷間の時代であったかに見える。

政治的に見れば、それはたしかに乱世であった。孔子をつぐ亜聖とされた孟子は、かつて歴史の動きを「一治一乱」のくりかえしと考えた。堯《ぎょう》・舜《しゅん》から夏《か》の禹《う》王へとつづいた立派な治世は、やがて衰乱への歩みを始め、かの桀《けつ》王にいたって乱世がきわまったとき、殷《いん》の湯《とう》王がこれを討って、ふたたび立派な治世にひきもどした。殷の世が紂《ちゅう》王にいたって乱脈をきわめると、周の文王・武王のような名君が、またこれを立派な世に仕立てなおした。その「周の王道」も、すでに衰えて、いまや乱世のさなかにある、というのが孟子の認識であった。

このような政治的な見かたからすれば、われわれの魏晋南北朝時代四百年は、「一治一乱」の巨大なサイクルにおける「一乱」の時代である。比較的によく治まった秦漢帝国四百年、あるいはこの次の隋唐帝国三百年の時代にくらべれば、この乱世四百年は、それよりも価値の低いものと見られざるをえない。そのような考え方は、いまさら孟子の「一治一乱」説をもちだすまでもない。なぜなら、現在でも、中国の歴史は、巨大な専制国家が興亡をくりかえしてゆく過程にすぎず、ようやく十九世紀の中ごろになって、ヨーロッパの近代文明がショックを与えるまでは、中国は長い停滞の夢をむさぼっていた、と考えるむきが少なくないからである。

実際に、唐帝国が亡んだのち、十世紀から以後も、宋・元・明・清と、巨大な帝国が中国史において興亡をくりかえした。中国史の根幹をなすものは、これらの専制国家であり、そのような専制君主の国家体制が、どんなしくみになっているか、どうしてそれが亡び、また新しく興ってくるか、を理解することが、中国史を理解するための鍵だと考えられやすい。このように、専制君主体制というものに目がむかうとき、その体制が確立せずに、四百年もの長いあいだ、混乱と分裂をくりかえした魏晋南北朝時代は、中国史における例外的な時代だとして、軽視されやすい。

しかし、それは果たして暗い谷間の時代、あるいは例外的な時代だとして、軽視してよいであろうか。

そもそも、乱世とは激動の時代である。人びとのエネルギーが沸騰して、停滞を許すことのない時代である。孟子が「一乱」の時代と考えた、かの春秋戦国時代こそ、孔子をはじめ、諸子百家の学が斉放して、中国文明の水準を一挙にひきあげた輝やかしい時代であった。政治的な乱世は、文明の花ひらく華やかな時代となりうること、洋の東西を問わない。われわれの魏晋南北朝時代もまた、けっして暗い谷間の時代ではなかった。

華やかな暗黒時代

乱世は人びとを、しばしば恐るべき苦難と悲惨につきおとす。ことに、北方や西方から多数の異民族が侵入し、華北の先進地帯を荒らしまわったわれわれの時代には、たしかに暗黒時代の様相が、いたるところに見いだされる。漢帝国崩壊後のこの時代の様相は、かのローマ帝国崩壊後の、いわゆるヨーロッパ中世暗黒時代に酷似する。しかし、この中国における暗黒時代には、ヨーロッパにおけるよりも、はるかに華やかな文明が花咲いた。

仏坐像　南朝宋　南朝の高い文化水準と仏教信仰を物語る金銅仏

たとえば、完璧な書芸術をつくりあげた王羲之《おうぎし》や、画聖といわれる顧愷之《こがいし》の名は、ほとんどの人びとに知られているだろう。書や絵画の起源はもとより古い。しかし、書家・画家の出現は、それらが職人ではなくて、個性的な芸術家として自覚されるときまで待たねばならぬ。書と絵画が芸術にまで高められ、その批評としての書論・画論が行われて、そのジャンルが自覚されたのは、この時代のことであった。

また、田園詩人・陶淵明《とうえんめい》の名も人びとのよく知るところであろう。詩はこの時代の開幕とともに一挙に開花する。漢帝国の命脈を絶って、魏の国の基礎を築いた曹操《そうそう》その人が、また傑出した詩人でもあった。それ以後、この乱世にさまざまな詩人が目白押しに輩出する。陶淵明はその中のユニークな存在として光っているのである。叙情詩のジャンルの確立は、この時代の最も輝やかしい産物の一つであった。

それとともに、文章のスタイルは対句を駆使し、四句・六句と、馬がくつわを並べて走るような、均整のとれた華麗さへと結晶する。「駢儷体《べんれいたい》」とよばれるこのスタイルは、古典に対する深い教養と、中国語の音調に対する鋭い感覚とを、あわせて統一した最も洗練された文体である。文学のジャンルは、この乱世において完全に独立した。われわれは、その名文と、詩の代表的な作品を、六世紀のはじめに編集されたかの有名な詞華集『文選《もんぜん》』において見ることができる。それが後世に、またわれわれの日本の文学に、どんなに巨大な影を残したかということも忘れてはならないであろう。

以上に見た文学と芸術のジャンルの確立は、個性のあるさまざまなタイプの教養人を輩出したことによってもたらされた。さまざまな個性は、思想の自由の上に花ひらく。漢代に風靡した儒教思想は、この時代にはもはや唯一の権威ではなくなっていた。それに加えて、老子・荘子の系譜をひく道家思想と、個人の救済を求める道教信仰と、さらには西方から流入して広まった仏教の思想・信仰と、いわゆる儒・仏・道の三教が、あい並び、まじりあって、人びとの精神の振幅を大きく広げていった。この時代には、さまざまな価値が併存し、人びとは、より確かな新しい価値を求めて模索をつづけていた。

その努力が、中国文明の幅を大きく広げ、その質を深めた。先に例示した文学・芸術のジャンルの確立も、中国文明のそのような幅の広がりと、質の深まりとの、一つのあらわれにすぎない。宗教の分野においても、学問の分野においても、中国文明はこの時代にゆたかに発展した。長期にわたる恐るべき政治的暗黒時代も、中国の古代文明を断絶させることはできず、かえってその内容を新しいゆたかなものにしていったのである。

しかも、この強靱な、高度に発展した中国文明は、たんに中国内地に維持されただけではない。それは周辺に流れだして、日本をも含む東アジア世界が、この中国文明を核として成立してゆくのも、この時代のことであった。政治的な暗黒時代は、中国文明圏の輝やかしい拡大膨張期にほかならなかった。

古式金銅仏坐像　北朝4世紀前半
ガンダーラの影響を受けた仏像は，東西の文化交流を物語る

本書の課題

輝やかしい暗黒時代ともいうべき逆説的な現象がどうしておこったのか、それは本書に課せられた中心課題であるだろ

う。実際に、このような現象は、かのギリシア・ローマの古典古代文明が、ローマ帝国の崩壊後に、まさしく暗黒時代へと没落していった西方の事情とくらべると、あざやかな対照を示している。中国の古代文明は、この長い乱世にもかかわらず、断絶するどころか、かえってその一貫性を保持しつつ、しかも、よりゆたかに、より広い範囲に発展することが、どうして可能であったのか。それは、中国文明の驚くべき一貫性と強靱性の秘密をさぐることにもつながるであろう。

私は、この巨大な課題に対して、まだ十分な答えを提示することはできない。しかし、おそらくはこの課題と関連するであろう一つの疑問を、私はかねがね抱いている。それは、この長い戦乱の時代に、武力こそは唯一の頼るべきものであったと思われるにもかかわらず、武士が支配階級を形成することは、ついにできなかった、それはなぜか、という疑問である。

この時代の中国社会は、「貴族制社会」だと一般に規定されている。社会階層がいくえにも分化して、家柄がそれぞれの階層に固定化する傾向が強かった。そして、その最上層に位する名門は、代々、教養のゆたかな知識人を出す家柄でなければならなかった。たんに腕っぷしの強いだけの武人では、いかに戦功を立てても、貴族の仲間に入ることはできなかった。貴族階級は武士でなく、教養ある文人であった。長い戦乱時代に、このような社会体制がつづいたことは、まったく驚くべきことだといってよいだろう。

もっとも、武力集団を掌握した武人が新しい国家を建てて、皇帝となることはできた。ことに、華北を席捲《せっけん》したさまざまの異民族は、かれらの武力によって国家を建設し、その首長も有力幹部もまた武人であった。そこでは北族系の武人の家柄が貴族となることもできた。しかし、かれらが漢民族の社会を統治し、その国家を維持してゆくためには、漢族社会における名門、つまり文人貴族層の協力が必要不可欠であった。その協力の過程において、帝室および武人貴族も、しだいに文人貴族層の影響を受けて、文人化するのが普通であった。

このような文人貴族層は国家の興亡をこえて永続した。かれらこそは、この長い乱世に中国の文明を強靱に守りつづけ、それをさらに発展させた中軸である。中国文明の強靱性とは、つまりそれを荷う知識人たちの強靱性に由来する。かれら知識人を支えた漢族社会のありかたに由来する。いわゆる「貴族制社会」というものと深いかかわりをもつのである。

私は、このような観点から、四百年の乱世を生んだもろもろの要因をさぐり、この時代の意味を考えるとともに、その中を強靱に生きてゆく「貴族制社会」の変遷を追跡してみようと思う。

目次

魏晋南北朝

第一章　壮大な政治的分裂時代

一　南と北

分裂と混乱の四百年

われわれがこれから概観しようとする魏晋南北朝時代は、だいたい西暦三世紀の初めから六世紀の終わりちかくにいたる約四百年をおおう時代である。それは、前の時代、すなわち秦漢時代においては、紀元前三世紀の末から約四百年のあいだ、ときには多少の混乱もないではなかったが、ほとんどの期間を通じて、全中国を支配する統一帝国が厳然として存在しつづけたのに対して、これはまた、まったく対照的に、恐るべき分裂と混乱の四百年になったのである。そのことは次に掲げたかんたんな年表を見るだけで十分に了解されるだろう。

すなわち、中国全体が一つの帝国に統合され、比較的平穏な時期を享受できたのは、二八〇年に晋《しん》帝国（これをのちの東晋と区別するために普通「西晋」とよぶ）が呉《ご》の国を併合してから約二十年あまり、四百年のうちのわずか五パーセントにしかすぎない。あとの九五パーセントの時期は、中国は分裂したまま混乱をくりかえしていたのである。四百年のう

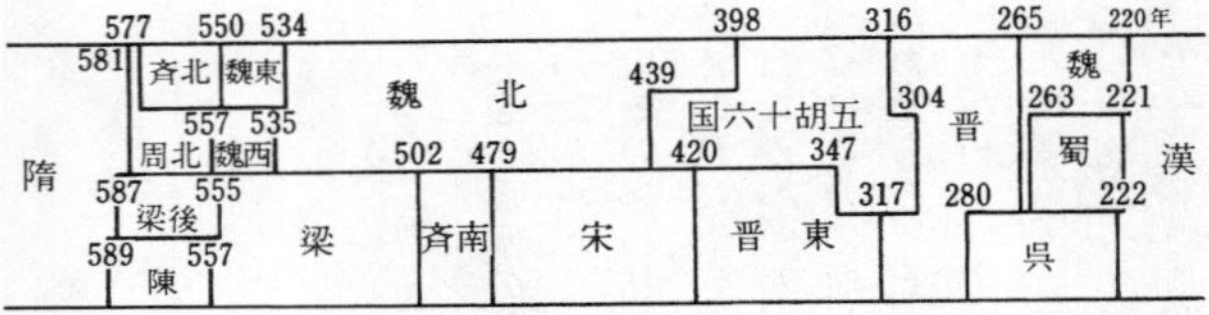

魏晋南北朝王朝交替表

ち、わずか二十年しか中国全土の統一時代がなかったということは、この時代を長期にわたる壮大な分裂時代とよぶのにふさわしい。しかし、上掲の年表によれば、中国が魏《ぎ》・呉・蜀《しょく》の三国に分裂したのは二二〇年ごろであり、それ以後の分裂がふたたび隋の文帝によって統一されるのが五八九年であるから、分裂時代は西晋による短期間の統一を含めても、約三百七十年であって、四百年というのはすこし過大評価するものだ、といわれるかもしれない。だが、われわれは二二〇年以前の漢末の大混乱期を考えに入れねばならないのである。

漢帝国はすでに二世紀の後半にはいると、世情はしだいに騒然となっていた。社会不安が急速に進行してゆくなかで、一八四年の春、たまたま六十年周期のあらたまる甲子《きのえね》の年を期して、数十万にのぼる一種の道教信徒たちが、いっせいに黄色のターバンをまいて、華北各地に武装蜂起した。いわゆる「黄巾《こうきん》」の大反乱である。

漢帝国の打倒を明確な旗じるしとしたこの反乱によって、帝国の支配体制は完全に崩壊した。これを契機として、武力をもった群雄は各地に割拠闘争し、果てしない大混乱期への幕が、ここに切って落とされる。それらの群雄豪傑が、互いに力と知謀のかぎりを尽くして争いながら、やがて魏・呉・蜀の三国にまとめられていった過程は、周知のように『三国志演義』に小説化されて、すでに有名である。二二〇年の三国分立は、分裂時代の始まりというよりも、むしろそれ以前の、よりいっそう激しい混乱と分裂に対するいちおうの収束ですらあったのである。

分裂の根本要因

かくて、分裂と混乱の時代は、すでに一八〇年代から始まっていた。それから五八九年の隋による中国再統一まで、まさに四百年間を中国の大分裂時代とすることは、けっして誇張ではないのである。

では、秦漢帝国の支配下に、四百年もの間いったん統一を享受することのできた中国が、どうして、かくも長い分裂と争乱の期間をもたねばならなかったのであろうか。よくいわれるように、中国は古来、専制君主権力による支配体制が牢固として確立していたとするならば、そして、専制君主体制という言葉がわれわれに印象づけるように、専制君主が一方的に人民を強力に支配するものであるならば、このように長い分裂と混乱の時期はありえないはずである。

隋　文帝（楊堅）　閻立本。歴代帝王図巻による

一時の混乱はまぬがれないとしても、やがて強力な専制君主がそれを収束して、かれの牢固たる支配体制を確立できたはずである。そうはいかなかったところに、魏晋南北朝四百年の歴史が存在する。この時代の歴史を理解することは、専制君主権力による支配体制という、上からの視角だけではまったく不可能であろう。むしろ逆に、専制君主体制を持続せしめなかった下からの要因を探る以外に、この時代の歴史を理解する鍵がない、と少なくとも私は考える。

さて、このような長期の分裂時代がつづいた要因の一つは、中国内部の各地方がそれぞれに自立性を強めてきたことにある。それはもっとも大きくは、北と南とに分かれ、いわゆる南朝と北朝とに分裂する遠因でもあった。そのほか、漢民族と異民族との間の民族問題や、分裂状況の基底にあった各地の勢力の結集のしかた、つまり社会関係の問題など、さまざまな要因が重なって、このような長期にわたる分裂時代を生みだしたのであるが、まず、中国各地の自立化の問題について、北と南との問題を中心に概観しておこう。

オープン・ランド＝華北天水農耕地帯

近ごろよくいわれる生態学から見た区分によると、中国本土は、だいたい淮水《わいすい》の線から北と、その線より南とでは、生態学上、大きく区分される（二一ページ図参照）。もっとも大きく区分すれば、淮水以北はオープン・ランドと命名され、その中では砂漠地帯と区別して、サヴァンナ・ステップ地帯という分類に入れられる。

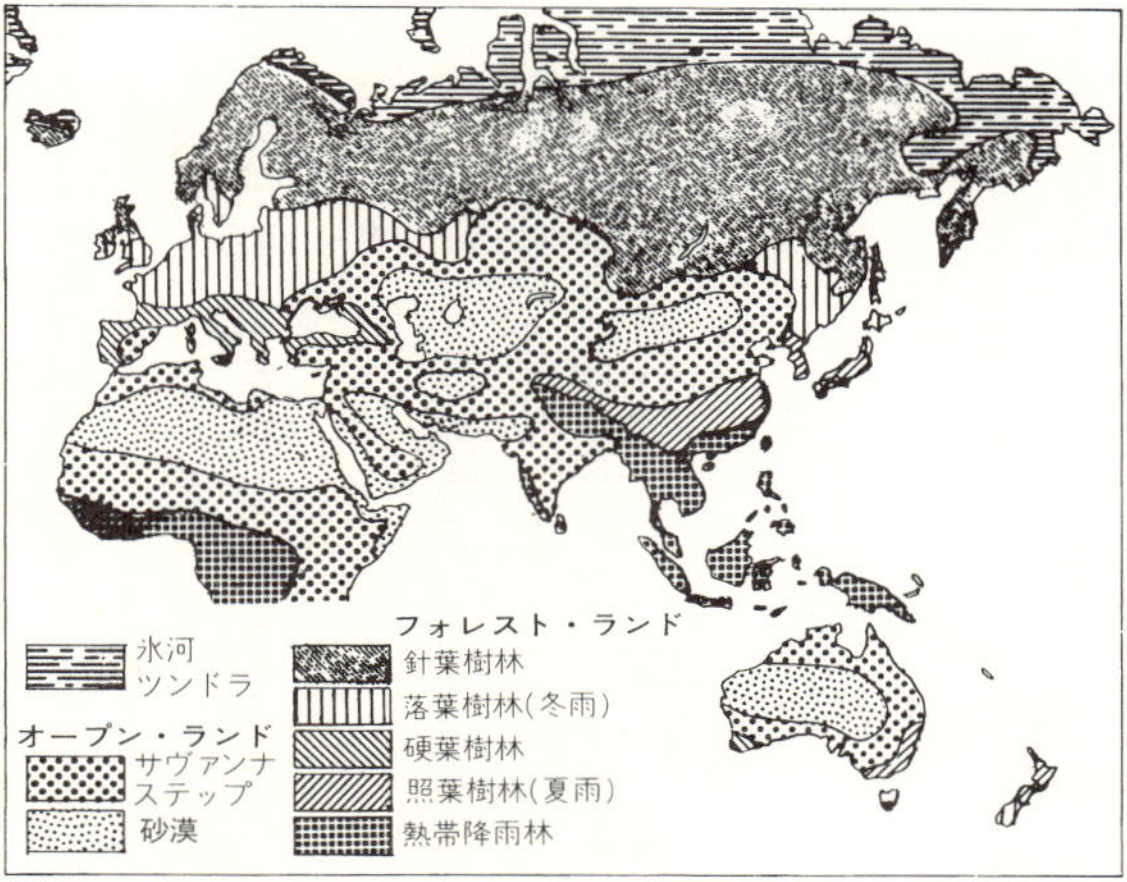

旧大陸の大生態系区分　京都大学人文科学研究所人類研究班の原図による

そこでは、乾燥度が高いために森林の生育が十分でなく、もとは、ある程度森林が生育していたとしても、ひとたび伐採されると再生しにくい。このように鬱蒼《うっそう》たる森林によって妨げられることがないから、華北の大平原は見とおしがよく、つまりオープンであって、集団の移動が容易であり、コミュニケーションが早くから発達した。

また、この地域では、古来、治水のむずかしいことで有名な黄河の水が、ほとんど利用できない状態であったから、小規模の灌漑《かんがい》と自然に降る天水とを主として利用する、いわゆる小灌漑天水農耕地帯であった。そして、乾燥度が高いために、できるだけ地中の水分を蒸発させずに利用する旱地《かんち》農法が早くから発達した。むぎ・あわ・ひえ・

のようなこの地域に適した作物のほか、より湿潤な南方地域に適する稲作まで、かなりきびしい自然条件のもとで、いかにそれらの生産性を高めるかの知恵が蓄積されていったのである。

六世紀の中ごろ、山東省で作られた『斉民要術《せいみんようじゅつ》』という農書は、このような華北において、古代中国人が蓄積してきた農業技術の高い水準を示す集大成にほかならない。

しかし、サヴァンナ・ステップ地帯、その中でもこのような小灌漑天水農耕地帯では、もともと水がありさえすれば、晴天が多くて高い温度と豊かな光があるために、植物はよく育つのであるが、水の制限があるために、可耕地の広さに限界があり、農耕地と居住地が点的に分布する傾向をもつ。また、降雨量のわずかな変動が、作物の生育に決定的な影響を与えるので、天水農耕地帯では収穫の不安定が激しく、豊作と凶作の変化が大きい。つまり、ある地方に適度の雨があったのに、他の地方ではなかったといった事情によって、地方ごとの豊凶の差がはなはだしくなりやすい。このような豊凶の地域的なムラを相殺するためには、広域にわたってその全体を一つの社会に統一して調整するほかなく、オープン・ランドにおける見とおしのよさと、コミュニケーションの容易さと、あいまって巨大な帝国が形成されやすいのだ、と説明される。

以上のような生態学的観点からする説明は、秦漢帝国のような巨大な古代帝国が形成された原因を、ある程度よく理解させてくれると思われる。華北における地理的、生態学的諸条件の中で、古代中国人はもろもろの困難を主体的に克服し、調整するために、巨大な帝国を形成し、生きるための知恵を積み上げて高度の文明をつくりあげた。こうして華北を中心に結集された巨大な力をもって、秦漢帝国は全中国を統一し支配し、さらに東西南北に隣接する外地にまで進出した。全中国から海外にまで支配力を及ぼした秦漢帝国の中心的な基盤が、この華北における小灌漑天水農耕地帯にあったことはいうまでもない。

華北各地の自立性

前後四百年にわたる比較的に平穏な漢帝国の時代に、灌漑設備の充実、農耕技術の進歩と普及などによって、華北における未墾地の開発は強力におし進められ、可耕地面積は大きく増大した。華北各地の農業生産力の高まりと、それにともなう蓄積の増加は、全般的な人口増加と、広範囲にわたる自立農民の成長をもたらすと同時に、各地において富裕な豪族と貧農への階級分化を進行させ、豪族をして周辺

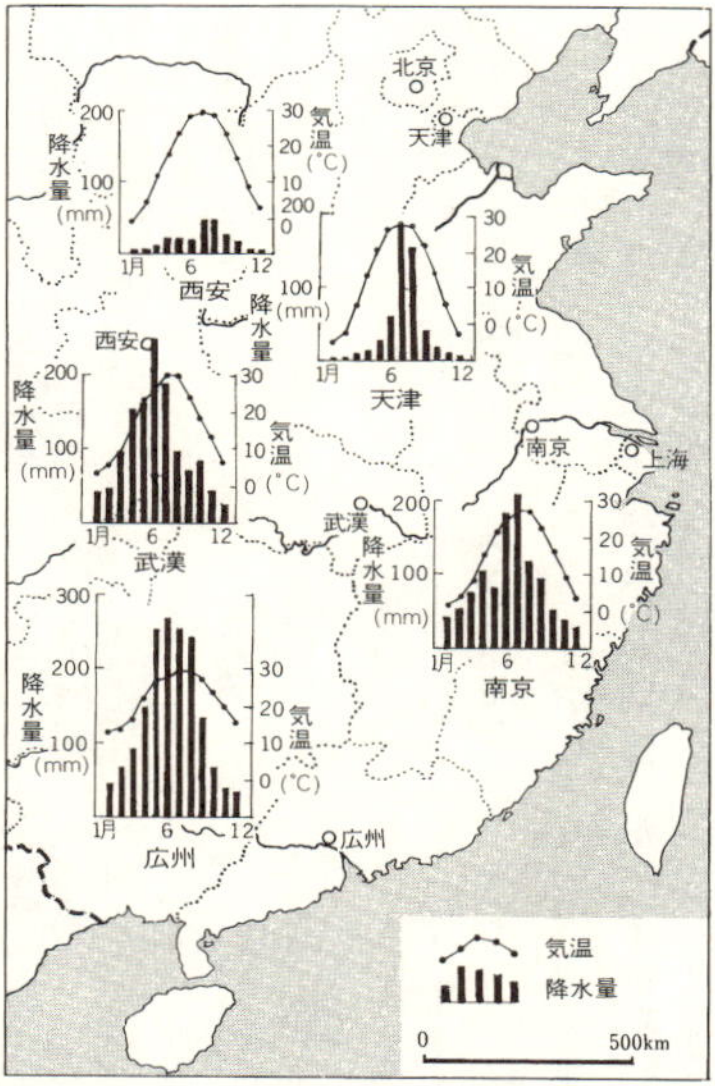

華北・華中・華南の気候風土　東京天文台編「理科年表」による

の農民に対する規制力を強めさせることにもなった。各地において、豪族または富農階層が形成されるにつれて、この階層に学問と文化が受け入れられ、知識人の厚い層が各地に広がっていった。そして、あとの第三章において詳しく説明したいと思うが、これら各地の知識人を中心として、二世紀の中ごろから人物評論が盛んに行われ、各地に評判の高い名士がつぎつぎに生みだされていった。

華北各地における名士の出現は、それぞれの地方にお国意識を育成する。二世紀の中ごろから、河南省・河北省南部・山東省西部などの先進地帯を中心にして、各地の名士たちが、わきあがる世論を背景にして、それぞれはなばなしく活躍しはじめると、その風潮が尾をひいて、三世紀には各地方ごとに、それぞれの地方から出た名士たちの伝記を集めた書物が続々と作られてゆく。それらの書物は、たとえば右の表のごとくである。書名のうち、先賢・耆旧《ききゅう》・烈士などの上に冠する字は当時の郡名・国名・地方名である。

右にあげた書物は、だいたい三世紀の終わりまでにできたと思われるものを、『隋書』経籍志という唐代初期にまとめられた目録の中から選びだしたものであるが、現在ではほとんど散逸して、他の書物に引かれて残った断片が若干集められているにすぎない。三世紀以後にできたものを加えれば、さらに数は多くなるが、ともかく、このような出身地別の名士伝記集が続々と作られたのは、二世紀末から以後の魏晋南北朝時代に始まる。それは、この時代に、各地方の自意識が高まった証拠であり、また同じ河南省の中でも、汝南《じょなん》郡出身者と潁《えい》川《せん》郡出身者と、どちらがまさるかをめぐって、「汝・潁の優劣論」が論争の種になったほど、お国意識が盛り上がったのであった。

このようなお国意識は、各地の地方志が、やはりこの時代に編纂され始めたことにもあらわれる。周処の『陽羨風土記』をはじめ、それらの地方志の大部分は、それぞれの地方の人、またはその地に寄寓した人によって書かれたことが、すでに青山定雄氏によって確かめられている。これまた、各地の自意識が自覚的に表現された形にほかならない。

このような地方意識の顕著なあらわれは、いうまでもなく各地の独自性の自覚であり、各地の物的・人的蓄積が、その自覚を可能にするまでに高められたからであった。秦漢時代の、いわば一枚岩のような統一支配のもとで、このような各地の力がそれぞれにもり上がってくれば、やがて統一が破綻をきたして、地方ごとに分裂し、それぞれの地方が独自に自己の行く道を模索する時期にはいるのは、当然の成り行きであった。一枚岩的な古代帝国の統一から、さまざまの地方が歴史を動かす主体となって、それぞれに長い苦難の道を歩み始める歴史過程への転換は、古代から中世への移行と理解してよいだろう。中国史の展開に関するこのような時代区分は、わが国において

書名	著者	郡治の現在名
汝南先賢伝	魏・周斐	河南省平輿県
陳留耆旧伝	漢・圏称	〃　開封市
陳留耆旧伝	魏・蘇林	〃　〃
魯国先賢伝	晋・白褒	山東省曲阜市
東萊耆旧伝	魏・王基	〃　萊州市
済北先賢伝	不明	〃　長清県
山陽先賢伝	晋・仲長穀	〃　金郷県
楚国先賢伝	晋・張方	湖北省
呉先賢伝	呉・陸凱	江蘇省蘇州市
会稽先賢伝	呉・謝承	浙江省紹興市
予章烈士伝	呉・徐整	江西省南昌市
益部耆旧伝	晋・陳寿	四川省成都市

魏晋時代名士伝記一覧

かならずしも共通の理解ではないけれども、私は、少なくとも華北を中心とした歴史の展開については、漢帝国の崩壊をもって、古代から中世への転換期と考えたい。

フォレスト・ランド＝揚子江流域

私は、いままで華北の小灌漑《しょうかんがい》天水農耕地帯を中心として、そこにおける生産力の高まりが、華北各地の自立性をめざめさせていったことを述べてきた。しかし、その証拠としてあげた各地の名士伝記集や地方志の書名からわかるように、その現象は華北だけにとどまらず、揚子江（長江）流域の華中にも及んでいる。そして、この地方は、最初に掲げた年表（一八ページ）のだいたい下半分、すなわち呉・東晋・宋・南斉・梁・陳の六つの王朝が代々割拠した地域にほかならない。

これら六つの王朝の首都は、建業・建鄴《けんぎょう》・建康と多少字は変わったが、すべていまの南京《ナンキン》にあり、この六つの王朝は魏晋南北朝のほとんど全期間をおおうことになる。そこで魏晋南北朝時代のことを「六朝《りくちょう》」ともよぶのであるが、この壮大な分裂と混乱の時代にあって、南京を中心とする江南こそ、中国文明の伝統を維持し、さらにこれを豊かに育てる中心地となった。しかし、ここは最初から、そのような文明の温床ではけっしてなかったのである。

淮水《わいすい》の線より南の、この揚子江流域は、生態学上の区分では、フォレスト・ランドとよばれ、その区分の中でも、この地帯は日本と同じく夏に雨量が集中することによって、照葉樹林の繁茂する地域とされる。夏の高温多湿によって森林がよく茂るだけでなく、森の中の下ばえも密生する。そのような森林は集団の移動を妨げる役割を果たし、各地の間のコミュニケーションは発達しにくい。

また、雨量が十分にあって、水の供給がかなりコンスタントであるから、水の制限のために可耕地の広さに限界が生ずるオープン・ランドとは異なって、耕地がいったん開かれると、それを一面に広げてゆくことが可能である。そして、降雨量の多少の変動が、オープン・ランドでは収穫量に決定的な影響を及ぼすけれども、フォレスト・ランドでは、さほどの豊凶の差を生じない。オープン・ランドで五〇パーセントの豊凶の差をもたらす雨量の変動が、フォレスト・ランドでは、わずかに五パーセントの影響しか収穫量に与えないといわれる。

このような条件をもつフォレスト・ランドでは、かなり広い耕地をかかえて、自給可能となった一つの地域は、下ばえの密生する鬱蒼《うっそう》たる森林によって他の地域とのコミュニケーションが容易でなくても、自立することが原則として可能である。オープン・ランドでは各地域間のはなはだしい豊凶の差を調整するために、広域を統合する大帝国ができやすかったのに反して、フォレスト・ランドでは逆に各地域がそれぞれ自立して、封建的な小国が分立しやすい傾向を本来備えている、と生態史観では説明する。

悠然たる往時の江南

この揚子江流域には、春秋戦国時代にすでに楚・呉・越といった、かなり広域にわたる王

広大な平原風景　河南省中央部許昌市付近

国が併存したり、興亡したりしていたし、秦漢帝国はいうまでもなく、この地方を領土内に収めて支配下に置いていた。

しかし、漢帝国の盛期、紀元前二世紀末の『史記』「貨殖列伝」に描かれた司馬遷《しばせん》の叙述によれば、「かつての楚・越の地は、土地が広く、人口は少なく、人民は稲《コメ》を常食とし、魚類を羹《スープ》にし、『火耕して水耨《すいどう》する』こともある。果実・魚貝などは自給でき、土地がらは食物が豊富で、飢饉の心配がない。……だから、江・淮より南には、餓えこごえる人はなく、そのかわりに千金を積んだ富豪もいない」という。司馬遷は実際にこの地方を旅行したはずであるから、この叙述は、かれが自分の目で見たところにもとづくにちがいない。

司馬遷が残したこの叙述を見れば、当時の揚子江流域、ことに江南とよばれるその下流一帯は、なんとのんびりした社会であったかと、驚くばかりである。漢民族は、華北の小灌漑天水農耕地帯において、きびしい自然環境と戦いながら、生きるための智恵を磨きあげ、巨大な帝国による政治体制と高度の文化を築いてきた。その漢民族とはたして同じ民族が、江南ではかくも悠々と原始に近い生活を享受しつづけてきたのであろうか。私には、右の司馬遷の記述に見られる江南の人々の生活が、学界で論争の多い「火耕して水耨する」農法をも含めて、漢民族とはすこし異なった南方系タイ語系の先住民によって営まれたもののように思われてならないのである。

しかし、漢民族と異民族の問題は、次の節において概観することにして、ここでは、ただ前二世紀末の、司馬遷のころまでの江南は、階級分裂もない原始的な共同体生活を営む人びとが、広々とした各地に自給自足していたらしいことを記憶しておくにとどめよう。

漢民族による江南の開発

司馬遷の記述に見たように、もとの「楚・越の地」すなわち揚子江流域は、高度の中国文明を発展させた華北に比べて、全般的にはるかにおくれた後進地域であった。もっとも「楚」の中心部、湖北省から湖南省にかけての中心部では、一九七二年長沙付近の馬王堆から漢代の墓が発掘され、生けるがごとき貴婦人が出土したことで有名になったように、司馬遷のすこし前かと思われるころのこの地方の諸侯一族が、きわめて高度の文明を享受していたことを確認させた。

北魏太和18年(494)銘
釋迦仏坐像

たしかに、その出土品は耳目を驚かせるに足るみごとなものであったが、この地方は「楚」の時代から中国文明の影響を早くから受けて高い水準にあったことは、実はいままでにも判明していたことであった。また、揚子江上流の蜀《しょく》の地方、ことに成都を中心とする四川《しせん》盆地にもまた、漢代以前に中国文明がはいって早くから開けていた。しかし、その下流地域すなわち江南は、このような中流・上流の一部に比べれば、全般的に見て、おくれていたと考えてよいらしい。

漢民族による江南の開発は、もちろん古くから徐々に進んではいたが、かなり多くの漢人入植者が、蘇州を中心とするデルタ地帯や鄱陽《はよう》湖近辺、あるいは紹興《しょうこう》を中心とする銭塘江《せんとうこう》の右岸と海岸地方に進出して、これを開発しはじめるのは、前漢末期から後漢にかけてのことであった。そのころ、今の南京はまだほんの片田舎《かたいなか》にすぎず、蘇州はもちろん戦国時代から呉の首都として古くから栄えていたが、南京よりもむしろ紹興のあたりが早く開けていったのである。

かれら漢人入植者はそれらの地方で孜々《しし》として働き、土地を開拓占有しつつ財を蓄積していった。司馬遷が、まだ「千金の家もない」といった地方に、漢人の豪族が後漢時代にはすでにつぎつぎに生まれつつあった。漢帝国の政府は人口増加につれてしだいに県を置き、都《と》尉《い》——警備長官——を辺地に増設しながら統治にあたらせた。そのころの江南の状況は、西部劇に見るアメリカのフロンティアを想像すれば、そしてあのような乾燥地帯ではなく、はるかに湿潤さを加えたうえで、ピストルを刀剣に替えて想像すれば、当たらずといえども遠くないだろう。

そのような江南開発の形勢は、漢末に華北が混乱に陥るとともに、避難して南下する漢人が急増したことによっていっそう刺激される。やがて三世紀にはいって三国分立時代になると、呉が建業、すなわち今の南京を首都として、この地に国を建てたことによって、本格的な開発が始められた。

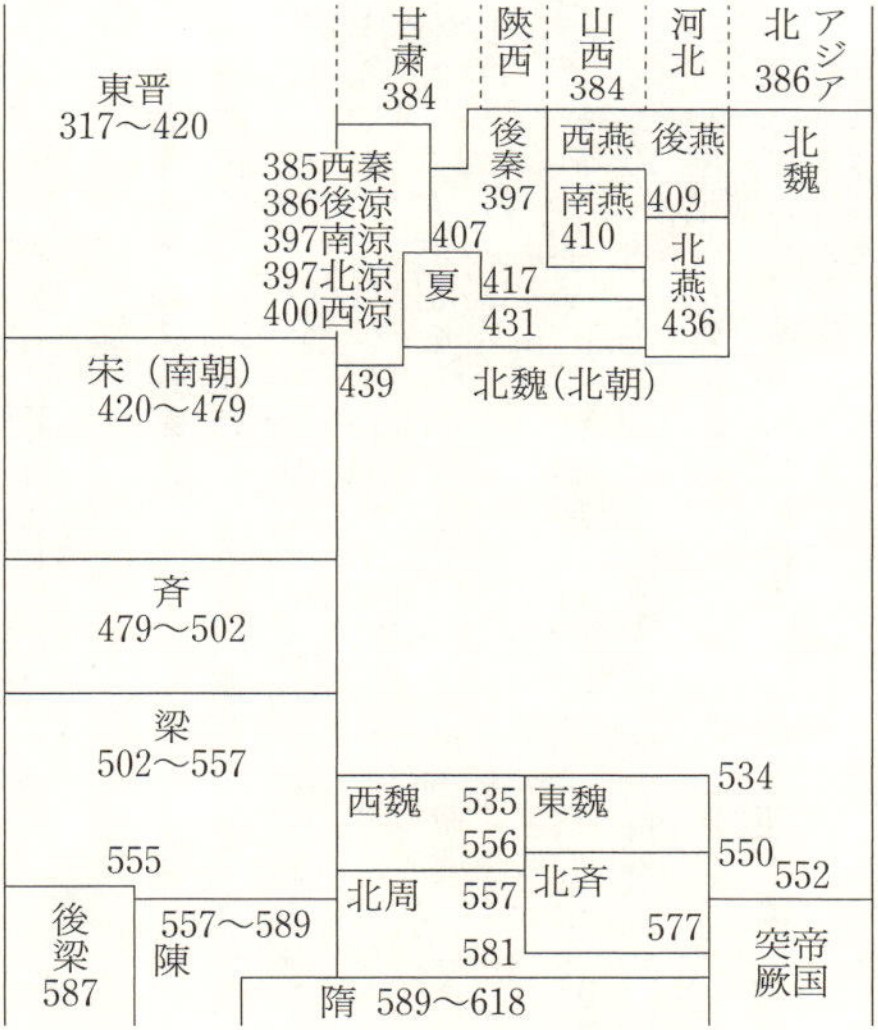

五胡十六国・南北朝年表

さらに四世紀にはいって、五胡十六国といわれるように、北方・西方の各種の異民族が華北先進地帯を荒らしまわり、さまざまの国を建てて興亡と混乱をくりかえし始めたとき、漢人は続々と江南に避難した。それは一般民衆だけでなく、かつて華北の先進文明をになっていた多くの知識層もまた率先してここに難を避け、東晋王朝のもとに伝統文化を維持し発展させた。それはいうまでもなく江南の開発を急速度に進展させ、むしろ江南こそ中国文明の中心地であるとする方向への先鞭をつけたのである。

北と南の地位の逆転

四世紀の初めに成立した東晋王朝ののち、五〜六世紀に、宋・斉・梁・陳と諸王朝が交替して、そのたびに多少の混乱があったにもかかわらず、さらにそのうえに、それらの諸王朝内部でもいくたびかの混乱がくりかえされたにもかかわらず、四世紀のはじめから梁・陳の交代する六世紀なかばまでの二百五十年近くの間は、華北の大混乱に比べて、江南ははるかに平穏であった。

漢民族の本格的な江南開発は、華北よりも恵まれた自然条件に助けられていちじるしく進み、この二百五十年間に、江南の生産力は飛躍的に上昇した。かつての先進地域たる華北が、四世紀から五世紀の初めにいたる百年あまり、胡族に蹂躙《じゅうりん》されて甚大な打撃を受けたのに反して、いまやかつての後進地域たる江南は、華北を追い越して先進地帯の地位を奪うまでにいたるのである。

五世紀前半における江南の宋王朝と、華北を統一した北魏王朝と、両者の拮抗《きっこう》併立以後を南北朝とよぶのであるが、この南北朝対立の始まりは、すなわち、南と北とそれぞれの社会の力が拮抗したからにほかならない。そして、おそくとも六世紀の梁朝時代は、江南のほうが、文化水準ではいうまでもなく、経済力においてもまた、華北よりもはるかに進んでいた。北と南との比重のこのような逆転は、魏晋南北朝時代におこった大事件であって、後世の中国に影響するところ甚大といわねばならないのである。

二　華北の異民族

五　胡

魏晋南北朝時代の壮大な分裂状態をもたらし、また、その状態を複雑にした諸要因のうち、はなはだ大きな作用を及ぼしたものに異民族の問題がある。ことに、それはのちに本書の第九章から第十一章までにおいて叙述するように、この時代の華北の歴史は、異民族を度外視しては成立しないほどの重大な役割を演ずる。そこで、まず華北各地に、どうしてさまざまの異民族が居住するようになったかということを概観しておこう。

そもそも、歴史時代にはいる以前から、殷周《いんしゅう》時代に開花する高度の中国文明を、営々として築きあげてきた民族が、はたしていわゆる漢民族とよばれる単一の民族であったかどうかは問題であって、むしろ殷周時代以前から華北に居住していた多くの異民族が、形成されてゆく中国文明を核として結集し、漢民族という形に同化していったと考えるほうがよさそうであるが、そのような古い時代のことは、今のばあい考えないでおくとしよう。

そして、秦漢帝国を形成し、その興隆をささえてきた民族は、すでに同化融合した単一の漢民族であると考えておこう。われわれが本書で問題とする華北の異民族とは、先の年表で見た「五胡十六国」という、その「五胡」を主とする異民族である。「五胡」とは匈奴《きょうど》・

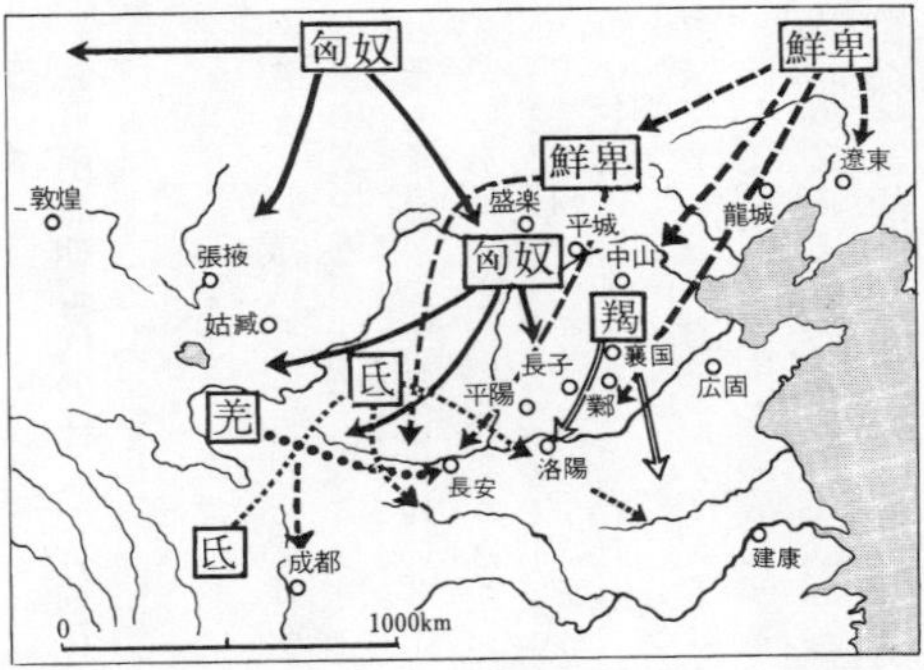

五胡の分布と移動

羯《けつ》・鮮卑《せんぴ》・氐《てい》・羌《きょう》という五種類の異民族である。これらの異民族が四世紀以降、つぎつぎに華北において国を建て、興亡をくりかえした経過は、のちに追跡することにして、ここでは、かれらがどんな民族であるか、かれらがなぜ華北に居住するようになったか、ということを問題にしよう。

匈奴とその南北分裂

まず、匈奴は、秦漢帝国に敵対するもっとも強力な北方の騎馬遊牧民族として、前三世紀末の冒頓《ぼくとつ》単《ぜん》于《う》のときから、モンゴリアの高原ステップ地帯を中心に、広大な地域にわたって部族連合の国家を形成していた。

秦の始皇帝による万里の長城の完成、漢の武帝による精力的な匈奴討伐戦をへて、さらに後漢においても、竇固《とうこ》・竇憲《とうけん》および班超《はんちょう》による討伐の結果、ようやく、西紀一世紀末になって、その主力は西のほうに移動していったのである。

そのかん、秦漢帝国対匈奴帝国のこの死闘の過程において、漢の匈奴討伐がしだいに成功を収め、匈奴の支配氏族内部の内紛と、被支配部族の反抗、および紀元二〇年代にうちつづいた大干魃《かんばつ》・饑饉によって、匈奴は大打撃を受け、紀元四八年に単于の一族であった日逐王《にっちく》の比《ひ》という人物が、管轄下の八部族、四万〜五万人を率いて漢に降服した。このとき以後、匈奴は北と南とに分裂する。一世紀末になって西方に移動したその主力というのは、このうちの北匈奴であって、二〜三世紀の間は中央アジアにいたのち、四世紀にはさらに西進して、フン族という名で東ヨーロッパに侵入した。これが、西方の大民族移動をひきおこす原動力となったことは史上に有名である。

一方、漢に降服した南匈奴は、日逐王あらため呼韓邪《こかんや》単于の統率下に、長城線内部の中国本土内に移住し、東は河北《かほく》省北部から、西はオルドス、陝西《せんせい》省北部にかけての各地に分居した。人口は最初、四万〜五万人にすぎなかったが、その後、北匈奴からの降付部族は南匈奴に併合され、ことに八七年には五十八部族が帰降して急激に増加した。九〇年の記事によると、戸数は三万四千、人口は二十三万七千人あまり、そのほか兵士が五万あまりに達したという。

華北移住の南匈奴

長城線の内側に移住した南匈奴は、このように数十の部族から成る部族連合であって、それぞれの部族民は「大人《たいじん》」とよばれる族長によって統治される。部族民は一ヵ所に集まっているわけではなく、いくつかのテント群——これを「落《らく》」とよぶ——をなして、草原の各地に分かれて住む。

これらの部族連合を支配する中核的な支配部族は屠各《とかく》種とよばれる部族であり、日逐王＝攣鞮《れんてい》氏という氏族であった。つまり、単于は屠各部族の「大人」であると同時に、全部族連合の君長でもあるというしくみになっていた。そして、単于の一族は、これと通婚関係にある呼衍《こえん》氏など、異姓の部族首長とともに、支配層を形成し、左賢王・右賢王などの王号や、骨都侯《こっとこう》などの称号をもって、それぞれ被支配部族群を分割統治し、それらが集まって最高の君長たる単于のもとに統率されることになっていたのである。

「部」はこのように政治単位であると同時に、また同一種族から成る血縁集団でもあった。このような種族血縁制は、たんに匈奴のみならず、鮮卑その他の異民族にも共通する。そして、かれらのこの基本的な体制が、のちに中原にはいってかれらの独立国をつくるばあいにも、重要な役割を演ずるのである。

しかし、「部」あるいは「落」の中には、奴隷にされた異民族がかなりいたことを注意しておかねばならない。匈奴が漠北に覇《は》を唱えて広大な地域を支配した当時、征服された異民族で、その奴隷にされたものは多かったはずである。匈奴が南北に分裂して、南匈奴が漢に降服せざるをえなくなったとき、それらの奴隷はかなり多く失われたであろうが、それでも中国本土に移住した南匈奴のもとには、羌族や丁令《ていれい》族など、多くの異民族奴隷がいた。先にあげた三十万に近い南匈奴の人口が、すべて匈奴族というわけではなく、その中には他の民族がかなりまじっていたのである。

南匈奴の半独立的な体制は、しかし、いつまでも順調に維持されてゆくことができなかった。先に述べた八七年の五十八部という急激な人口増加に対して、単于の支配力は十分に対応できなかったし、また、かつて漠北では征服戦争とそれによる財の捕獲を紐帯《ちゅうたい》として諸部族が団結していたのであるが、中国本土に移住して、もはや征服戦争そのものが不可能になったのであるから、団結の紐帯がゆるむのも当然であった。それに加えて、北匈奴が西に移動したあとにはいってきた鮮卑《せんぴ》・烏桓《うがん》などの諸族が、北匈奴に代わって中国の辺境に侵入するようになると、後漢政府の命令によって、これの防衛に駆りだされる。それはかれらになんの利益ももたらさないどころか、苦痛と出費を増すばかりであって、不満をつのらせた被支配部族は、単于にそむいて、むしろ鮮卑の側に走るしまつとなった。こうして単于の権威は失墜を重ね、南匈奴は内部崩壊の様相を呈していったのである。

しかし、後漢帝国の方も黄巾《こうきん》の大乱によって内部崩壊が始まると、後漢政府から救援の要請を受けたのを機会に、当時の於扶羅《おふら》単于は山西省を南下し、その軍隊は黄河の南岸にまでも到達する。すでに権威を失って、本拠に帰ることができなかった単于は、そのまま山西省南部の平陽にとどまり、汾水《ふんすい》流域には少なからぬ匈奴が定着するという状況になる。陝西《せんせい》・甘粛《かんしゅく》方面でも同様に匈奴族の南下現象は進行し、長城線内側の最初の移住地は、むしろそのあとに南下する鮮卑族などの居住地に化していった。そして、そのあたりに残った匈奴は、単于の統治を離れて、鮮卑などの支配下にはいっていったのである。

匈奴の人物像刺繡毛織物断片
モンゴル，ノイン・ウラ出土

匈奴の民族構成

ところで、この匈奴とはいかなる民族であったろうか。その民族構成は、漠北における征服戦争の過程に、多数の被征服民族を包みこんで、きわめて雑多であったことは、先に部落内の奴隷の存在を注意したところでも触れたとおりであるが、匈奴の言語は古代アルタイ語の一種であり、現在ではロシアのヴォルガ川に沿ってサマラとカザンの間に住んでいるチュヴァシュ人の言語に近いものであったらしい。

しかし、少なくとも匈奴の支配部族の中には、インド・ヨーロッパ系と考えられる人種から成るものがあったらしい。内田吟風氏が指摘されるように、たしかに匈奴の王侯の墳墓とみなされるノイン・ウラの古墳から出土した刺繡の人物(右図版)は、その特徴を備えている。また、漢の武帝のもとで匈奴を討伐した名将・霍去病《かくきょへい》の墓の前に置かれた石彫には、馬足の下に倒れた匈奴人の仰臥像があるが、その容貌は北欧系人種の特徴を備えている。匈奴の支配部族たる屠各種は、インド・ヨーロッパ系であった可能性は、かなり濃い。単于の後裔《こうえい》で、中原に漢—前趙王朝を建てた劉淵《りゅうえん》も、その一族の劉曜も、いずれも一・九メートルを上まわる堂々たる長身であり、中国の史書はそのことを特筆しているからである。

しかし、このようなインド・ヨーロッパ的な、ことに北欧的な特徴を、よりいっそう明確に文献の上で追跡できるものは、次の羯族《けつぞく》である。

羯

羯族は、後趙《こうちょう》王国を建てた石勒《せきろく》の属する種族であり、文献では「匈奴の別部」であって、羌渠種《きょうきょ》とよばれる部族であったという。羯という名称は、かれらが匈奴の南下とともに、山西省東南部、当時、上党郡武郷県の羯室《けつしつ》というところに住んでいたので、その羯室という地名から由来するらしいが、漢字の羯は去勢された羊の意味で、中国人は異民族をよぶのに、このような獣にちなむ蔑称を好んで用いるから、この呼び名が定着したのであろう。

羯族の石氏の建てた後趙のことをしるした『晋書』載記《さいき》に、次のような話が残っている。

羯人であった孫珍という人が、崔約《さいやく》という漢人の官僚に尋ねた。

——わたしは眼病をわずらっているのだが、なにかよい治療法はないかね。

もとから孫珍を軽蔑していた崔約が、からかった。

——目の中に小便を注げば、治るさ。

——小便など注げるものか。

戦国時代の銀製胡人像
洛陽金村出土，高さ8.9cm

——きみの目はガボガボだから、十分、小便を入れられるよ。

孫珍は、腹にすえかねて、石虎の太子、石宣にこのことを告げた。石宣は石虎の息子たちの中で、もっとも胡族風の容貌をしており、目が深くくぼんでいた。石宣は孫珍の話を聞いて激怒し、崔約父子を誅殺した。羯族の特色の一つは、彫りの深い容貌であったことを示す話である。

また、後趙は三五〇年に漢人の冉閔《ぜんびん》というものに滅ぼされるのだが、そのとき冉閔は軍隊を率いて羯族に対する大虐殺を行い、殺されたもの二十万人以上に達したという。その中には、「鼻が高く、鬚《ひげ》が多い」ために、まちがって殺されたものが半数近くいた、と史書は伝えている。

このように、中国の史書が羯族の特色を「高い鼻」「深い目」「多い鬚」といった言葉で表現していることは、羯族がいわゆるモンゴロイドでなくて、インド・ヨーロッパ系であったことを示す有力な証拠になる。また、羯族のほかに、当時の華北には、盧水胡《ろすいこ》、山胡、契胡《きつこ》など、「胡」とよばれる種族がしばしば史書に見える。これもまた、もとは匈奴の一部として華北に南下してきたインド・ヨーロッパ系の民族であった形跡がかなり強いのである。

鮮卑

匈奴、ことにその「別部」であった羯族が、インド・ヨーロッパ系であった可能性が強いのに対して、鮮卑はモンゴル族であった。「その言語・習俗は烏丸《うがん》と同じ」といわれる烏丸（これを烏桓とも書く）を、ツングース族だと考える説もあったが、そうではなくて、烏桓も鮮卑もモンゴル族だと考えるのが、現在では定説である。これらの民族は、現在の遼寧《りょうねい》省から内モンゴル自治区一帯にいて狩猟・牧畜を主とする生活をしていたが、烏桓のほうが南側ラオハ川流域にいて、早くから農業にも従事し、鮮卑のほうが北方のシラムレン川流域にいて、狩猟・牧畜生活を続けていたらしい。

　かれらは漠北に匈奴が大帝国を形成していたときは、これに服属していたが、漢帝国が匈奴討伐をくりかえす過程において、南にいた烏桓が、まず長城線内部に移されて漢人と雑居する機会を多くもち、鮮卑の中にもまた漢に帰属するものが出てくる。そして、匈奴が南北に分裂して、北匈奴が西方に移動すると、そのあとは鮮卑、ことにその中の拓跋《たくばつ》部が大きく西方に勢力をのばし、南匈奴の南下を追って、その後ろから南下しはじめる。遼寧省にいた東部の鮮卑、段氏とか慕容《ぼよう》氏とかの部族もまた南下の機会をねらい、慕容氏は前燕・後燕・南燕などの国を華北平原に建てる。拓跋部が北魏を建てて華北を統一することになるのは、すでに周知のことだろう。

　つまり、鮮卑族は、南下した匈奴族におおいかぶさるような形で勢力を拡大してゆくから、はじめ匈奴のもとにさまざまな民族が統合されていたように、勢力を拡げた鮮卑のもとにも、同じように、さまざまの民族が含まれることを注意しておかねばならない。たとえば、はじめは匈奴のもとに鮮卑が含まれていたのが、のちには主客転倒して、匈奴が鮮卑の一部に含まれてゆく。のちに北周を建てる宇文《うぶん》氏はもと鮮卑の宇文部だとされているが、この宇文部そのものが実は鮮卑の中に含まれた匈奴族らしいのである。

羌・氐

後秦《こうしん》王国を建てた姚《よう》氏の属する羌族《きょう》は、甘粛省《かんしゅく》の西から陝西省にかけて居住していたチベット系の民族である。R・A・スタン氏の『チベットの文化』（山口瑞鳳・定方晟共訳、岩波書店）を見れば、現在のチベットがさまざまな種族から構成されていることがわかるが、羌族がチベット系だといっても、われわれが想像するように、けっして単一のチベット族といったものに属するわけではない。少なくとも、この羌族は、のちにチベットに吐蕃《とばん》国を建てた民族とは異なる遊牧民族であったらしい。

羌族は、匈奴の支配下にあるものもあったが、後漢の支配下にはいったものは、漢人の圧迫に抵抗して執拗に反乱をくりかえし、後漢政府をさんざん手こずらせた。後漢政府は羌族の反乱に対する出費に悩まされ、後漢衰亡の一つの原因をつくったほどであった。漢末の大混乱以後、かれらは陝西省にさらに多くはいっていった。

氐《てい》族もまた甘粛省・陝西省の南西部から四川《しせん》省にかけて住んでいたチベット・ビルマ語系の民族であるが、羌族とはちがって農耕を主とするものであったように見える。三国時代に、かれらの住地は魏と蜀の両国にまたがっていたため、両国間の戦争にまきこまれて、魏の曹操《そうそう》は国境地帯の氐族を大量に陝西省に移した。四川省の氐族は、その後に成漢《せいかん》国を建て、関中、つまり陝西省渭水《いすい》流域を中心とする地域の氐族は前秦その他の国々を建てることになる。

四川省方面の氐族は、また「巴《は》」とか「賨《そう》」とかいう名称とつながっており、成国を建てた氐族の李氏も、「賨人」であったと、史書は伝える。これら氐・巴・賨には、「廩君《りんくん》」という祖先から出た、という伝説があり、古代中国人が異民族をよぶときの言葉では、「夷」というカテゴリーに属している。

「夷」とか「蛮」とかいう呼称は、たとえば東夷《とうい》・西戎《せいじゅう》・南蛮《なんばん》・北狄《ほくてき》というように、たしかに漠然たるものでしかないが、先に述べた羌族が「戎」のカテゴリーに入れられるのに比べると、「夷」のカテゴリーに含まれる氐族は、同じようにチベット・ビルマ語系の民族であったとしても、羌族とはかなりちがっていたらしい。むしろ、同じく「西南夷」のカテゴリーに含まれる「蛮」族と近いものであった。かれら氐族は、実際に「板楯《ばんじゅん》蛮」とよばれる「蛮」族などと、きわめて密接な関係にあった。それを現在の中国南部に残存する少数民族と比定することは容易でないが、今の羌《キャン》族やモソ族よりも、むしろロロ族、苗《ミャオ》族、傜《ヤオ》族などのほうに近いものであったらしい。

以上、匈奴・羯・鮮卑・羌・氐のいわゆる五胡について、あらまし説明してきたが、この五胡を主とする異民族の諸集団が、華北から四川省の各地にかけて漢民族と雑居し、それぞれの武力集団をまとめて、互いに競合したのであった。これら異民族の人口はよくわからないが、北から匈奴、西から羌や胡族が入りこみ、南から氐族が多数移されてきた三世紀の関中（陝西省）では、人口の半ばはこれらの異民族であったと伝えられる。このようにさまざまな民族が、それぞれ独自の集団をつくって、互いに対立競合しながら、他方では、交渉を通して混淆《こんこう》してもゆくとき、前節で述べた各地方ごとの漢民族独自の動向とも関連して、華北の分裂状況をいよいよ複雑なものにしていったのである。

三　揚子江中下流域の異民族

武陵蛮

揚子江の上流地域である四川省の氏族について、先に述べたとき、氐族に近い「蛮」のことを、そこですこし触れておいた。その「蛮」のカテゴリーに属するものは、揚子江の中流、湖北・湖南・江西・安徽《あんき》の各省にかけて、当時はまだ広範囲に分布していた。ことに、西は湖南省洞庭湖の西岸から貴州省にかけての地域、東は江西省方面にまで分布していた「武陵蛮《ぶりようばん》」または「五渓蛮《ごけいばん》」とよばれる「蛮」族は、当時の史書にしばしば見える。

かの田園詩人・陶淵明《とうえんめい》（三六五〜四二七）の『桃花源記』は、いわゆる桃源郷のイメージを描いた文章として、古来はなはだ有名であるが、実は、この文章が武陵蛮と無関係ではないらしいのである。

陶淵明は大要、次のように描いている。

晋の太元年間（三七六〜三九六）のこと、武陵の漁師が谷川にそって舟をあやつってゆくと、咲きにおう桃の花ばかりが一キロメートル近くもの間、両岸につづいたところに出てしまった。ふしぎに思った漁師が、桃の林の果てを突き止めようと進んでゆくと、川の水がなくなる水源にいたって、ようやく桃の林もなくなった。そこには山があって、小さな洞穴があいており、その奥にぼうっと光のようなものが見える。漁師は舟を捨てて、洞穴にはいっていった。入り口はひじょうにせまくて、人ひとりがやっと通れるくらいであったが、数十歩進むと、からっと平野が開けて、そこにはみごとな、理想的な農村風景が展開した。村人たちは別世界の人のようで、褐色の髪をあげまきにゆい、みな満足して楽しげである。漁師を見た村人たちは、びっくりして、どこから来たかと尋ねながらも、さっそく鶏をつぶし酒を出し、みな集まって歓待してくれる。かれらがいうには、「私らの先祖は秦の乱世を避けて、妻子ともども、村人こぞって、この絶境にきて以来、二度と外に出ず、外界とは隔絶している。今、外ではどんな世になっているか」と。かれらは漢帝国のことも知らず、まして、魏や晋のことはもとより知らない。漁師が詳しく説明すると、みなほほうと感心して聞く。村人は、われもわれもと自分たちの家に漁師を招待し、かくて数日ののち漁師は辞去した。村人たちがいった。「外界の人たちにしゃべ

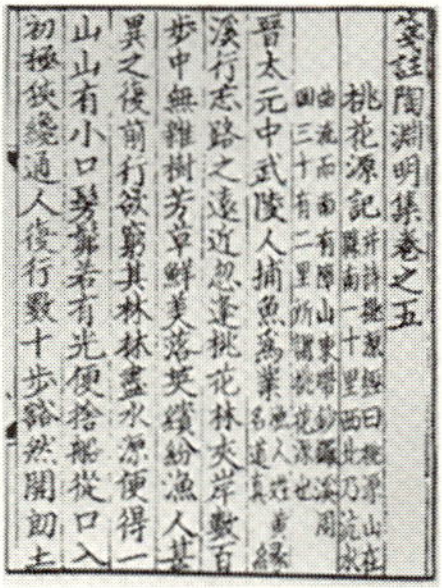
箋註陶淵明集巻之五
桃花源記
晉太元中武陵人捕魚為業縁
溪行忘路之遠近忽逢桃花林夾岸數百
步中無雜樹芳草鮮美落英繽紛漁人甚
異之復前行欲窮其林林盡水源便得一
山山有小口髣髴若有光便捨船從口入
初極狹纔通人復行數十步豁然開朗土

桃花源記　陶淵明による作品。武陵人，桃花林などの文字がみえる

らなくていいよ」。しかし、そこからもどった漁師は、知事にこの別世界のことを報告した。知事は調査隊を派遣したが、けっきょくわからず、その後、この桃源郷への道を尋ねる人も絶えてしまったのである。

武陵の漁師がこのような桃源郷を訪ねた説話は、四世紀末から五世紀の中ごろにかけて、かなり流布していたようで、陶淵明のほかにも、同様の説話を記録している文献がある。その一つ、劉敬叔《りゅうけいしゅく》の『異苑』という書物には、同じような理想郷を見つけたのは、「武陵蛮」の狩人だと書かれている。

このような説話から確かな事実を引き出すことは困難であるが、唐長孺《とうちょうじゅ》や周一良《しゅういちりょう》といった中国の学者たちが、この説話をめぐって、どんなことを考えているか次にのべておこう。

武陵蛮と漢文化

三世紀から四世紀にかけて、華北の混乱を避けた漢民族は、つぎからつぎに揚子江流域に流入し、華中はどんどん開発されていった。「蛮」族たちは、もとから山地にいるものも多かったであろうが、漢民族の圧迫を受けて、さらに奥地の、農耕に適しない地区に追いこまれ、その生活は狩猟や漁撈にたよらざるをえないことにもなっていった。「武陵の人」または「武陵蛮」が狩人や漁師としてあらわれる背景には、そのような事情がかなり大きくはたらいていると思われる。なぜなら、かれらが見つけたという桃源郷の説話こそ、かれらの夢を示すものであり、「鶏犬あい聞こゆる」自給自足の可能な、原始共同体的な農村の姿こそ、かれらの失われた理想郷にほかならないと、解釈されるからである。

かれらが漢民族に追われていった結果は、現在見られるように、広西・貴州・雲南・四川の各地に残存する少数民族となったわけであるが、しかし、かれらはたんに追われるだけでなく、漢民族と混淆し融合して、中国文明に少なからぬ役割を果したことも忘れてはならない。実は、右のような『桃花源記』を残した陶淵明その人にも、「五渓蛮」族の血が流れていた可能性が強いのである。というわけは、陶淵明の祖父の世代にあたる同族に、陶侃《かん》という人がいる。この人は東晋王朝の基礎を固めるのに大きな功績を立てた名将であるが、この陶侃はもともと鄱陽《はよう》（江西省東北部）のたいへん貧しい家の出身であり、はじめは漁場の小役人をしていた。つまり漁師であったといってよいのである。しかも、のちに出世して揚子江中流域をおさえる軍団長になってからも、漢人の温嶠《おんきよう》という人は陶侃のことを「渓狗《けいく》」、つまり五渓蛮の野郎、と呼んでいるからである（『世説新語』容止篇）。

このように、東晋の名将・陶侃が渓蛮であり、中国における第一級の詩人、陶淵明にも渓蛮の血が流れているとすれば、かれら「蛮」族が、中国文明を維持し発展させてゆくうえに果たした役割を無視することはできないであろう。

ところで、陶淵明の祖先がいたという鄱陽のあたりは、三世紀のころ、先住民が「宗部《そうぶ》」とよばれる組織をつくって、後漢の出先機関や三国の呉の政府に頑強に抵抗したところである。そして、『三国志』の中の記録では、「宗部」を組織して抵抗したものは、「山越」または「山民」とよばれている。つまり江西省のあたりは、西は武陵蛮、東は山越という二つの種族の入りまじる境界地域であったらしい。そこで次に、この「山越」のことを概観しておこう。

山越

三世紀の江南には、江蘇省南部の山岳地帯から安徽・江西・浙江《せっこう》・福建《ふっけん》・広東の各省にかけて「山越《さんえつ》」とよばれる民族が広く分布していた。漢末の争乱期に、漢人の孫策・孫権兄弟は、今の南京《ナンキン》を首都としてこの地方に呉の国を建てたが、かれらはこの「山越」の鎮定に手を焼いた。孫権は「もし山越がすべて駆除されたら、北方の魏に対して大いに討って出られるのだが」と嘆息している。それは、孫氏の建てた呉の政権の行動を内側から大きく掣肘《せいちゅう》していたのである。

この山越は、春秋戦国時代にこの地方に国を建てた「越」族の後であろうというのが、学界では、まず定説であり、司馬遷が「文身断髪」——いれずみとざんばら髪——と書いたその時代の越族の文化は、現在の考古学では「幾何形印紋陶器」の文化に比定されている。そこでは銅器も相当広汎に使用され、小規模ではあるがその鋳造も行われていた。ことに越王勾践《こうせん》の剣に見られるように、江南で作られた「干将莫邪《かんしょうばくや》の剣」の名は、古くから名刀の代表として、中国人の間では喧伝されていた。

この越族は、その後、浙江省南部一帯に東甌《とうおう》王国を、福建省の一帯に閩越《びんえつ》王国を建て、広東省では君長こそ漢人の趙佗《ちょうだ》という男であったが、越族を主体とする南越王国を建てていた。それらは漢の武帝によって前二世紀末までにつぎつぎに独立を奪われたが、もとより越族がそれによって雲散霧消したわけではない。前漢・後漢の両政府とも、この地方に都尉《とい》――地方警備長官――などを置いて越族の鎮撫にあたらせたし、漢人がしだいにこの地方にはいるにつれて、越族もまた漢文化を受容し、同化していったにちがいない。

しかし、かつての東甌国にあたる地方には、三世紀にはまだ越族のもっとも原型に近いかと思われる種族が残っていたらしい。それは沈瑩《しんえい》という人によって、三世紀の後半、おそくとも二八〇年以前に書かれた『臨海水土志』という地方志が、次のような記述を残しているからである。

印紋土器　器面に独特の叩き目をもち，中国南部海岸地帯に多い

安家の民

安家《あんか》の民というのは、みな深山に住み、その家は「桟格《せんかく》」の上に組みたてられて、二階建てのような形である。衣食住や着物の飾りは「夷洲《いしゅう》」――台湾をさす当時の名――の民に似ている。父母が死ぬと、犬を殺して祭る。四角の箱を作って死体を入れ、飲酒歌舞しおわると、高山の岩のあたりに吊りかける。漢人のように土葬して塚墓を作ることはしない。男女はすべ

て、はきものをつけない。いまの「安陽・羅江県」あたり――現在では浙江省温州市の南から福建省福州市の北にかけての一帯――の住民は、その子孫である。かれらはみな猿の頭のスープを好む……。

「栈格」の上に組み立てられた二階建てのような家とは、いわゆる高床式《たかゆか》の住居であり、現在でも東南アジア各地から太平洋諸島、台湾にかけての先住民の住居に広く見られるし、伊勢神宮の本殿をはじめとするわが国の神社建築にもその形が残っている。そして、右の記述に見える葬法は、民族学で崖葬《がいそう》とよばれるもので、死体がそれによって白骨となったのち、これを洗って葬りなおすので、洗骨葬ともよばれている。この葬法もまた中国南部の少数民族、東南アジア、太平洋諸島に広く見られ、日本にもその痕跡が残っている。犬祭りは、はるか北方のツングース族にも見られる風習であるが、やはり右のような地域にもいくつかの例がある。

猿の頭のスープというのは、よほど美味なものであったらしく、「安家」種族はコメ三百石よりも、これを珍重したという。世界に名だたる中国料理は、中国内部にいたこのような他の種族の珍味をも取り入れて、長い間に洗練させてきたものであろう。

また、「衣食住や被飾は夷洲の民に似る」という「夷洲の民」については、幸いに沈瑩の残した記述が他の書に引かれて残っている。それによると、当時の台湾では、「山夷」たちはすでに五穀を育てていたし、生の魚肉を大きな器に入れて一ヵ月以上塩漬けにしたものが、かれらのごちそうであった。そして、「細布」や「斑文布」を作り、模様をつけて飾りにしていた。当時の台湾人は、まだ石器段階にあったらしい。そして、首狩りを行い、嫁ぐ前の女は上側の前歯一本を欠去し、木鼓を叩いて部落民を召集する云々と沈瑩は報告しているが、かれは同時に、夷洲には「山頂に越王の射的というまっ白なものがあるが、それは石である」という話も伝えている。

高床式住居　雲南省晋寧石寨山古墓出土

越族と台湾先住民

三世紀の台湾人と、そのころ中国大陸にいた「安家の民」とが、よく似ているという沈瑩の指摘、および越王勾践の説話が当時の台湾人の間で行われていたという沈瑩の報告を、私はたいへん興味のあることだと思う。というのは、現在、台湾の先住民の諸言語はポリネシア語群に属するといわれ、「安家の民」が属したであろう越族は、中国南部からヴェトナムにつづくシノ・タイ語族の系列にはいると推定されるから、台湾の先住民と越族とは別系統のはずである。しかし、右のような沈瑩の記述は、呉の孫権が「夷洲」遠征軍を派遣して、二三〇年に「夷洲の民数千人を得て帰った」こともあって、当時の台湾に関するかなり正確な情報をもとにして書かれたと思われる。とすれば、かなり信用の置ける右のような沈瑩の記述から、われわれは「夷洲の民」が中国大陸の越族の分支のような印象を受けるからである。

私は言語学にはまったくの素人《しろうと》であるから、三世紀以前の台湾先住民は越族が中国大陸から移住したものである、などという大それた仮説を立てる勇気はないが、しかし、越族は古来、舟をあやつることが巧みであったことも知られている。また、中国南部の少数民族である苗族などについて、その言語・習俗の研究をしていた凌 純 声《りようじゆんせい》という学者が、戦後台湾に移ってから、台湾の先住民の生活様式が中国南部の少数民族ときわめて類似しているのに驚いて、両者の比較研究に関する多くの業績をあげているのを見ると、大それた仮説も、まんざらではないような気もするのである。民族学者の岡正雄氏は、前四～五世紀ごろ、呉・越が滅びたために、動揺した「非シナ族」の人々が、西日本や南朝鮮に来て、水稲耕作を伝えたのではないかと推定しているが、その経路としては、越族の一部がまず台湾に移住して、さらに沖縄から西南諸島を経て日本に来る経路も考えられないわけではないだろう。

話がずいぶん飛躍したから、もとにもどそう。越族——山越のことをながながと説明してきたが、右にあげた「安家」種族は、江南にいた山越の中でも、もっとも原始に近いものにすぎないことを、くれぐれも注意しておこう。そのような習俗の名ごりとも、変形とも見えるようなものは当時の江南の他の地にもないではなかったが、前節に述べたように、漢民族による江南開発が急速に進むなかで山越もまた急速に文明化し、漢人に包みこまれて同化してゆくのが一般の趨勢であった。かれらの部落連合ではないかと思われる「宗部」という組織の活動も、三世紀の呉の時代より後には、ほとんど史書から姿を消してしまうのである。

民族移動と国家形成

以上、中国内部にはいってきた異民族や、もともと中国内部に広く分布していながら、漢代にはめだった活動を示さなかった異民族について、多くの紙数を費やしてきた。漢帝国の名のもとに、一色に塗りつぶされたその広大な中国全土には、実にさまざまな異民族が包含されていたわけであり、現在の中国でさえ、いくつかの少数民族自治区が設定されているように、漢代では、事実上かれらの自治区と考えてよいものが、はるかに数多く、はるかに広い地域に分布していた。それらのすみずみまで、漢帝国の直接支配が及んでいたわけではけっしてないのである。

かれらは、漢人入植者や漢政府の出先機関と接触する機会がふえるとともに、高度に進んだ漢文明を取り入れて、かれら自身の力を高めてゆく。そのようにして、しだいに漢人と同化融合してゆくと同時に、一方では、漢帝国をバックにした漢人から、差別され蔑視され圧迫されるにつれて、漢人に対する反発と自意識を高めてゆくことにもなった。漢帝国が瓦解して、混乱がつづく状況になれば、その中で、かれらが自立して国家権力をつくる方向に向かうのも当然であった。六朝時代における異民族国家の叢生《そうせい》は、さまざまな異民族が漢帝国と漢文明の刺激によってめざめ、かつ自力を蓄えていった当然の結果である、といわねばな

彩篋　漢代文化をよく反映した楽浪出土品

らない。

漢民族にとって、北方や西方からつぎつぎに遊牧民族が華北にはいって国を建て、互いに興亡をくりかえした四世紀は、まことに惨烈な受難の時期であった。かれらは大量に南へ南へと避難して、先住の「蛮」族・「夷」族と混淆し、あるいはそれを奥地やさらに南へと追いやって、漢民族の高度な農耕文化を南方に広めていった。三、四世紀の民族移動の大波は、だいたい北から南へと波及する。

しかし、いうまでもなく、漢民族は華北を放棄したのではもちろんない。むしろ、かれらの多くは幾多の困難に堪えながら、自分たちが手塩にかけた農耕文化の故地を固守していた。一方で、華北の農耕地帯にはいった遊牧民族は、この農耕民族にたよらなければ食っていけなかったのである。両者が共存共栄の道をさぐるのは当然の成り行きであり、遊牧民の農民化とやがては胡族風・漢族風文化の形成が進んでゆく。四世紀の五胡十六国時代から、北朝を通じての歴史というものは、まさにそのような共存共栄の道をまさぐるプロセスにほかならず、胡族風・漢族風文化の形成過程であったといってよいのである。

しかも、漢民族は華北の混乱によって南方にばかり避難したわけではけっしてない。長城線をこえて、東北方の遼寧省《りょうねい》に流れこみ、そこでも農地を拡大していった。さらに西北方、甘粛省《かんしゅく》にも流れこみ、敦煌《とんこう》からさらに遠く、新疆《しんきょう》ウイグル自治区トゥルファンのオアシスにも漢人の国家――麴《きく》氏の高昌国《こうしょう》――ができるまでになるのである。漢帝国はたしかにこれらの辺境まで軍隊を派遣し、その政治力を及ぼしていた。東北方は、遼東地方はもちろん、今の朝鮮半島は平壌《ピョンヤン》付近まで楽浪郡を置いて、内地と同じ郡県制をしいていた。西域地方も漢帝国に服属してはいた。

しかし、政治制度の枠組みと、その内実とは同じでない、遼東には多数の烏桓《うがん》・鮮卑《せんぴ》族がおり、楽浪郡《らくろう》はいうまでもなく古代朝鮮の諸族の居住地である。そのような地方に、実際に漢民族が進出し定着して、かれらの農耕文化をじみちに広げ、その周辺に強い刺激を与え始めるのは、漢帝国の枠組みがはずれるころからである。胡族風・漢族風文化の形成は、六朝時代の中国内地だけでなく、その外側にも広がりつつあった。それがのちに隋唐時代において、東アジア世界のきわめて国際的な文化圏として明確な姿をあらわすことになるのである。

そこで、次に章を改めて、漢民族の外への進出を中心として、東アジア世界形成の胎動をながめてみよう。

第二章　中国文明圏の拡大

一　東アジア世界の胎動

東方諸国の国家形成

漢帝国の勢力が南満洲から朝鮮にまで及んだのは、前二世紀末に行われた武帝による遠征から始まるが、東方諸民族がそれに刺激されて国家形成胎動を始めるのは、だいたい紀元後になってからである。まず漢の勢力に直接触れた満洲の夫余《ふよ》族の中から、高句麗《こうくり》の国が形成され、遠く倭《わ》の奴《な》国とともに、後漢帝国の初期にすでに帝国と接触をもつに至った。しかし、奴国の首長とは北九州の一土豪にすぎなかったように、そのころの「国」とは、本格的なまとまりをもった国家というにはほど遠く、まだ単なる一地方権力といってよいものであった。このような地方権力が国家形成にまで成長するためには、やはり東アジアにおいて先進的な国家形成をなしとげた中国民族から、直接間接に刺激を受けなければならなかったのである。まず、中国ともっとも近い位置にいた高句麗の状況を見ることにしよう。

高句麗

東方諸国の中で、高句麗がもっとも早く国家形成の歩みを始めたのは、一世紀から二世紀のあいだに、遼東《りょうとう》から北朝鮮にかけて設置された漢帝国の出先機関――遼東郡・玄菟《げんと》郡――と直接接触し、これとの闘争を経過したからであり、さらに二世紀後半から三世紀にかけて、遼東になかば独立した漢人の公孫《こうそん》氏の権力や、華北を制圧した魏《ぎ》の国との接触・闘争に刺激されたからである。

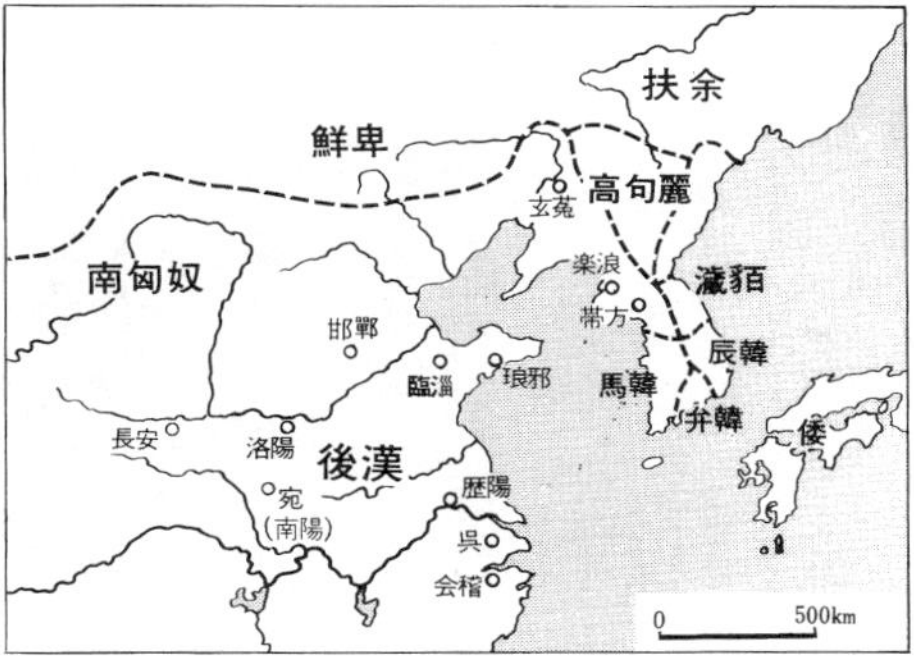

後漢時代の東方

　この公孫氏の半独立国は二三八年に魏に滅ぼされたが、ここには、一八四年の黄巾《こうきん》の乱に始まる華北の混乱をさけて、多くの漢民族が流入し、その中には当時の一流の知識人もまじっていた。高度の中国文明が、遼東地方に現実に根づき始めるのは、このころからと考えてよいように思われる。

　高句麗は魏との闘争の過程において、二四四年には、魏の将軍、毌丘倹《かんきゅうけん》によって、首都の丸都《がんと》――鴨《おう》緑江《りょっこう》中流――を攻め落とされるような打撃も受けたが、四世紀にはいって、西晋王朝の内部崩壊が始まり、北方系異民族が華北を大混乱にまきこみ始める

北燕の鏤孔山形金飾　7.1×6.9cm　遼寧省北票市馮素弗墓　1965年出土

と、漢帝国以来、中国政府の出先機関であった玄菟《げんと》郡・楽浪《らくろう》郡・帯方《たいほう》郡をつぎつぎに攻め滅ぼし、三三四年には楽浪郡の故地、平壌城を増築して、朝鮮北部に対する支配を確固たるものにした。しかし、遼東地方には鮮卑族の中の慕容《ぼよう》部の燕王国（前燕）が成立し、高句麗はこれとの対抗関係にはいることになる。

　ところで、この燕国の基礎をすえた慕容廆《かい》（二六九～三三三）は、華北の大混乱をのがれて遼東地方に流れこむ漢人を庇護《ひご》し、かれらの出身地に応じて四つの郡を置くとともに、それら郡・県の長官には、それぞれの中の名望家を任命した。そしてまた、かれら漢人の中から賢才を抜擢して政治の枢機《すうき》をゆだねたので、慕容廆は中国の礼教の保護者として評価され、漢民族はいよいよこれをたよって遼東に避難していった。それは、中国文明がこの地方に根づく第二期であり、胡族風・漢族風の体制が遼東地方に生みだされたといってよいだろう。

　慕容廆の子孫はこのような方針を受けついで、やがてその基礎の上に華北の制覇を成功させる。その前燕王国（三三七～三七〇）は、遼河地方から首都を薊《けい》（今の北京）へ、さらに鄴《ぎょう》（河北省臨漳《りんしょう》）へと進め、一時は氐族の前秦王国（三五一～三九四）に併合されたが、やがて一族の慕容垂が中山（河北省定州市）を首都とする後燕王国（三八四～四〇七）を復活させる。四世紀の後半は、このような慕容氏の燕国が華北の東半を制圧していたのである。

そして、後燕王国が鮮卑拓跋《たくばつ》部の建てた北魏によって崩壊させられたのち、遼河周辺に漢人を君主とする北燕国（四〇九～四三六）が一時復活できたのも、遼東一円と旧燕国内部において、漢人の勢力がかなり温存されていた結果にほかならない。

高句麗は、このように中国文明を受け入れた鮮卑慕容部が、胡族風・漢族風国家をつくりあげて大きな成功を収めたのをまのあたりに見、また、その圧力をまともに受けた結果、自分もまた先進的な中国文明を取り入れて、自己を強力な国家にまとめあげようと努力した。三七三年、早くも高句麗は「始めて律令を頒《わか》った」その律令とは、西晋王朝の律令を模範としたものであろうといわれている。

高句麗の狩猟図壁画

このようにして、しだいに国家体制を整えてきた高句麗は、五世紀の隆盛期をむかえ、朝鮮半島南部に圧力を加えて、四七五年には百済《くだら》《ひゃくさい》の首都漢城（今のソウル付近）を奪い、百済を半島西南隅に押しこめることになる。

かくて高句麗は、朝鮮半島の南部に鼎立《ていりつ》した百済・新羅《しらぎ》《しんら》および倭国日本と関係の深い任那《みまな》に大きな圧力と影響を及ぼしながら、他方では中国本土の南北に対立する南朝と北朝との間に、バランス・オヴ・パワーを考えつつ、それぞれに使節を派遣し、中国からの認証による権威を利用して、自己の独立を維持していった。

こうして、南満洲から朝鮮半島の大部分に及ぶ広い領域に確立されたこの高句麗王国の実力は、のちに南北朝を統合した強大な隋《ずい》帝国と互角にわたりあうまでに成長し、隋の煬帝《ようだい》は高句麗に対する討伐にまったく手を焼いた。その討伐のたび重なる失敗は、隋帝国滅亡の大きな原因となったのである。そして、一九七二年の高松塚における壁画の発見と関連して、急にクローズ・アップされた高句麗の壁画に見るように、その国の文化は中国文明を取り入れた高度の水準に達していた。それは東方における異民族の間で、国家形成と文明化を成功させた先駆的な一例といってよいのである。

三　韓

以上に述べたような高句麗の国家形成は、ただちに朝鮮半島南部から、さらに日本にも影響を及ぼさずにはおかなかった。『三国志』「東夷伝《とういでん》」の記事によると、三世紀の朝鮮南部は馬韓《ばかん》・辰韓《しんかん》・弁韓《べんかん》の三つに分かれていたが、西部に位置した馬韓の中だけで、小国五十あまりが分立していたという。その小国の一つに「伯済《はくさい》国」というものがあるが、これが馬韓内部の諸国を連合し統一する中核になったらしく、さればこそ、この馬韓統一体を「百済」と名のることになったのだと考えられている。

いち早く国家形成の道を歩みだした高句麗は、南への鋒先を主としてこの百済連合体に向けた。三六九年、ついに高句麗は百済と戦いを交える。百済連合体を率いた近肖古王《きんしょうこ》は、幸いに高句麗の軍に勝った。その機会に、王は首都、漢城に近い漢江の南で、勝利をもたらした諸軍を閲兵し、旗指物《さしもの》にすべて黄色を用いた。中国では黄色は皇帝が用いるものである。近肖古王は、高句麗に対する大勝利を機として、馬韓内部の諸国より一段上の、これを統一する皇帝の地位につくことを宣明したのであった。百済国の国家形成は、このように高句麗の直接的な刺激にもとづいている。かくて、百済は三七一年には高句麗の平壌城にまで攻めこむほどの力を示すにいたったが、しかし強大な高句麗の圧力に対抗するためには、倭国と同盟しなければならなかった。

これに対して新羅国は、辰韓の中の小国斯盧《しろ》から発展したものであるが、はじめは百済の羈絆《きはん》のもとにあったらしい。そこで、新羅は高句麗の力を利用して、百済の羈絆から脱したらしいが、しかし、新羅を併呑《へいどん》しようとする高句麗の動きに対しては、果敢に抵抗した説話が『日本書紀』に伝えられている。

新羅は、一方でこのような高句麗の動きを警戒し、他方では百済と倭国との連合勢力から圧力を加えられる中で、国家形成の困難な道をねばり強く歩みだした。そのような困難な環境は、かえって新羅国家の内容を強固にしたであろう。六世紀には中国と高句麗の律令を参照して自己の律令を制定し、やがて七世紀に朝鮮半島を統一する基礎をつくっていったと思われる。

倭（日本）

このような朝鮮半島の情勢と密接に関連しながら、日本もその国家形成を進めていったことは周知のところであろう。『三国志』「東夷伝」の中の「倭人伝」に見える有名な卑弥呼《ひみこ》の邪馬台国《やまたいこく》（原本は邪馬壹国としるし、台《たい》でなく壹《い》だと強調する説もある）が、九州にあったか畿内にあったかをめぐって、長い論争があり、現在もなおさまざまな意見が続々と出されていることも、よく知られている。

いずれにせよ、三世紀の邪馬台国の段階では、倭国はまだ多くの土豪国の寄り集まりであり、卑弥呼による統一といっても、まだはなはだ不安定なものでしかなかった。それが、しだいに強固なまとまりにしあげられていく過程は、上述したような朝鮮半島における国家形成の過程と決して無関係ではない。半島の南端の弁韓が倭国ともっとも密接な関係にあったことは、朝鮮半島の動きが倭国に対してただちに反応を及ぼすことにほかならなかった。

倭人の国家形成は、朝鮮半島における国家形成の趨勢《すうせい》にあい応ずる。そして、五世紀に南朝の宋王朝に朝貢したいわゆる「倭の五王」の時代になれば、大和朝廷による日本国家の形成はかなり強力なものにしあげられていた。五世紀の『宋書』その他にしるされた「讃《さん》」以下の五人の倭王は、次ページの表のような天皇に比定されているが、その時代は、かの仁徳天皇陵に見られるように、前方後円式墳墓の絶頂期にあたり、その巨大な陵墓の姿は、天皇権力の巨大さをまざまざと示している。大和朝廷を中心とする日本の国家形成は、このころにはすでに確かなものになっていたのである。

⑯**仁徳天皇**
⑰**讃**（履中天皇）
⑱**珍**（反正天皇）
⑲**済**（允恭天皇）
⑳**興**（安康天皇）
㉑**武**（雄略天皇）
数字は即位順を示す
讃は応神・仁徳ともいう

倭の五王

仁徳天皇陵　前方後円墳墓としては最大である。全長486m

東アジア文明圏

以上にのべてきたような東方の異民族諸国家は、すべて中国の王朝に朝貢《ちょうこう》して、それぞれ王号や中国式の官号を授与された。倭の五王たちが、中国南朝の宋・斉・梁の諸王朝から、安東大将軍・倭国王などという称号をもらったのが、その一例である。それは、中国の皇帝を中心とする世界秩序の中で、周辺の諸国が独立王国として認証される形式とでもいうべきものであった。

　このような国際関係の形を西嶋定生氏は「冊封体制《さくほうたいせい》」と名づけている。中国の皇帝が冊書を与えて王や公として封建する形をとっているからである。それは、朝貢する諸国にとってはなはだ卑屈な形のようであるが、国家形成期にある各国としては、そして文明の自覚期にある後進諸民族としては、やむをえないことであった。なぜなら、当時の東アジアにおいて、人類に対する文明への導きの星は中国文明しかなかった。中国の皇帝は、すでに南北に分かれて、かつての漢帝国のような絶対性をもたなかったが、それにもかかわらず東アジアにとって、それは世界の文明の象徴であり、その体現者にほかならなかったからである。

それは、当時の西方世界において、ローマ帝国が瓦解《がかい》したあと、ローマ法王に象徴されるキリスト教が唯一の文明への導きの星であり、後進的なゲルマン諸民族の首長が、その前に膝《ひざ》を屈したのと、ある意味では似ているといってよいだろう。実際に、クロヴィスが率先してキリスト教の塗油式を受け、その認証によって象徴される人類文明の権威づけを背景として、ゲルマン諸族をまとめながらメロヴィング朝フランク王国の建設に成功したような、後進諸民族の内部事情は、同じように東アジア世界にもあったのである。

百済や倭国に見たように、各国の王は乱立する地方的な群小勢力の中から突出して、他の諸勢力をまとめながら、それぞれの国家形成を果たさねばならなかった。他から突出して、これを統合するためには、群小勢力とは次元を異にした別の権威の裏づけをもたねばならない。天皇家の祖先神を他よりも隔絶した上位に置くといったやり方も、その一つの方法ではあった。しかし、当時の世界文明の象徴から、直接に国土の保有を認証され、その国土を支配するものとしての王号を授与されることは、各国元首の国内における権威を高める上でひじょうな効果をもっていた。国家形成途上の諸国は、人類文明の象徴からの認証を得るために、争って朝貢したのである。

中国文明の拡散

このような朝貢の現象は、なにもこの六朝時代に始まったわけではない。九州の一土豪が朝貢して、「奴《な》国《こく》の王」の金印を受けたようなことは、すでに紀元一世紀半ばの後漢初期にもあった。さらに西域諸国の朝貢など、それ以前からも行われたことである。しかし、東方諸国がそれぞれ主体的に中国文明を取り入れて、それを一つの重要なテコにして各自の国家統一を行いながら、あい前後して中国を中心とする東アジア世界の国際関係を形成しはじめるのは、この時代の顕著な特色といわねばならない。

そのさい注意すべきことは、この東アジア世界を成立せしめた共通項とは、各民族に取り入れられた中国文明であり、かれらがそれぞれの土壌に適した胡族風・漢族風文化の形成をめざしつつ、漢族風文明の面を共通の媒介項としてつながりあっていた、ということである。ということは、六朝時代が中国文明の巨大な拡散期であり、中国文明の立場から見れば、その大いなる膨張期だということになる。

倭国使　中国人の日本人理解を示すもの。職貢図巻より

漢民族の政治的支配力は、異民族の華北侵入によって大きく縮小し減退し

霊巌寺（山東省長清県）　中国の仏教建造物の一つ。仏図澄の旧跡と伝えられる

た。しかし、華北に凝縮していた中国文明は、その異民族の攪拌《かくはん》作用によって四方に流れだした。中国南部にその多くが流れて、そこに根づいたことは先に述べたとおりである。

東北に流れだしたものは、東方の隣接異民族に連鎖反応をひきおこして、それぞれの国家形成と中国文明の主体的受容を誘発し、中国文明を共通項とする胡族風・漢族風文明の東アジア世界を成立させていった。漢民族における政治力の減退期は、逆に漢民族の文明の膨張期となった。それは直接には、中国文明の荷担者たる漢民族が華北から流出したこと、それによって漢民族の農耕文化圏が拡大したことを、一つの基本的な契機とする。

しかし、東方の異民族諸国家が、中国文明を唯一共通の世界文明として受容してゆくうえで、偉大な潤滑油の働きを演じたものが仏教であることに注意しなければならない。仏教はいうまでもなくインドに起源をもち、インド・イラニアン文化圏を通って中国にもたらされたところの、もともと胡族の宗教である。インド・ヨーロッパ系と推定される羯族の後趙《こうちょう》王国で、その王族石氏が仏図澄《ぶっとちょう》を師として仏教を熱烈に信奉したのも当然であった。そして、仏教はすでに民族性の差違をこえて、あらゆる民族に受け入れられるべき世界宗教になっていた。漢民族もまた、これを熱心に吸収し、消化して、中国仏教をつくりあげ、東アジア仏教の中心になっていったことも、よく知られているとおりである。仏教は、かくて中国文明とセットになり、その世界性を媒介として、東アジア世界文化圏の形成をうながしたのであった。

二　シルク・ロードと中国文明

中国仏教の成立——傑僧クマーラジーヴァ

ところで、仏教の演じたこのような大きな役割は、漢帝国が西北方から西域《さいいき》《せいいき》地方に勢力を伸ばし、いわゆるシルク・ロードを開発して、西方文物の流入ルートが開かれたこと、しかも、このシルク・ロードが、帝国崩壊後の六朝の大混乱期においても、きわめて活発に利用されていたために、この太いパイプを通して新進の仏教僧がつぎつぎに中国に渡ってきて、新しい刺激が絶えなかったこと、にもとづいている。

中国に来たそれら渡来僧たちの中で、とくに忘れられてならない人物は鳩摩羅什《クマーラジーヴァ》(Kumāra-jīva) である。タリム盆地は亀《ク》茲《チャ》国 (Kucha) の王子として生まれたクマーラジーヴァは、小乗仏教にあきたらず、すでに大乗仏典をもマスターした傑僧として西域に有名であった。その名を聞いた氏族・前秦《ぜんしん》王国の名君、苻堅《ふけん》は、部将の呂光《りょこう》を派遣して西域諸国に覇を唱えようとしたとき、このクマーラジーヴァを招聘《しょうへい》するよう呂光に命じた。呂光がクマーラジーヴァをともなって敦煌《とんこう》まで帰ってきたとき、主君、苻堅は東晋との肥水《ひすい》の決戦で大敗し、前秦国は瓦解しつつあるとのニュースに接した。呂光は、そのままとどまって独立した。その国を後涼《こうりょう》という。クマーラジーヴァは、呂光の保護下に安穏に暮らすことができた。

やがて羌《きょう》族・後秦《こうしん》王国はこの後涼を滅ぼすが、クマーラジーヴァは後秦王姚《よう》氏一家の厚い庇護を受け、その都長安において大量の仏典を漢訳する一方、大乗仏教の教理を中国人に説いた。かれが残した大量の漢訳仏典と、かれのもとで勉強した優秀な中国僧たち、僧肇《そうじょう》や僧《そう》叡《えい》らの影響は、本格的な中国仏教の確立に決定的な役割を演じたのである。

たしかに、シルク・ロードの東の終点にあたる長安一帯の関中は、二世紀末から三世紀初めにかけての漢帝国崩壊期や、四世紀の五胡十六国時代には、幾度となく大混乱に陥って、さまざまの異民族国家が興亡したし、関中の西北、隴西《ろうせい》から敦煌にかけての河西回廊地域にも、前・後・南・北・西の五つの涼国が興亡し併立した。にもかかわらず、シルク・ロードによる東西交通は、大きく見れば、それらの混乱によってたいした支障を受けなかったといってよい。

漢民族の西域進出

だが、関中を中心とする中国西部の漢民族は、漢末以来の本土の動乱をさけて、この河西回廊地域へ、さらに敦煌からなお西北にあたるハミやトゥルファンのオアシスへと流れだし

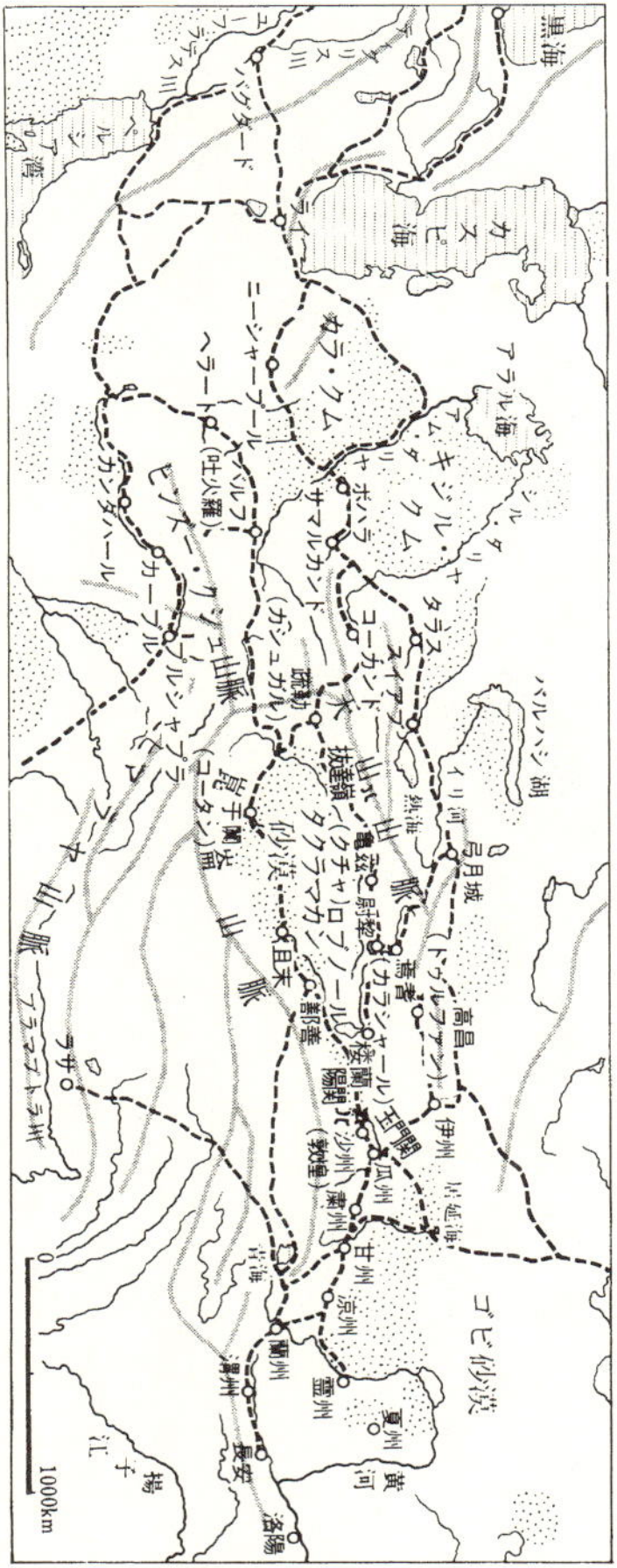
黒海
カスピ海
アラル海
バグダード
ペルシア湾
ユーフラテス川
ティグリス川
ニーシャープール
ヘラート
メルブ
カンダハール
カーブル
ボハラ
サマルカンド
タラス
コーカンド
バルハシ湖
イリ河
弓月城
疏勒（ガシュガル）
于闐（コータン）
亀茲
焉耆
高昌
伊州
玉門関
沙州（敦煌）
瓜州
粛州
甘州
涼州
蘭州
霊州
夏州
長安
洛陽
青海
居延海
ゴビ沙漠
黄河
揚子江
ラサ
ヒマラヤ山脈
天山山脈
崑崙山脈
1000km

西域交通路

コータン馬銭

ていった。五胡十六国時代に、姑臧《こぞう》（今の甘粛《かんしゅく》省武威《ぶい》市）を首都とする漢民族の国家・前涼《ぜんりょう》（三一三〜三七六）が、異民族国家群の中に孤立しながら、なお半世紀以上にわたって、遠く離れた西晋—東晋王朝に忠節と親近感をもちつづけたのは、そのような漢人の力を背景にしたものであり、またこの漢人政権がトゥルファンまで勢力を伸ばしていたことが、漢民族の、この方面への発展に大きな力を与えたのである。

　二十世紀の初め、各国の西域探検隊がつぎつぎに出かけていったなかで、わが大谷探検隊はロブ・ノール湖畔の砂漠の中の遺跡から、西域長史の李柏《りはく》という人物が書いた五月七日づけの貴重な手紙を発見した。それは、三二八年、当時トゥルファンに駐在した趙真《ちょうしん》が、前涼の第三代目の君主、張駿《ちょうしゅん》の命令に従わなかったので、張駿は将軍李柏を西域長史として趙真を討伐させたとき、ロブ湖畔まで進軍してきた李柏が、カラシャールの王にあてて書いた手紙であった。ただ、李柏の遠征は敗北に終わったが、張駿はそこでみずから出征してトゥルファンを制圧した。

　トゥルファンは前涼ののち、これを滅ぼした氐族・苻堅《ふけん》の前秦国（三五一〜三九四）、その解体後には、苻堅に仕えた同じ氐族系の呂光《りょこう》の後涼国（三八五〜四〇三）、漢人、李暠《りこう》父子の西涼《せいりょう》国（四〇〇〜四二一）、匈奴系、沮渠蒙遜《そきょもうそん》の北涼《ほくりょう》国（三九七〜四三九）につぎつぎに押さえられた。しかし、シルク・ロード沿いのこのようなオアシスには、北方遊牧民族の勢力が大きく影響する。

当時の漢北には、鮮卑拓跋部がすでに華北にはいって北魏帝国建設の道をたどっていたあとを受けて、トルコ・モンゴル系の柔然《じゅうぜん》（また蠕々《ぜんぜん》ともいう）が大きな勢力を伸ばしていた。この柔然の後援によって、四六〇年に漢人の闞《かん》氏がトゥルファン地方（当時は高昌国とよばれた）の王となり、その後、すこし変動があったが、ついで四九八年から六四〇年に唐に滅ぼされるまで、百四十年以上ものあいだ、漢人の麴《きく》氏が、ここに移住した多くの漢民族に推戴されて、漢人王朝の高昌国を営んでいた。

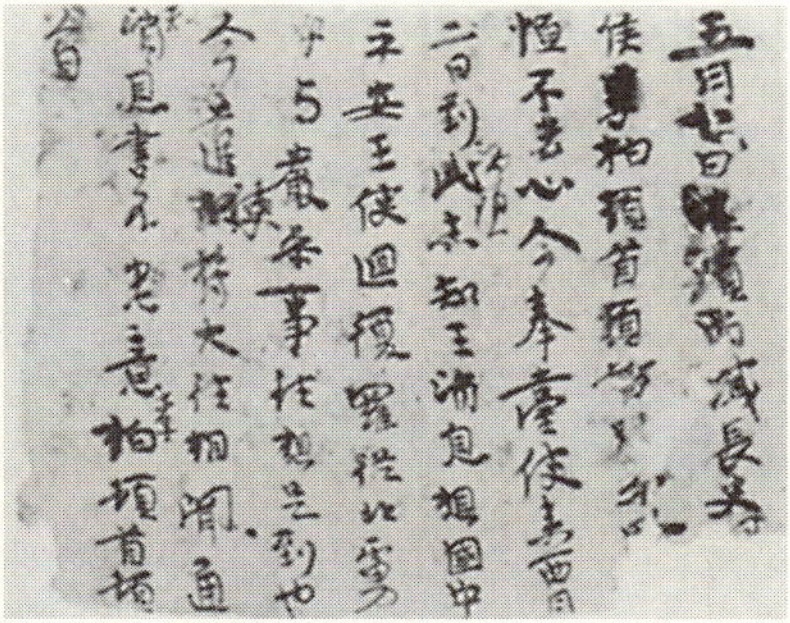

李柏文書

それは、タリム盆地のほとんどが、インド・イラニアン系の言語・民族を中心とする文化圏に属していた中で、榎一雄氏の用語に従えば、「中国文化のショーウインドーともいうべき地域」をなしていた。

このように、中国本土の華北一帯がさまざまの異民族に制圧されていたときに、四世紀の河西《かせい》地方以西には、半世紀以上にわたって漢人王朝の前涼国が存在し、五世紀の初めには敦煌を中心とする漢人の西涼王国が、また六世紀以後には、トゥルファン盆地にも漢人麴氏の高昌国がともかく独立していたということは、先に述べた東北地方への漢民族の進出とあいまって、六朝時代において、中国文明圏が着実に拡散膨張したことを示すものと考えてよいだろう。

さまよえる湖

さて、漢民族の西北方への発展が、河西回廊地方の最西端である敦煌から、ただちに西方に向かわずに、そこから北方のハミに出て、さらに西の高昌へ、すなわちトゥルファン盆地へと向かったのには、興味ある自然現象がその一因をなしている。

二十世紀の初め、一九二〇年に中央アジアの探検を試みたスウェーデン隊は、タリム盆地を西から東に流れるタリム川が、風による砂丘の移動によって昔の河道に復帰しつつあること、したがって、二十世紀の初めまで砂漠の中でタリム川を受け入れていたロブ湖《ノール》が干あがりつつあり、ロブ・ノールの位置が北方にその位置を変えつつあることを見つけた。隊長スウェン・ヘディンの『さまよえる湖』と題する書物は、この事実を報告して、きわめて有名になった。ヘディンは、砂漠の中に廃虚となっていた都市の遺跡、しかも、それは漢代から六朝の初めにかけて栄えていた証拠をいくつも示している都市の近くに、ロブ湖がもどりつつあることを見たのである。その都市遺跡こそ、井上靖氏の小説で有名な『楼蘭《ろうらん》』である。

シルク・ロードが開かれた初期、紀元前二世紀から紀元後四世紀のなかばまで、楼蘭＝クロライナは、タリム川とロブ湖の水を利用して繁栄していたオアシス国家であった。そのころ、シルク・ロードは、敦煌からまっすぐ西に、この楼蘭に来て、ここから南と北に、すなわち、いわゆる天山南路と北路に分かれていた。そこは、南北二つの道を通って東西に行きかうキャラバンの集中点であり、東西交通の要衝として、繁栄を誇っていた。

ところが、四世紀の中ごろ、タリム川の河道は砂丘の移動によって、楼蘭のはるか西のほうで南に流路を変え、ロブ湖は干あがって、新しいロブ湖がはるか南方にでき始めた。楼蘭はオアシス国家の最大の命の綱である水を失って、人の住める土地ではなくなりつつあった。人びとは新しいロブ湖の水を求め、家を捨てて南へ移動しはじめた。かつて繁栄を誇った楼蘭の町は、しだいに人の気配もなく、吹きすさぶ砂嵐の中に埋もれていった。かくてクロライナは町自体が南の新しいロブ湖畔に移る。それは漢字では鄯善《ぜんぜん》と書かれる。そして天山南路と北路は、もはや楼蘭において分岐するのでなく、南路は敦煌から直接、南西の鄯善に向かい、北路は敦煌から北へハミに、さらにそこから西してトゥルファンに向かうことになった。そのような変化は、四世紀の間におこったらしく、敦煌の重要性は、このころからいよいよ増大するのである。

ところで、この新しいクロライナ＝鄯善をはじめ、天山南路沿いの町々は、やがて青海省を根拠地として国を建てた吐谷渾《とよくこん》に抑えられる。吐谷渾国は、先に遼東から華北東半を制覇した鮮卑族の慕容《ぼよう》部のことを述べたが、その一族がはるばる祁連《きれん》山脈の南まで来て建てた国だと、史書は伝える。しかし、その構成民族は、ほとんどチベット系の羌《きょう》族であったろう。

かくて、河西回廊地帯から敦煌にかけて進出してきた漢民族は、天山南路のほうに進まず、北路のハミからトゥルファンへと進出したのであった。

それにしても、四世紀におこったロプ湖の彷徨が、二十世紀の二〇年代にふたたび起こり始めたというのは、まことに興味津々たるものがある。もし、現代がこれほど機械化されない時代であったならば、それはやはり西域史上の大事件として影響するところ甚大であったろう。しかし、一九二〇年代以後、今までのロプ湖畔がさびれ、新しい――といっても実は本来の――ロプ湖畔に人がまだ住みつかない時点において、この両者にまたがる巨大な無人地帯は、原爆実験のためのかっこうの適地として利用されることになったのではないだろうか。文化革命以後の中国が、辺疆《へんきょう》考古学に力を入れはじめている現在、原爆実験よりも、この地帯に埋蔵されているであろう多くの歴史的文化財の発掘調査に、より多くの力点を置いてほしいと希望するのは、たんに私ひとりの願いではないだろうと思う。

栄える東西貿易

私は先に東アジア世界の形成において仏教が果たした大きな役割を重視しながら、シルク・ロードの話にはいってきた。しかし、シルク・ロードがもっとも大きな役割を果たすのは、いうまでもなく、キャラバンによって行われる遠距離貿易のルートとしてであり、それにともなって、仏教にかぎらず、東西文明の交流が行われたことにある。この貿易量の増大は、シルク・ロードの沿線にある諸国にとって大きな利益をもたらすものだった。というのは、それらの国々自身が中継貿易による利潤と通行税を得るのみならず、他国のキャラバン群がみちみち消費する物資を販売することによって、かれらの落としてゆく金が沿線諸国民の生活を豊かにするからである。つまり、シルク・ロードの沿線諸国は、東西貿易を中継することによって、経済的基盤を得ていたのであり、この貿易路を円滑に働かせることこそ、

荒廃したオアシス　タリム盆地南道沿いニヤの遺跡

それら諸国を維持し繁栄させるための必須《ひっす》の要件であった。河西回廊地帯に、いくつかの涼国が興亡し併存しながらも、このルートがとだえなかったのは、それらの国々が、右のような経済的基盤を共有していたからであり、互いにその基盤を失うまいとしたからにほかならない。

そのような事情は、このルートの北側の広大なサヴァンナ・ステップ地帯にいる柔然《じゅうぜん》のような遊牧民族の国家や、祁《き》連《れん》山脈の南に国を建てた吐《と》谷渾《よくこん》のような国にもあてはまる。遊牧民族は、しばしばシルク・ロード沿線のオアシス国家に略奪を試みることはあったが、しかし、本来、遊牧民族とオアシス農業国家とが共存共栄関係にあったことは、すでに専門家の間では常識とさえなっている。

なぜなら、遊牧民族といっても、つねに牛や羊や

敦煌石窟

馬の乳や肉ばかり食い、毛皮ばかり着ているわけでなく、かれらにも農産物が生活の必需品であることに変わりはない。そして、それを豊富に供給するところが、ほかならぬオアシス農業国家だからである。家畜および畜産品と、農産物との交換関係が必然的に求められる。それが遊牧民族とオアシス農業国家との共存関係にほかならない。

しかも、シルク・ロード沿線のオアシス国家が貿易量の増大によって繁栄することは、遊牧民族にとっても生活レベルの向上をもたらす。オアシス農業国家との交換関係において、奢侈品《しゃしひん》を入手する量がふえ、またキャラバンの安全な通行を保障し、護衛することによって、そこから保護料を徴収することができるからである。

かくて、漠北のステップ地帯には、鮮卑《せんぴ》拓跋《たくばつ》部から柔然へ、さらにのちには突厥《とっけつ》へと、覇権を唱える遊牧民族は交代していったが、以上に述べたような、シルク・ロード沿線のオアシス国家群との共存関係は変わらなかった。そして、シルク・ロードを通る東西貿易と文化交流は、さまざまな国家の興亡にもかかわらず、大きな障害を受けることなく続いていったのである。

この事情は祁連山脈の南に国を建てた吐《と》谷渾《よくこん》についても同様である。かれらもまた、遊牧生活を主としていたと推定されるが、東西貿易による利益を求める点では、右に述べてきた諸国と同じであった。吐谷渾が天山南路の東半を抑えたのも、その利益を求めたからであるが、さらに注意すべきことは、中国から天山南路に出る道路が、河西回廊を通る幹線以外に、その南側にそびえる祁連山脈の南麓沿いに、つまり吐谷渾の中心部を通って、もう一つの支線があったことである。その西側の出口が、かの南にさまよいだした新しいロブ湖畔の鄯善《ぜんぜん》にほかならない。吐谷渾が鄯善を中心とする天山南路東半に進出するのは、当然の成り行きであった。

この東西交通の支線は、幹線と同様に、吐谷渾に脅威をもたらさないかぎり、だれにでもその利用が保障されていた。北魏の僧侶、宋雲《そううん》が、インドに向かって求法の旅に出かけたとき、かれが西に歩いていった道は、この吐谷渾領内の支線であった。そして、この支線は、南北朝対立期における中立地域にあり、南朝の文物が、西方に流れるために重要な役割を演じたと思われる。有名な敦煌《とんこう》の洞窟寺院から出てきた大量の古文書の中に、南朝の南斉《せい》や梁《りょう》王朝治下でしるされた文書が発見されるのは、はるか遠くの江南から四川省を経由し、この支線ルートを通って、もたらされたからであろう。

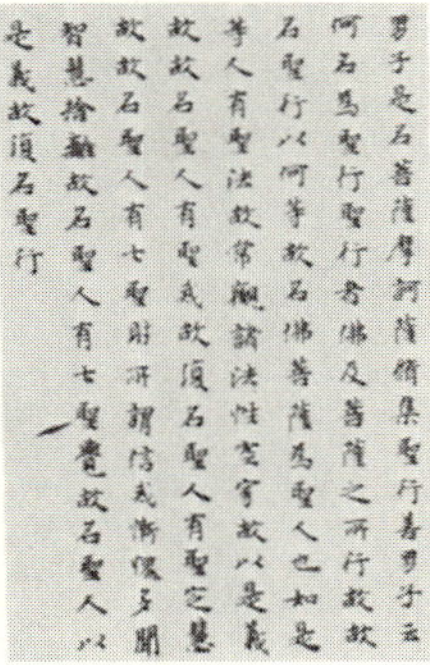

梁時代の敦煌写経　大般涅槃経の一部

ソグド商人

ところで、これらのルートに乗って、中国からは主として絹を西方に運び、西方からはイランの金銀器やガラス製品など珍しい品々を東に運ぶにあたって、ひじょうな活躍を見せたのは、ソグド商人とよばれる人びとであった。ソグドとは、天山南北路の西の果て、パミール高原を越えた西側のオアシス国家であり、現在では、旧ソ連から独立した中央アジア・ウズベキスタンのサマルカンド付近にあたる。ソグドを中心としてパミール西麓にあたる国々の、インド・ヨーロッパ系の人びとは、はるか西方のローマおよびビザンツ帝国と、東方はるかな中国との間の中継貿易商人として、当時東西に大活躍していた。かれらは、北魏の都、洛陽にも来たし、北斉の首都、鄴《ぎょう》（河北省臨漳《りんしょう》県）では、北斉の政局にすら、かなりの影響力を与えるほどの経済力を蓄えていた。

しかも、それはたんに華北だけにとどまらない。ソグドのすこし東北にあたるコーカンド出身の康《こう》氏一族は、四世紀にすでに長安に居住していたが、四世紀末から五世紀初めに及ぶ長安の混乱をさけて、漢水をくだり、襄陽《じょうよう》よりすこし南の南朝治下の地に来て、同族からなる一大聚落をつくっていた。かれらは江南の絹製品をはるか西方に送るための出先機関の役割を演じていたにちがいない。

六世紀の初め、梁の武帝が襄陽の軍司令官として、南斉王朝打倒の軍をおこしたとき、この康氏一族は梁の武帝を積極的に応援した。梁帝国建設のための軍資金は、この国際的商業資本家である康氏に負うところ大きかったにちがいないのである。

康氏をはじめ、後趙王国を建てた石《せき》氏、さらにのちに、唐代に反乱をおこしたことで有名な安禄山《あんろくざん》の安氏、また、詩人として文章家として日本にも巨大な影響を及ぼした白楽天《はくらくてん》の白氏など、これらの姓をもった人々は、もとはほとんどパミール周辺のオアシス国家の出身であり、インド・ヨーロッパ系の血をひいた人々であった。

六朝から隋唐にかけての時代は、中国文明圏の拡大期であると同時に、中国文明そのものが、このような西方的色彩を濃厚に取り入れて、コスモポリタン化してゆく時代であった。逆にいえば、そのように中国文明がコスモポリタン化したことが、すなわち中国文明を拡大せしめ、コスモポリタン的中国文明を基盤とする、より広いアジア世界が出現しえたのだと思われる。

地中海世界と東アジア世界

私は、たまたまこのあたりの文章を、フランスはブルゴーニュの古都オータン（Autun）の、とあるホテルで書いている。この町オータンは、ローマが当時のガリア、すなわち今のフランス一帯を征服したとき、皇帝アウグストゥスの勅許のもとに、辺境のおさえとして、紀元前一〇年ごろに建設されたこの地方の中心都市である。

この町を含めて、このあたり一帯の人びとはエデュ人（Eduen）とよばれるガリアの民であった。この人びとはローマに従順であったから、かれらにはローマの市民権が与えられ、

ローマ風サン・タンドレの門　ブルゴーニュの古都オータン

町には神殿・宮殿・劇場などの大建造物が続々と造られて、やがてこの町は「ガリア人のローマ」という美称をもってよばれることになる。そして、いわゆるガロ・ロマン(Gallo-romain)、つまりガリア風・ローマ風美術の花がこの町を中心として花開く。それは、中国世界に比較すれば、さしずめ漢代に置かれた遼東郡の郡庁所在地とでもいったところであろうか。そして、この地に花開いたガロ・ロマンの文化は、烏桓《うがん》―鮮卑《せんぴ》慕容《ぼよう》部―高句麗《こうくり》などに見られる胡族風・漢族風文化にでも比せられるであろうか。

しかし、遼東郡一帯ではいくたびかの戦乱にもかかわらず、鮮卑慕容部から高句麗へと胡族風・漢族風文化が拡大していったのに反して、オータンでは、ローマ末期のガロ・ロマンの文化と、それから数百年後の十二世紀から花咲くキリスト教的ロマネスクの文化との間に、一種の断絶があったように思われる。オータンの町と美術の歴史を扱ったかんたんな案内書によれば、その間にオータンは数度の破壊をこうむった。とくに、二七〇年にはバゴード人（テトリクスのガリア農民たち）によって、五三四年にはクロタール一世の軍隊によって、七二五年にはサラセン人の侵入によって、七六一年にはガスコン人によって。

ヨーロッパ史の知識に乏しい私には、バゴードその他による破壊が、ガロ・ロマン文化の断絶にどの程度の決定打を与えたのかわからない。しかし、右にいう数度の破壊の中で、決定的な役割を演じたのはサラセンの侵入ではなかったであろうか。それは、かの有名なベルギーの中世史家アンリ・ピレンヌの説が私の脳裡《のうり》にあるからである。

H・ピレンヌによれば、地中海世界はローマの滅亡やゲルマンの侵入によって崩壊したのではない。メロヴィング朝フランク王国の時代、七世紀までのガリアは、まだガロ・ロマン文化の地方として、ローマ風の古典文明が維持されていた。そこはなお地中海世界の一環であり、古典ローマの文明はまだ完全に地に堕《お》ちてはいなかった。

その地中海世界の統一性を決定的に崩壊させたもの、古典古代世界を完全に没落せしめたもの、それはサラセンの西進であった。アフリカ海岸からイベリア半島まで含む地中海の南部と西部とが異質の文明に制圧された結果、地中海の海上交通を紐帯《ちゅうたい》とする古典古代世界の統一性は、完全にひきさかれた。地中海の東北部のみが、かろうじて東ローマ帝国によって確保され、西北部は地中海からしめ出されて、その生活基盤は完全に内陸に閉じこめられることになった。かつて地中海を中心として栄えた古典古代のローマ文明圏は、これによって、西北の内陸的なカトリック風・ゲルマン風の西ヨーロッパ文明圏と、東北のギリシア正教風ビザンツの東ヨーロッパ文明圏と、西部と南部の回教文明圏とに三分されてしまったのである。

スペインを席捲《せっけん》し、オータンの町を破壊したサラセンの侵入は、フランク王国のシャルル・マルテルによって撃退され、ピレネー山脈の南に追いやられた。やがて、西ヨーロッパをほとんど制覇したシャルル・マーニュ、すなわちカール大帝は、八〇〇年にローマ法王レオ三世から戴冠され、ローマ帝国再興を旗じるしに掲げるけれども、その宮廷には、もはや正しいラテン語の文章を書けるものが、ほとんど絶えていたといわれる。古典文明のレヴェルは、メロヴィング朝時代よりも、はるかに落ちこんでいたのであり、地中海世界が崩壊して内陸に閉じこめられた西ヨーロッパは、ここに独自のカトリック的、ゲルマン的文化形成の道を、あらためてたどり始める。オータンと同じブルゴーニュの、もう一つの古都、オーセール（Auxerre）の、教会地下墓地に残された九世紀の壁画は、そのもっとも早い遺品の一つである。

このような地中海古典古代世界の崩壊と、内陸に閉じこめられた西ヨーロッパのカトリック的・ゲルマン的中世文化形成との大ざっぱな歴史を回顧するとき、それを中国世界における六朝から隋唐へかけての歴史的展開と対比して、私は一種の感慨を禁ずることができない。

西方では、古代文明の基盤であった地中海世界が、回教とキリスト教と、キリスト教の中でもカトリックとギリシア正教と、互いに排他的な宗教の角逐によって三つの文明圏に分割され、それによって地中海世界は壊滅した。

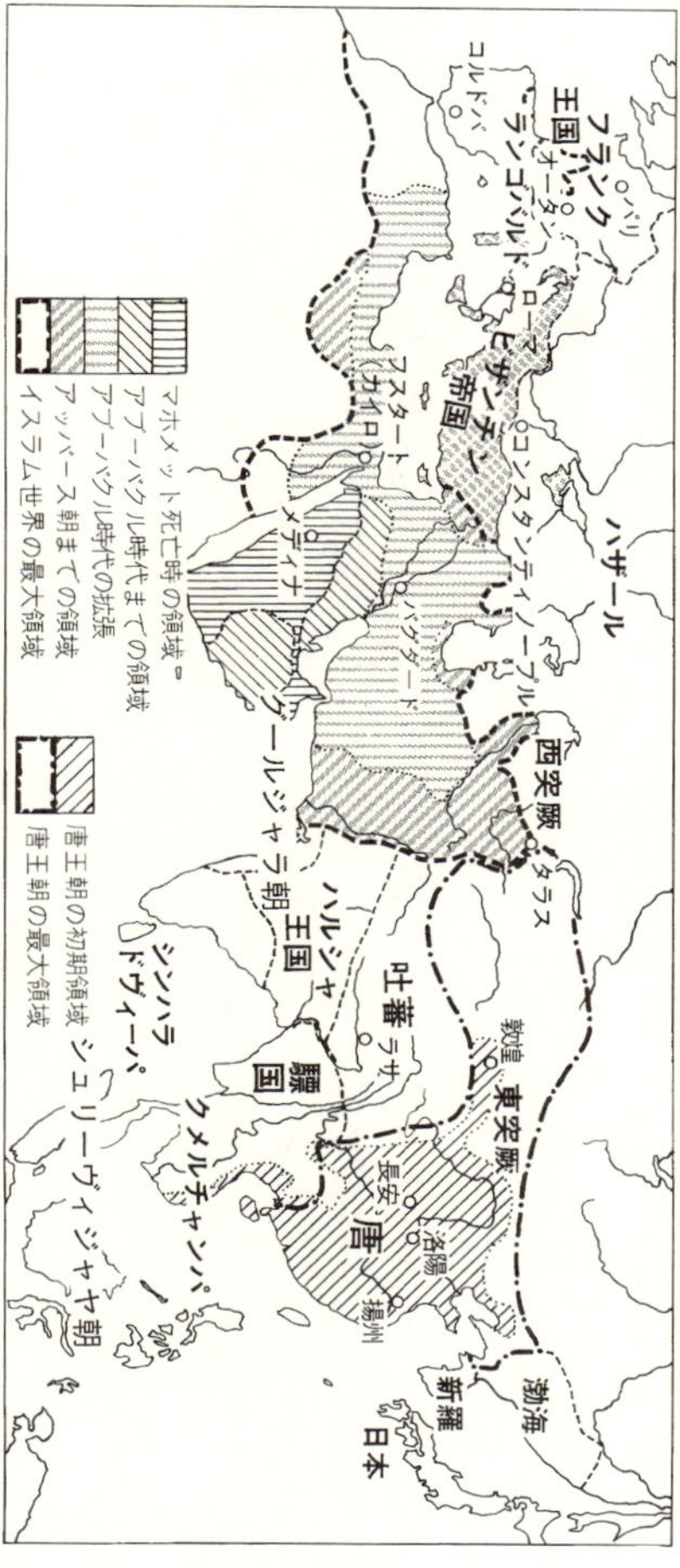
フランク王国
パリ
オータン
コルドバ
ランゴバルド
ローマ
ビザンチン帝国
コンスタンティノープル
ハザール
フスタート（カイロ）
メディナ
バグダード
グールジャラ朝
西突厥
タラス
ハルジャ王国
吐蕃
ラサ
驃国
敦煌
東突厥
長安
洛陽
揚州
唐
シンハラ
ドヴィーパ
クメル
チャンパ
シュリーヴィジャヤ朝
渤海
新羅
日本
マホメット死亡時の領域
アブーバクル時代までの領域
アブーバクル時代の拡張
アッバース朝までの領域
イスラム世界の最大領域
唐王朝の初期領域
唐王朝の最大領域

隋・唐朝の東洋と西洋

東方では、古代文明を繁栄させた中国世界が、さまざまな政治的分裂と民族間の闘争があったにもかかわらず、そのまま、というよりむしろ、より拡大された中国的世界として継続し発展したのである。

断絶の世界と永続の世界

西方でいうならば、地中海西北部はガロ・ロマン文化を順調に展開させ、そして、東北部のローマ風ビザンツ文明と、西部・南部のローマ風・サラセン風文明とともに、この三者がローマ風文明を共通の基礎としながら、互いに開かれた関係において、それぞれコスモポリタン化していったと仮定すれば、東方の中国世界における胡族風・漢族風文明圏の拡大と、ある程度照応するだろう。西方では、どうしてそのような共通性を維持することができなかったのか。また東方では、どうして中国的世界の継続発展が可能であったのか。それは世界史的にもきわめて興味のある問題であろう。

それはきわめて大きな課題であるが、考えられることの第一は、地中海世界の中心が海であり、中国世界の中心は華北から華中にかけての平原である、という単純な事実にあるだろう。人間がそこに定着しえない海は、周辺の陸地の状況によって容易に性格を変えうる。人間の定住する内陸では、事はそれほど容易には動かない。もし、地中海が陸地で、そこにローマ文明をになう多数の人々が居住していたと仮定すれば、その文明の持続はより強靱であったろう。海に突出したイタリア半島だけでは、ローマ文明を核とする地中海世界の維持にとって、不十分であったというほかないのである。

第二に考えられることは、キリスト教と回教に共通する排他的、戦闘的性格と、東方の仏教および中国人の宗教意識における包容的性格との間の相違の問題である。中国においても、六朝から隋唐にかけて、仏教と道教、あるいは儒教との間に排他的な論争や衝突がないわけではなかった。しかし、中国では、究極的な実在を非人格的な「道」として捕らえ、「道」自体は人間の分析的認識能力をこえた「無」的性格のものと考える基本的思考様式が古くから存在した。そこでは、「一切空」を説く仏教もまた、「道」を追求する「道教」——道の教え——の一つとみなされることができた。すなわち、「道」の無的性格の中にすべてが包摂されえたのであり、仏教もまた、「道」の探究を豊かにするものとして作用したのであった。

そして、このような思考様式の性格の相違は、精神史上のきわめて重要な問題であるが、しかし、そのような思考様式の相違を、東方と西方とにおける現実の歴史の展開の上で、実際に異なった方向に実現していったものは、それらの思考様式をになう知識人であった。

中国の知識人と貴族制社会

実際に、中国世界を地中海世界のように断絶させることなく、古代文明を核として維持しながら、より豊かに国際色を加えつつ発展させた最大の要因は、中国における知識層の幅広い、そして強靭な存在によると思われる。

西ヨーロッパにおいて、メロヴィング朝末期からカロリング朝初期にかけて、七、八、九世紀ごろの知識人には、もはや正しいラテン語の文章を書けるものがほとんど見られなかったことを先に紹介したが、そのような古典文化のひどい落ちこみは、中国ではまったくおこらなかった。中国では、むしろ政治的分裂と大混乱期の六朝時代においてこそ、もっとも華麗な、もっともリズミカルな、駢儷体《べんれいたい》とよばれる完成された文章のスタイルが確立した。それは、政治的分裂と戦乱のさなかにおいてすら、中国の知識人たちが、かれらの古典文明をしっかりと維持しながら、しかもそれをより豊かに発展させた強靱な精神と、その主体的努力のねばり強さを如実に示している。

戦乱に明けくれた六朝時代に、武力をもった武将の活躍はたしかにめざましかったし、ことに華北に侵入した北方異民族は、そのすぐれた武力を背景にして、漢民族を制圧した。武人の役割はたしかに大きかったにもかかわらず、かれら武人が支配階級を構成し、封建的な武家社会をつくりあげることは、中国ではついにできなかった。戦乱時代であったにもかかわらず、支配階級にはいるためには、知識と教養を備えた文人でなければならないという原則が、中国ではだいたい貫徹されていた。六朝から隋唐時代にかけての社会は、普通に貴族制の社会と規定されるが、その貴族とは武人であるよりも、むしろ文人であり、知識階級であることを本質とする。華北を制圧した異民族の支配層は、もとは武人であったけれども、それもしだいに知識と教養を身につけた文人へと脱皮してゆかざるをえなかった。

このような、中国における知識階級の強靱さがどうして生みだされたのか、六朝時代の貴族制社会はどのようにして形成され、推移していったのか、武力をもった武人たちは、その社会に対してどのように関係するのか、といった問題を中心にすえて、以下にこの時代の歴史の流れを見てゆくことにしよう。

第三章　貴族制社会形成への序曲——二世紀の華北

一　漢代の社会と豪族の伸張

貴族発生の基盤——郷村社会

貴族制社会というのは、貴族、または豪族とよばれるような社会層が広く存在して、それが政治・社会・経済・文化のあらゆる面をになう中心的な存在となっていたような体制であって、そのような社会体制が三世紀以後、六朝時代を通じて、さらに唐代にいたるまでの中国社会を特色づけていた。そして、先に述べたように、全般的に見て文人の優先する、このような社会体制が、長期にわたる壮大な政治的分裂を経過したにもかかわらず、中国世界と中国文明の継続発展を可能にした最大の要因だと考えられる。

ところで、いま「貴族または豪族とよばれるような社会層」という、あいまいな表現を使ったが、そのような社会層は漢代を通じて郷村社会の中から徐々に形成されてきたものであるから、それがどういうものであるかを最初にすこし説明しておきたい。

だいたい、漢代の華北における標準的な郷村社会は、日本の農村によく見られる散村——

農家が点々と散らばって村をつくっている形――ではなくて、集村であり、土城を周囲にめぐらした、いわば小さな町とでもいえるものの中に、農家が集まって一つの郷村社会をつくっていた。一九五七年に河北省武安県午汲鎮《ごきゆうちん》の北から、「午汲古城」と名づけられた漢代の農村都市の廃址が発掘されたが、それは左の図のように、東西八八九メートル、南北七六八メートルの矩形《くけい》で、周囲は城郭でとりまかれ、東西には、ほぼ中央を幅六メートルの道路が貫通して、東門と西門を結んでいる。南北には幅二・五メートルの道路が四本走り、北門と南門の位置は対称ではない。これらの道路によって、この町は十個の区画に分けられていた。

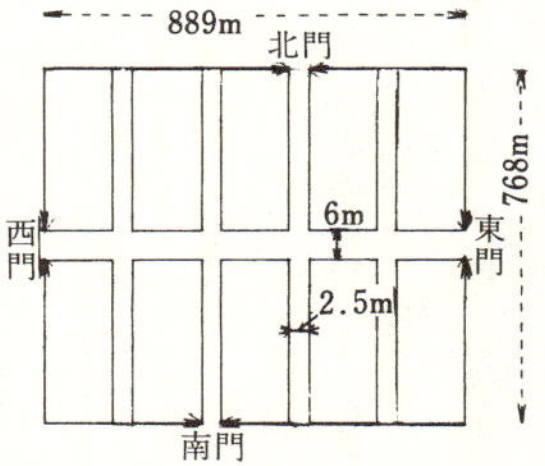

午汲古城　河北省武安県午汲鎮の北部，1958年発掘，五井直弘氏原図

　この一区画を当時の用語では「里《り》」という。その周囲には低い垣がめぐらされ、一つの「里」に住む人々――制度的にはだいたい、百軒程度とされる――は、道路に向かって開かれた一つの門――これを「閭門《りよもん》」という――から出入りしていたらしい。このような「里」がいくつか集まってつくられた町は、当時「聚《しゆう》」・「亭《てい》」・「郷《きよう》」などという言葉でよばれた。当時の制度で、「十里一郷」ということがあるから、十個の「里」からなる午汲古城は、制度的には、まさしく「郷」というものにあたる。

　しかし、いくつかの「郷」の中から、それらを制度的に統轄する「県」庁所在地が設定されるから、それは「県」であったかもしれない。五井直弘氏によれば、漢代の県・郷・聚の大きさは、だいたいこの午汲古城、または江蘇省贛楡《かんゆ》県の西三〇キロから発見された約五〇〇メートル四方の古城址程度の大きさであったろう、と考えられている。

里を基本単位とする郷村共同体

このような「郷」や「聚」に集住する農民たちは、その町の周囲に広がる各自の農地に、朝出かけて農耕労働を行い、夕方に町に帰るといった生活を送っていた。そして、一つの「里」は、「父老」とよばれる人生経験豊かな年長者を中心に自治体を形成し、人々は互いに共同体関係で結ばれていた。このような「里」が数個集まった「郷」では、それらの「父老」の中から代表が選ばれて、「郷三老」という役――「三老」は三人という意味でなく、ただ役職の名――につき、この郷村自治体の代表であると同時に、上部機関――「県」や「郡」――から回ってくる命令を下達する、というしくみになっていた。

また、このような町には「亭」とよばれる建物があった。それは、字形から想像されるように、二層の屋根をもつ二階建てか、または一本の杭《くい》の上に二層の屋根をもつ小さな塔のような建物で、物見やぐらの役割を果たす。つまり、それはこの自治体、あるいは共同体の秩序を見守る場所であり、またここには駅馬などが置かれて、他の町との連絡場所でもあり、旅人の宿泊設備もついていた。そして、「亭」にはその共同体に属する若者たちを教育する

「塾」や、そこで共同に飲食できる「厨《ちゅう》」がついていることもあった。つまり、その町の共同集会所――公会堂――の役割も果たしていたらしい。近年まで、ヴェトナムでは、村の共同集会所を dinh ディンとよんだそうであるが、「亭」の音が t'ing ティン（グ）であるのと関係があるかもしれない。ともかく、この「亭」は「郷」や「聚」の中心施設であり、さればこそ「亭」の名で、この聚落全体をさすこともあったのである。

この「亭」の管理者は「亭長」とよばれ、その町の秩序維持を職掌とする警察官であったが、それもまた、この町の信望ある有徳の老人を選んで、その役についてもらうのが原則であった。つまり、このような「亭」を中心施設とし、「郷三老」を含めた「父老」たちを指導者とする当時の郷村社会は、互いにあまり格差のない自家経営農民たちが、共同体関係で結ばれながら集住していた、と考えてよい。

なお、この農村都市のような「郷」や「聚」、そしてその周辺に広がる農地と、その隣の「郷」との間の距離は、かなりへだたっていた。「十里一郷」の「十里」とは、郷と郷の間の距離が十里だという意味にもなるが、そういった間隙に百戸程度、あるいは百戸に満たない小聚落が一つの「里」をつくって、「父老」のもとに小さな共同体をつくり、その周辺に農地をもつところもあったにちがいない。古賀登氏は長安の都市計画と関連して、このような「郷」と「里」の配置関係について新説を出しているが、「亭」もまた、農村都市や大都市だけでなく、道路に沿った寂しい所に、宿泊施設・駅馬施設として設けられたケースがかなり多く見いだされる。しかし、漢代の郷村社会は、ともかく、この「里」を基本単位とする郷村共同体が基礎になって成り立っていた、と考えられる。

儒教思想の浸透

ところで、周知のように、前漢の武帝は儒教を国教として、儒教の学問と教養を身につけた人物を官僚に登用する道を開いたが、儒教の考え方が社会に浸透し、右に述べたような郷村共同体と、それを基礎にした国家社会を支える理念として自覚されるまでには、かなりの時間が必要であり、その理念が郷村社会にまで本格的に定着してゆくのは、後漢にはいってからだと考えてよい。そのことを知る一つの目やすは、儒家的教養を身につけた官僚の養成機関として、首都に設立された「太学《たいがく》」の学生数や、儒家の学問を修めた知識人がどのように増加していったか、ということにあるだろう。

前漢の武帝のとき、はじめて五十人の定員をもって発足した太学の学生数は、その後しだいに増員され、前漢の末にはだいたい千人程度になった。さらに後漢にはいると、その定員はいよいよ増加し、質帝《しってい》のとき、一四六年には、三万人をこえる大量の学生が、首都洛陽に遊学するという状況になる。しかも学生の存在は首都だけにかぎらない。前漢時代でも、地方の郡に「郡学」とよばれる地方大学が設けられた例がないではなかったが、後漢にはいって、ことに注目されるのは、地方における私学の盛況である。

後漢の中ごろ以後になると、学成って帰るものは、それぞれ故郷において門徒を教授し、一人の宿儒《しゅくじゅ》のいるところには、つねに門下に登録する学生は、千・百をもって数えられ、このために学は天下にあまねくゆきわたった。

これは、趙翼《ちょうよく》という清朝の歴史家がすでに指摘したところである。実際に、後漢末期に出た鄭玄《じょうげん》は、中国学術史上に巨歩を印した大学者であるが、かれは家が貧しく、故郷を去って他の地方の借地農になっていた。にもかかわらず、かれにつき従う学生は数百人から千人に及んだといわれている。いうまでもなく、学問を修めることは、金と暇のある富裕な階級に属する人たちのほうが、はるかにやりやすい。鄭玄のように、自作農でない借地農の階層にさえ、第一級の知識人が存在したということは、この時代の知識階級の層がいかに厚かったかを示しているだろう。

講学画像磚　(四川省重慶市博物館蔵)

儒教の国家・社会理念

このように広い階層にわたって浸透していった儒教の考え方の中心は、「孝悌《こうてい》」、つまり親には孝、兄または年長者には悌、という自律的な家族倫理を社会秩序の基本にすえ、これを国家社会全般の秩序源として広げてゆくことにあった。先に述べたように、漢代の郷村社会は、「父老」を中心とする「里」の共同体が基本単位をなしていた。そこでは、共同体の成員は、「父老」に対する「子弟」であり、郷村共同体の秩序は「父老」と「子弟」との関係、つまり「孝悌」原理によって維持される。現実にはそれほどうまくいっていないばあいでも、儒教的イデオロギーの浸透とともに、郷村社会の秩序は、そのような「孝悌」原理によって維持されるべきであり、そうあらねばならないと自覚されていったのである。

そしてまた、漢の帝国政府のほうも、このような郷村共同体の社会と、その社会秩序を基礎にして、国家社会の全体を維持しようとする。その方向のかなめの役割を果たすものが、当時の「選挙」制度にほかならない。

後漢時代の選挙制度は、「孝廉《こうれん》」という儒教的な徳目を中心にして、「賢良《けんりよう》」「方正《ほうせい》」「茂《も》才《さい》」「直言《ちよくげん》」などの科目にふさわしい人物を、地方長官がそれぞれの地方から中央に推挙して、これを官僚に登用し、これらの賢者・有徳者たる官僚に国政を担当させることを目的とした。そして、地方長官がこのような人物を推挙するにあたっては、郷村共同体における評判——当時の言葉で「郷論」という——を参考にする。いわば、郷村共同体の代表者を官僚に登用するわけであり、この制度が当時の言葉で「郷挙里選《きようきよりせん》」とよばれたのも、そのためであった。

このように、「孝悌」にもとづく郷村共同体原理の担い手たちが、上部構造としての国家機構を構成し、国政の運用にあたるということは、下は個々の家と、その集合体たる郷村社会から、上は帝国政府——その頂点としての天子——にいたるまで、国家社会の全体が儒教的な共同体原理によって貫通されるということであり、公権力としての国家機構は、このような共同体原理に貫かれることによって、はじめてその公的機能を果たすことができる、と考えることにほかならない。

実際に、儒家的教養をもった人材が、前漢末から後漢にはいって、官僚のなかでしだいに大きな比重をしめてくるにつれて、あるべき国家、そしてその中心に立つべき「王者」は、「四海を家とし、兆人《ちょうじん》を子とする」（王符『潜夫論』）儒家的な家共同体原理に立脚すべきものだ、という国家理念が一般にゆきわたっていった。

そこでは、天界のあらゆる星が、天のもっとも高い所に位置する北極星のもとに、上下尊卑の階層的秩序を保ちながら、整然と統率され、運行しているように、地上の国家もまた、天子のもとに、あらゆる官僚と庶民が儒教的な徳にもとづく上下の階層秩序を保ちつつ統率されねばならない、と観念されたのである。

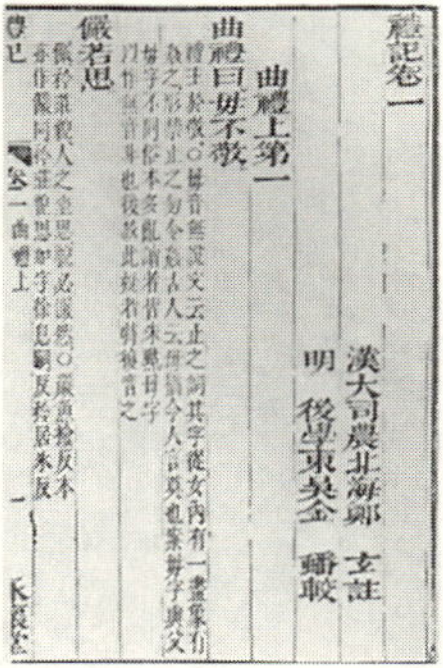
禮記卷一
漢大司農北海鄭玄註
明　後學東吳金蟠較
曲禮上第一
曲禮曰毋不敬
儼若思

礼記曲礼　儒教倫理の一つをあらわしたもの

このような儒教的共同体原理に貫かれた国家理念、天界に対応する唯一のあるべき地上国家という普遍的国家の理念は、しかし、現実の漢帝国がそのような理想的な形を実現したから一般に普及したのではなく、実は、その理想的なイメージがなかなか実現できず、むしろ、そのような理想をつきくずす動きがしだいに強くなって、知識人た

狩猟収穫図　四川省成都揚子山出土の画像磚

ちがそれに対する反発と抵抗をくりかえす中から、ますます明確な形で自覚されてきたものであった。

それをつきくずす動きとは、帝国政府の中枢をなす後漢の皇帝や高級官僚の姿勢にもあらわれるが、より根源的には、やはり漢代社会の基層にある郷村共同体の内部からあらわれる。それはつまり、郷村共同体内部における階級分化の現象にほかならない。

富農の発生とその豪族化

私は先に、漢代の郷村共同体では、互いにあまり格差のない自家経営農民たちが、その中の人生経験豊かな年長者たる「父老」を中心にして、共同体関係で結ばれながら集住していた、と述べた。しかし、概して平穏な漢の統一帝国の長い治世のもとに、農耕技術が進歩し、灌漑《かんがい》設備も整えられるという好条件によって、郷村社会における農業生産力が高まってゆくと、その社会には、どうしても富農と貧農とへの分化がおこる。上昇した生産力の果実は、どうしても富農のほうにより多く吸収されて、富農がますます強力になるという、階級分化の現象が進行せざるをえないのである。こうして出てくる富農の強大化したものが「豪族」にほかならない。
漢代の豪族は、兄弟たちの分家から、その子の世代の分家へと、何代にもわたって分家していった同族が、その中のある強力な家を中心にして結集し、相互に協力しあう同族の豊かな財力を背景にして、郷村社会に大きな影響力をもつものをいう。それは、「郷」「聚」などの農村都市相互の間に横たわる未墾地を開拓して、広大な土地を所有するだけではない。

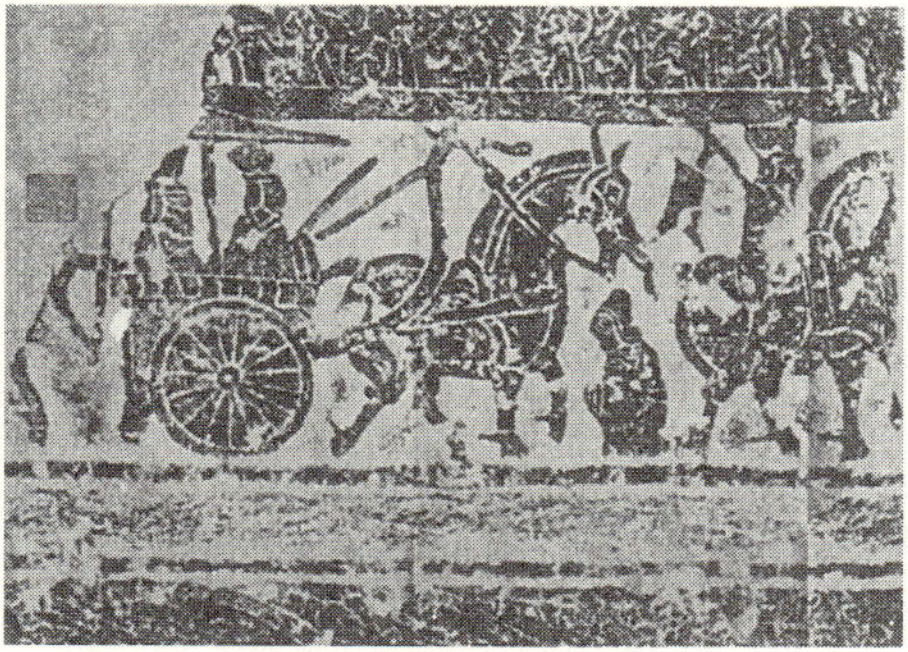
漢代豪族の画象石

その土地を耕作させるために、流れ者を小作人や奴隷にするのはもちろん、周辺の貧農に対する高利貸などによって、返済不能となった貧農の土地を取り上げ、これを小作化する。

そして、かれらの支配力を強化し拡大するために、腕っぷしの強い剣客などを雇って、その輩下として使うことにもなる。このような剣客から、小作人まで、とにかく主家のとりまきとなって、その手足として動く他姓のものを、当時の言葉で「客」という。「賓客《ひんきゃく》」とよばれるものにも、ほとんど小作人化したものが含まれていた。

豪族とは、このように、同族――当時の言葉で「宗《そう》族《ぞく》」という――の相互結合を中心とし、同族のそれぞれをとりまく「客」の力を糾合した集団であって、その中心には、かならずしも本家とはかぎらないが、同族の中のもっとも有力な、有能な人物を集団全体の統率者として、そのまわりに「宗族および賓客」が結集していたのである。

その大きさは、漢末二～三世紀の境には「宗族賓客数千家」に及ぶものまであらわれる。そして、仲長統《ちゅうちょうとう》や崔寔《さいしょく》といったそのころの著作家の表現によれば、このような「豪人（＝豪族）の室《いえ》は棟を連ねること数百、膏《こ》えた田は野に満ち、奴婢は千羣《ぐん》、徒附《とりまき》は万計」にも及び、このような「上家《じょうか》（＝豪族）は鉅《きょ》億の資産を累《かさ》ね、その屋敷と土地は封君の領土にも侔《ひと》しく、賄賂《わいろ》を行って執政を乱し、剣客を養って人民を威《おど》し、辜《つみ》なきものを専《か》ってに殺しても、市場《さかりば》で死刑に処せられる子はないと呼号する。さればこそ、下戸《げこ》（＝貧農）は崎嶇《きく》《おどおど》として足を跱《ふ》む所もなく、父子ともども首《こうべ》を低《た》れて、奴隷のごとく富人に事《つか》えた」という。それは、豪族というものが、財力と武力とをバックにして、周辺に対する支配力を広め、それによって、さらに自己の財力と武力を強めながら、「封君」、つまり領主ともよべるほどの支配力を打ち立ててゆく過程を示している。

郷村共同体の崩壊

このような豪族の伸張は、先に述べた漢代郷村社会の基本的な共同体秩序と矛盾するものであり、豪族の郷村支配が進むことは郷村共同体を解体させることになる。なぜなら、郷村共同体の秩序は「父老」と「子弟」の関係という各人の内発的、自律的な上下関係を含みつつも、互いにあまり格差のない自家経営農民たち相互の、ヨコの共同関係が優先していたと考えられるのに対して、豪族集団内部における主家と客との間に形成される主従関係、および豪族集団とその周辺において豪族に隷属をしいられる農民との間の関係では、支配と隷属というタテの主従関係が優先するからである。

また、「棟を連ねること数百」、「その屋敷と土地は封君の領土にも侔しい」ような広大な豪族の本拠は、先に述べたところの「郷」「聚」など、古くから自立農民たちが集住していた農村都市、面積の上でも数百メートル平方という制限をもった古い農村都市の内部では容易に実現されにくい。それは、むしろ、そのような古い「郷」「聚」の周辺、あるいは、その中間の、かつては未墾地であったところをきり開いてつくられたところが多かったにちがいない。つまり、未墾地がどんどん豪族の荘園に変化していったにちがいないのである。

もっとも、かれらは、もとから住んでいた古い農村都市内にも宅地を広げていたであろうが、豪族の力の

楼閣　古代の高層建築をかたどった四層の家屋。陶製，高さ117cm，陝西省潼関吊橋出土

根拠は、むしろそのような郊外の荘園に移り、都市内部のかれらの宅地は、その郷村支配を及ぼすための出先施設の性格を帯びてゆく。後漢時代になると、「民家はみな高楼を作って鼓をその上に置き、急があれば楼にのぼって鼓をうって隣里に知らせ、互に救助することにしていた」という記録（『太平御覧』巻五九八に引く「僮約」の注）が残っているが、高楼をもつ民家とは、その町の豪族の家をさすにちがいなく、いくつかの「里」からなる農村都市では、何軒かの豪族の出城が、このような形で、それぞれ自衛体制をとっていたらしい。

先に述べたように、農村都市たる「郷」や「聚」には、もともと高楼のついた「亭」があり、その町の信望ある人物が亭長に選ばれて、町の秩序を維持することになっていた。ところが、その町から成長した豪族たちの家々が、それぞれ高楼をつくって自衛体制をとったということは、自治体・共同体であった町の秩序が、いくつかの豪族の自衛体制によってひきさかれていったことを示すだろう。

二つの社会傾向——①豪族の領主化

以上に述べてきたように、比較的平穏な治世が長く続いた漢代の社会では、農業生産力が大きく上昇していった結果、一方では郷村共同体の中から豪族の力が大きく伸張し、共同体内部に階級分化を激化させて、貧農をはじめ自立農民層に対する支配の輪を広げてゆく傾向が、時代の進むにつれて、激しくなっていった。私はこのような方向を「豪族の領主化傾向」とよんでいる。

この傾向がそのままつづくなら、郷村共同体は完全に解体し、強大な財力と武力を擁した豪族による郷村社会の一円的な支配、つまり領主支配の体制が成立するだろう。実際に、漢帝国が崩壊しはじめた大混乱期に、乗氏県（山東省鉅野県西南）の李氏という豪族は、そのもとに属する「宗族賓客数千家」のなかから私兵部隊を編成し、父子三代にわたって、在地の武人領主とよんでもよい存在になっていた。

もし、このような状況が華北全域に進行したとすれば、武人領主による強弱さまざまな権力体が各地に発生し、それら権力体の相互の関係が整序されて、武人を支配階級とする典型的な封建社会が成立したかもしれない。少なくとも、そのような方向に進む可能性は皆無ではなかったと思われる。しかし、実際には、そのようにかんたんに、一直線には進まなかった。なぜだろうか。

それは、豪族を発展させた農業生産力の上昇そのものが、他方では、郷村共同体を構成している自家経営農民たちの生活基盤を強める方向にも作用したことにあるだろう。

二つの社会傾向――②共同体の抵抗

農業生産力の高まりが、先に述べたように、各地の郷村社会に富裕な豪族を成長させ、豪族を領主化傾向に向かわせることによって、周辺の小農民が自立性を奪われて、豪族のもとに隷属せざるをえない状況を広げていったことは、たしかである。しかしまた、それと同時に、同じ農業生産力の高まりが、小農民を、いわば中農へと発展させ、同じく小農民といわれるものでも、漢代初期のそれに比べれば、はるかに強い基盤をもつ農民に育てていったにちがいないと思われる。

北魏の武人俑　高さ34.8cm。陝西省西安南郊草廠坡村出土

そのことは、先に指摘した知識層の部厚い形成ということでもわかるだろう。儒学はいうまでもなく富裕な豪族層にはいってゆくけれども、自作農でない借地農——すなわち「客」——の階層にすら、鄭玄《じょうげん》のような第一級の知識人が存在し、「学は天下にあまねくゆきわたる」ほどの広がりをもっていた。このことは、後漢中期以後の農民たちが、それぞれ強い自立性をもちながら、広い範囲に広がっていたこと、そして、そのような農民層にも、学問を修める余裕がまったくないわけではなかったことを前提としなければ、考えられないことだと思う。

そして、これまた先に述べたように、儒家的イデオロギーは郷村共同体秩序と密接につながっており、その社会秩序を支える方向性をもっている。豪族の領主化傾向が強まって、それが郷村共同体の秩序を解体させる作用をあらわに示すにつれて、広汎に生まれつつある儒家的知識人たちの間には、あるべき共同体秩序の理念がますます明確に自覚され、豪族の領主化傾向に対する反発と抵抗へと世論をかりたてざるをえなくなってゆくのである。

つまり、漢代の社会には、農業生産力が高まるにつれて、一方では豪族の勢力が伸張し、それが郷村共同体の秩序を破壊して、郷村社会を領主支配の体制下につくりかえてゆこうとする傾向と、他方では、その反対に、成長する自立農民の力を背景にして、郷村の共同体的秩序を護持してゆこうとする傾向と、この相反する二つの傾向が、時代の進展とともに、両者ともますます強くなってゆく、という基本的な状況があった。

もちろん、この二つの傾向が互いにどのようにからみあうかは、地域により、地方によって異なるだろう。ある一つの豪族の支配力が及びやすいところは、古くから多くの自由農民が集住する「郷」「聚」のような農村都市よりも、むしろ、それらの町と町の間に点在するより小さな「里」のほうであったろうし、また、このような農村都市が多くできていた先進地帯よりも、むしろ開発が進められてゆく後進地帯・フロンティアのほうに、豪族の力は大きく伸びていったと考えてよい。

ところで、後漢の政権は、以上に述べたような漢代社会の基本的な二つの相反する傾向が、かなり進行してきた状況の中から生みだされ、その間の矛盾に苦しみながら、ついに最終的解決を見いだせないままに崩壊してゆかざるをえなかった。そして、その過程の中から、いわゆる「貴族制社会」なるものが生みだされてゆく。われわれは、その過程を次に見ることにしよう。

二　後漢の貴族と宦官と党錮事件

後漢政権の性格

王莽《おうもう》政権の末期におこった赤眉《せきび》の大乱の中から、後漢帝国を建てた劉秀《りゅうしゅう》の勢力は、河南省南部、湖北省に近い南陽一帯の豪族たちの力を中心とし、これにその他の各地の豪族たちが協力して、できあがっていた。

南陽一帯は、中国古代文明の中枢である黄河流域とは、高さ五〇〇〜一〇〇〇メートルの伏牛山脈で隔てられ、その山脈から発して南陽一帯をうるおすいくつかの河川は南に流れて、湖北省の襄陽《じょうよう》付近で漢水に合流する。漢水は今の武漢《ぶかん》市で揚子江にはいるから、南陽一帯は揚子江流域へ向かって開かれた地理的条件をもち、漢民族にとっては、南に発展してゆく拠点であった。宇都宮清吉氏が指摘されたように、劉秀が出てきたころの南陽一帯は、南に向かって発展する漢民族のフロンティアであり、フロンティアの開発は、豪族たちの力を中心にして進められていた。劉秀の家は南陽郡蔡陽県の管内にあったが、同じ郡に属する湖陽県の樊《はん》氏、新野《しんや》県の陰氏・鄧《とう》氏・来氏などの豪族とは、婚姻関係を通じて、互いに緊密な連繫を保ちながら、共同して開発を進めていたのである。

開発途上のフロンティアに成長した大豪族たちは、前漢の帝室の血をひく劉秀のもとで、あるいは将軍として、あるいは参謀として活躍し、建国の功臣という地位を築く。こうした建国の功臣の中には、それら南陽郡出身者のほかに、関中は扶風茂陵の馬援《ばえん》など、他の地方の人で劉秀に積極的に協力したものも当然含まれる。甘粛《かんしゅく》省に一大勢力を築いたのち、劉秀に帰順、協力した竇《とう》氏や梁《りょう》氏なども、後漢帝国の形成において大きな支柱となっていた。それらの人々も、ほとんど各地方の豪族であって、後漢政権を現実に構築していった中心の力は、これらの豪族たちの連合勢力であったといってよい。

しかし、劉秀らの政権が華北の社会全体に確固たる基礎をすえ、一般民衆を掌握するためには、そのような一部の豪族たちの力にたよるだけでは十分でなかった。前節に述べたように、当時の社会には郷村共同体の構造をもつ部分が多く、しだいに力をたくわえてきた自立農民たちは、共同体秩序の平穏な存続発展を熱望していたからである。かの王莽政権を打倒した赤眉の大乱は、そのような共同体秩序を護持しようとする農民の意志が爆発したものであり、かれらの標榜する「赤」のシンボルは、真に「火」の徳にふさわしい、あるべき漢王朝を再建せよ、との叫びにほかならなかった。

後漢光武帝（劉秀）　歴代古人像賛より

漢の帝室の血を受けた劉秀は、豪族たちの力を結集して赤眉の乱による混乱状態を鎮定したが、赤眉の乱そのものは、豪族の強大化によって農民層の階級分化が進行するという事態に対して、小農民たちが抵抗しておこしたものであったから、豪族層を基盤にして出現した劉秀の政権も、真の漢王朝を再建するためには、このような小農民の抵抗エネルギーを無視することはできなかった。

劉秀すなわち後漢の光武帝（二五～五七在位）は、前節において説明したところの、共同体秩序を基礎にした儒教的国家理念に沿って、あるべき漢帝国を再建しようと努力した。儒学を振興し、儒学の教養をもった人材を官僚に登用するように努めたことは、そのあらわれである。そして、その方針は、つぎの明帝（五七～七五在位）・章帝（七五～八八在位）と、初めの三代の皇帝の治世には、かなりの程度に守られた。それによって、儒教的イデオロギーを官民双方に浸透させる傾向が促進されたことはいうまでもない。

後漢の外戚貴族

しかし、その間にも各地の郷村社会では豪族が成長し、社会的、経済的な力がしだいに少数者の手に収められてゆく傾向は進んでいた。かれらが儒家的教養を身につけて官界に進出し、「世々《よよ》衣冠の家」と称せられるように、官僚の家柄が固定して、政治的な力もまた少数者の手に帰してゆく傾向が進んでいた。その傾向のトップに立つものが、帝室と婚姻関係を結んだ若干の家柄であり、ことに皇后を出して外戚《がいせき》となった家々にほかならない。

後漢において皇后を出す家は、ほとんどすべて、かの建国の功臣たちの家系から選ばれる。先にあげた陰氏・馬氏・竇氏・鄧氏・梁氏などがそれであり、元来、南陽をはじめとする豪族の家々であった。かれらは外戚になると、その権勢をかさにきて不法を行い、後漢政府の権力を自分たち一族の私的な利益のために利用する傾向を内にひそめていた。それはす

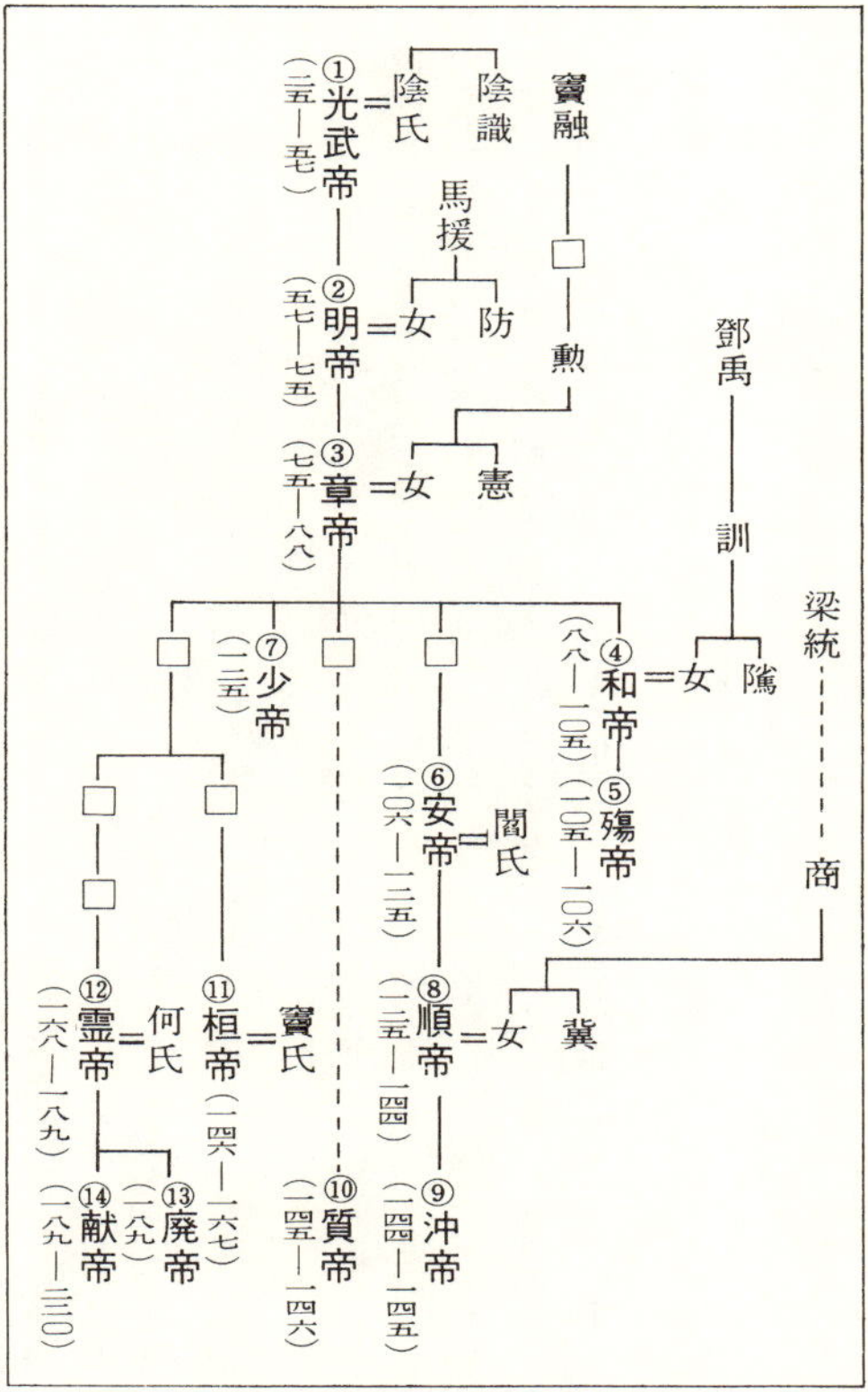
①光武帝（二五—五七）
陰氏
陰識
竇融
馬援
②明帝（五七—七五）
女
防
勲
鄧禹
③章帝（七五—八八）
女
憲
訓
梁統
⑦少帝（一二五）
④和帝（八八—一〇五）
女
隲
⑥安帝（一〇六—一二五）
閻氏
⑤殤帝（一〇五—一〇六）
商
⑫霊帝（一六八—一八九）
何氏
⑪桓帝（一四六—一六七）
竇氏
⑧順帝（一二五—一四四）
女
冀
⑭献帝（一八九—二二〇）
⑬廃帝（一八九）
⑩質帝（一四五—一四六）
⑨沖帝（一四四—一四五）

後漢帝室外戚図

でに初代の光武帝のときから芽ばえている。

光武帝の皇后陰氏一族の所行について、広漢郡（四川省《しせん》）長官の蔡茂《さいも》が提出した上奏文によれば、「近ごろ貴戚椒房《しょうぼう》の家（＝外戚陰氏）は、しばしば恩勢に乗じて法律を犯し、人を殺しても死刑に処せられず、人を傷つけても処罰されない」状況であった。また、明帝の皇后馬氏は賢夫人として有名な人であるが、しかし、明帝の死後、章帝の治世において、馬防をはじめとする馬氏一族は馬皇太后の権威を背景にして、横暴なふるまいがかなりめだっていた。

しかし、先に述べたように、章帝までの三代は、共同体秩序の上に立つ国家であろうとする傾向が、ともかくこれを抑えていたが、その後、幼弱な皇帝がつづき、それにともなって皇太后があいついで摂政となるに及んで、その外戚、すなわち皇太后の父や兄が大将軍となって、いわゆる内朝（国政全般をあつかう外朝に対応する皇帝直属機関）を主宰する慣例ができると、外戚が政権を掌握して、私的支配のために政権を利用する状況がしだいに激化する。

八八年に章帝が死んだあと、その皇后竇《とう》氏が皇太后として摂政になると、その一族は公卿大臣などの多くの重要ポストを独占し、なかでも太后の兄弟「竇憲・竇景らの横暴は日ましにはなはだしく、親党《なかま》や賓客《とりまき》を大都市や大郡の長官に任命し、下級吏員や人民から収奪し、そのうえ互いに賄賂をおくりあって」利権を拡張したので、「その他の州郡もまた風を望んでこれに従った」（『後漢書』「袁安《えんあん》伝」）。

このような一部の外戚による政権壟断《ろうだん》は、竇氏の次に鄧《とう》氏、さらに閻《えん》氏、耿《こう》氏へとつづき、一四〇年代から一五〇年代を通じて、沖帝（一四四～一四五在位）・質帝（一四五～一四六在位）・桓帝（一四六～一六七在位）と三代の幼少な天子をつぎつぎに擁立した外戚の梁冀《りょうき》にいたって、その弊害はきわまるのである。

外戚貴族の特質

ところで、いま引用した『後漢書』「袁安伝」の竇憲らに関する記述は、儒家官僚たる袁安が、外戚竇氏の専横を弾劾した上奏文の一節であるが、その前に引用した外戚陰氏に対する蔡茂の上奏文と合わせてみると、かれら外戚のやり方が、郷村社会における民間豪族のそれと、まったく同じ行動様式をもつことがわかる。

袁安碑

前節で見たように、郷村社会に成長してきた「上家（＝豪族）は鉅億《きょおく》の資産を累《かさ》ね、その屋敷と土地は封君《ほうくん》の領土にも侔《ひと》しく、賄賂を行って執政を乱し、剣客を養って民衆を威《おど》し、辜《つみ》なきものを専殺しても、さかり場で死刑に処せられる子はないと呼号した。だからこそ、下戸（＝貧農）は崎嶇《きく》として足を跱《ふ》む所もなく、父子ともども首を低《た》れて、奴隷のごとく富人に事《つか》えている」と、

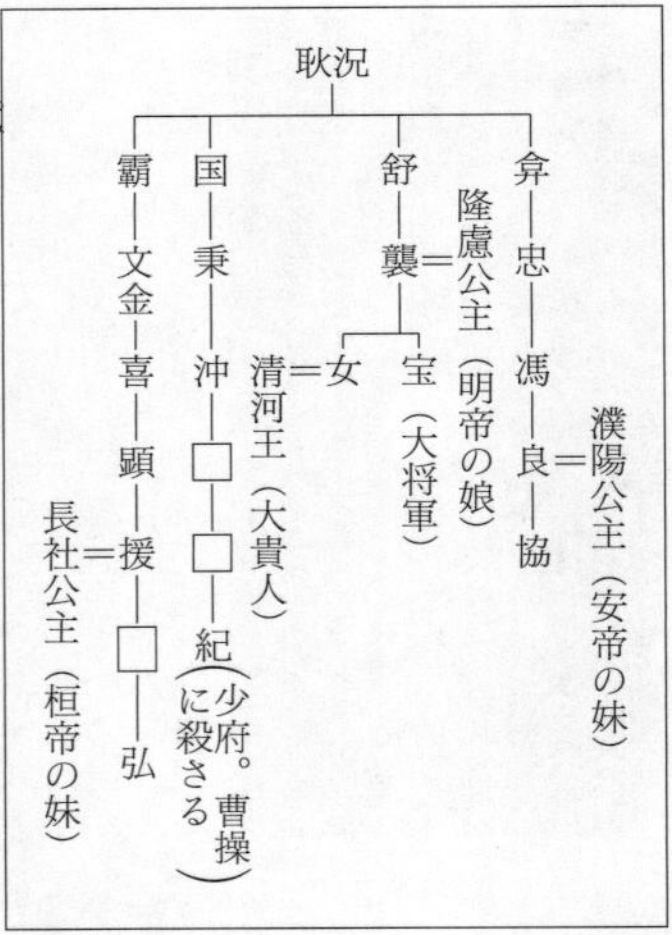

扶風茂陵の耿氏系図

崔寔《さいしょく》は指摘した。それとまったく同じやり方を全国的な規模で、公権を利用して行うものが、「法律を犯し、人を殺しても死刑に処せられなかった」陰氏、あるいは「親党や賓客を大都市や大郡の長官に任命し、下級吏員や人民から収奪し、そのうえ互に賄賂をおくりあって利権を拡張した」竇氏などの外戚にほかならない。

民間の豪族が、「剣客を養って、……辜《つみ》なきものを専殺しても……死刑に処せられなかった」のは、「賄賂を行って執政を乱す」ことのできる贈賄の対象が、上部権力者の中にいたからであり、外戚の「親党・賓客」たる郡県の長官と「賄賂をおくりあって」連繋することができたからである。つまり、外戚が政府の実権を掌握して、その一族の私的利益をはかる行為は、ただちに賄賂によってこれとつながる郷村社会の豪族を強大化し、社会全体をいわゆる豪族の領主化傾向のほうに推進するものであった。

このような外戚は、その家から出た皇后、あるいは皇太后と連繋して、その一族を重要なポストにつける。たとえば鄧氏一族のばあい、侯に封《ほう》ぜられたもの二十九人、公（宰相クラス）になったもの二人、大将軍以下は十三人、大臣クラスは十四人、地方長官は四十八人、そのほか侍中以下になったものは数えきれないといわれる（『後漢書』「鄧禹伝」末）。この数は、鄧氏が外戚として権勢をふるった時期だけでなく、初代の鄧禹《とう》が功臣として遇せられて以後、鄧氏が続いた全期間――外戚としての実権を失ったあとの時期も含む――を通した数字であるが、このような外戚家は、いうまでもなく貴族とよんでさしつかえない。

同じく初代の耿況《こうきょう》が建国の功臣である耿氏もまた、帝室と姻戚関係にあったが、この耿氏は建国の当初から後漢の滅亡までずっと続き、そのかん、「大将軍二人、将軍九人、卿《けい》（＝大臣）三人、内親王を降嫁されたもの三人、列侯十九人、中郎将……および地方長官クラスは数十人から百人に及び、遂に漢と興衰をともにした」（『後漢書』「耿弇伝」）。

このように、後漢時代には帝室を中心とする外戚家・姻戚家の王朝貴族群ができていた。ただ、日本の平安朝において、藤原氏が他家を圧倒して冠絶したのとはちがい、後漢では若干の貴族がかわるがわる外戚家となって、つぎつぎに権勢をふるったのである。そして、権勢を他家に奪われたあとの、かつての外戚家では、かの大学者・馬融《ばゆう》のように、むしろ公正な官僚の立場をとる傾向があることも注意しておこう。

宦官《かんがん》とその政治支配

第三代の皇帝たる章帝の死後、わずか十歳の和帝（八八～一〇五在位）が即位すると、章帝の皇后竇《とう》氏が皇太后として摂政となり、その兄の竇憲《とうけん》が大将軍となって、外戚が内朝を主

宦官　韋泂《いけい》墓石槨画像，唐代のもの

宰する例が開かれたことを先に述べた。

本来、中央の行政府は三公（後漢では宰相にあたるものを「司徒」、副宰相兼大法官を「司空」、国軍最高司令官を「太尉」といい、この三者を三公とする）と九卿（式部長官たる「太常（卿）」以下、各省大臣にあたる九人）を中心として構成されていたが、皇帝にいっそう近いところに大将軍府がつくられて、ここに実権が移り、行政機構がこの内朝と、三公九卿以下の外朝とに分かれて、外朝がしだいに皇帝からひきはなされ、実権から疎外されてゆく現象は、すでに前漢時代に芽ばえていた。後漢における外戚の政権壟断《ろうだん》は、このような行政機構上の変化の先例を利用しつつ、押し進められていった。

ところで、外戚に実権を握られた皇帝は、成長するにつれてこれに反発を感じ、奪われた権力を自分の手にとりもどそうと試みる。そのさい皇帝は、いまや内朝から遠い存在となった外朝との連絡はとりにくく、逆に内朝のもっとも奥深いところで、日常、皇帝に近侍する気心の知れた宦官にたよらざるをえなかった。

かくて、和帝は宦官・鄭衆《ていしゅう》の謀略によって外戚竇憲らを誅滅することができたが、その功績によって、こんどは内朝における宦官の発言権が増大し、鄭衆のように侯に封ぜられる宦官も出現した。竇氏の次に外戚として権勢をふるった鄧氏もまた、宦官勢力によって失脚させられる。それらの宦官たちは、自分らが擁立した順帝（一二五〜一四四在位）のもとで列侯に封ぜられ、やがて養子をとって爵位を継がせる権利も獲得した（一三五）。その次に実権を掌握して、もっとも専横をきわめた外戚の梁冀《りょうき》さえ、一五九年に、単超《ぜんちょう》をはじめとする宦官によって誅滅され、それ以後、政権はもはや外戚でなく、宦官によって完全に握られてしまうのである。

和帝以後の内朝の歴史は、増淵龍夫氏が指摘されたように、「実際の政権の掌握をめぐっての、外戚と宦官とのはげしい争いの歴史であるといってよい」ものであった。そして、一五九年の梁氏打倒によって勝利を収めた宦官の政治支配は、すでに黄巾の動乱によって漢帝国が大混乱に突入していた一八九年、軍隊を掌握した袁紹《えんしょう》が、首都を制圧して、宦官皆殺しを敢行したときまで続いたのである。

さて、外戚と宦官は、政権の掌握をめざして、内朝で死闘をくりかえす敵対者であったが、しかし、外戚に代わって実権を握った宦官たちは、その関係者や、買い取って養子にした奴隷などを、各地の地方長官に任命し、「人民の財産をひとりじめにすること盗賊に異ならなかった」（『後漢書』宦者伝中の「単超伝」）といわれている。「天下の良田美業山林湖沢を囲いこんで、民衆を窮乏に追いこむ」（同・「劉祐伝」）その貪欲なやり方は、先に述べた外戚のそれとまったく同じ方向をとり、公権を私権化して、社会全体に、かの豪族の領主化傾向を大きく進める結果をもたらした。後漢末の著作家、仲長統《ちゅうちょうとう》は次のように指摘する。

政権は外戚の家に移り、寵愛は近習（＝宦官）のやからに注がれ、その党類《なかま》を親しみ、その私人を用い、それらが、内は京師《みやこ》に充《み》ち、外は諸郡に布きつめて、賢と愚はさかしまに、選挙は取り引きの具に使われた。かくて無能者が辺境を守り、貪欲酷薄なものが地方官となり、人民を乱し、異民族を怒らせ、乖叛《かいはん》を招き、乱離の状ははなはだしきに至った（『昌言』「法誡篇」）。

内朝における敵対者であった外戚と宦官は、どちらが政権をとっても、けっきょくは漢帝国を「乱離のはなはだしい状況」に押し進めるものであった。それはつまり、外戚も宦官も、豪族の強大化・領主化を進めることによって、光武帝や明帝が、漢帝国のよって立つ基盤とした郷村共同体と、その社会秩序を崩壊させ、そこに大きな混乱と抵抗とをひきおこしていったからにほかならない。

知識人と郷論

後漢政府の権力が、外戚や宦官によって、以上のような方向に利用されてゆくことに対しては、儒家的教養をもつ多くの官僚や知識人が最初から激しく反対した。先に示したように、外戚陰氏の所行を弾劾した蔡茂《さいも》や、竇憲《とうけん》の一味を告発した袁安《えんあん》などは、そのような動きを示す一例にしかすぎない。にもかかわらず、和帝以後、後漢の政権が外戚や宦官の私的支配のための政権へと傾斜してゆくにつれて、地方の政治と社会は深刻な影響をこうむらざるをえなくなる。それがまず集中的にあらわれるのは、仲長統が、「取り引きの具に使われた」という「選挙」問題である。

後漢の選挙制度は、前節で述べたように、郷村共同体の秩序原理を基盤にした儒家的理念によって、あるべき漢帝国をつくるための、かなめの役割を果たすものであった。そこでは「孝廉」をはじめ、「賢良」「方正」「茂才」などの科目にふさわしい有徳の賢長者を、地方長官が郷論——郷村共同体での評判——にもとづいて中央に推薦し、これらの賢者・有徳者を官僚として国政を担当させることになっていた。

ところが、実権を掌握した外戚や宦官は、「その親党や賓客を大都市や大郡の長官に任命し」、「たがいに賄賂をおくりあって」、「選挙は取り引きの具に使われる」状況が蔓延《まんえん》していった。それが地方における豪族の強大化を推進する方向に作用したことは、先に述べたが、この方向が、共同体秩序にもとづく、あるべき「郷挙里選」と、まっこうから衝突するのは明らかである。しかも、そのような「選挙」妨害が時とともに激化する一方で、儒学を修める知識人の数はどんどん増し、儒教的イデオロギーは広い範囲に普及していった。

儒学を修めるものは、その知識と教養をもって、「治国平天下」に役だてること、みずから為政者となって国家社会の秩序維持にあたること、を理想とするのであるから、そのような理想をもった知識人がどんどん増加する一方で、為政者を採用するための「選挙」が一部の実力者によって公平に運用されなくなれば、それが大きな社会問題となるだけでなく、重大な政治問題に発展するのも当然であった。知識人たちの間には、有徳なる賢者を登用せよ、その登用法たる「郷挙里選」を遵守せよ、という叫びが広がるとともに、一方ではその基礎をなす「郷論」——郷村社会の世論——が儒家的理念と結びついて、ますます自覚的に盛り上げられ、他方では、その広汎な世論が、その実現とはおよそ反対の動きを強める外戚・宦官政権に対して、批判攻撃の矢を向け始めるのは当然であった。

清議の沸騰

知識階級を中心として形成されるこのような世論を『後漢書』では「清議《せいぎ》」という。「清議」とは、俗世間の実状が外戚や宦官の主宰する政権によって、財力と暴力を中心に動かされてゆくのを汚濁《おだく》と感じ、そのような世俗の汚濁に対して、儒家的理念と結びついた共同体的秩序原理の護持を「清《せい》」と意識して、その理念のもとに「郷論」の内容と方向が自覚され、また、せまい郷村社会をこえて全国的な世論に広がっていったものと考えてよい。

このような反政府的な世論は、一五九年に外戚梁氏が倒されて、宦官たちが政府の実権を完全に掌握すると、それを契機に急速に高まり、かつ広がっていった。『後漢書』の著者范《はん》曄《よう》はいう。

桓帝（一四六～一六七在位）霊帝（一六七～一八九在位）の間に逮《およ》んで、君主は荒《すさ》み、政治は謬《あやま》り、国命は閹寺《えんじ》（＝宦官）に委ねられて、在官の士大夫たちはこれと席を伍《なら》べることを羞《は》じた。そこで民間の匹夫《ひっぷ》は抗憤し、処士《しょし》は横議し、遂にかれら自身で人の名声をあおりたて、互いに人物批評を行って、在朝の公卿を品さだめし、執政を批判評量した。

宮刑《きゅうけい》（去勢の刑）を受けることがどんなに大きな恥辱であったかは、かの司馬遷の苦悩を想起するだけで十分であろうし、宮刑を受けたもの、あるいは自宮《じきゅう》したものが任ぜられる宦官は、一人まえの男子として国政を担当する誇りをもった知識人・官僚から見て、風上に置けない存在と見られていた。そのような宦官が、今や桓帝を擁して政権を牛耳り始めたとき、官僚の中に、その風下に立つことをいさぎよしとしないものが多くなるのも当然であり、無位無官の知識人——処士——や、名もない民間人——匹夫——までが、当時盛り上がりつつあった郷論・清議に加わって、反政府の世論の輪を広げてゆくのも当然であった。

そのような世論構成の上で、大きな役割を演ずるのは、かの三万人以上に及ぶ首都洛陽の太学生、および各地の学者のもとで学んでいた多数の塾生たちであった。当時、太学生のリーダーは郭泰《かくたい》と賈彪《かひょう》であった。郭泰らは、陳蕃《ちんばん》や李膺《りよう》など、政府のなかにあって宦官勢力に抵抗する硬骨な高官たちと連絡をもち、「天下の模楷《てほん》は李元礼（＝膺）、強禦《おどし》を畏れぬ陳仲挙（＝蕃）……」といった太学生たちのシュプレヒコールによって、反宦官政府の世論が盛り上げられたのである。このような標語を掲げて人物批評を行い、「在朝の公卿を品さだめして、執政を批判評量した」のは、首都洛陽の太学生にかぎらない。むしろ、そのような政府批判の評語は、より早く地方においておこっていたと、范曄は書いている。

党人の拡大

初め桓帝が蠡吾《れいご》侯であったとき（つまり皇帝になる前に）、甘陵の周福から学問を習った。皇帝の位につくと、桓帝は周福を抜擢して尚書（＝皇帝秘書。外朝が実権を失いつつあった当時、実質的に大臣に比せられる権限をもつ）に任命した。そのころ、同じ甘陵郡出身の首都圏長官・房植《ぼうしょく》は在朝の名士として評判が高かった。郷人（＝甘陵地方の人々）はそこでこんな謡《うた》をはやしたてた。「天下の規矩《てほん》は房伯武（＝植）、師に因って印《くらい》を獲たるは周仲道（＝福）」と。周家と房家の両方の賓客《とりまき》は互に相手をくさしあって、それぞれ徒党をくみ、しだいに溝を深くしていった。このために甘陵地方は南部と北部とに分裂した。党人の議はここから始まるのである（『後漢書』「党錮列伝序」）。

桓帝が即位したのは一四六年、まだ外戚梁氏の全盛時代であり、宦官はむしろ梁氏に抑えられていた。そのころからすでに、地方の郷村社会では、皇帝とそのとりまき、つまり政府における実権派につながって、うまい汁を吸おうとするものと、それに対する反対派とに分裂して争う傾向が生まれていた。周氏も房氏も、同じ甘陵の地において、ともに「賓客」をかかえた豪族であったにちがいない。

しかし、そのうちの一つの豪族が、右のような皇帝との個人的なコネクション、または贈賄などの手段によって、政府の実権派——外戚、のちには宦官——に結びつき、上部権力の保証のもとに郷村社会に対する支配力を増大したとき、その路線につながれなかった、またはつながることをいさぎよしとしなかった他の豪族は、その路線からの圧力に対抗するために、反対の路線に追いこまれざるをえない。反対の路線とは、一般の小農民を含む「郷人」と連合し、その側に立って共同体秩序を維持する方向であり、そのイデオロギーたる儒教理念を鼓吹《こすい》して、みずからもそれを実践することにほかならない。郷論はこのような豪族を「天下の規矩」と認定し、これを支持してその先頭に立てるのである。

このような郷論は儒家的イデオロギーを内容としているから、せまい郷村社会の枠をこえて一般に広がる共通性をもっている。また、郷論によって盛り立てられる豪族も、郷村社会において敵対する豪族の領主化傾向と、そのバックにある外戚・宦官勢力に対抗する必要上、他の郷村社会の同じ立場にある豪族や知識人と連繋し、共同戦線をつくりだす。そのような傾向が、かれらの塾生や賓客や、さらに中央の太学生などにあおられて、ここに、宦官政府とそれに結びつく地方豪族を批判攻撃する、広汎な「清議」の場が形成されたのである。

党錮事件

首都洛陽をはじめ、汝南《じょなん》・潁川《えいせん》・陳留《ちんりゅう》・山陽などの諸郡、つまり河南省・山東省・河北省南部などの華北の先進地帯では、以上に述べたような情勢が進行して、県・郷などの基礎的な郷村社会の枠をこえ、郡規模の大きさをもつ郷論の輪がつくられていた。たとえば山陽郡では、宦官侯覧《こうらん》の罪状を痛烈に告発した張倹《ちょうけん》以下の八人を「八俊」と称し、劉表らの八人を「八顧」とよんで、郡自身の中で独自の名士番付を作っていた。

郡規模の大きさに広がった郷論の輪は、さらに他の郡のそれと連合し、全国的な規模の輪にまでまとめられる。反宦官派の高官である竇武《とうぶ》・陳蕃《ちんばん》ら三人を「三君」とよんで最高位に置き、硬骨の警視総監李膺《りよう》以下の八人を「八俊」に、郭泰《かくたい》ら八人を「八顧」とよび、山陽郡の「八俊」にはいった張倹と、そこでの「八顧」にはいった劉表とは、この全国的規模での名士番付では「八及」のカテゴリーに入れられる。

このように、郷論の輪が重層して形成される民間の「清議」の世界において、政府の官僚序列とは別個に、「名士」の序列が作られたということは、政府の任命、または政府側の選挙にもとづく現実の官僚序列に対して不信を表明したものであり、「清議」に加わる知識人たちが政府反対党を作って、現在の野党のいわゆるシャドー・キャビネットに似たものを用意したことにほかならない。

宦官政府を攻撃する「清議」の沸騰に対して、一六六年十二月、宦官側はついに弾圧に踏みきった。すなわち、李膺をはじめ二百人あまりを逮捕し、徒党をくんで朝廷を誹謗《ひぼう》するとの罪状のもとに投獄した。翌一六七年六月、いちおう出獄はさせたが、終身「禁錮」――官職追放・仕官禁止――に処したのである。これがいわゆる「党錮《とうこ》」事件の始まりであるが、このような弾圧によって、沸騰する清議の運動を抑えることはできなかった。むしろ、投獄されパージに処せられた李膺らは、清議の運動において英雄視される。

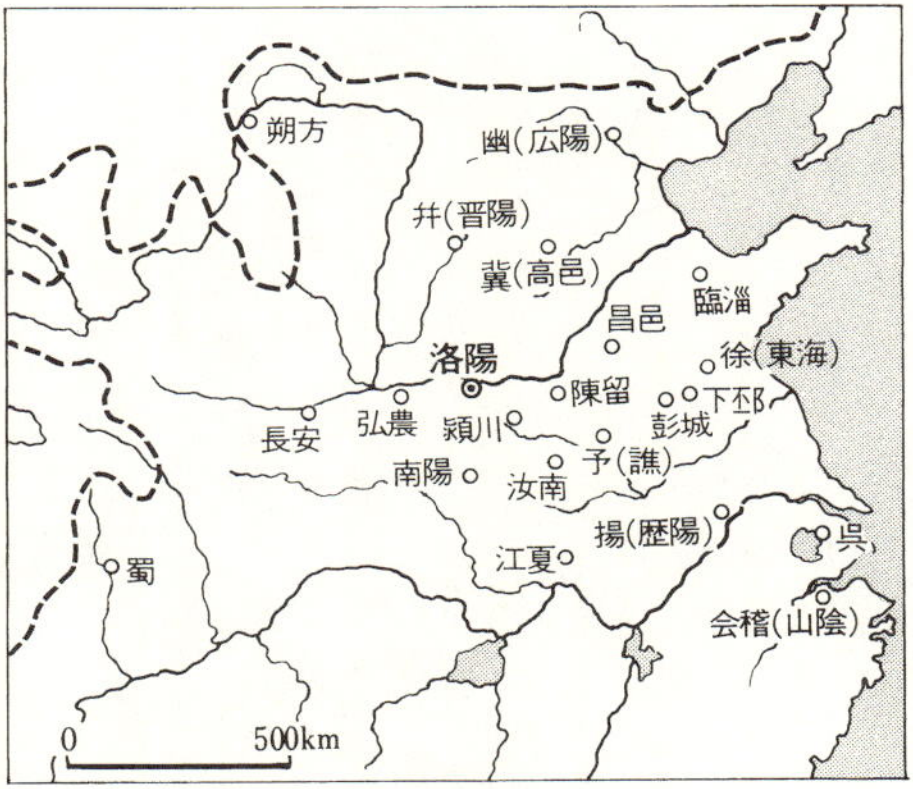

後漢要図

その年の暮れに桓帝が死に、わずか十二歳の霊帝（一六七〜一八九在位）が即位して、桓帝の皇后竇《とう》氏が皇太后として摂政になると、その父の竇武は慣例によって内朝を主宰する大将軍に任ぜられた。かねてから宦官反対を標榜する清議の士に好意的であった竇武は、同じくこのとき太尉——最高軍司令官——に任命された清議派の領袖陳蕃とともに、宦官一掃の計画を練り始める。清議の徒の期待はいやましにふくれあがったであろう。先に述べた「三君」「八俊」以下、竇武・陳蕃・李膺らを筆頭とする全国的な名士番付は、このころに確立されたと思われる。

しかし、竇武は外戚の立場にあったこと、外戚と宦官は、先に述べたように、政府の実権掌握をめぐって内朝で死闘をくりかえしてきた関係にあること、を注意する必要がある。竇武は政府の実権を宦官から奪回するために、陳蕃ら外朝の高官を先頭に立てて、盛り上がってきた清議運動を利用したにすぎないかもしれない。そのような竇武まで「三君」にかつぎあげた清議は、外戚にまんまと利用されたのかもしれない。

とにかく一六八年九月、竇武・陳蕃らは、朝廷において宦官たちを誅滅しようとしたが、宦官側はその動きを探知して、先手を打って竇武・陳蕃を殺した。そして、その翌年、一六九年十月、「天下の豪傑および儒学もて義を行うものは、一切くるめて党人《とうじん》となし」、党人のレッテルをはったものに対して徹底的な弾圧を開始した。李膺以下百人以上にのぼる有名な官僚や知識人が死刑に処せられ、逮捕をまぬかれた党人に対する指名手配は峻烈をきわめ、党人をかくまった疑いのある家まで処刑の手が伸びた。そして、数百人にのぼる党人に対して出された「禁錮」令、すなわち官職追放・仕官禁止令は、やがて一七六年にはその一族郎党にまで拡大され、一八四年に黄巾《こうきん》の大乱が勃発するときまで、二十年近くのあいだ厳重に施行された。

徹底的弾圧後の「清議」の人々

一六六年と一六九年との二回にわたる党錮事件、なかでも一六九年に行われた第二次の徹底的な弾圧によって、清議運動の中核をなした儒家官僚は粉砕され、その勢力は官界から一掃された。匿名《とくめい》変装してあやうく逮捕をまぬかれた党人の名士は地下に潜行し、追放処分だけですんだ党人は、故郷の家に蟄居《ちっきょ》して、門人に教授するくらいが関の山であった。

しかし、清議の運動は、郷村社会において共同体秩序の護持を願う民衆と知識層との郷論に深く根ざしたものであったから、苛烈な弾圧もこれを根絶できるはずはなく、清議の世界

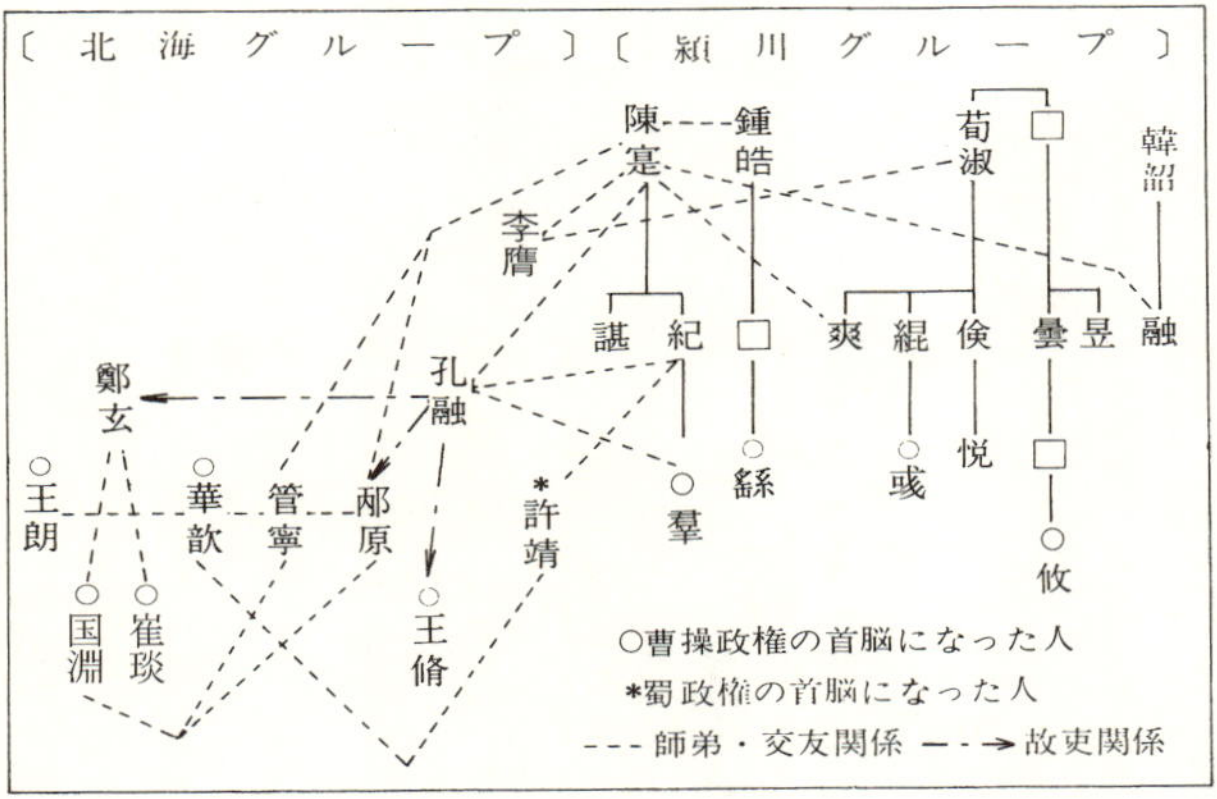

清流士大夫関係図

は在野の潜在勢力として執拗に生きつづける。実際に、逮捕をまぬかれた党人のひとり、穎川《えいせん》の陳寔《ちんしょく》らを中心にして、新しい在野の名士が続々と出ていたし、汝南《じょなん》の許劭《きょしょう》・許《きょ》靖《せい》兄弟が行った人物批評は、天下の名士を認定する権威ある場として、「汝南月旦の評」というその名は、天下に知れわたったのである。

　こうして、潁川・汝南、あるいは大儒鄭玄《じょうげん》たちをめぐる北海など、河南省・山東省・河北省南部などの先進地帯を中心とする郷論の場と清議の世界は、あからさまな政府攻撃こそ禁絶されたが、賢者有徳者を認定する人物批評の形をとって、依然として存続していった。そして、一八四年に勃発した黄巾の大乱によって、後漢政府の無力が暴露されたとき、この政権に密着してきた外戚貴族や宦官は、後漢とともに滅びてゆかざるをえない運命にあった。これに反して、次の時代をになう力は、むしろ厳しい党錮の弾圧のもとで、なお世論を背景に「名士」と認定されてきた人々から生まれてゆく。やがて来たるべき六朝時代に、文人貴族層を形成していったのは、これらの「清議」の系譜をひく人びとであったのである。

三　黄巾の乱と五斗米道

貧農の激増

党錮事件によって、宦官勢力は反抗する清議の徒を官界から追放し、政府の実権は完全にかれらの手に握られた。人民の田地や宅地を取り上げて豪壮な邸宅を造るような宦官たちの私的な権力行使は、これに結びつく各地の豪族たちの同様な私権行使と一体になって、社会全体にいわゆる豪族の領主化傾向を大きく進行させた。そして、一七八年には官爵の売り出しが大々的に行われた。『後漢書』には次のようにいう。

公卿や地方長官より以下それぞれ段階的に納入額が決められて、金持ちはまず銭を納めて任官されるが、貧しい人は官についてからあとで倍額を納めるか、あるいは宦官や天子の乳母《うば》たちを通して別に納入することになった。功労もあり名誉もある高官でさえ、まず貨財を納めなければ三公の位につけない有様。そのとき崔烈《さいれつ》は天子の乳母を手づるに五百万銭を納入して司徒（＝宰相）になることができた。その子の崔鈞《さいきん》がいった。「世間では父上がいずれ三公になられる方だといっていましたが、いま三公になられて、みな失望しています。……世間ではその銅臭を嫌うのです」（崔烈伝」）。

また、首都圏長官になった劉陶《りゅうとう》は、着任して千万銭を出さねばならぬことになった。清貧であった劉陶は金で官職を買うのを恥と思い、病気だといって政務をとらなかった（同、「劉陶伝」）。このような銅臭ふんぷんたる宦官政府の機構は、富殖を基準にして権力が体系化されたものであり、それはもはや完全に富殖豪族層のための暴力装置になり終わったといってよいだろう。

かくて一六九年の第二次党錮事件以後の十年あまりの間に、郷村社会では、富殖豪族の自己拡大、すなわち領主化傾向の露骨な発動によって、共同体秩序の崩壊と中小農民の没落流亡が加速度的に進行し、膨大な数の貧農が生みだされていった。中間階級としての知識人層が、儒教的共同体の再建と、豪族の領主化傾向反対をめざしておこした清議運動の挫折——党錮——ののち、その重圧が中間層をこえて、直接小農民の肩の上にのしかかってきたのである。

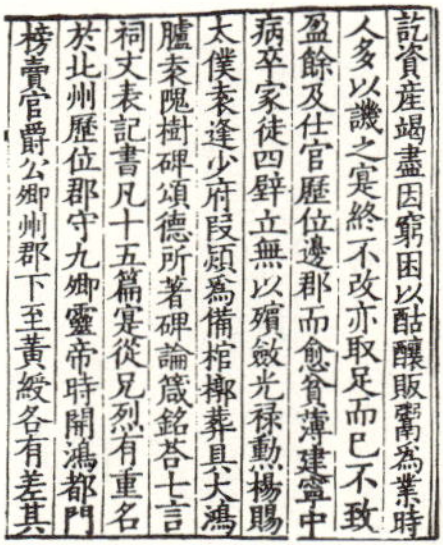
訖資産竭盡因窮困以酤釀販鬻爲業時
人多以譏之寔終不改亦取足而已不致
盈餘及仕官歷位邊郡而愈貧薄建寧中
病卒家徒四壁立無以殯斂光祿勳楊賜
太僕袁逢少府段熲爲備棺槨葬具大鴻
臚袁隗樹碑頌德所著碑論箴銘荅七言
祠文表記書凡十五篇寔從兄烈有重名
於北州歷位郡守九卿靈帝時開鴻都門
榜賣官爵公卿州郡下至黃綬各有差其

崔烈伝の一部　後漢書百衲本

共同体生活を奪われて、個々に生きることを余儀なくされた膨大な数の貧民は、個人を救ってくれる宗教を求めるとともに、同じ信者同士の新しい団結——新しい共同体——の建設を追求せざるをえないであろう。

新興宗教「太平道」とその軍団化

河北省南部の鉅鹿《きょろく》の人張角《ちょうかく》は、みずから「大賢良師」と称し、二人の弟をはじめ弟子たちとともに、「黄天」の神の使者として、病気に悩む人びとの治療に従事した。かれらによれば、神は個々の人間の行為をつねに照覧しており、罪を犯し悪行を重ねた人間に対して罰を下す。その罰がすなわち病気にほかならない、と考えられていた。

したがって、かれらの治療法は、まず病人に自分の犯した罪を懺悔《ざんげ》告白《こくはく》させ、次に、おふだと霊水を飲ませ、さらに神の宥《ゆる》しを乞うて願文を唱えることであった。それでも治らないものは信心が足りないとされたから、さらに罪の深さを懺悔し、悔い改めとしての善行に励むことになったにちがいない。当時、共同体生活から追われて、よるべもなく貧苦に悩む民衆は急激にふえていた。かれらの貧苦は、さらにうちつづく災害と饑饉に倍加され、病への恐怖と危惧《きぐ》が深まっていた。かれらが張角の唱える個人救済の教えにすがるのは自然の勢いであった。

張角は、一七〇年代の初めごろから弟子を四方に派遣して、その教えを広めていった。そして、当時の青・徐・幽・冀《き》・荊《けい》・揚・兗《えん》・予の八州、すなわち山東・河北・河南・江蘇《こうそ》・安徽《あんき》・湖北省など、華北の東半から揚子江流域にかけて数十万の信徒を獲得した。そのような急激な信徒の増大は、悔い改めの集団的な儀式を行うことによって、熱狂的な昂奮状態が伝染していった結果かもしれない、といわれている。張角はそれらの信徒を三十六の「方《ほう》」（司教区＝軍管区）からなる巨大な教団組織につくりあげた。その頂点に立つ張角は天公将軍、弟の張宝《ほう》は地公将軍、もう一人の弟の張梁《りょう》は人公将軍と号し、一万人前後の信徒からなる「方」の首領は、張角の弟子で、信徒から「師」とよばれると同時に、「方」は将軍の号でもあった。

騎吏戟幢画像磚
（四川省重慶市博物館蔵）

この教団は「太平道」とよばれるが、それは右のように教団組織と軍団組織が重なっていたのであり、公平なる「黄天」の神のもとに悔い改めを徹底させて、やがてその鋒先は悔い改めない悪の根源——現実の後漢政府——へと向けられる。かくて、後漢政府はすでに死ぬ運命をもった「蒼天《そうてん》」であり、われわれの「黄天」の世を立てねばならぬ——「蒼天すでに死す、黄天まさに立つべし」——というスローガンが用意されていったのである。

そして「蒼天已死、黄天当立、歳は甲子にあり、天下大吉」のスローガンのもと、六十年周期の改まる甲《きのえ》子《ね》の年、一八四年の三月五日をもっていっせい蜂起の日と定めたのである。

乱の勃発とその余波

しかし、蜂起準備のために首都洛陽に潜入していた揚子江方面大司教（＝大方）の馬元義が逮捕されるという手ちがいが生じたため、張角は急ぎ予定を変更し、二月に人をいけにえにして天を祭り、いっせい蜂起の命令を下した。七州二十八郡の信徒たちは「黄天」を象徴する黄色のターバンをつけていっせいに蜂起し、郡城・県城を攻めて官府を焼き、多数の役人を殺した。これが黄巾の乱といわれるものである。

これに対して、政府は外戚何進《かしん》を大将軍として首都の守備を固める一方、皇甫嵩《こうほすう》と朱儁《しゆしゆん》を将として河南省東部と南部の黄巾を討伐させ、また盧植《ろしよく》を将として黄巾の本拠たる河南省東北部から河北省方面に進軍させた。そして、黄巾蜂起の翌月、一八四年三月には、二十年近くにわたって弾圧しつづけてきた党人を大赦し、「党錮」の禁を完全に解いて「唯、張角のみは赦さぬ」との詔勅が出た。これは黄巾と知識人とが呼応することを恐れたからであり、この措置は張角一党を知識人から孤立させるうえで成功を収めたと思われるが、とにかく党人と黄巾と連合する危険が感じられていたことは、両者が政府——豪族の領主化路線——に対する一連のレジスタンス運動であったことを示す点で、注意しなければならない。

さて、その年の六月、皇甫嵩は河南省東部の黄巾軍を壊滅させ、北に転じて、河北省南部の黄巾をも撃破した。朱儁は河南省東部から南部に転じ、十一月にいたって頑強に抵抗する南陽郡の黄巾を壊滅させせた。盧植もしきりに黄巾を破って、張角を河北省南部の広宗《こうそう》県に囲んだが、大学者であった盧植は宦官に中傷されて失脚し、代わって指揮にあたった皇甫嵩は、十月に張角の弟の梁を斬り、十一月にはもう一人の弟の張宝を破った。張角その人はすでにそのとき死んでいたので、かれらの蜂起から一年にもならないうちに、黄巾の主力は潰滅した。政府はこれをもって乱の平定とみなし、その年の十二月、年号を中平と改めて天下に大赦令を出した。

しかし、黄巾の余党が完全に掃蕩《そうとう》されたわけではもちろんなかった。しかも、黄巾の蜂起とそれに対する討伐戦によってもたらされた大混乱は、膨大な貧農の惨状をさらに激化させ、かならずしも太平道の教団にはいっていない貧農大衆一般をも、反乱にかりたてるバネとして作用した。

すなわち一八五年には、太行山脈周辺から河北・河南にかけて、黒山《こくざん》の賊とよばれる無数の反乱があり、一八八年以後には黄巾と関係ある白波《はくは》の賊が山西省におこる。そして山東省では青州・徐州の黄巾が、一九二年の末に曹操《そうそう》に降伏するまで、「漢行（漢の運命は）已《すで》に尽《つ》く、黄家当《まさ》に立つべし」のスローガンを堅持して、大きな勢力をもちつづけていたのである。曹操に降伏したこの黄巾軍は、兵士三万あまり、その家族十万あまりの大集団であったらしいが、かれらはかなり寛大な処遇を受けて、その集団を解体されることなく、「青州兵」とよばれて、むしろ曹操の軍事力を支える大きな柱となっていた。大淵忍爾氏は、「曹操が青州黄巾の降を受けるについては、両者の間に何らかの約束が取り交わされていたようだ」と解釈されている。

五斗米道による宗教王国

ところで、同じころ、黄巾の「太平道」とよく似た宗教教団が四川《しせん》省から陝西《せんせい》省南部の漢中盆地にかけて形成され、これは二一五年に曹操に降伏するまで三十年近く、漢中を中心に独立の宗教王国をつくりあげていた。「五斗米道《ごとべいどう》」とよばれるその宗教は、曹操の支配下にはいってからも宗教活動を継続し、「太平道」とも混合しながら華北に広がって、教団宗教としてのいわゆる「道教」となっていった。したがって、資料がほとんど残らない黄巾の徒の意図を探る上で、「五斗米道」の教えと教団組織が大いに参考となるのである。

五斗米道の創始者は、もと沛《はい》国（江蘇省沛県）の出身で、四川省の鵠鳴《こくめい》山で修行していた張陵《ちょうりょう》だといわれ、信者に五斗（約一リットル）の米を出させたから、その教えが五斗米道とよばれたという。張陵の子を衡《こう》、孫を魯《ろ》といい、この三人を「三張」というが、この最後の張魯が、一九二〜一九三年ごろ四川省から漢中にはいって、ここに独自の宗教政権をつくりあげた。

その教団組織では、張魯はみずから「師君」といい、のちには「天師」ともよばれる。その下の大司教区は「治《ち》」とよばれ、その指導者を「治頭」という。大司教区の下にあるそれぞれの教区教会には「祭酒《さいしゅ》」がいたが、「大祭酒」という上級の祭酒もあったから、大祭酒は大司教区を統轄する治頭と重なることもあったろう。祭酒とは、もともと祭祀において最初にお神酒《みき》を注ぐ長老をさしたらしいが、漢代でも一般に、同種の官の中での最長老に与えられる称号であり、賢明な年長者、道徳的に公正なるべき役職といったニュアンスをもつ言葉であって、郷村共同体理念と関係の深い名称であった。

五斗米道における祭酒は、キリスト教でいえば、教区教会の司祭にあたり、教会と教区民の管理責任者、祭祀・祈禱の主宰者であると同時に、政治と宗教が密着した五斗米道では、その管区の統治者でもあった。祭酒の下には「鬼吏《きり》」「姦令《かんれい》」という役職があって、祭酒を助ける。鬼吏とは神々に仕える役人、姦令とは姦悪、すなわち罪過を犯したものに対する取り締まり役の意味で、一般の入信者は「鬼卒《きそつ》」とよばれた。このような教団構成のヒエラルキーは、祭酒という言葉のもつニュアンスに象徴されるように、修行の階梯に応じ、修得した徳の高下に従うものと観念されていた。

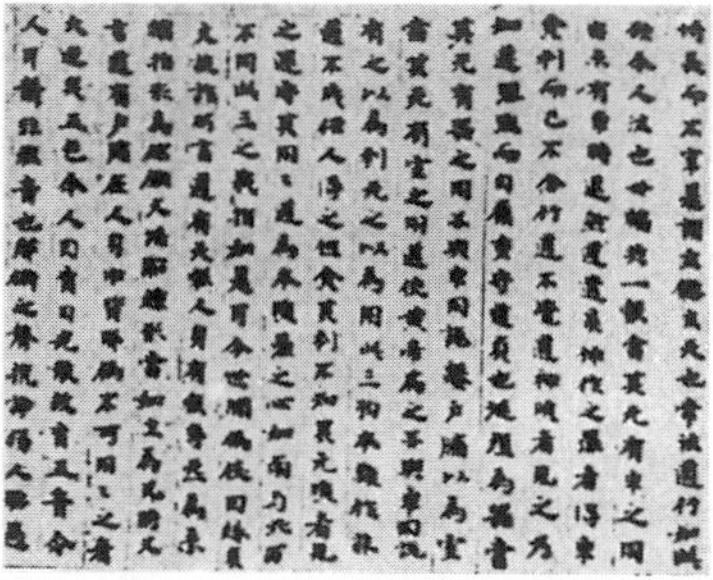
老子想爾注の一部　南北朝時代の写本。敦煌出土

共同体的理想国のイメージ

五斗米道の教えは、太平道と同様に、照覧する神々の前に、病の原因である罪を懺悔告白し、悔い改めを実践することにあった。ただ、懺悔告白をするために特別の「静室《せいしつ》」という建物があり、また、天・地・水の三神に罪を悔い改め、今後は罪を犯さないことを誓う三通の誓約文――これを三官手書という――の作成

と、その一通は山上に置き、一通は地中に埋め、他の一通は水中に沈めて三神と誓う儀式があった。

さらに、懺悔のための集団的な祭儀もあったらしいし、また、祭酒は入信者たちを一まとめにして「老子五千文《ろうしごせんもん》」を誦読させた。そして、橋や道路の修理など公共に役だつために働けば、罪は除かれると説かれたから、人々は争って勤労奉仕を行い、また「義舎《ぎしゃ》」という無料宿泊施設に米や肉を寄進した。旅人や流民などは、この「義舎」を自由に利用できたが、必要以上に米肉を食べれば、神の罰を受けて病にかかるとされていた。

以上に述べてきた五斗米道の組織と教えは、人間の善悪を照覧する神々のもとで、たえず自己を反省し抑制し、互いに助けあいながら、共同体生活をつくりあげようとする意図に貫かれている。それは宗教的、道徳的共同体であると同時に、政治的、社会的な理想国の建設をめざすものであった。そして、張魯の統領する五斗米道の王国では、それが三十年近くつづくあいだに、そのような理想国の姿が、ある程度実現されていたらしい。中原の混乱をさけて、ここに「流移して寄留するものは、すべて五斗米道を信奉した」といわれ、そこでは「民も夷人《いじん》もともに楽しむ」という人心の安定した理想状態ができていた、と伝えられている。

ただ一つ注意しておきたいのは、漢中から四川省にかけての一帯には、第一章に述べたように、氐《てい》族や「蛮」族などの先住民が住んでおり、五斗米道の信者には、それらの先住民も数多く加わっていたことである。先住民の間に残っていた共同体生活と、五斗米道のめざした共同体社会の建設との両者の間に、ある相関関係があることを、フランスの学者R・A・スタン氏は指摘している。

四　三国分立

外戚・宦官の潰滅と後漢の末路

黄巾が、「蒼天すでに死す、黄天まさに立つべし」というスローガンのもとに、新しく打ち立てようとした「黄天」の世界とは、その太平道とよく似た五斗米道が、漢中を中心にして、ある程度実現した共同体的理想国と、同じ方向の世界であったにちがいない。しかし、そのような新しい宗教的、政治的共同体秩序を樹立しようとの意図にもかかわらず、この強烈な武装闘争は、一年もたたぬうちに首領の張角らを失って、地域ごとに分散し、けっきょくは全国を戦乱と無秩序状態に突き落としていった。

絵入り三国志　董卓が少帝を廃位に処し，献帝を立てたところ

しかも後漢政府は、もはやその混乱を収拾する能力を失っていた。一八八年、政府は各地方を強力にまとめて中央に結びつけるために、各州に軍政・民政の両面をとり

しきる州牧《しゅうぼく》を置き始めたが、それはかえって、地方が中央から分離する傾向を助長した。また同じ年に、「西園《せいえん》の八校尉」という名の禁衛軍を増強し、首都の防衛力を強化したが、肝腎の政府の中枢、すなわち内朝では、外戚の何進《かしん》と宦官とが対立し、一八九年四月に霊帝が死ぬと、何進はその八校尉の一人、袁紹《えんしょう》と宦官誅滅を計画するありさまであった。

何進は、その計画に賛成しない何《か》太后《たいこう》を脅迫するために、幷州《へいしゅう》牧すなわち山西方面の軍政民政長官として強力な軍団を統率していた董卓《とうたく》に上洛を要請した。これを知った宦官らは、何太后の命令と称して何進を参内させ、朝廷でこれを斬殺した。その年の八月のことである。袁紹とその従弟の袁術《えんじゅつ》らは、ただちに禁衛軍を動員して、こんどは宦官たちを老いも若きもすべて誅殺した。死者二千人あまり、その中には髭《ひげ》がないために宦官とまちがえられて、殺されたものもあったという。かくて、後漢政府の実権を、さしも長く掌握しつづけてきた外戚と宦官の、両者を含めた内朝そのものが壊滅しさったのである。

その直後に入洛した董卓は、甘粛省方面の羌《きょう》族出身者なども多く含んだ強暴な軍団を率いていた。その前では禁衛軍もまったく無力であり、首都と政府は完全に董卓の制圧下に置かれた。袁紹は首都を捨てて河北省に逃げだした。首都を制圧した董卓は、霊帝の死後に帝位を継いでいた少帝を独断で廃位に処し、その弟を立てて献帝（一八九〜二二〇在位）とした。ついで少帝も何太后も殺したのをはじめ、麾下《きか》の強暴な軍団とともに、首都の内外で乱暴のかぎりをつくす。後漢の皇帝と政府とは、もはや完全にこのような軍団指導者の傀儡《かいらい》でしかないものになってしまったのである。

群雄割拠から三国分立へ

当時、地方では黄巾の乱に始まる混乱のなかで、各地の豪族たちは宗族・賓客を武装させ、自衛のために、あるいは地方の安定のために、あるいはさらに大きく飛躍するチャンスをねらって、武力集団をつくりつつあった。

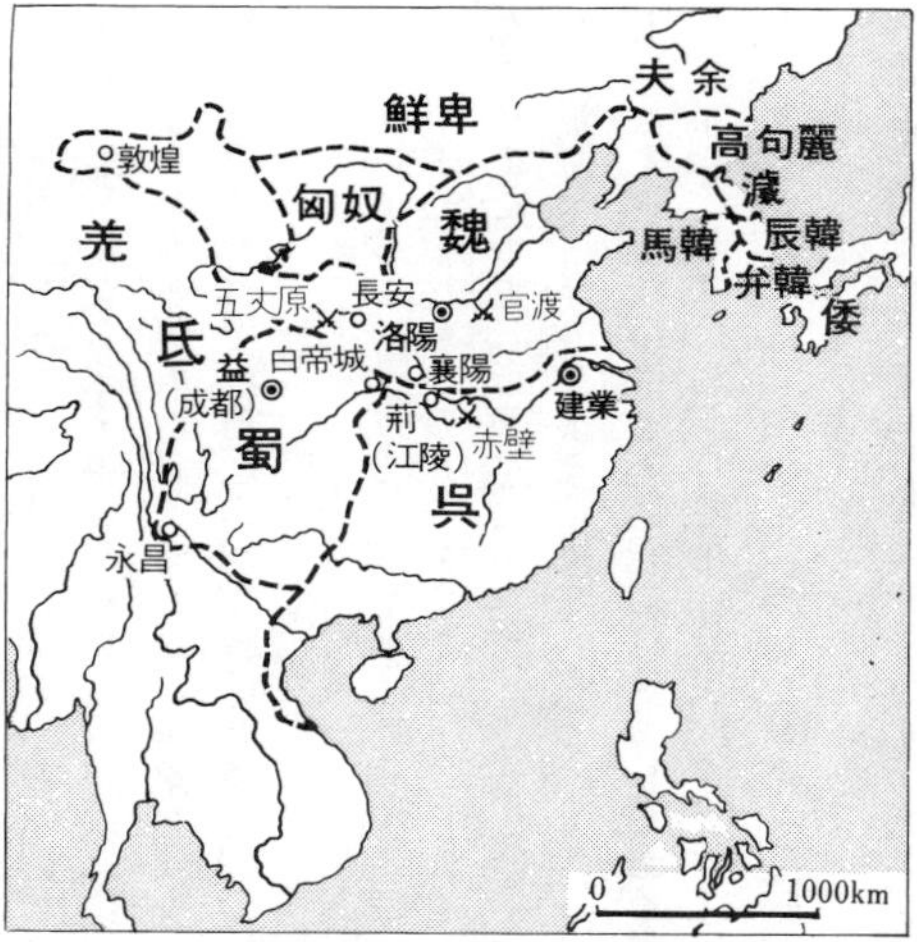

三国分立頃の東アジア

　さらに、それらの武力集団を糾合する群雄が育ちつつあった。董卓の支配する首都洛陽を東に逃げだした袁紹や袁術、それにかの魏国の創建者となる曹操《そうそう》も、さっそくそれらの武力集団を糾合する仕事にとりかかったのである。

　翌一九〇年正月、董卓の横暴を知ったこれら東方の群雄たちは、董卓誅滅を旗じるしにしていっせいに軍をおこし、袁紹を盟主にして西に進軍する姿勢をとった。これに対して董卓は献帝らをまず長安に移し、後漢二百年の首都洛陽の多くの宮殿を焼き払って、関中へ向かった。後漢の献帝はなお三十年ばかりも名目的には帝位を維持するが、しかし、首都洛陽の壊滅は事実上、後漢帝国の壊滅であった。董卓討伐を旗じるしにした同盟も事実上解体し、これ以後、群雄はそれぞれ自己の地盤確保と勢力圏の拡大をはかって、互いにしのぎをけずることになる。

これらの群雄がどのように活躍し、強者が弱者をどのように倒していったか、それはまことに小説的なおもしろさをもつだろう。そのことは、私が拙い筆で書くよりも、史実と想像をまじえた小説『三国志（演義）』に任すほうが賢明であるだろう。ここではただ、群雄たちの勢力が、けっきょく、曹操の魏、孫権《そんけん》の呉、劉備《りゅうび》の蜀の三国にまとめられるうえで、もっとも重要な事件を年代記風にメモしておくだけにとどめよう。

一九二　董卓は部下の呂布《りょふ》に殺され、関中は混乱状態に陥る。
一九六　曹操は関中から脱出した献帝を迎え、許《きょ》（河南省許昌市）に都をおく。このことは曹操の権威を大いに高めた。
二〇〇　官渡《かんと》（河南省中牟県の黄河の渡し場）の戦い。曹操は袁紹の大軍を破り、華北統一の展望を開いた。
二〇八　赤壁《せきへき》（湖北省蒲圻市西北の揚子江岸）の戦い。曹操は孫権と劉備の連合軍に破られ、全国統一は不可能となった。
二一四　劉備が成都《せいと》を陥れ、蜀を領有した。

三国分立の情勢がかくして確定されたのである。

以上にのべてきたように、武力集団を率いた多くの群雄が、武力闘争を通して、その中の強力なものに統合され、けっきょく、魏・呉・蜀の三国にまとまってゆく過程では、武将たちが権力を握って当然であり、武人が支配階級を形成してもよさそうなはずである。江南の呉の国では、ある程度それが実現した。そのことは後の章で述べることにしよう。しかし華北の魏ではそうならなかった。

たとえば、本章第一節（一〇一ページ）に触れた山東乗氏県（山東省鉅野県）の李氏は、「宗族賓客数千家」を結集して私兵部隊をつくり、親子三代のあいだ在地領主のような形で曹操に協力していたが、曹操が袁紹を倒して華北を制覇するのが明らかな情勢になったとき、その首長、李典《りてん》はみずから請願して、私兵部隊と宗族一万三千人あまりを乗氏県から曹操の新しい根拠地、鄴《ぎょう》に移し、自分は「儒雅を貴び、賢士大夫を敬い、恂々《じゅんじゅん》として及ばざるがごとき」態度をとった。在地領主たることをやめて、その前に膝を屈せしめた「賢士大夫」――賢明なる士大夫――というものこそ、前節の終わりに述べたところの、世論から「名士」と認定された人びとにほかならない。しかし、それらの名士、あるいは士大夫たちが、どうしてそれほどの力をもつことができたかが問題となるだろう。

第四章　貴族制社会の成立——三世紀の華北

一　「士」の階層と魏の国家

知識人の隠逸的思潮

先に私は、党錮《とうこ》事件によって官界から追放され、仕官禁止処分にあった党人たちを中心にして、郷村社会の共同体的秩序を求める清議の世界が、政府の弾圧にもかかわらず、依然として維持されていたことを述べた。しかし、公然たる政治批判を禁圧された清議は、もっぱら人物批評の形をとり、賢者・有徳者と認められる人物をほめあげる方向をとる。在野の「名士」とよばれるものが、そのようにして続出していった。

ただ、「名士」とされるばあいの「名」の内容、評判の性格は、厳しい弾圧のもとでは、もはや「強禦《おどし》を畏れぬ陳仲挙《ちんちゆうきよ》」式の勇ましいものではありえない。野《や》にあって一般民衆に近い質素な生活態度をとり、余財があれば、これを私有することなく、周辺の貧民に分け与えて、崩壊しつつある郷村共同体の維持に努める知識人、そのような形で、富殖豪族の権力機構となり終わった後漢政府に対して、暗黙の抵抗を試みる反権力的な知識人が、世論において高い評価を受け、いわゆる「名士」とされていったのである。

そのような在野の反権力的存在、暗黙の批判者は、中国でいう「逸民《いつみん》」であり、「隠逸《いんいつ》」である。党錮事件を契機にして、中国の学者・侯外廬《こうがいろ》氏が指摘するように、世論は「隠逸君子」を支持する方向に転向し、知識人たちの一般的な風潮は「隠逸君子」の清浄高潔を最高の徳とする方向に傾いていった。「清議」の「清」は、汚濁の政治に対する正面きっての政治批判から、より人格的な生活理念へと内面化された。「清」という理念は、これ以後、六《りく》朝《ちょう》時代を通じて思想的にいろいろと深められていったが、知識人としての基本的な資格の一つは「清」であるとみなされることにあったのである。それは、社会的に見るならば、黄巾の乱以後、うちつづく大混乱によって、生産力が大きく低下した郷村社会を維持するうえで、「貧に安んじて道を楽しむ」逸民的清浄が、もっとも消極的に見えながら、実は、もっとも基本的な、欠くことのできない人間の生き方である、という自覚にもとづくであろう。

知識人の郷村指導力

知識人の思潮がこのような「清」なる生活態度をよしとする方向に傾くとき、豪族層に多い知識人の自己矛盾は増大する。なぜなら、豪族はその財力を拡大し、郷村社会を一円的に支配するために、政府の公権力に結びついて、これを利用しようとする一面を本質的にもっているからである。

このような豪族の領主化傾向に反対し、共同体秩序に応ずる儒家的イデオロギーを身につけた豪族層の知識人は、それ自体、すでに自己矛盾的存在であったが、いまやその知識人の思潮が、「産業《なりわい》を経営する」のを否定し、「余財があれば分け施し」て、民衆に近い「清」なる生活をよしとする方向に大きく傾けば、そこで「名士」となるためには、豪族であることの経済的地盤をみずから否定しなければならなくなるからである。しかし、知識人的豪族は、このような自己否定的な行為によって、かえって郷論に支持され、「民の望」という声価が確立されて、むしろ郷村社会に対する指導力を高めることが多かった。

たとえば、前章で引用した袁安《えんあん》——かの外戚竇憲《とうけん》らを弾劾した儒家官僚——の子孫に袁閎《えんこう》という逸民的な人物がいる。この袁氏は袁安以後、後漢政府において代々「三公」となった名門であるが、外戚・宦官がますます実権を握ってゆく政府において、袁安のような硬骨な儒家官僚の性格を持続することはむずかしく、袁閎の従兄の袁逢《えんほう》・袁隗《えんかい》は宦官政府の中に安住して、富み栄えながら名門の地位を保持していた。袁閎は、従兄たちが「徳をもって先祖以来のよき伝統を守らず、驕奢の生活を競って、乱世と権を争う」のを恥じ、党錮事件のおこる直前に、俗世間と完全に交わりを絶った。かくて、「身を潜《ひそ》めること十八年、黄巾の賊が起って郡県を攻めおとし、民衆が驚き散じたとき、袁閎は経を誦して動かなかった。賊はあい約して告げるよう、『あなたの村には入りません』と。郷人たちは袁閎のところに避難して、戦禍を完全に免れることができた」という（『後漢書』「袁閎伝」）。

この例は、当時の「逸民」あるいは「隠逸の士」というものが、われわれの想像しがちなように、たんに消極的な、むしろ無責任な、それでいて高踏的な、民衆とは縁遠い存在ではなくて、意識して反権力の立場をとり、権力者の側に立つ貴族としての一門をも捨てて、暗黙の批判者として、むしろ民衆の側に立っていること、崩壊の進む郷村生活の維持者として、むしろ積極的な役割を演じた知識人であることを示している。

袁閎が誦した「経」とは、『孝経』のような儒家の経典であったにちがいない。それとは異なった「太平道」を信奉する黄巾が、袁閎を「いわゆる賢者」とみなしたところに、かれらが逸民的な知識人を、自分たち民衆の側に近いもの、自分たちと同様に共同体生活を求める側に立つものとして容認したことを示している。

後漢時代、ことにその末期は、逸民的な人物が大量に出た点で、史上空前であり、この種の人物を記録し評価する「逸民伝」「高士伝」などがあらわれたのも、漢末から六朝時代にかけての混乱期をもって嚆矢《こうし》とする。逸民は、われわれが考えるような、のんきな「太平の逸民」ではない。

それは大混乱期の中国社会において、底辺に近いところで中国文明を支え、さらに維持し発展させたエネルギー源でもあった。われわれは、逸民のもつ積極的な意味を再評価すべきであろう。

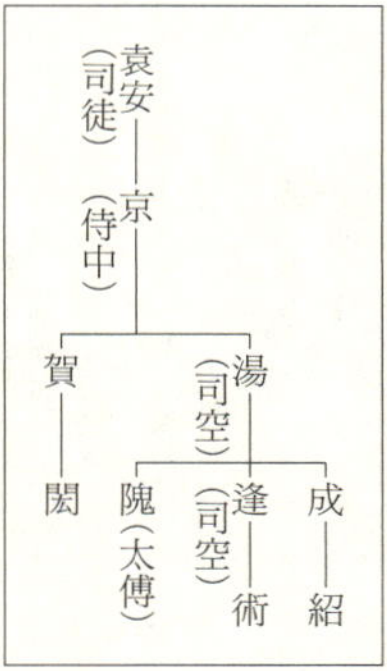

汝南汝陽の袁氏系図

袁閎はまた、先に述べた豪族の自己矛盾と自己否

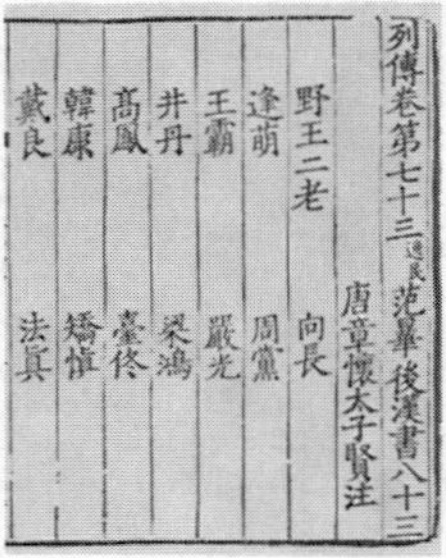
列傳卷第七十三 逸民 范曄 後漢書八十三
唐章懷太子賢注
野王二老　向長
逢萌　周黨
王霸　嚴光
井丹　梁鴻
高鳳　臺佟
韓康　矯愼
戴良　法眞

後漢書逸民伝の一部　百衲本

定の典型でもある。袁氏は「四世に三公」を出した貴族名門であり、その主流は「豪族の領主化」路線としての宦官政権につながった「貴盛」「富盛」の家柄であった。曹操《そうそう》の好敵手として官渡において天下分け目の戦いを演じた、かの袁紹《えんしょう》もまた袁閎の同族であり、親代々からの部下・門人たちが天下に満ちるほど多かったのを利用して、一大勢力を築いた英雄であった。袁閎は、それらとの関係をいっさい拒否し、社会の底辺に近いところで、「清」なる知識人として郷人にたよられる生涯を選んだ。

「貴盛」なる袁氏主流は後漢政府とともに滅び去った。袁紹もまた、おそらくは「貴盛」の家としての伝統的意識にとらわれたことが少なくとも一つの原因となって、曹操に撃滅された。次の魏晋時代には、完全な自己否定によって転身を果たした逸民的な袁閎だけが、新しい知識人のあり方を示す先駆者として、もっとも高い評価を与えられ、人々の記憶に残っていったのである。

「士」階層の形成

「清議の士」の思潮は党錮事件を契機として、このような隠逸君子の方向へと傾斜していったけれども、県・郷の名士から郡・国の名士へ、さらに天下の名士へと積み重なる清議の世界はつづいていた。弾圧された党人たちは、そのことですでに有名であり、それらの名士は互いに師弟関係や友人関係でつながっているばあいが多かった。天下に名の知れた在野の知識人の中には、袁閎のように郷村社会にひきこもる逸民的な人物とは異なって、弾圧下にありながら、より広い世界において政治的に動くことのできる人物も存在した。吉川忠夫氏が指摘するように、新しい名士たちを輩出する中心となった、かの潁川《えいせん》の陳寔《ちんしょく》らがそれである（一二三ページ清流士大夫関係図参照）。

漢代の画像石にみえる家来や下役たち　山東省濰坊市出土

　この陳氏をはじめ、同じ潁川の荀《じゅん》氏や鍾《しょう》氏など、党人弾圧下のむずかしい時期に、深い知謀をひそめて、互いに連絡をとりながら、在野の名士の中心でありつづけた人々こそ、黄巾の乱に始まる大混乱期に、かの「賢士大夫」の階層を現実につくりあげた中核であった。かれらをして、知識人としての士の階層を形成せしめた一つの大きな原因は、かの黄巾の大乱そのものにあった。

　それは、黄巾が袁閎に敬意を払ったといったように、直接に知識人をバック・アップしたというのではない。黄巾の乱に驚いた後漢政府が、党人と黄巾との連繋を恐れて、「党錮」の禁令を解除し、やがてはそれまで弾圧していた党人および在野の名士たちを、逆に朝廷に招聘《しょうへい》するほどの政策転換を行ったことにある。つまり、黄巾の大乱は、それまで暗黙の批判者たることを余儀なくされていた党人や名士たちに、公然たる政治活動を可能にした。

一八九年、後漢政府は、執政となった何進《かしん》のもとに、旧党人系を含む天下の名士、潁川《えいせん》の荀攸《じゅんゆう》ら二十人あまりを徴召した。もちろん、その徴召を断る名士もいた。荀攸の同族である荀彧《じゅんいく》もまたすでに有名な知識人であったが、かれはいち早く曹操《そうそう》の有望性を洞見した。曹操は元来、宦官曹騰《そうとう》の養子となった曹嵩《すう》の息子である。したがって、清議の士の系譜に属する荀彧にとって、曹操はかつての敵である。しかし、明らかに広い情報網をもっていたと思われる荀彧は、かの汝南月旦の評において「治世の能臣、乱世の姦雄」と認定された曹操に、大混乱をしずめる能力のあることを見抜いたにちがいない。

一九一年当時、曹操はまだ微々たる勢力しかもっていなかったが、荀彧はこれを盛り立てて乱れた秩序を回復するために、積極的に協力しはじめた。黄巾の乱に始まる華北の大混乱は、それまで豪族の領主化路線をたどっていたものと、それに抵抗していた知識人とを妥協させ、協力させる結果を生みだしたのである。

権力体相互間の結節点を握る

そのことは、地方の郷村社会においても同様である。たとえば、黄巾の襲来によって無秩序状態に陥った東郡東阿県城（山東省中西部）で、秩序を回復したのは、その地の豪族薛《せつ》氏と、知略のある知識人、程昱《ていいく》との協力によるものであった。しかし、この両者の協力によるだけで大混乱期に一県城の安全を保つことはむずかしく、より強力な勢力に結びつかねば不安である。一九四年、曹操が山東方面で危機に陥ったとき、曹操の基盤を固めるためには、少なくともこの東阿県など三つの県城を、そのもとに確保する必要があった。そのとき、曹操の権力体と東阿県などの三県とを結びつけたものは、知識人たる荀彧と程昱との協力によるのであって、武力をもった薛氏が、より強力な武力集団の長たる曹操に直接接触して保護奉仕関係を結んだのではなかった。

すなわち、黄巾によってまきおこされた地方の無秩序状態、郷村社会の存亡の危機を前にして、対立していた豪族と知識人との協同をうながした。こうして秩序の回復した郷村社会を、より安全にするために、より強力な権力体に結びつけるパイプの役割を果たしたのは、知識人であった。

かれら知識人は自分では武力をもたないにもかかわらず、大混乱期に発生する強弱さまざまの権力体を相互に結びつけ、曹操のもとに整序してゆくことによって、権力体相互の間の結節点を握ることになる。しかも、かれら知識人の多くは、清議運動の間に、互いに横に連帯する準備ができていた。権力体相互の媒介者として横に連帯したこれらの知識人たちは、上部権力を背景にもつことによって、下部権力たる地方豪族よりも優位に立ち、その強大化——武人領主化——を抑えた。しかし他方では、下部権力をバックにして、その代表者すなわち「民の望《ぼう》」として、上部権力を支えながらも、その方向を規制した。

このようにして、曹操政権内部の知識人たちは、さまざまの権力体を曹操に結びつけることによって、その結節点を握り、それが横に連帯して、権力媒介層としての「士」の階層を形成した。二〇五年、曹操が袁紹の子の袁譚《えんたん》を斬り、河北省を平定したころには、すでに曹操政権内部において知識人たる「士」の階層が武将たちを抑えていたと考えてよい。それが、かの在地領主、李典をして「賢士大夫」の前に膝を屈せしめたことにあらわれたのである。

実際に、荀彧は曹操から「功臣の第一」と認められ、荀攸は「功臣の第二」といわれた。荀彧らは、かの陳寔《ちんしょく》の孫の陳羣《ちんぐん》や、鍾繇《しょうよう》など潁川《えいせん》の清議派知識人をはじめ、北海の清議派の名士、華歆《かきん》や王朗《おうろう》、それに司馬懿《しばい》などの名士を続々と曹操のもとに集めた。そして、二一三年、曹操が魏公に封ぜられ、魏公国ができたとき、その国の政府の重要ポストはすべてこれらの名士たちによって占められた。以後の六朝貴族は、これらの人々を中心にして生まれてゆくのであり、後漢時代の貴族からではなく、後漢時代にはむしろ弾圧されていた在野の知識人層から、新しい貴族が誕生してくるのである。

魏国の成立——禅譲の始まり

曹操は謀臣、荀彧のすすめに従って、一九六年に後漢の献帝を許《きょ》（河南省許昌市）に迎え入れ、これを奉戴《ほうたい》して漢帝国再建の旗じるしのもとに、華北平定に従事した。そのとき、曹操は後漢政府における司空（副宰相兼大法官）兼車騎将軍という地位についたが、名目としてかついだ政府における官職はなんであれ、その勢力圏内における軍政・民政両面の実権が曹操の手中にあったことはいうまでもない。しかし、まださまざまな勢力が入りまじり、拮抗しあっている混乱期においては、漢の皇帝を奉戴しつつ、その帝国の秩序を回復するのだ、という旗じるしは、敵対する他の勢力を打破するための名分として、十分な効果をもっていた。曹操は、いわばこの隠れ蓑《かくみの》の中で自己の勢力を拡大しながら成長しつづけた。

好敵手袁紹の主力を撃滅したのち、曹操は、二〇四年に冀州《きしゅう》（河北省南部・河南省北部）の州牧を兼ねて、鄴《ぎょう》（河北省臨漳県）を新しい根拠地と定め、二〇八年には丞相に昇進し、二一三年には冀州の十郡を所領とする魏公に封ぜられ、魏公国において独自の政府機構をもつことが認められた。前節の終わりで、党禁の時代における在野の名士たちが、政府の重要ポストを占めたという、その政府がこれである。

魏の文帝（曹丕）　後漢の献帝から帝位を禅譲された

二一六年、曹操は魏公から魏王に進み、あと一歩で漢に代わって皇帝となる直前、二二〇年正月に死んだ。その年の十月、曹操の子の曹丕《そうひ》は、後漢の献帝から帝位を譲られるという禅譲《ぜんじょう》形式をとって、皇帝の位につき、正式に漢は滅んで魏帝国が成立した。曹操におくり名して武帝といい、曹丕を文帝という。文帝は即位して魏帝国最初の年号を「黄初《こうしょ》」と定めた。黄は五行説《ごぎょう》では漢の火徳、すなわち赤にとって代わるべき土徳の象徴であり、かの黄巾もシンボルとした色であって、新しい世界の開始を意味していた。

このように、ある実力者が自己の王朝を建てようとする意図をすでにもち、またそれだけの力を十分もっておりながら、名目上、前の王朝をしばらく奉戴して、その隠れ蓑のもとで、さなぎが成長するように公国→王国をつくり、最後に、せみがからから抜け出るように、禅譲の儀式によって新しい王朝を誕生させる、という方式がここで始まった。

王朝の交替について、かの伝説的な太古の聖天子、堯《ぎょう》や舜《しゅん》がやったといわれる禅譲方式がよいか、殷の湯《とう》王や周の武王が実際にとった放伐方式でもよいか、という議論は、孟子以来、儒家ではしばしば問題になりはした。しかし、歴史時代にはいって以来、事実としては、すべて実力によって前王朝を倒すという放伐《ほうばつ》方式で今まできていたのであり、その中で、ただスタイリストの王莽《おうもう》だけが、前漢を簒奪《さんだつ》するときに禅譲方式の飾りを利用しただけであった。しかるに、曹操がさなぎ成長型の、あるいはせみのぬけがら型の禅譲方式を始めて以後、異民族国家の乱立する五胡十六国は別として、魏晋南北朝から隋唐五代にいたる、三世紀から十世紀の中ごろまでの八百年ばかりのあいだに立てられた幾多の王朝は、驚くべきことに、すべてこの禅譲方式によって前の王朝と交替していったのである。

この方式を始めた曹操の当時、四百年間つづいた漢王朝の重みは、まだまだたいへんなものだったろう。「黄天まさに立つべし」のスローガンを掲げた黄巾の乱以来、時代はたしかに新しい世界の誕生へと歩み始めていたとはいえ、新世界をきりひらく当事者にとってみれば、古い殻からの脱皮はそれほどかんたんなことではなかったろう。漢王朝にとって代わる意図はもっていても、公に封ずるという漢帝の異例の詔勅に対して、いやその資格はございませんと辞退し、周囲から強いられてしかたなく受ける、王になるときも辞退しながらけっきょく受ける、帝位の禅譲のさいは、いわずもがな、という形をとったのも、曹操と曹丕のばあいはまだ理由があった。

しかし、魏晋の間、晋宋の間と時代が下るにつれて、帝位を奪う意図と行為はいよいよ露骨になりながら、譲りあいの辞令と儀式だけがますます美しく飾られてゆく。われわれにとって、その虚飾と偽善は嫌味をこえて、滑稽な喜劇とすら映る。しかし、その喜劇がまじめな顔をして八百年も行われねばならなかったことの中に、われわれは中世的精神の一面を見なければならないであろう。

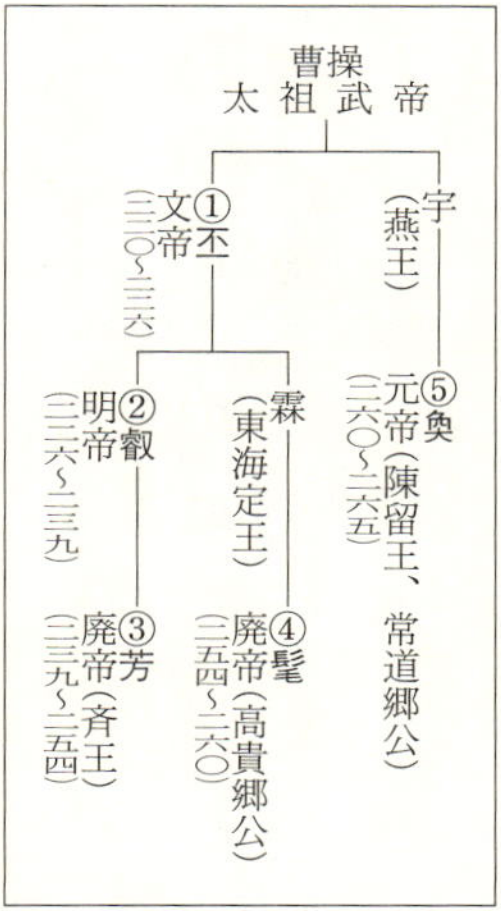

魏の曹氏系図

その一面とは、現実はどうあっても、少なくとも譲りあいを美徳とする中世的

魏の太祖曹操　歴代古人像賛より

精神の一つの表現形式であり、譲りあいの徳を再確認しつづける必要があったことを示すものであるだろう。

　さて、魏公国→魏王国→魏帝国と、さなぎが成長するように国家を形成せしめた原動力は、もちろん天才的な戦略家・政治家としての曹操の能力――かれはまた詩人・文人でもあった――にもよるが、これを支えた「士」の階層と、かれに協力した軍隊の力こそが、その基礎になっていた。そしてこの両者の存在形態は、本章で述べてきたように、当時の社会の基本的な二つの動向、つまり共同体生活を実現したいと願う方向と、豪族が強大化する方向とのからみあいによって規定されていた。そのような「士」の階層と軍隊とが、魏から西普の国家において、どのように整序されてゆくか、またどのように推移するかを見ることにしよう。まず、「士」の問題から始める。

二　九品中正制度と貴族

「九品中正」制度

　二二〇年、漢に代わって、魏帝国が成立したとき、帝国政府の大臣陳羣《ちんぐん》は、官制および官吏の登用について「九品《ひん》官人法」という新しい制度を作った。

九品とは、一品から以下、九品までの九つの等級に分けられた位階のことである。日本でも古くは唐の官制をまねて、正一位・従一位以下、官職に付随する位階の制度があったが、品とはこの位のことであって、すべての官職を位階品等に分ける制度は、このときに始められた。漢代には俸禄の石高《こくだか》による区別しかなかったのであるが、陳羣による官品制定以後、この位階制度は長く襲用される。もちろん、南朝の梁では九品を二分して「十八班」にしたり、北魏以後は一つの品の中を正・従に二分したり、多少の手直しは行われたが、すべての官職を品階＝位階に分ける原則は、隋唐から日本にまで及んだのであった。したがって、九品官人法は官僚体系におけるヒエラルキーを整備する点で、巨歩を進めたものだということができる。

さて、この制度は当時の官僚を九等の品階に分けただけでなく、より重要な意味をもつのは、それと同時に行われた新しい官吏任用法である。黄巾の乱以後の大混乱によって、教養ある知識人の多くは故郷を離れ、各地に流れていた。中央政府ではかれらの消息をつかむことがむずかしかったので、各郡国の出身者一名をそれぞれの郡国の「中正」という役職に任命し、この「中正」が、担当する郡国の郷論を聞いて、現存するその地の人物――他の地方に流れていった人も含む――に品等をつけ、評語を付して中央に上申する。中正がつける品等を「郷品《きょうひん》」といい、上申書を「状《じょう》」という。中央政府は、それらの人物を官吏に採用するにあたって、この郷品に対応した官品を与える。

たとえば、郷品において二品を与えられた人物は、仕官のとき、官品の系列では四等級下の六品の官に採用され、以後の官歴で二品の官職にまで昇進できる。郷品と、実際に任用される官品とは、このように四級の差をつけてスライドさせるのが原則であった。つまり、この制度では、郷論にもとづく郷品というものが、官僚体系の基礎にすえられるわけで、中正がそのかなめの役を演ずるから、この制度を「九品中正」制度ともよぶ。

郷論は、前節までに述べてきたように、郷村社会における賢者・有徳者を支持する方向性をもっていたから、そのような郷論にもとづいて官僚の序列を定める九品中正制度の基本精神は、少なくとも制定の当初においては、郷論にあらわれる共同体原理を国家社会の全体に貫徹させようと意図したものであり、その意味で、漢代に求められた「郷挙里選」の完全な実現をめざすものであったといってよいだろう。実際に、この制度をつくった魏国政府の大臣陳羣は、漢末における郷論——清議——の世界のまっただ中に育った人だった。かれの祖父は、党人弾圧下における「天下の名士」、清議の中心人物とされた、かの陳寔《ちんしょく》にほかならない。そのような環境で育った陳羣が、同じ環境で育った荀彧《じゅんいく》（すでに死す）・荀攸《じゅんゆう》・鍾繇《しょうよう》らとともに、曹操政権を今や帝国政府にまでしあげたとき、かれのつくった人材登用制度に、民間の郷論構造が反映されるのは当然のことだろう。

中正の権力側への偏向

しかし、民間の郷論構造は黄巾の乱以後の戦乱によってかなり変わっていた。潁川《えいせん》・陳留など、かつて清議の中心であった先進地域の県や郷は、戦乱によって破壊され、かつて活発な郷論を支えていた住民は離散していた。たとえば、陳羣の故郷潁川郡許県は、その祖父陳寔が死んだとき、各地から葬儀におもむくものが三万人以上に達したといわれるほど、いわば清議の徒のメッカとされたところであったが、漢末の戦乱でまったく荒廃に帰した。曹操は無人と化したこの周辺の広大な土地を没収し、流民を募集して、ここに大規模な屯田《とんでん》をおこした。そして、ここに後漢の献帝を迎え、軍政府の根拠地にしたのであるが、ここに応募してきた屯田民はかならずしももとの住民ではなく、また国家権力の厳しい統制下におかれたのであるから、もはやかつての活発な郷論が再生されるはずもなかった。

　このように、基層の郷論が断絶したり、薄弱になったりしたところが多かったことを、陳羣らが知らなかったわけではない。むしろ、その事情を知っていたからこそ、「中正」の職を置いて、流亡したり、野に隠れたりしている人材の発掘と登用をはかろうとしたのが、九品中正制度制定の趣旨であった。

　しかしながら、基層郷論の薄弱化は、中正の人物認定にさいして、下からの声よりも上層の声を重視させる結果に導く。しかも、上層または「士」の階層では、漢末の清議運動以来の伝統を継いで、人物評論がますます盛んに行われていた。「中正」はかくて言葉どおりに中正に働かず、その人物認定基準は権力者層の評価にそった方向に偏向してゆかざるをえなかった。その偏向は、二四九年、魏政府の実権を握った司馬懿《しばい》によって、郡中正の上に少数の州大中正が置かれて以後、決定的となった。

　州大中正は郡よりもはるかに広い地域にわたって郷品授与権を掌握し、しかも州大中正そ

司馬懿　魏政府の実権者，歴代古人像賛より

のものが政府高官の兼職となったからである。

　こうして、九品中正制度は、当初に「郷論の余風があった」状況から遠く離れ、「名門の出かどうかで品等を定める」方向に偏向していった。その結果、西晋時代ともなれば、すでに「上品に寒門《かんもん》（貧弱な家柄の出身者）なく、下品に勢族なし」という事態になっていた。

　つまり、九品中正制度は、もともと郷論にもとづいて、賢と徳を基準とする個々の人物のランキングを整序し、賢者・有徳者のヒエラルキーをつくるはずであったのに、しだいに既成の権力者側に偏向して、個人でなく家柄のランキングをつくる方向、すなわち貴族階層を固定させる方向に運用されていった。

貴族制社会の出現と「清談」

　この制度は、以後の六朝諸国でひきつづき採用され、ことに東晋から南朝にかけて典型的な貴族制社会をつくるうえで、制度的な基礎を与えるものとなった。たとえば、琅邪《ろうや》の王氏、陳郡の謝氏などのように、郷品においてつねに二品を与えられる家柄が固定し、それらの家は「門地《もんち》二《に》品《ひん》」とよばれて、その家の出身者は立法・行政に関する最高のポスト（二品の官や三品筆頭の官など）を占める。そしてまた、初任官たる六品ないし七品の官から、それらの最高ポストに昇進してゆく出世コースが決まり、そのコースにあたる官は「清官《せいかん》」とみなされて、門地二品の家柄、つまり貴族たちに独占されていった。たとえば、六品官の秘書郎・著作郎といったポストは、出世を約束された貴族の子弟の初任官となったのである。

このように、つねに清官を占める門地二品の家柄と、「士」の階層には属するが、門地二品とは認められない家柄との間に格差が生じ、また、「士」の階層と、単なる庶民としか認められない層との区別も明確に意識されていった社会が、すなわち貴族制社会にほかならない。そのような体制は、魏から西晋にかけて、つまり三世紀の間に決定的となり、四世紀の東晋以後、江南において発展してゆくが、以上に述べた九品官人法、および中正制度の運用が、その体制の大きな支えとなったのである。そして、中正の人物認定が基層郷論の稀薄化によって、権力者側の声を重視する方向に傾いたとはいえ、それはあくまでも当時の人物評論を参考にするものであったから、評論の場がつねに存在しつづけたことを注意しなければならない。

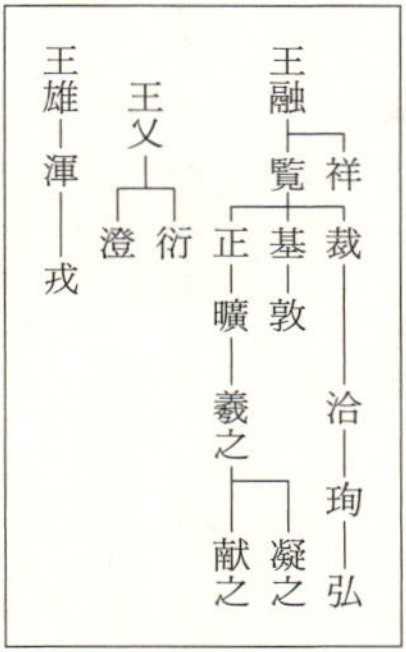

琅邪臨沂の王氏系図

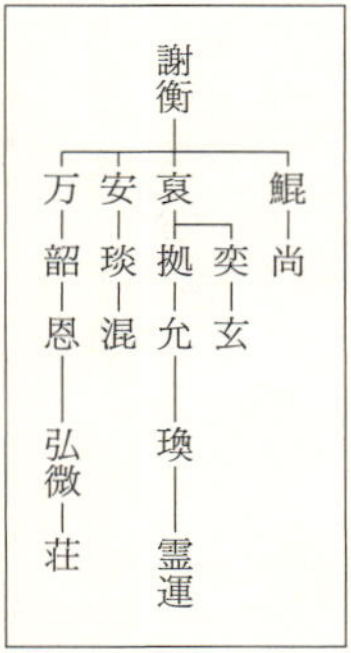

陳郡陽夏の謝氏系図

基層の郷論から離れた評論の場とは、魏晋政権の中に座を占める「士」の階層の間で行われる談論であり、やがて作られてゆく貴族の社交界、またはサロンでの談論である。その談論は「清談」とよば

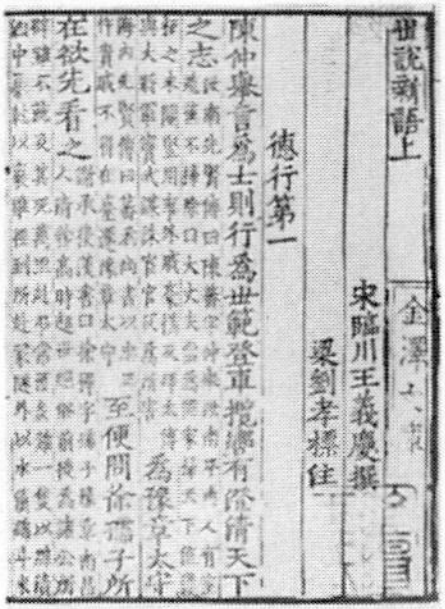
世說新語上
宋臨川王義慶撰
梁劉孝標注
德行第一
陳仲舉言爲士則行爲世範登車攬轡有澄清天下之志……爲豫章太守至便問徐孺子所在欲先看之……

宋版世説新語の巻頭

れ、その実態は、南朝の宋の初めに編纂された『世《せ》説《せつ》新語《しんご》』という書物に伝えられている。そこでは、人々の人格と教養とに対して、きびしい批評が行われていたのであり、そのような批評の場の存在は、貴族にとっても、たんに家柄に安住することを許さず、知識と教養の取得に精進せしめる効果をあげた。「清談」の功罪に関する議論はいろいろあるが、それが魏晋の貴族をして、中国文明の荷担者・維持者たる自覚をうながした点は認めねばならないであろうし、また、その盛んな人物批評は、漢末の「清議」からの伝統に由来することを注意しなければならない。

貴族社交界の風潮

「士」の階層の形成と九品中正制度の施行とは、武人領主の階級形成を制度的にも完封し、文人貴族による支配体制への道を開くものであったが、この方向にしあげてきた主動力は、荀彧《じゅんいく》や陳羣《ちんぐん》などの知謀ある知識人たちであった。それは、漢末の戦乱期を乗りきるために、一方では程昱《ていいく》の例に見たように、存亡の危機に直面した郷村社会において、郷論がその危機を救う知謀の士を支持したからであり、他方では、曹操のほうでも、華北の安定を回復するためには、徳行の士よりも知謀の士の協力を必要としたからであった。

魏の曹操漢中で張魯を撃破するの図

しかし、九品中正制度は原則として郷論を吸収するパイプであり、多くの郷村社会が戦乱によって破壊されたとはいえ、その間にもなお存続することのできた地方では、破壊から再建へと向かう地味な郷村生活に照応して、郷論がそれまでじっと郷村生活を支えてきた逸民的な有徳の士に目を向けるのは当然である。九品中正制度によって官界に上ってくる人々の中に、このような性格の知識人が多くなる。かつて漢末の党禁のもとで、隠逸的な方向に傾き始めた知識人の一般的風潮が、魏から西晋につづく九品中正制度のパイプに乗って、官界のトップ・クラスをも含めた社会全体に広がり、「清素」「清倹」が基本的な知識人の徳目として、しだいに定着していった。

隠逸は世俗と権力に対する蔑視、個人の心性における内省と孤高を本質としている。それは、自己の知識と教養によって国家社会を教化し統治すること——いわゆる「修身・斉家・治国・平天下」——を知識人の責務と考える正統儒家のイデオロギーとは、かなりのへだたりがある。

それは、むしろ内省的、哲学的な道家のイデオロギーに親近性をもっている。清議運動以来、盛んになっていた人物評論の場は、人物の評価を重視する九品中正制度のもとで、いよいよ活発に行われたが、そこでの評価の基準が隠逸的風潮に傾くと同時に、談論に哲学的会話が増していった。この方向を最初に決定したのは、正始年間（二四〇〜二四九）に何晏《かあん》と王弼《おうひつ》を中心に行われた哲学的な清談である。

そのときまで、文帝（二二〇〜二二六在位）と明帝（二二六〜二三九在位）の治世には、まだ曹操時代の風潮が残っていた。その時期に、曹操とその下にいた詩人たち——建安《けんあん》の七子といわれる——および文帝とその弟の大詩人曹植《そうしょく》によって、叙情詩と文学のジャンルが確立されたのは、きわめて注目すべきことであるが、人物論から見れば、まだ有能着実な人物が世の評価を得ていた。ところが、明帝の死後、その養子の曹芳《そうほう》が、わずか八歳で新帝となり、一族の曹爽《そうそう》がこれを補佐すると、曹操の女婿の何晏を重用して、ともに政局を担当した。

何晏は学殖豊かな貴公子で、老子に関する「道徳論」という論文を書き、『論語集解《しっかい》』の著者でもあった。かれは、わずか二十歳の天才的な哲学者王弼——『周易注』の著者——を高く評価し、究極的な実在としての「道」を「無」と考えるこの若き哲学者と、高度に哲学的な談論をかわした。それは従来の儒学の中から形而上学としての『易』学を抽出し、『老子』『荘子』などとともに、究極的な「道」の学、「玄学《げんがく》」とよばれる形而上学のジャンルを切り開くものであった。このはなばなしい「清談」は一世を風靡《ふうび》し、その後いつまでも「正始の音《おん》」とよばれて清談の模範とされていった。それは、形成されつつあった貴族社交界の風潮に大きな足跡を残したのである。

魏晋の交替と竹林の七賢

しかし、このはなばなしい「正始の音」は二四九年の司馬懿によるクーデタによって、一朝の露と消えた。曹爽と何晏は誅殺され、王弼はわずか二十四歳の若さで病死した。

司馬懿は、かの荀彧の推薦によって曹操政権に加わり、陳羣ともきわめて親しい、知謀豊かな知識人であった。かれは、蜀から関中に攻めこもうとする、かの有名な諸葛亮《しょかつりょう》、アザナは孔明と戦い、ついに諸葛亮が五丈原で死ぬ（二三四）まで防ぎつづけて大功を立てた。さらにその後、二三八年には、遼東に独立していた公孫淵《こうそんえん》を滅ぼして、軍隊の間に大きな影響力をつくっていた。

司馬懿は、二三九年、明帝が死んだとき、実は、曹爽とともに新帝の補佐役に任命されたのであるが、曹爽に敬遠されて、正始年間は隠忍自重していたのである。そして二四九年、曹爽らが首都洛陽の郊外に出たすきに、中央軍を動かしてクーデタを敢行した。司馬懿は二五一年に死ぬが、このクーデタ以後、中央政界は強大な中央軍を握った司馬氏——懿の子の司馬師と司馬昭——によって動かされ、魏の皇帝曹芳は、二

草堂亭　蜀の名臣諸葛亮が隠居中，起居し友とかたり琴をひき読書したところといわれている。湖北省襄陽市

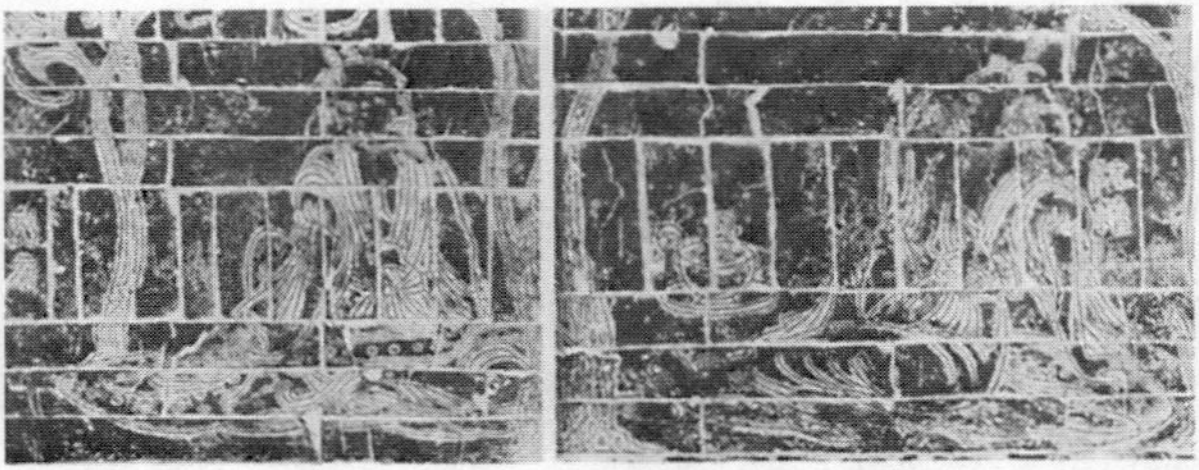

竹林の七賢　左が嵆康，右が阮籍。このほか山濤《とう》，向《しょう》秀，劉伶《れい》，阮《げん》咸《かん》，王戎の7人をいう

五四年に廃位の憂き目にあう。司馬氏の専横に反抗した地方軍は、強大な中央軍によって各個撃破され、曹芳についで帝位にいた曹髦《そうぼう》（二五四〜二六〇在位）は、無謀な抵抗を試みて殺された。つまり、二四九年のクーデタ以後は、司馬氏がやがて魏国を奪うために、かの禅譲劇への道を準備する陰謀の時期であった。

　陰謀のうずまくこの陰惨な時期に、それを逃避するかのように、かの隠逸的な風潮は知識人の間に大きく広がってゆく。その典型が、阮籍《げんせき》・嵆康《けいこう》ら七人の、かの有名な「竹林の七賢」にほかならない。琴を弾じ、酒に酔うて心の憂さをはらし、書を読み、「道」を談じて、人間の自然なる本性を追求する。その追求のしかたは、それぞれに個性的であるが、かれらの自由な、それでいて真剣な生き方が、以後の六朝時代に文化人の典型とみなされていった。反俗の道教的修行者、嵆康は、実際に司馬昭《しばしょう》によって死刑に処せられたが、のちの道教徒たちの間では、かれが昇天して仙人になったのだと信じられたのである。

　魏晋の間の禅譲《ぜんじょう》劇は二六五年に行われて、司馬昭の子の司馬炎《しばえん》が武帝（二六五〜二九〇在位）となるわけであるが、以後の西晋時代においても、哲学や文学の論議と人物批評を合わせた清談は、ひきつづき盛んに行われた。貴族化がさらに進む中で、琅邪《ろうや》（山東省東南部）の王氏や聞喜《ぶんき》（山西省南部）の裴《はい》氏などはそのトップに立っていたが、竹林の七賢の一人、王戎《おうじゅう》の従弟にあたる王衍《おうえん》などは、大臣・宰相になっても清談に熱中して政務をかえりみず、そのために清談が西晋を滅亡に導いたのだと、後世から非難されるほどであった。

為政者たるべき貴族が、反俗的な「清談」を行うのは、原理的にいえばたしかに矛盾である。しかし、魏晋の典型的な貴族が、かの後漢の外戚貴族などとはまったく異なって、このような自己矛盾的性格をもつこと、そして、そのような自己矛盾的性格は、漢末に、かの党禁による弾圧のもとで豪族出身の知識人が形成していったものの延長であることに注意する必要があるだろう。

三　屯田と戸調式

兵戸と屯田

われわれは魏晋の国家を動かした知識人の動向にあまりにも多くのページを費やしすぎた。次に魏晋の国家形成のもう一つの柱となった軍隊について、その経済的基礎としての土地と関連させながら、すこし説明しておこう。

曹操《そうそう》は、前に触れたように、一九六年、流民を募って許県に大規模な屯田《とんでん》を開いた。当時、曹操の軍隊は、曹氏一族やその関係者を中心にまとめられた、いわば曹操直轄軍のほかに、民間の豪族たちが各自に結集した多くの武力集団を含んでいた。この許県周辺の屯田は、それらの軍隊に補給するための中心施設として大きな意味をもっていた。その後、袁《えん》紹《しょう》を撃滅して、鄴《ぎょう》を新しい根拠地にしたとき、それまで在地領主として曹操に協力してきた乗氏県（山東省鉅野県）の李典《りてん》は、その宗族賓客一万三千人以上とともに、ここに移住したという。李典に属した軍人たちはその家族とともに鄴の周辺に田宅を与えられて屯田し、必要なときには軍隊を編成して出征したと思われる。

また魏の時代に、首都洛陽周辺には大規模な屯田地域があったし、魏から晋にかけて、呉の国と長い間対峙《たいじ》していたから、その国境に近い淮水《わいすい》の流れに沿って広大な屯田地域が設定され、国境防衛軍は屯田を耕作して、自給しながら戦闘に従事する体制であった。

このように、要地要地に広大な屯田地帯を設定できたのは、戦乱によって無人化した多くの土地を没収して、それを国有地にすることができたからである。政府は流民をここに定着させ、農具や耕牛を貸与して、そのかわりに収穫の半分以上を上納させるという小作方式をとった。このような民屯——兵士でなく一般民衆が耕作に従事する屯田——からあがる収益が、国家財政、とくに軍事費を支える大きな基礎となったのであるが、淮水流域の軍屯のように、平時には軍人自身が家族とともに耕作して、できるだけ自給するというばあいも多かった。

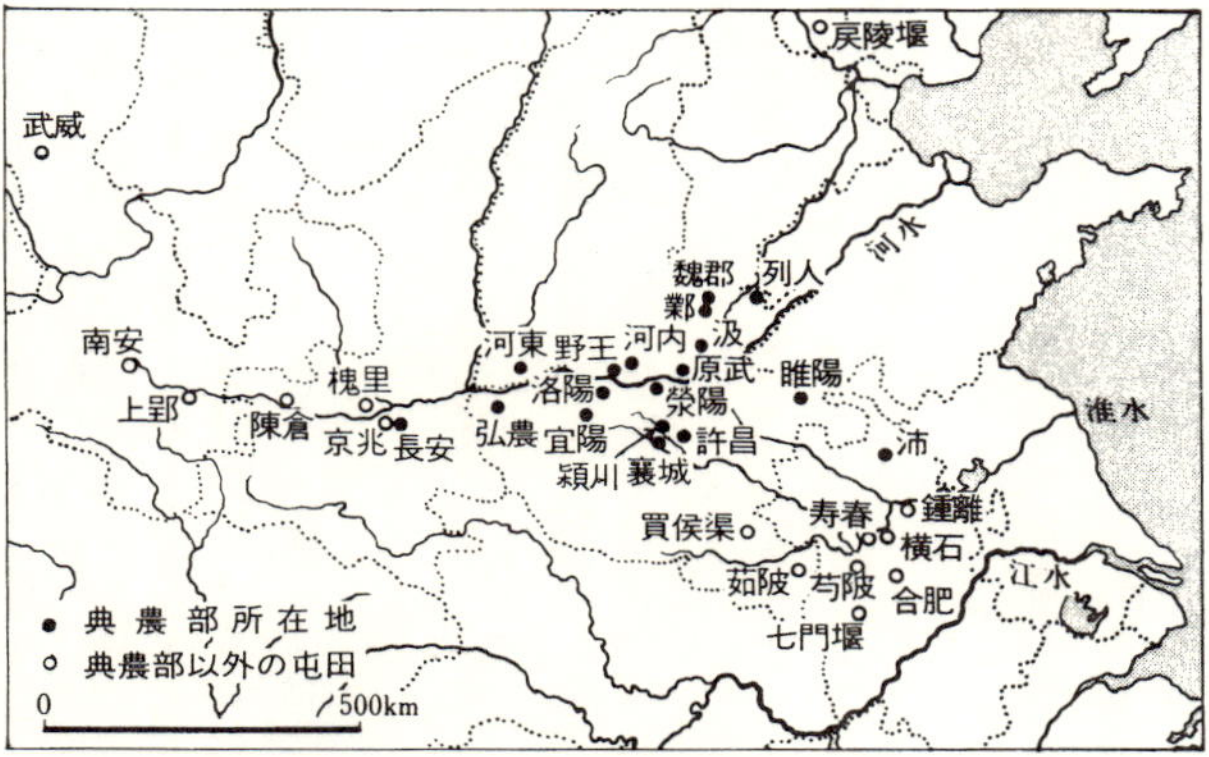

魏・晋時代の屯田地域　政府直轄の典農部屯田（民屯）が中原に集中し，呉との国境近くの淮水流域に軍屯田が配置されている

二四九年に司馬懿《しばい》が首都でクーデタをおこしたときの情況を見ると、洛陽周辺の広大な民屯にも、首都防衛軍の軍屯がまじっていた形跡があり、少なくとも非常時には、屯田地域から軍隊を召集することができたのではないかと思われる。

　そして、軍人たちとその家族は、一般民衆の戸籍とは区別され、子々孫々にわたって、もっぱら兵役義務を負うものとされた。これを兵戸《へいこ》とよび、魏晋以後、南朝では少なくとも五世紀の中ごろちかくまで、兵戸が正規の軍隊を構成する根幹となった。

　このように、魏晋の国家形成において、屯田とそれによって養われる軍隊の力が大きな支柱となっていたが、政権が確立するにつれて、屯田のような国家の直轄地以外に、一般の郡県に支配力が及び、そこから徴収する租税が増加する。司馬氏が強力な中央軍の力を背景にして、地方軍の反乱を抑え、それらの軍隊を動員して、二六三年に蜀《しょく》を、さらに二八〇年に大挙して江南の呉を滅ぼし、百年ぶりにようやく天下の統一と安定を回復した。ここにおいて、司馬炎すなわち晋の武帝は、「まさに干戈《かんか》をおさめるべき」ときだとして、州郡の兵をことごとく帰農させた。そして、それと関連して「戸調式《こちょうしき》」という徴税ならびに土地制度の法令を発布した。その内容は次のとおりである。

戸調式

(1) 丁男《ていだん》(十六～六十歳の男子)を戸主とする家は、毎年、三匹の絹と三斤の綿を「調」として納付すること(当時の税体系では、田租のほかに「調」という農産品を納入させた。この規定では、徴収されたはずの租の額が欠落している)。

(2) 男子には七十畝、女子には三十畝を占田《せんでん》させる(占田とは田を申告するという意味に解せられる。つまり、夫婦あわせて百畝の田地というのは、一般の自由農民にとって適正な耕作面積であるから、申告して所有すべき田地の基準面積を示して、自作農を育成しようとしたのであろう)。

(3) 丁男には五十畝、丁女には二十畝、次丁男(十三～十五歳および六十一～六十五歳)にはその半分を課田《かでん》させる(課田は田をわりつける意。屯田兵や屯田民など国有地を耕作してきたものに対する規定だと考えられる。つまり、(2)の対象となる一般の自由民以外に、国家に直属する小作人がいた)。

官品	第一品	第二品	第三品	第四品	第五品	第六品	第七品	第八品	第九品
占　田	50頃	45頃	40頃	35頃	30頃	25頃	20頃	15頃	10頃
衣食客	3人	3人	3人	3人	3人	3人	2人	2人	1人
佃　客	15戸	15戸	10戸	7戸	5戸	3戸	2戸	1戸	1戸

戸調式表　これは官品のあるものにたいしての規定である

(4)　丁・次丁を右のように年齢によって区別する規定。
(5)　僻遠の地にいる蛮夷などに対する賦課規定。
(6)　一品官には五十頃《けい》、以下五頃ずつ逓減して、九品官には十頃まで占田させる。
(7)　官品の高下に応じて親族などをどの範囲まで賦課免除にするか、という規定。
(8)　官品の高下に応じて所有しうる衣食客《いしょくきゃく》（奴隷に準ずる下僕）・佃《でん》客《きゃく》（小作人）の数に関する規定。一品二品官は佃客十五戸、三品は十戸、以下すこしずつ減って九品はわずかに一戸。

晋王朝の統治理念

この戸調式については関連する史料がきわめて少ないので、法の内容に関してさまざまの解釈が試みられているが、そこには晋王朝の統治理念が反映されていると見なければならない。

右の諸規定で、まず注目されるのは(3)の課田規定である。屯田などの系譜をひく国有地では、そこにしばりつけられた課田民は、土地・役牛などの生産手段を所有する国家から、収穫の半分またはそれ以上を地代として収奪されたにちがいない。

それはちょうど、(8)に見える佃客が、貴族・官僚をはじめ、地方の郷村にあまねく存在した豪族のもとで、その私有地の耕作を課せられる小作人であったのと対応する。つまり、課田民は国家直属の小作人であり、佃客が貴族や民間豪族の小作人であった関係と対応するのである。

当時、官僚になっている貴族や、一般の民間豪族には、広大な土地を私有し、多数の佃客をかかえているものが、きわめて多かった。それが貴族や豪族の力を支える経済的基盤の中心をなしていた。国家もまた、それと同様の構造をもったといわねばならない。

ところが、右の(6)の規定では、最高の一品官でも、その所有地は五十頃、(8)によれば、それに属する佃客の数が十五戸と決められている。一品官はほとんど帝室の一族に与えられ、「門地二品」という言葉（一五四ページ参照。ただし、この言葉が定着するのは南朝になってからである）が示すように、トップ・クラスの貴族でも二品官どまりであったことを考えれば、右の基準は、当時の実情から見ても、また前後の時代を考えても、あまりに低い数に抑えられているといわねばならない。しかし、あえてそのように定められた法の精神は、あるべき官僚の特権がその線にとどまるべきだということにちがいない。

私は先に、漢末以来の一般知識人が、たとえ豪族であっても、「清」なる生活によって郷論の支持を得たこと、また、九品中正制度は郷論の構造を官界に吸収するものであったから、上層の貴族の間ですら、「清素」であることを基本的な徳目とする風潮が広がっていったことを述べた。戸調式に規定された官僚の特権基準が現実とはなはだ離れていること、あえてそのような法規定を作った精神は、そのような魏晋貴族の自己規制的な精神の一つの表現であろう。

この自己規制的精神は、かの党錮《とうこ》事件以来、豪族の郷村支配が、その私有地の拡大とそこに隷属する佃客を支配することだけから成り立つのでなく、そのような私的支配を中核としながらも、なおその階級支配を自己規制して、周辺の自立農民層との共同体的な関係を尊重し、それによって郷論の上で「民の望」とされるのでなければ、真に郷村全体の指導者にはなれない、という長い経験と自覚とに由来する。

つまり、漢末以来、豪族の領主化路線と、清議運動から黄巾《こうきん》の乱へとつづく共同体冀求《ききゅう》運動と、この二つの力がぶつかりあって生まれてきた新しい郷村社会の構造は、自己規制的な豪族を中心にして、階級支配の関係と共同体的な関係とがバランスを保ちつつ結合する形でなければならない、と観念されてきたのである。

したがって、戸調式において、共同体関係をつくるための、あるべき自立農民の姿を示す(2)の占田規定と、階級支配の原理にもとづく(3)の課田規定とが共存し、九品官人法と中正制度にもとづいて支配階級となった官僚は、(6)〜(8)の規定に準じて自己規制すべきものとされたことは、国家の支配形態が、右に述べた新しい郷村社会における豪族の支配形態と完全に対応することを示すものだろう。九品中正制度と戸調式にあらわれる魏晋の国家は、その意味で、貴族制社会の国家的表現といってよい、と私は考えるのである。

西晋の滅亡

二八〇年に呉を滅ぼしたあとで出された戸調式は、いま述べたように貴族制国家の理念の表現であると考えられるが、現実は理念どおりには動かない。現実の貴族・豪族はそれほど自己規制することはできず、戸調式の精神とは裏はらに、むしろ奢侈に流れ、所有地を拡大し、隷属民をふやしてゆくものが多かった。漢末の混乱期以来、南下する北方異民族がふえるにつれて、奴隷として売られてゆく異民族も多くなる。そのような抑圧された異民族の反発が、やがて四世紀にはいって爆発し、けっきょくは西晋王朝の命脈にとどめをさして、五胡十六国時代に突入することは、のちに述べることにしよう。

より直接的に西晋王朝にとって重大な禍根を残したのは、呉の平定直後における兵士の帰農措置と、それにともなう常備兵の極端な削減であった。大きな郡でも武吏百人、小さな郡では五十人に削減するという二八〇年の詔勅が、実際にどこまで徹底したかは、戸調式の実行と同様に疑わしいけれども、とにかく、常備軍の大削減は、ひとたび混乱がおこったときに収拾がつかなくなる原因となった。

それよりもさらに西晋の滅亡を早めた直接の原因は、中央政界の不統一と乱脈であった。呉を平定して天下統一を果たした武帝は、形式的な平和に満足して善後の措置をとらなかった。呉の平定とその後の荆州(湖北省)統治に力を尽くした杜預《とよ》をほとんど唯一の例外として、在朝の貴族・高官たちも、見かけの平和に安住した。奢侈の風潮が高まる一方で、知識階級の思潮を代表する「清談」は哲学的、高踏的な傾向を増し、表面上は現実の政治を俗とみなして回避する風潮に流れていった。いわば個々バラバラのノンポリの集まりでしかなく、杜預のような着実で緻密な政治家、科学的な実証主義者といってもよいほどの学者——かれは『春秋経伝集解《しゅんじゅうけいでんしっかい》』という左伝《さでん》研究・古代史研究の金字塔を立てた——は、当時の風潮からすれば、むしろ怪物と見られるような存在であった。

かくて現実の政界は一握りの権力欲の亡者によって動かされる。武帝が死ぬ二九〇年の前後は外戚の楊氏によって、二九一年以後は暗愚な恵帝（二九〇～三〇六在位）を擁した皇后賈《か》氏の一党による。ことに賈皇后のやり方はまったくひどいもので、恵帝の腹ちがいの弟の楚《そ》王・瑋《い》をそそのかして楊氏を倒させ、そのあとで当の楚王を殺し、さらに皇太子を廃して自分の養子を立てたのである。

賈皇后のこうした露骨で強引なやり方は、廃太子に対する同情と賈氏反対の空気をみなぎらせた。その空気を利用して、三〇〇年、部下にあやつられた趙《ちょう》

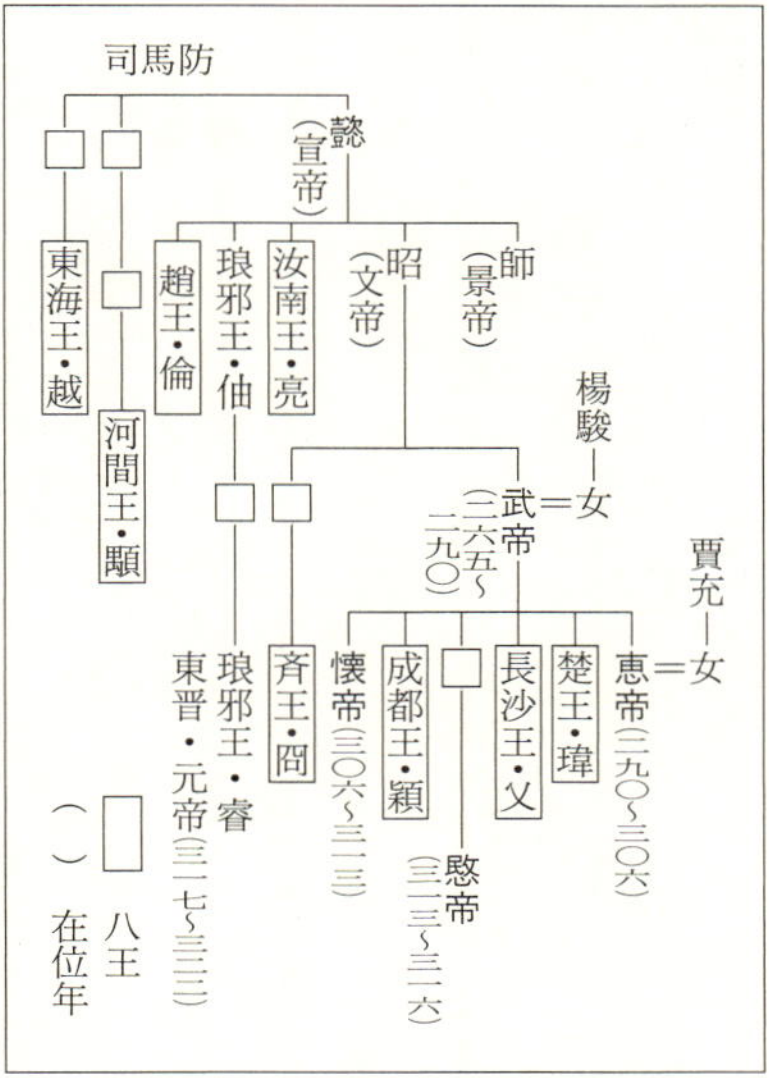

西晋帝室図

王・倫《りん》が賈氏一党を誅滅する。趙王は自分の権威を確立しようとして、名臣たちをつぎつぎに殺し、恵帝から一時帝位を奪う。

その暴挙を討つために、三〇一年には、許昌に鎮していた斉王《せい》・冏《けい》をはじめ鄴《ぎょう》にいた成都《せいと》王・穎《えい》、常山《じょうざん》（河北省正定県）にいた長沙王《ちょうさ》・乂《がい》が首都洛陽に向かって動きだす。中央政界の混乱は、かくて全国へと広がった。次には、斉王を廃するために、長安にいた河間《かかん》王・顒《ぎょう》をはじめとする諸王が動きだす。諸王の間にはまったく意志統一がなく、部下にあやつられながら、個々バラバラに、それぞれの利害を追求する。闘争は闘争を生み、その間に、互いに北方異民族の武力を導入して自己の戦闘能力を高めようとする。

収拾のつかない、このいわゆる「八王の乱」は、さいしょ諸王や漢人の地方勢力に使われていた北方異民族が自己の武力の強さを自覚する契機となり、ついに、華北全域を異民族の跳梁《ちょうりょう》にゆだねて、司馬氏の諸王が滅びさる、という結果をもたらした。

自己分裂を始めた西晋王朝の最後の息の根を止めたのは、はじめ成都王・穎のもとで働いていた匈奴族の族長・劉淵《りゅうえん》と、その子・劉聡《りゅうそう》の軍隊であった。恵帝を継いだその弟・懐帝（三〇六〜三一三在位）は三一一年、洛陽の陥落とともに、劉聡の都城であった山西省南部の平陽に捕虜として移される。そこで懐帝が殺されるのは三一三年であるが、三一一年の洛陽陥落によって、事実上、西晋王朝は滅びたのである。

第五章　開発領主制的社会——三世紀の江南

一　孫呉政権下の江南社会

華北の貴族と江南

二〜三世紀の華北において形成された貴族支配の体制は、いままで述べてきたように、一方では、華北各地の豪族が強大となって社会の階層分化が進んでゆく傾向と、他方では、その傾向をチェックして、共同体的な関係をつくりだそうとする傾向と、この二つの傾向がぶつかりあう中から生まれてきたものであった。

その中で、豪族たちは、武人領主としての支配階級をつくる方向に驀進《ばくしん》することができず、共同体を志向する郷論の上に立って、知識と教養をもった文人的な「士」としての支配層をつくることになり、その「士」階層の上に貴族社交界が積み上げられたのであった。そして、これらの「士」と、その上に立った文人的な貴族とが、漢帝国崩壊の大混乱を乗り越えて、中国文明に新しい展開をもたらした主体であったが、しかし、かれらを生みだした基層の郷村社会では、大混乱によって受けた大きな傷あとが回復されず、豪族の強大化をチェックする自由農民の共同体志向力は弱くなっていた。

にもかかわらず、西晋の貴族層は、そのような基層社会の問題を直視せず、見かけのうえでの平和に安住して、基層社会から遊離しながら、かれらの社交界における「清談」に時を過ごしていた。それが一部の権力者の権力濫用を許し、八王の乱と北方異民族の跳梁をひきおこす結果となって、収拾のつかない大混乱のうちに、当の貴族社交界は壊滅した。

貴族の中には、郷村社会にひきかえして、そこでけんめいに生きる道を模索するものもあったが、大多数のものは江南に避難して、その地の一流豪族たちとともに、東晋政府を盛り立てながら、新しい貴族社交界を再生し、かれらの支配体制を再建した。それによって、中国文明のともし火は、華北に跳梁する蛮族に消されることなく、江南においてあかあかと燃えつづけることができた。

それにしても、四世紀の初め、華北から江南に避難してきた貴族たちは、この新天地に移動した当初、根なし草のような亡命者にすぎなかった。にもかかわらず、そこでどうして不死鳥のようによみがえることができたのであろうか。われわれは、そのことを知るために、かれらが避難してくる以前、つまり三世紀の時代から、江南の社会はどのような状況にあったかということを見なければならない。

三世紀の江南には、三国のうちの一つ、呉の国があった。そこで、まず呉の国の状況を見ることにしよう。

呉国の成立

三国のうち、建業《けんぎょう》（今の南京《ナンキン》）を首都とする呉の国は、呉郡富春《ふしゅん》（杭州市西南）の孫氏によって建てられたから、この政権を孫呉政権とよぶことにしよう。この富春という土地は、二世紀の終わりごろには、まだ江南における漢民族の植民地として最前線に位置する町の一つであって、第一章で述べた江南の先住民、山越《さんえつ》の襲撃を受ける危険にさらされていた。

そこは、ちょうど西部劇に出るフロンティアの第一線基地を思わせるようなところで、孫氏のひとり孫堅《そんけん》は、若いときから、そのような辺境の町の顔役であったらしい。腕っぷしが強く、戦争で手がらをたてた孫堅は、その功績によって、後漢の政府に取り立てられ、ある県の次官として揚子江の北に赴任した。

呉の大帝（孫権）　歴代帝王図巻より

当時、淮水《わいすい》と揚子江の間の地方には、宦《かん》官《がん》政府の圧政下に呻吟《しんぎん》していた中原の先進地帯から、多くの貧民が流れこみ、その中には無頼漢《ぶらいかん》がたくさんいた。たまたま一八四年に黄巾の乱がおこると、孫堅はこの無頼の若者たちを集めて一軍を組織し、黄巾討伐軍に属して活躍しはじめる。

やがて群雄割拠の混乱のなかで、かれは一九二年に戦死したが、その子の孫策《そんさく》も、やはりこのような無頼任侠者《にんきょう》たちの集団をひきつぐ。そして孫策は、これを自分の中心勢力として、江南に割拠する意図を固めていった。

そのころ、江南では当時の呉、今の蘇州一帯や、会稽《かいけい》、今の浙江省《せっこう》紹興《しょうこう》一帯が、早くから開けていて、呉では朱《しゅ》氏・張《ちょう》氏・顧《こ》氏・陸《りく》氏のような大豪族が勢力をもち、会稽にも虞《ぐ》氏・魏《ぎ》氏・孔《こう》氏・賀氏といった豪族が成長していた。孫策は一九五年に本格的な江南進出作戦を開始したが、その軍規は整然たるもので、略奪することはいっさいなく、「降服するものは前歴を問わぬ。従軍希望者が一人あれば、その一家は賦役を免除する。従軍を希望しないものには強制しない」との布告を出したので、江南の人々は孫策のもとに雲のごとく集まったといわれる。

孫策はまた、呉や会稽の有力豪族を自己の陣営に引き入れる工作も同時に進めた。かれら土着の豪族にとってもまた、江南の各地に弱小権力が割拠する状況よりも、江南全体を打って一丸とする強力な政権ができることを望んでいた。なぜなら、第一章で述べたように、当時の江南は開発途上にあった植民地であり、開発を強力に進めるためには強力な政権が必要であったからである。

かくて、揚子江の北からはいってきた無頼任侠者集団の軍事力と、呉や会稽の在地豪族の勢力との協力によって、孫策をかしらとする政権が誕生する。孫策は二〇〇年に死に、弟の孫権《そんけん》がこの政府を主宰するが、大川富士夫氏の調査によれば、この孫呉政権の人的構成は江北系と江南系とがほとんどあい半ばする。このことは、江南在地の豪族勢力だけでは、まだ自立的な軍事政権を樹立できなかったことを示すと同時に、呉や会稽以外の江南では、在地豪族の成長が未熟であったことを示す。

江南の知識人

実際に、孫呉政権が首都と定めた建業《けんぎょう》すなわち今の南京すら、そのときまではまだまったく無名の土地だった。そして、前章で見たように、華北では各地に豪族が成長し、それに対して自立農民をも含めた知識人たちの郷論が盛り上がったのに対して、江南では郷論の盛り上がりは全般的に見てほとんどなく、江南での先進地帯たる呉や会稽で、わずかに見いだされるにすぎない。江南では知識人の層が、まだきわめて薄かった。

呉の豪族たる顧氏・陸氏・張氏には教養を備えた知識人が出ていたが、その人たちでも、孫呉政権のもとでは武将として活躍することが多かった。華北では、かの李典のように、武将が知識人としての「士」の階層の前に膝を屈したが、江南では教養人さえも、むしろ逆に武将の道を志したのである。

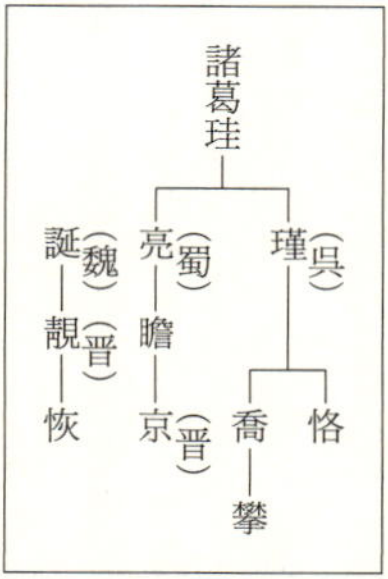

琅邪陽都の諸葛氏系図

この政権には、また華北でも名を知られた北方出身の名士が政治顧問として二、三加わっていた。かれらは華北の混乱を避けて移住してきた知識人で、張昭《ちょうしょう》がその代表的な存在である。しかし、曹操《そうそう》の大軍が南下してくるのにどう対処するかが大問題となったとき、張昭が弱気の降伏論を唱えたのに反対して、廟議を主戦論にまとめ、曹操の軍隊を赤壁で壊滅させて(二〇八年)、呉の国の独立を確保したのは、周瑜《しゅうゆ》や魯粛《ろしゅく》といった江淮の間の任侠出身者であった。華北の名士の発言権は、孫呉政権の中ではそれほど強くなかったのである。ただ、孫氏に仕えた琅邪《ろうや》郡陽都(山東省沂南市)出身の諸葛瑾《しょかつきん》は、かの蜀の劉備《りゅうび》を補佐した有名な諸葛亮《りょう》、アザナは孔明《こうめい》の兄であって、この兄弟は曹操に対する呉蜀同盟の締結に寄与したことを注意しておこう。

呉・蜀における主従関係

荆州(湖北省)襄陽付近に移住していた諸葛亮が、劉備からいわゆる三顧の礼をもって迎えられたとき、曹操に対抗するには呉と同盟する必要があること、そのあとで、荆州《けいしゅう》から巴《は》・蜀《しょく》(四川省)を取るべきこと、をすでに劉備に進言している。二〇八年、南下する曹操の軍に追われ、わずかに夏口《かこう》(武漢市付近)を保つだけとなった劉備は、おりしも柴桑《さいそう》(江西省九江市)に陣どっていた孫権の軍営に諸葛亮を派遣して、無事、呉蜀同盟を締結することができた。そのとき、孫権は諸葛瑾にいった。

——きみは孔明と兄弟だ。それに、弟が兄に従うのは、人の道としても順当だ。どうして孔明をわが陣営にひきとめないのか。

——弟はその身を人のために捨て、忠誠契約をかわして主従の分を定めたのでありますから、人の道として二心をもちませぬ。弟がここに留まらないのは、私が向こうへ行かないのと同じです。

諸葛瑾のこの答えは、「神明《しんめい》を貫くに足る」ものだ、と孫権は大いに感服した、と史書は伝えている。

「忠誠契約をかわして云々」と訳したが、その原文は「質《ち》を委《ゆだ》ねて分を定む」である。「質」とは「雉《ち》」に通じ、春秋時代の昔、主君に仕えるときに雉《きじ》をさし出して忠誠の契《ちぎ》りを結ぶ慣例があった。三国時代には、もはや、実際に雉を用いるようなものものしい儀式は行われなかったが、「委質」とは、そのような忠誠契約を意味している。それによって結ばれた主従関係は、兄弟の間の肉親関係と、「兄には悌《てい》」という倫理よりも優先することが人の道（原文は「義」）だとされた。右の問答は、そのような当時の観念を示している。

三顧の礼　劉備が茅廬の諸葛亮に三顧の礼を行うところ。明代の絵

実際に、諸葛亮が主君劉備のために尽くした献身的な忠誠は、劉備の在世中だけでなく、その子劉禅《りゅうぜん》を奉じて生涯を一貫したことは世に名高い。そのことは、諸葛亮が魏に向かって北伐の軍をおこしたとき、劉禅にたてまつった「出《す》師《い》の表《し》」に、その衷情《ちゅうじょう》が吐露されている。また、劉備は挙兵の当初から、かの有名な関羽《かんう》と張飛《ちょうひ》との間に義兄弟の約束をかわしていた。つま

り、任俠者の間に行われるきわめて人格的なつながりである。孫権父子もまた、無頼任俠者を集めることによって軍団を形成した。そこでの親分子分のタテの関係が、やがて呉国をまとめる根幹としての主従関係に昇華する。

このように、当時は個人と個人との間に結ばれるきわめて人格的なタテの関係、主従関係が、社会の中で大きな役割を占めていた。一つは、いま見た任俠関係からくるが、知識人の間でも、それと同種の関係が普遍的にあった。つまり、「士は己《おの》れを知るもののために死ぬ」のであり、自分の人格を認めてくれたものとして、弟子は先生に対し、下役は自分を認めてくれた上役に対して、以後長く、献身的な忠誠を尽くした。これを「門生《もんせい》・故吏《こり》」の関係という。

「故吏」とは、かつて部下であったもの、という意味で、現在はもはや部下ではないのに、かつての上役にいつまでも恩義を感じつづける関係をいう。このような門生故吏関係は、以後、六朝時代を通じて人間関係を規制した。それはまことに封建的な人間関係といってよい。

したがって、このような封建的なタテの社会関係は華北における魏晋の社会でも、もちろんいたるところに見られるものである。しかし、文人の優先する貴族制社会がつくられてゆくにつれて、漢末の戦乱期に見られる任俠的主従関係が影をひそめて、門生故吏的主従関係がめだってゆく。一流の知識人たる諸葛亮のばあいは、劉備をとりまく任俠的主従関係と、三顧の礼をもってするほどに人格を認められたことに対する恩義感との混合状況が感じられるが、やがて劉備の死後、かれが丞相として蜀国の維持と魏に対する攻撃に専心するとき、蜀の国では、任侠的主従関係よりも、かれの文人としての合理的統治が優先してゆく。ところが、呉の国では、任侠的主従関係が国家としてのまとまりをつくる根幹にまでなっていた。それはけっきょく、呉の国の、つまりは揚子江下流域の後進性――蜀に比べてもなお後進的であったこと――を示唆するもののように思われる。

世兵制――将軍たちの軍団世襲制度

孫呉政権のもとには、当時の華北には見られない特殊な制度が存在した。それは「世兵《せいへい》制」とよばれるもので、呉の国の将軍たちは、父子兄弟の間で麾下《きか》の軍隊を世襲してゆくことが、制度として認められていた。それが呉一代を通じて、というよりも呉の国が正式に発足する以前の孫策の時代からつづいていたのであるから、軍隊はそれを率いる将軍の私兵という性格を強く帯び、それぞれの軍団が独立性を増すことになる。

蜀の昭烈帝（劉備）　歴代帝王図巻より

つまり、武力を基礎とする呉の国家は、私兵集団の連合体という性格をもつ。そして、これを連合させる核心が、先に述べた孫権と諸将軍との間の主従関係にほかならなかったのである。

江北の無頼任侠者たちが一軍の将として江南に進出したのち、かれらは、世襲を許されたその軍隊を養うために、経済的な基礎づけが必要となる。そこで、ある将軍たちには最初、「奉邑《ほうゆう》」が与えられた。一つまたはいくつかの県が、ある将軍の奉邑になると、その将軍は、県の上級役人を自由に任命することができ、そこからあがる年貢を自由に使うことができたのである。したがって、その将軍は、事実上、その奉邑全体を完全に支配する領主といってよいものであった。

しかし、やがて二二二年に正式に呉の国が成立すると、この奉邑制は廃止される。だが、呉の国の兵士は、ただ戦闘に従事するだけの戦士ではなく、戦闘のないときは農耕の任務を負うものとされていた。つまり、将軍たちの率いる私兵的な世襲軍団は、それぞれ原則として屯田しながら、自給に努めることになった。

呉の国が、奉邑を廃止して、すべて屯田に切り替えたのは、戦闘の絶え間なかった草創期を過ぎて、軍隊の作戦行動に余裕を生じ、兵士を農耕に従事させる時間がしだいにふえたからであり、丸がかえ方式の奉邑よりも、屯田のほうがより効率的だと考えられたからであろう。かくて、はじめ首都建業の東の毗陵《ひりょう》（江蘇省）は奉邑であったが、やがてそこには、今の無錫《むしゃく》にいたるまでの広大な土地に屯田がおこされ、また首都周辺の丹陽《たんよう》・晋陵《しんりょう》一帯も大規模な屯田地帯となった。単に首都周辺だけでなく、江西省の尋陽《じんよう》や、魏・蜀に対する国境防衛軍の駐屯地をはじめ、軍隊のいるところでは、各地に屯田が開かれていった。

江南地方の風景

屯田軍による江南開発

このように、各地で屯田をおこすことができたのは、当時の江南には、まだ広大な荒蕪《こうぶ》地・未開墾地がいたるところに存在していたからであり、各地に配置された屯田軍は、むしろ土地開発の尖兵《せんぺい》にほかならなかった。孫呉政権下の兵士は、かくて開発のための労働力という性格を強くもつ。いうまでもなく、開発のためには多大の労働力が必要であり、労働力の補給源を求めなければならない。その補給源が、すなわち当時まだ広い地域に分布していた江南の先住民、山越の居住地にほかならなかった。

孫呉政権を構成する将軍たちは、抵抗する山越をしばしば討伐した。それによって征服されたり、降伏したりした山民は、征討将軍や部将たちに分給された。その中の強健なものは兵士として屯田軍にくりこまれ、弱いものは郡県の戸籍につけて、兵役は免除したが、田を割り当てて、強制的に農耕労働に従事させた。したがって、一般の郡県にも、このような屯田民がいたわけであり、

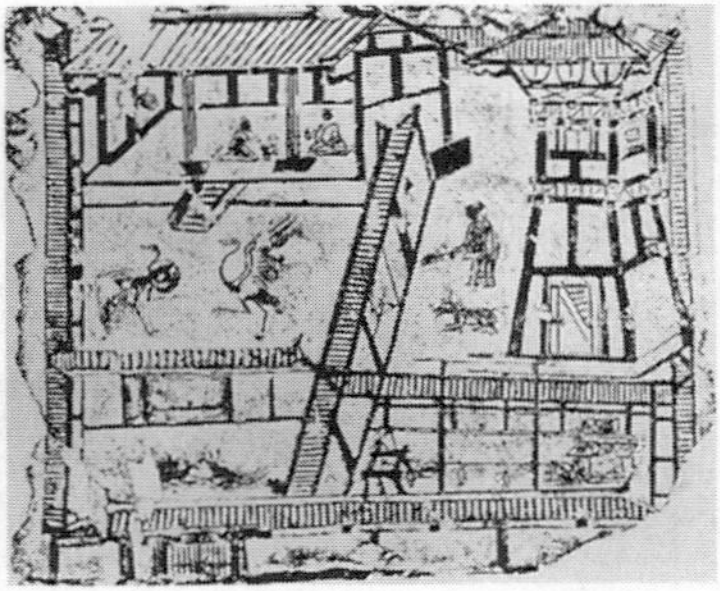

大豪族の屋敷　庭院画像磚（重慶市博物館蔵）

また屯田軍を率いる将軍が郡県長官に任ぜられるばあいも多かった。

こうして、開発途上にあった江南の多くの地域では、将軍たちが、世襲を許された私兵的な屯田軍を統率して、それぞれ未開発地に君臨し、その武力と財力を基礎にして、きびしい軍政支配を行っていた。

そのような将軍が郡県の長官であれば、もともと公的な性質をもつべき郡県支配というものも、私兵的な色彩の強い屯田軍を中核にして、管下の郡県に付籍された被征服民を屯田地での農耕にしばりつけ、これを私役に駆使するという私的な軍政支配に傾いたにちがいない。

それは、これらの郡県に、まだ有力な土着豪族もなく、また自家経営農民も広汎に成長していなかったからこそ可能であった。また、そこで行われるきびしい軍政支配は、逆に自立農民の成長を妨げたと考えてよい。

開発領主的支配体制の形成

ただ、最初に述べたように、呉《ご》や会稽《かいけい》など、早くから開発が進んだところでは、呉の顧

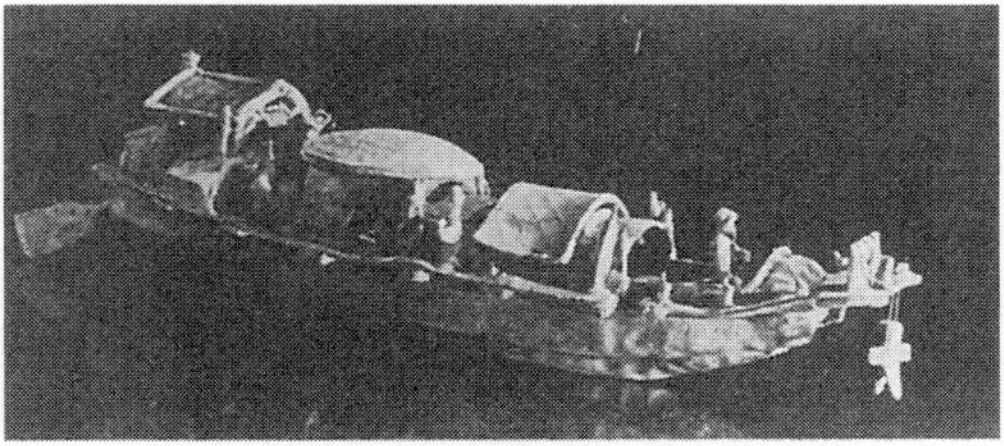

陶製船型模型

氏・陸氏などのような大豪族がすでに成長していた。かれらは広大な土地を所有し、そこに隷属していた多数の佃客は、いつでも私兵として動員できたし、私兵は平時には佃客にもどることができた。そこには武器庫の設備もあったのである。しかも、このような江南在地の豪族で、呉の国の将軍となった人も、たとえば陸遜《りくそん》などがそうであるが、江北からきた開拓屯田軍将と同様に、山越討伐のような人狩り戦争には、はなはだ熱心であった。

かれらもまた、開発をさらに推進するために、ますます多くの労働力を必要としていたのである。かくて、呉や会稽などの在地豪族は、華北の豪族よりもはるかに領主化が進んでおり、いわば開発領主といってもよいものになっていた。いな、かれらは、江北からはいってきた孫氏統率下の武将たちの開拓屯田軍と協力して、開発領主制ともいうべき支配体制を、孫呉政権という形につくりあげたのである。

このような江南社会の状況は、前章で述べた華北の社会とはかなり異なっている。先進的な華北の社会では、一方で豪族の力が大きく伸びつつも、他方では成熟した自家経営農民が広汎に存在し、かれらの共同体を求める郷論の盛り上がりによって、豪族の領主化傾向に抵抗し、これを武人領主でない文人的な貴族へと向かわせていた。これに対して、江南では、自立農民の全般的な未成熟が、一方では呉や会稽などの在地豪族の開発領主化を許し、他方では、外来の武将たちに屯田軍を中核とする開発領主的な支配を可能にしたのであった。

つまり、江南は開発途上にある後進的な社会であり、だからこそ、開拓屯田軍による軍政支配と、呉や会稽の土着豪族の開発領主化傾向と、この二つの柱の上に孫呉政権という開発領主制的な体制が形成されたのである。

二　孫呉政権の崩壊

主従関係の解体

孫呉政権は、以上に見てきたように、開拓屯田軍と呉や会稽の土着豪族とを二本の柱として成り立っていた。しかも、かれらは私兵的な世襲軍団を率いる、かなりの独立性をもった将軍たちであった。これを孫呉政権として一つにまとめるキー・ポイントは、孫権と諸将軍との間の主従関係であった。したがって、この主従関係にひびがはいると、この政権に危機が到来する。それは孫権の晩年における帝位継承問題から深刻になってきたのである。

二四一年に皇太子の孫登《そんとう》が病死して、二四二年には孫和《そんわ》が太子に立てられた。ところが、孫権は孫和の弟の魯王・孫覇《そんは》を寵愛《ちょうあい》して、太子孫和との間に、待遇の上で明確な格差をつけなかったので、魯王を盛り立てようとする一派が策動を開始した。かくて魯王党と、太子を守ろうとする太子党との間に、十年近くにわたって争いがつづき、この問題によって「中外の官僚・将軍・大臣は国をあげて、まっ二つに分かれた」といわれる。

このような分裂状態は、二五〇年に太子の孫和を廃位に処し、魯王・孫覇には死を賜うという喧嘩両成敗の形で結着がつけられて、わずか九歳の末子、孫亮《そんりょう》があらためて太子に立てられた。その二年後、二五二年に孫権が死に、十一歳の孫亮が帝位を継いだとき、わずか二年前まで両派に分かれて長い間争ってきた分裂の傷痕は、重大な結果となってあらわれる。

孫権の遺詔を受けて幼主を補佐することになった重臣のうち、大将軍の諸葛恪《しょかつかく》らはかつての太子党であり、孫峻《そんしゅん》らはかつての魯王党であった。それまで孫呉政権というまとまりの中心であった孫権を失った直後、幼主を盛り立てて、そのまとまりの中心をふたたび確立せねばならないだいじなときに、その中心にある肝腎の重臣たちは、二派に分裂した傷痕をいだいたまま、互いに意思疏通を欠いていた。また、がんらい世襲軍団を擁して、かなりの独立能力をもった各地の将軍や土着の豪族たちは、従来の主従関係の中心であった孫権を失ったあと、中央政府の命令に従うかどうか、はなはだ心もとない状況になってきた。

幼主を補佐する重臣たちのうち、孫権から主として後事をゆだねられた諸葛恪は、有能な軍略家でもあったから、華北の魏に対して戦いをいどみ、一発の大勝利をあげることによって、中央政府の権威を高めようと試みた。が、権威の確立をあせってむりにおこした戦争は、かえって惨憺たる敗北に終わった。諸葛恪はそれでもなおむりに戦いを続けようとしたが、がんらい反対派であった孫峻は、盛り上がる戦争反対の空気を利用して、諸葛恪を斬っ

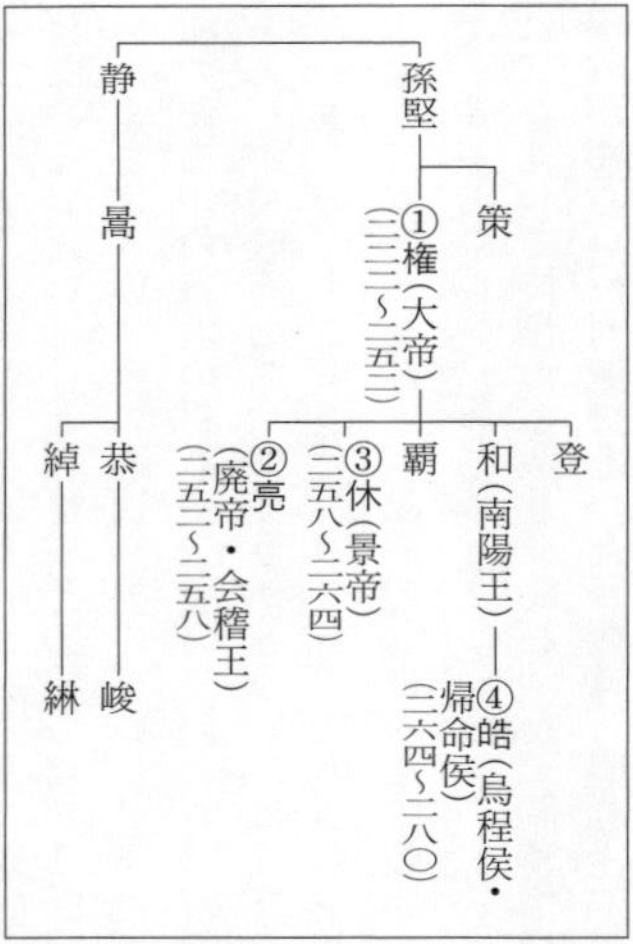

呉郡富春の孫氏系図

た（二五三年）。その後、二五六年までは孫峻が、ついで二五六年から二五八年までは孫峻の従弟の孫綝《そんりん》が、中央政府の実権を握る。

しかし、かれらは、ただあせるばかりで、もはや権威を確立する有効な方策を見つけるすべもなく、ただむやみに権力をふりまわして弱者をいじめるしか能がなかった。

横暴な孫綝を誅殺した三代目の皇帝、孫休《そんきゅう》（二五八～二六四在位）は、政治からむしろ逃避して、読書学問に心を向けたが、そのもとで実際に権力をふるった当局は、孫峻や孫綝と似たようなものであった。ついで即位した孫皓《そんこう》（二六四～二八〇在位）は、無意味な土木工事をおこして宮殿を造営したり、臣下をむやみに惨殺したり、もはや狂暴というよりほかない天子であった。

それらはいずれも、領主のような存在が各地に割拠して、分裂しかねまじい客観情勢と、きわめて不安定な政局の中にあって、しかも権威の確立を要請される立場に置かれた当局者が、なんら有効な施策を見いだせないままに、むりな権威づけをせきたてられて、ただ権力意志だけを、盲目的、恣意的に発動させた姿にほかならない。そのむりはいよいよ主従関係の解体を促進し、孫呉政権の支柱である人間関係を全面的に崩壊させて、呉国滅亡の一大原因となったのである。

屯田体制の崩壊

孫権の死は、世襲軍団をもって各地に存在する開発領主的な諸将軍の分立傾向を触発し、中央政府の当局者は、それを食い止めるために権威の確立をあせったこと、いま述べてきたごとくである。そのような中央政府のむりな姿勢は、強引な戦争によるよけいな損害を招き、それを補うためにむりな徴発が行われ、また無意味な権力意志を発動させることによって、管下に対する収奪を強化する。

中央政府のむりな徴発と収奪の強化は、もっとも威令の及びやすい屯田地域に向けられる。もともと孫権の時代から、きびしい軍政支配のもとにあった屯田兵と屯田民は、収奪の強化によって、いよいよ惨憺たる状態に追いこまれていった。

呉の大銭　孫権が発行したもの，大泉当千の銘がある

ところが一方で、江南が孫呉政権のもとにまとめられ、開発が進んでクリークも整ってゆくにつれて、物資の移動交換がふえてゆく。舟航に便利な揚子江およびそれとつながるクリークの整備は、物資の移動を容易にしたのである。そして首都建業のかかえる人口は増加し、そこは消費都市の様相を呈してゆく。孫権の時代に、すでに新しい貨幣が発行された

ことも、物資の交換を刺激したにちがいない。

このような状況を背景にして、中央政府の収奪がもっとも強くのしかかってきた屯田地域では、吸いあげられた残りの農産物ではとうてい自給できないために、より有利な商業によって生活を補うことになる。屯田隊長は、その指揮下の兵・民を駆使して、管下の生産物を輸送させ、商販行為に労役奉仕させた。兵・民は、たんに農業に従事するのみならず、商販行為にまで労役奉仕させられたのであるから、いよいよ負担は過重になった。

しかし、兵・民は、商業に従事して市場に行くことによって、他の地域に関する情報を得ることができる。それらの情報は屯田地帯の兵・民に広がって、やがて、かれら窮乏のどん底にある屯田民・屯田兵は、きびしい圧政のもとにある屯田地域から脱走して、より負担の軽い地域へ向かって流亡しはじめた。商業活動は、兵・民を農地にしばりつけておく屯田体制を、どうしても崩してゆくものなのである。

呉国の戦力喪失

では、屯田地域よりも負担の軽い地域――少なくとも負担が軽いであろうと期待された地域――とは、どんなところであったろうか。雑踏する首都建業の町、そこで発生しつつあった遊侠《やくざ》のもとなどはかっこうな逃げ場所であったろうが、その収容力はまだ高が知れていた。呉の末期、ことに孫皓の治世にめだつのであるが、宦官《かんがん》をはじめとする宮中関係者、およびそれとコネをつけた官吏たちは、特権を利用して、広大な占有地を設定し、その耕作と経営に必要な労働力を募集していた。このような私的な大土地所有者のもとこそ、屯田地域から流亡する兵・民の行く先であった。

しかも、宦官たちは、皇帝直属の臨時徴税官となって、自分の占有地以外の一般の郡県から、苛酷な徴税を行っていた。かれらは屯田地域の住民のみならず、一般庶民をも極度に搾取することによって、自分たち、およびそれにつながる人びとの荘園に、かれらを駆りたてたということができる。それが屯田体制を決定的に崩壊させたことは、いうまでもないだろう。

中央の威令が及ぶ地域において、このような屯田体制の崩壊と、そこに住む兵・民の流動現象とが進み、商業の活発化と、それによる一部支配層の奢侈の風潮が広がるとき、そのような諸現象と風潮とは、ただちに他の地域にも波及する。開拓屯田軍を率いて、外から、上から君臨していた将軍たちの支配する地域――その中には中央の威令が及びにくい地域もできていたであろうが、そこでも同様の現象が進んでいったにちがいない。屯田軍は、その基盤が崩れてゆくことによって、戦力を喪失していった。

先に述べたように、孫呉政権は、一方では開拓屯田軍による軍政支配と、他方では呉や会《かい》稽《けい》などの土着豪族による開発領主的な支配と、この二つの柱の上に立てられた体制であった。そのうちの一方の柱、つまり開拓屯田軍を支える屯田体制が、右のような経過をたどって崩れてゆくとき、孫呉政権そのものがやがて転覆するのは当然であった。しかも、暴君、孫皓のもとで、宦官をはじめ、これにつながる一部の特権者たちが私的利益の追求に狂奔するのを見れば、屯田体制の崩壊によって戦力の大半を喪失していた諸将軍が、国家のために働く気をなくするのも当然であった。

こうして、二八〇年に、西晋がそのような呉の国の内情に乗じて大軍をさしむけてきたとき、晋軍はもはや抵抗らしい抵抗を受けることもなく、呉の国を滅ぼして江南を征服することができたのである。

三　江南豪族と流民

呉国滅亡後の江南

二八〇年の孫呉政権の滅亡は、その政権の一つの支柱であった開拓屯田軍によるきびしい軍政支配を完全に終焉《しゅうえん》させ、またその末期に生じた一部特権階層——宦官やそれにつながる官吏たち——の酷烈な収奪を撤去した。そのもとに、極度にしいたげられてきた民衆はようやく一息つくことができた。江南を征服した西晋王朝は、江南における優秀な人材を何人か中央に召しかかえたが、それ以外に、これといって具体的な政策を江南に施行するわけでもなかった。いわば無策のままに放置したわけであり、二八〇年から三世紀を終わるまでの約二十年間に、江南の社会は自然のままに動いていったと考えてよい。

自然の動きの方向は、前節で述べた呉の末期の社会状況から規定される。そこでは、屯田体制の解体過程の中から、それまで屯田地域にしばりつけられていた農民の流動現象がしだ

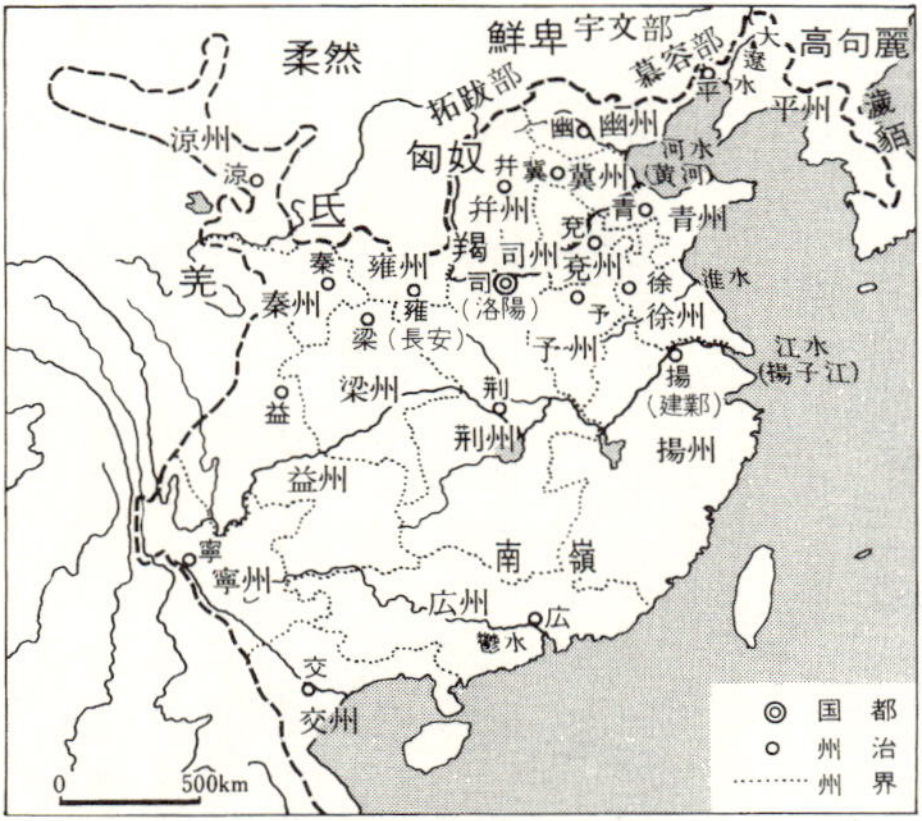

西晋主要図

いに激しくなっていた。他方では、それと同時に、大小さまざまな特権所有者による大土地所有が進行していた。孫呉政権の消滅は、一方では屯田軍政の完全な解体によって、大部分の旧屯田地域に解放をもたらした。他方では、孫呉政権に密着していた特権階級――とくに宦官など――の所有した広大な土地もまた、没収されるか解体したかにちがいない。それらの土地にしばりつけられていた隷属農民は解放され、あるものはその土地で自作農として育ち始め、あるものは、よりいっそう楽な生活を求めて他の地方に流れていった。

かくて自立農民が、ようやく広い地域にわたって育ち始めたと思われるが、かれらの基礎は、まだまだ薄弱なために小さな打撃によっても流動しやすく、また抵抗力が弱いためにかんたんに大土地所有者のもとに吸収されたにちがいない。

なぜなら、大土地所有は、宦官など孫呉政権そのものに存立基盤を置いたものを除けば、西晋治下の放任状態において、そのまま続くものが多かったからである。

実際に、陸氏や顧氏などの呉（蘇州）の豪族、賀氏や虞《ぐ》氏などの会稽の豪族は、孫呉政権を支えた一方の柱にはちがいなかったが、かれらの地盤は、それぞれの故郷において自力で築きあげた大土地所有と近辺の農民への支配力とにあったから、かれらの社会的な勢力は、孫呉政権の滅亡によって、なんの影響も受けなかった。西晋の政府が江南の人材を中央に登用したとき、その人材とは、これら豪族の中で育っていた教養人・知識人にほかならなかった。陸機《りくき》・陸雲《りくうん》兄弟などはその代表的な存在である。

そして、これら古くからの名族のほかに、呉から西晋にかけての三世紀後半に、同じような豪族が江南の各地に成長していった。太湖の西岸にある義興郡陽羨《ようせん》（江蘇省宜興市）の周氏や、南岸から入った呉興郡武康（浙江省徳清県）の沈《しん》氏などがそれで、四世紀の初めには、「江東（＝江南）の豪族の中で、周氏・沈氏より強いものはない」（『晋書』「周札伝」）といわれるほど、強大な勢力を築きあげていた。

呉や会稽の古くからの名族のほかに、このような強力な豪族が各地で成長してきたのは、孫呉政権以来、本格化した江南開発の波に乗ったものであるが、それを可能にした少なくとも一つの条件は、かの流動しやすい基礎薄弱な農民を、かれらの土地開発と耕作に吸収しやすかったということにあった。つまり、孫呉政権の消滅によって、基礎の弱い自立農民が広汎に生じたことと、かれらに対する適切な保護措置もなく、自然のままに放置されていたことが、江南豪族の継続的な成長発展に良好な環境を提供していたと思われる。

豪族間の格差

ただ、ここで注意しておくべきことは、呉や会稽の名族たちと、周氏・沈《しん》氏など江南の他の地方に成長した新興の大豪族との間には、社会的な評価において格差が生じていたことである。呉郡の顧氏・陸氏などは、孫呉政権の時代から、大臣宰相を出した名門であり、北方の西晋王朝でも、かれらを江南人士のトップ・クラスと認めていた。西晋に召しかかえられた陸機兄弟や顧栄《こえい》などは、旧敵国人として、また華北先進地域の貴族たちから見れば田舎者として、差別と蔑視を受けねばならなかったが、それでもやはり、かれらは知識と教養をもつ士人として、貴族社交界に受け入れられた。しかし、同じく西晋に仕えた陽羨の周処《しゅうしょ》などは、武将としてしか遇せられず、貴族社交界の一員とは認められなかった。

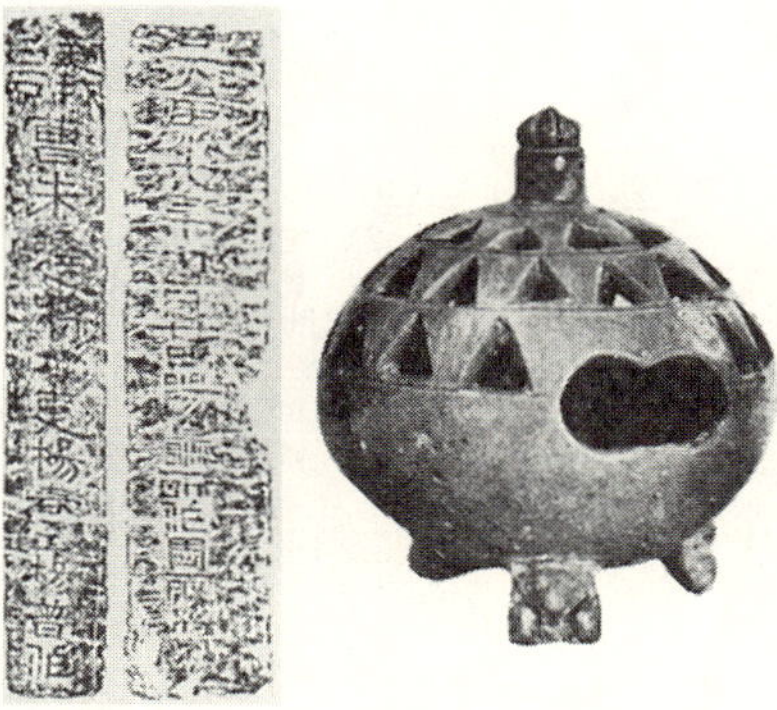
周処の墓磚　左が墓磚，右は青瓷香熏

中央における評価のちがいは、評価される側の意識をも規定する。呉や会稽の一流の名門にとって、陽羨の周氏や武康の沈氏の実力がいかに強大であろうとも、これら新興の豪族たちは、たんに腕っぷしが強いだけの田舎侍だと見下げる意識が潜在したにちがいないし、また江南の豪族たちも、顧氏や陸氏が江南一流の名門であるとの評価を、おのずから認めていた。

このような内部的な格差はあったが、やがてかれらは江南社会の安定のために、協力一致して事に当たるべきときがやってくる。それは、流民が外から江南に流れこみ、流動しやすい基礎薄弱な江南の農民たちが、そのショックによって、さらに動きだすために、豪族たちの安定した大土地経営が脅威を受ける事態がきたからであった。

その最初のショックは、三〇三年に揚子江上流から押し寄せた石冰《せきひょう》の乱であった。この乱の根源は、はるか遠くの陝西《せんせい》省・四川《しせん》省の情勢と関連する。われわれは、ここですこし目を転じなければならない。

成漢王国の成立と流民

すでに第一章で述べたように、甘粛《かんしゅく》省から陝西省にかけて羌《きょう》族・氐《てい》族といった異民族が多数入りこんで、しばしば問題をおこしていたが、二九六年に氐族の族長、斉万年《せいまんねん》が反乱をおこし、西晋政府はこの平定に手を焼いて、二九七年には、先にあげた江南出身の武将周処が戦死するほどの打撃を受けた。その乱は二九九年にようやく平定されたが、この騒乱に加えて、連年の飢饉がつづいたため、この地方の住民は食を求めながら、群れをなして南に向かっていった。その流民群の一つを護送したものに、略陽《りゃくよう》（甘粛省秦安《しんあん》県）の氐族族長の李《り》特《とく》という人がいた。かれは流民たちとともに漢中に到達すると、西晋政府の出先機関に取り入って、四川省の肥沃《ひよく》な大平原に流民を定着させる許可を得た。

四川省に大挙してはいった流民と、土地の人々とのトラブルは絶え間なかった。しかし、流民たちは迫害されるにつれて李特を中心にまとまり、李特もまた、四川の諸勢力に統一がないのを見て、ここに割拠する意図を固めていった。流民集団をまとめた李特は、三〇一年には成都を攻めるほど強力になっていたが、三〇三年、西晋の四川地方長官の軍に破られて死んだあと、その子の李雄《りゆう》は集団をふたたびまとめて、ついに成都を占領した。

かれは三〇四年、成都王の位について独立を宣言し、三〇六年には帝位について、国号を大成《たいせい》と称した。これは、同じ三〇四年、山西省南部に漢王を称した匈奴族の独立とともに、中国内部に誕生したもっとも早い異民族国家であり、のちに第九章に述べる五胡十六国の一つである。

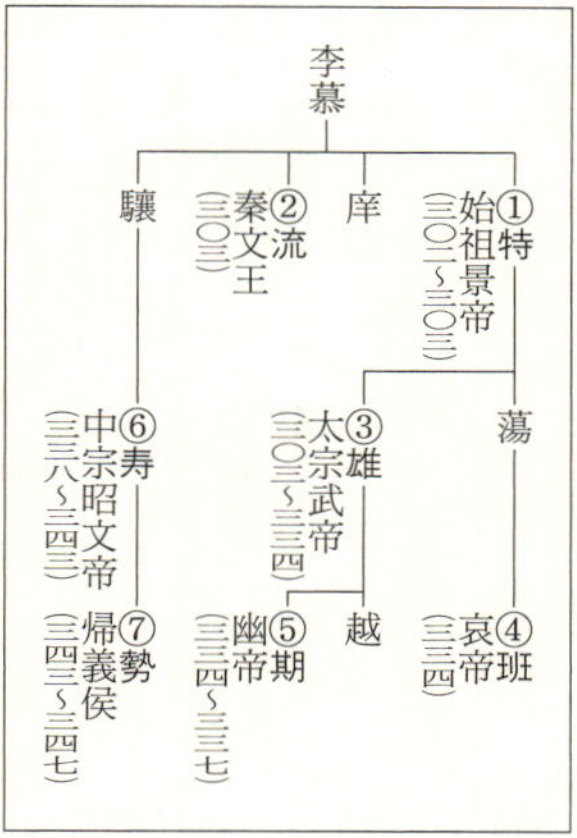

成漢李氏系図

李雄（三〇三～三三四在位）は范長生《はんちょうせい》という賢者を崇拝して、これを君主に立て、自分は臣下として仕えることを申し出たが、范長生が固辞したので、李雄が帝位についたといわれる。そこで李雄は、范長生を丞相として尊崇したが、そもそも長生という名は、不死を求めて修行する道教に関係があり、李雄と范長生によって統治された成国の状況は、かの五斗米道《ごとべいどう》の張魯《ちょうろ》の王国と似たような一種の理想国として、史書に描かれている。

張魯は約百年前に曹操《そうそう》に降伏して、漢中を去ったが、漢中から蜀にかけて、氐族の間にも広がった五斗米道の信仰は、その後の一世紀を経てもなお生きつづけていた。その精神が李雄の大成国に反映されたとしても、けっしてふしぎではないだろう。

大成国はその後、李寿《りじゅ》（三三八～三四三在位）が、李雄の子を皆殺しにして即位したとき、国号を漢に改めたので、これをいっしょにして成漢とも略称される。そして三四七年、東晋の将軍桓温《かんおん》に滅ぼされるまで、四川盆地の別天地に存在しつづけたのであった。

石冰の流民反乱軍と江南豪族

さて、話はもどって、四川にはいった李特・李雄がそこで勢力を拡大しはじめたとき、西晋政府はこれに対処するために、湖北地方から兵士を徴集して四川省に向かわせようとした。遠征を嫌った湖北省の人民は、この命令に反抗した。たまたま湖北省は大豊作で、すでに八王の乱が始まって、食うに困った流民は、この豊作下の湖北省に続々と南下しはじめた。湖北省は反抗する民衆と、そこに流入する流民群によって、不安動揺を増してきた。この機会を利用したのが、「蛮」族出身の張昌《ちょうしょう》という男である。

三〇三年張昌は「聖人が出て民の主となられるぞ」との予言をふれまわり、実際に、ある人物を聖人天子にしたてて、流民や反抗する人民を扇動した。不安動揺していた民衆はかれのもとに殺到し、郡県の官庁を襲撃して湖北一円は大混乱に陥った。張昌はそれらの民衆を軍隊にまとめて、湖北省から湖南省に侵入し、さらに部下の石冰《せきひょう》を統率者として安徽《あんき》省から江蘇《こうそ》省へと、揚子江下流域に進出させた。揚子江中流から下流にかけて、わずかな刺激によっても流動しやすい基礎薄弱な農民たちは、張昌・石冰の流民反乱軍の蜂起によって、いっせいに動き始めたのである。

その大混乱の中で、同じように華北から亡命してくる貴族たちが、江南の新天地に、かれらの支配体制を再生させていった。その不死鳥のような再生が、どうして実現されたか、次にその経過を見ることにしよう。

第六章　貴族制社会の定着——四世紀の江南

一　江南豪族と司馬睿政権

陳敏の乱と江南豪族の動き

石冰《せきひょう》の流民反乱軍が揚子江下流域に流れこみ、江南に流動現象の大波を波及させたことは、江南の豪族たちの大土地経営に大きな脅威をもたらした。なぜなら、流民の存在そのものは、大土地経営者に労働力を提供するための補給源となるから、けっして脅威を与えるものでなく、むしろ好ましい条件となるものではあったが、大量の流民が殺到することは、かれらの安定した大土地経営を混乱にまきこむにちがいなかったからである。

江南の豪族たちは、陽羨《ようせん》の大豪族周玘《しゅうき》らを中心にし、呉郡の名族顧秘《こひ》を盟主に推戴して、石冰討伐に立ち上がった。この豪族連合軍の中には、のちに『抱朴子《ほうぼくし》』という錬丹術などの道教文献を著した葛洪《かっこう》も、丹陽郡句容《くよう》県の小豪族として、数百人からなる一軍を率いて参加したことを注意しておこう。かれらは江北にいた西晋王朝の軍隊と協力して、三〇四年に石冰の乱を平定した。そして、乱がいちおう収まると、かれらはただちに連合軍を解散して、それぞれの故郷に引き揚げた。

しかし、社会的な流動現象の大波は、石冰の乱の平定によって静まりはしなかった。華北の中原は八王の乱の拡大から異民族の跳梁《ちょうりょう》にゆだねられ、難をのがれようとする流民は続々と南下しはじめていた。そして、石冰討伐に大功を立てた晋の部将陳敏《ちんびん》は、中原の大混乱を見て晋朝に反旗をひるがえし、三〇五年には江南に割拠する姿勢を宣明して、江南の豪族たちに協力を要請した。かつて西晋の朝廷に召し出されながら、そこで受けた蔑視と中原の混乱を見て、故郷に帰るとちゅうにあった呉郡の名族顧栄《こえい》をはじめ、江南の豪族たちは、最初その要請を受諾した。かれらは、この時点になると、江南に波及する社会的流動現象を食い止めて、江南を安定した状況に回復するために、独立政権を打ち立てる必要があると感じ始めたのである。

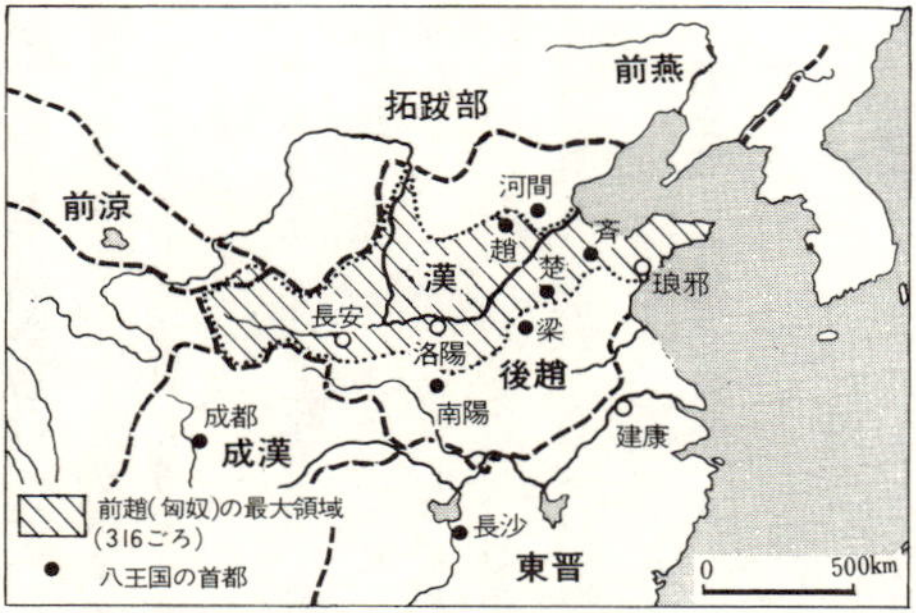

華北中原の異民族の跳梁(4世紀前半)

しかし、寿春にいた周馥《しゅうふく》麾下《きか》の晋軍をはじめ、江西の諸軍は、顧栄ら江南の豪族たちが逆賊陳敏に協力する罪を遠近にふれまわった。それらの軍隊の力はまだまだ強かった。しかも、陳敏はもともと西晋の下級官吏の出身で、政治的な能力もないことが、しだいにわかってきた。顧栄らは、ついに陳敏を見すて、互いに協力してこれを討つことに決定した。顧栄の指揮のもと、かの陽羨の大豪族周玘らの軍勢は、三〇七年、陳敏の軍隊を潰滅させた。単騎で北に逃げた陳敏は、その年の三月に周馥の軍隊によって殺された。江南の豪族たちの協力一致は、このころもっともうまくいっていた。

その直後、三〇七年九月、晋の王族のひとり琅邪《ろうや》王の司馬睿《しばえい》は、華北の第一級の貴族琅邪の王氏に属する王導《おうどう》とともに、わずかな数のお供を連れて建鄴《けんぎょう》に乗りこんできた。江南の豪族たちと、この司馬睿・王導との関係こそ、以後の江南の歴史を貫く基本線の一つを決定したものであった。そこで、両者の力関係の変化を中心にすえながら、東晋政権の成立過程をすこし詳しく調べてみよう。

晋王族司馬睿の登場

司馬睿は、武帝の叔父にあたる琅邪王・伷《ちゅう》の孫にあたる。かれは、八王の乱においては東海王・越とともに行動していたが、身に危険を感じたかれは王導のすすめに従って、三〇四年、首都洛陽を脱出して、封地の琅邪（山東省）にのがれた。その後、東海王・越が三〇五年に徐州方面（江蘇省北部）で勢力をもりかえすと、司馬睿はふたたびそれに従い、三〇七年七月、西晋の懐帝《かいてい》を擁して政務を主宰した東海王から、安東将軍・都督《ととく》揚州諸軍事（＝揚州方面軍司令官）の肩書きを受けた。

その肩書きは、陳敏や江南の豪族たちににらみをきかせていた周馥が、西晋の政府からすでに受けていたものであって、その周馥が東海王の命令をきかなかったために、東海王はその対抗処置として、あらためて司馬睿に与えたのである。

司馬睿は王導の進言に従って、王導とともに建鄴に乗りこんできたが、江南の豪族たちは、はじめこれにまったくよりつかなかった。かれらにしてみれば、揚州方面軍司令官として実際に軍隊を率い、無視することができない力をもっていたのは、揚子江の北側にいる周馥であって、わずかの供まわりをつれただけで、大胆にも江南の中枢たる建鄴に乗りこんできた新しい軍司令官に協力すべきかどうか、今までの軍司令官・周馥と、この新司令官との関係はどうなのかを、しばらく観察する必要があったのである。

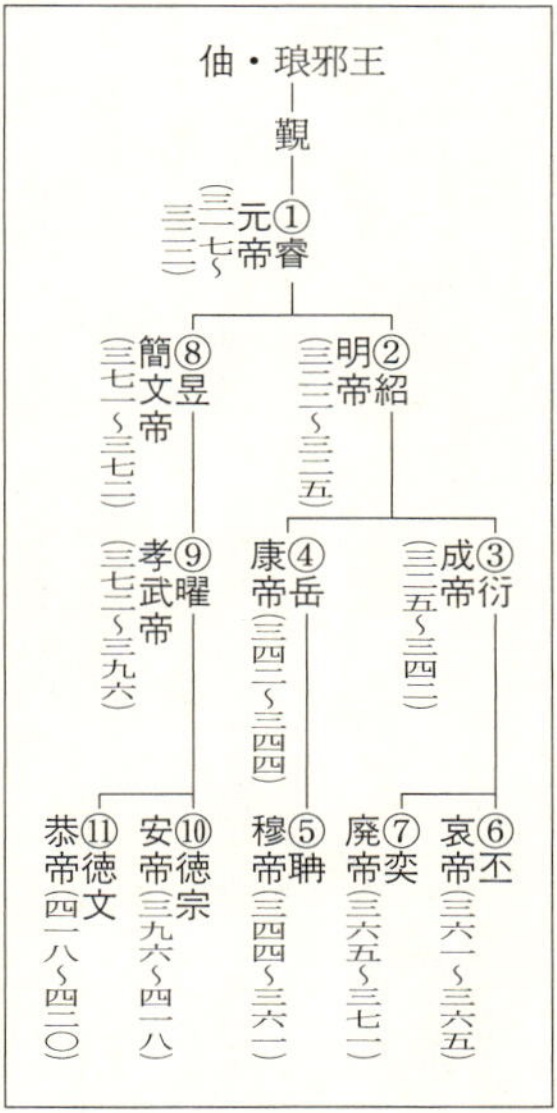

東晋司馬氏系図

江南の豪族たちは、先に見たように、流動現象があまりにも激化しつつある江南社会の安定を熱望していた。可能ならば、かれらだけで協力して江南に独立政権を樹立することさえ考えないではなかった。

しかし、陳敏の乱の経験から、寿春にいる周馥の軍隊などに対抗する軍事力について多少の不安があったことと、なによりも、逆賊の汚名を宣伝されて、周辺の晋軍から袋だたきにあうことを恐れていた。つまり、かれらに必要なものは、逆賊にならないための名分であり、晋朝から江南一円の秩序維持を付託されるという隠れ蓑であった。

その点、司馬睿は、都督揚州諸軍事という肩書きによって、江南の秩序維持に関する名分をもっており、しかも晋王室のひとりとして、これを隠れ蓑にするのにはふさわしい。ただ一つ、司馬睿らが、江南の豪族たちに警戒の目を向けている周馥と妥協しはしないか、というのが問題であった。司馬睿・王導らにそのような妥協の意図がないこと、むしろ江南豪族の援助を期待していることを見とどけたうえで、ついに、かれらは司馬睿を推戴して、江南の秩序を安定しようと踏みきった。

司馬睿政権の成立

三〇八年から数年間、江南の豪族たちは司馬睿を盛り立てて積極的に活躍した。その代表、顧栄《こえい》は、三一二年に死ぬまで軍司馬となって、あらゆる計画に参与し、中央において作戦指導にあたった。江南豪族たちは、かれの指揮に従って、三一〇年には、大豪族の周玘が呉興郡における騒乱を平定し、三一一年正月には、かねてからかれらにとって目の上の瘤《こぶ》であった周馥の軍隊を潰滅させた。そのころまで、ほとんど素手《すで》で建鄴に乗りこんできた司馬睿・王導らは、顧栄をはじめとする江南豪族の戦力によって、ようやくその基礎を固めることができた。

ところが、三一一年六月、晋の首都洛陽は、自立した匈奴族の劉聡《りゅうそう》の軍隊に占領され、西晋王朝が事実上壊滅すると、西晋政府の大臣であった荀藩《じゅんはん》らは、当時晋の王族として無傷の状態にあった唯一の人物、司馬睿を盟主に立てて蛮族にあたろうと、天下に檄《げき》を飛ばした。これによって司馬睿の権威はかくだんに高まった。その檄に従わず、司馬睿の命令に従わなかった江西省長官華軼《かいつ》に対する戦いでは、江南豪族たちの軍隊の上に、王導の従兄の王敦《おうとん》が総司令官として臨むことになる。

その王敦は、前の年、呉興《ごこう》の騒乱のときには、まったくなすすべもなく建鄴に逃げかえり、陽羨の豪族周玘の力によって騒乱が平定されたのであった。その周玘が、前年までまったく無力であった王敦の下風に立つ。周玘には、ようやく不満が芽ばえてきた。おりあしく、三一二年には、江南豪族をまとめる中心であった顧栄が死んだ。そのうえ、荀藩らの檄文によって、江南には晋の王族が盟主として健在していることを知った華北の貴族・士人は、続々とこれをたよって集まってきた。

東晋の元帝（睿）

司馬睿を補佐する北来貴族の名門王導は、三一三年に西晋の丞相という名を得た司馬睿の幕府のもとに、「百六掾《えん》」とよばれるほど多数の人材を補佐官に登用した。その中には、司馬睿らの基礎を固めるために努力してきた江南豪族もかなり多かったが、しかし、司馬睿をとりまく幕府の要職はほとんど北方人によって占められた。三〇八年以来、司馬睿政権を安定させ、その権威を高めるための基礎づくりに献身してきた南方人は、新しい政府の中で、かれらの努力の果実を、期待したとおりには手に入れることができなかった。

そのさい、王導の江南豪族に対する対処の仕方は巧妙をきわめていた。先に私は、江南豪族の中にも、知識人を輩出する呉や会稽の名門と、陽羨の周氏や武康《ぶこう》の沈《しん》氏などの武骨な田舎豪族との間に、社会的評価の上で格差があったことを指摘しておいたが、王導は、そのような江南豪族自身の中に潜む微妙な裂け目を突いて、その格差を広げ、江南豪族を分断することに成功したのである。それは、北方の貴族・文化人が続々と江南に集まってくるにつれて、華北中原風の先進文化と、その制度、およびそれを支えるイデオロギーが、江南社会に風靡してゆく状況を背景にして押し進められる。

華北郷論主義の偉力

北方の先進文化とその制度およびイデオロギーの中で、中心的な柱となるものは、かの九品中正制度と、それを支える考え方であった。つまり、郷論の場における人物評価によって政治的、社会的なヒエラルキーを構成するという考え方であり、そのようなイデオロギーによってつくられる体制こそが先進的、文化的である、という考え方である。

そのような先進的なイデオロギーの力がいかに大きいかは、第二次世界大戦後から現在にいたるまでの、われわれの周囲に氾濫する民主主義という旗じるしを思い浮かべれば十分だろう。欧米風の民主主義とその体制は、欧米の社会よりも遅れているとのひけ目をもった日本人にとって、たしかに先進的、文化的であり、民主主義の旗じるしを掲げられるとき、日本人はその前に脱帽した。

まさにこれと同様に、華北中原風の郷論主義は、後進的な江南社会の人びとにとっては、その旗じるしの前に脱帽せざるをえない至上の価値として映った。しかし、たしかに華北より遅れていた江南の社会には、各地で郷論を盛り上げるだけの広い知識層はまだ形成されておらず、知識層を生む基盤としての農民は、自立することも心もとないほどの弱い存在でしかなかった。旗じるしとして掲げられる郷論主義は、実際には上からの、おしきせの郷論主義となった。いな華北においてさえ、後漢の末にはあれほど下から盛り上がった郷論主義が、漢末の戦乱による郷村の破壊を一つの原因として、魏から西晋にかけては、すでに上からの郷論主義に変質していったこと、第四章に述べたとおりである。

しかし、その郷論主義の上に成り立った西晋の貴族たちが、三世紀の百年間に先進文化の花を咲かせたのち、いまや後進地域たる江南の地にやってきて、その郷論主義を鼓吹《こすい》するとき、江南の人々はその先進性に幻惑されざるをえなかったのである。

王導《おうどう》は、そのような江南人の弱みを巧みに利用した。江南豪族の中で、すでに知識人を輩出していた呉や会稽の名門を、北方から来た貴族や文化人とともに貴族社交界の中に組みこみ、司馬睿政権の中で高位を与えるとともに、江南の「郡中正」として、江南人士に対する郷品授与権を行使させた。知識と教養を根幹とする郷論主義がたてまえとなるとき、そしてその基準によって政治的、社会的なヒエラルキーがつくられるとき、武骨な豪族、周氏や沈氏は押さえられざるをえない。

江南豪族の分裂

かれら江南の豪族たちは、教養ある名門も、武骨一点ばりの田舎豪族も、はじめは江南を安定させるために、一致協力して司馬睿らを推戴してきたのであるが、いまやこの郷論主義のたてまえによって、その間に分裂がつくりだされる。石冰・陳敏、さらに三一〇年の呉興の騒乱を平定して、大いに司馬睿政権樹立のために働いてきた陽羨の大豪族周玘は、ただ亡命してきただけの中原の連中が、働きもせずに高い位につき、南方人の上に乗っかる半面では、自分たち南人が無駄骨をおらされたあげく、かれらの鼓吹する郷論主義の枠の外にしめだされるのを、まざまざと見せつけられた。

この状況に対して、周玘は憤懣《ふんまん》やるかたなく、病死する直前に、「おれを殺したのは中原からきた奴らだ。復讐するものこそ、おまえたちだ」と息子に遺言して息をひきとった。息子の周勰《しゅうきょう》は三一四年、父の遺言に従って、北来貴族に対する復讐に立ち上がった。同じ不満をもつ江南の「豪俠」たちは翕然《きゅうぜん》としてこれに参加した。

しかし、江南の名門と、これらの「豪俠」とを分断することに成功した王導は、その「豪俠」自身、いな当の大豪族周氏自身の内部にすら、分断しうる裂け目があることを洞察していた。憤死した周玘の弟の周札《しゅうさつ》は、その所有する大土地経営に専心して、甥の周勰が旗あげした復讐戦に加わろうとはしなかった。周勰の従兄の周筵《しゅうえん》は司馬睿政権に仕えて忠勤を励んでおり、しかも故郷で尊敬されている人物であることを王導は知っていた。

「江南にこれ以上に強い豪族はない」といわれた陽羨の大豪族周氏が、もし一族をあげて団結すれば、大軍をさしむけても、その平定は容易でなく、また三一四年当時の司馬睿政権には、実際にそれほどの大軍をさしむける余裕はなかったのである。周氏にそれほどの団結がなく、周勰がむしろその中でのはね上がりにすぎないと見てとった王導は、周筵を全面的に信頼し、わずか百人の腕ききの武士をこれに与えて、同族・周勰の反乱をきりくずし、なんなくこれを鎮定してしまった。同族内部の分裂を逆用することによって、ほとんど兵力を使わずに、大豪族を抑えこむことができたのである。

その後、周札は王敦に誅滅され、さしもの大豪族周氏は完全に抑えられた。もう一つの大豪族、呉興武康の沈氏は、周氏が壊滅したあと、この一家だけではもはや支配貴族層に屈服せざるをえなかったのであろう。依然として大豪族でありながら、わずかに下級武将を出す程度の家柄として、以後一世紀半ものあいだ、文人貴族の支配のもとに屈せざるをえなかったのである。

義興陽羨の周氏系図

周魴——処——靖——筵
　　　　　├玘——勰
　　　　　└札

貴族支配の再生

三一四年の周勰の反乱が鎮定されたことは、江南の豪族たちが華北から来た亡命貴族に抑えられた最初の明証だといってよいだろう。亡命貴族たちは、はじめ江南にはまったく地盤をもっていなかった。いうまでもなく、実力において江南豪族のほうがはるかにまさっていた。かれらは江南社会を安定させるために、できるならば自分たちで独立政権を樹立しようとの意図をもたないではなかったが、四世紀初頭の周囲の軍事情勢と、必要な名分の欠如とを考慮して、晋の王族、司馬睿を推戴し、その名分のもとに、事実上、政権をかれらの手に掌握しようとして、三〇八年以来、まず、司馬睿政権の基礎を固めるために積極的に努力したのである。

しかし、司馬睿の参謀王導は、江南豪族たちの努力を利用して晋王室の伝統的な権威を高める一方で、そこに続々と亡命してくる華北貴族たちの影響によって、華北風の先進文化と郷論主義のイデオロギーが江南社会に風靡してゆく状況に乗じながら、江南豪族相互間のまとまりの悪さと、豪族自身のかかえる内部分裂を突いた。呉や会稽の一流の名門は、郷論主義の担い手として北来貴族たちの枠の中にとりこまれ、江南豪族の中でかれらだけが、最初の努力の果実を手に入れた。かれらは、田舎の大豪族、あるいは中小豪族たちに対して、郷品授与権をたてにとる抑圧者とさえなってゆく。

つまり、華北から亡命してきた貴族たちは、進歩的な郷論主義を鼓吹することによって、江南の一流名門と田舎豪族・中小豪族とを分断し、呉や会稽の名門を自分たちの走狗《そうく》としつつ、これを通して中小豪族に対する支配を進めていった。これに反対した田舎の大豪族周氏は、先に見たように族内分裂をつかれて瓦解した。そのほかの中小豪族はそれぞれバラバラに一流の名門、ないしは北来貴族に屈服することによって、司馬睿政権の下級職または武官の職を与えられ、利権獲得の分けまえにあずかる一方で、支配者層に奉仕した。

かくて、文人貴族の支配による明確な階層社会への歩みが始まった。そして、社会をこの方向に進めたものは、かの先進的な郷論主義の旗じるしと、その風潮を背景にして江南豪族を分断支配することに成功した王導らの政治力であった。

郷論主義の旗じるしの前に、江南の人びとが幻惑された中で、そのからくりを痛烈にあばいたのは、かの『抱朴子』の著者葛洪である。かれは江南の小豪族の家に生まれ、三〇三年の石冰《せきひょう》の乱には江南豪族連合軍に参加したことが示すように、社会を安定させるために政治に参加する志をもっていたにもかかわらず、北来亡命貴族たちと江南の一流名門との標榜する郷論主義の枠外にしめだされた。その過程から、現実の社会に出る道を断念して、不老長生を求める仙道の探究に向かったのである。

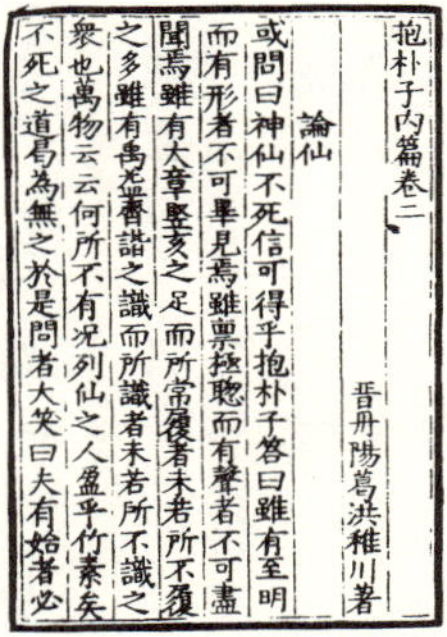
抱朴子内篇巻二
晋丹陽葛洪稚川著
論仙
或問曰神仙不死信可得乎抱朴子答曰雖有至明
而有形者不可畢見焉雖稟極聰而有聲者不可盡
聞焉雖有大章竪亥之足而所常履者未若所不履
之多雖有禹益齊諧之識而所識者未若所不識之
衆也萬物云云何所不有況列仙之人盈乎竹素矣
不死之道曷為無之於是問者大笑曰夫有始者必

葛洪の『抱朴子』　神仙を論じた部分の巻頭

三一七年に、書きあげた『抱朴子』においては、現実の社会と、ことに上からの郷論主義のごまかしに対しても、また、激しい批判を展開している。

――郷論を持《じ》するものは、人物推薦権を売りものにして人から謝礼をとり、……あるいは市場を独占して人民の利益を奪い、あるいは人の田地を切りとって弱者の生業をおびやかし、あるいは政府の諸機関にうろちょろ出入りして利権を求めている(自叙)。

「郷論を持するもの」を、「民主主義・自由競争主義の美名を標榜するもの」に置き換えれば、現在でも耳の痛い人は少なくないだろう。

葛洪の批判にもかかわらず、大勢は、上からの郷論主義にもとづく文人貴族支配の体制ができていった。かれが『抱朴子』を書きあげた三一七年、西晋の愍帝《びんてい》がその前年に長安で匈奴の劉曜《りゅうよう》に降り、西晋王朝が完全に滅亡したあとを受けて、司馬睿は晋王となり、翌三一八年には帝位についた。華北が異民族に制圧されたあと、華北における文人貴族支配の体制と、そこにおいて維持されてきた中国文明の伝統は、江南の新天地における東晋王朝のもとに移ったのである。

二　東晋の貴族制社会

鎌倉時代の東国に似た江南の状況

私は前節において、司馬睿《しばえい》・王導《おうどう》らを中心にした北方からの亡命貴族たちが、武力をほとんどもたなかったにもかかわらず、江南豪族の戦力を巧みに利用しながら晋朝の権威を高め、あげくのはてては、江南の豪族たちを分断支配して、その上に君臨していった経過を述べた。それを可能にしたのは、江南豪族の側に、華北の先進文化と、その象徴たる晋朝の伝統的権威とに対するひけ目があったこと、王導らがそのひけ目を突いて、政治力をフルに発揮したこと、による。江南豪族のもったひけ目は、けっきょくは江南社会の後進性にもとづいている。江南の農民たちが広い範囲にわたってまだ十分にたくましく成長しておらず、そこから生みだされるべき知識人の層がまだまだ薄かったことにもとづいている。このころの江南の状況は、日本史上に比較を求めるなら、鎌倉の頼朝政権が断絶したころの東国の状況に似ているように、私には思われてしかたない。

そのころの東国には、北条氏をはじめとする豪族たちが、自分たちだけで政権を樹立する力を蓄えていた。しかし、征夷大将軍の名と地位を、かれらは自分で占めようとはしなかった。かれらは、あくまでも執権の地位にとどまって、わざわざ都の宮家か、または摂関家から将軍を招こうとした。かれらには「貴種」性、つまり高貴の家柄に対するひけ目があったのだといわれている。

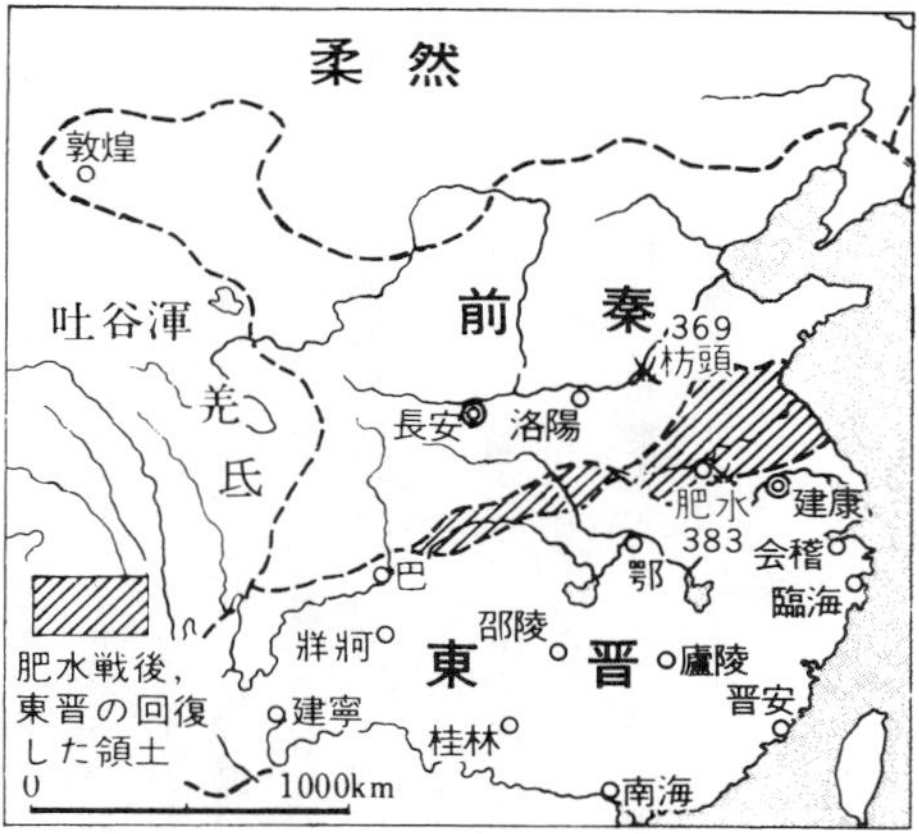

東晋要図

また、東国の豪族たちの間のまとまりも、かならずしもうまくいっていたわけでなく、その点でも弱みをかかえていた。北条氏にとって、みずから将軍になるよりも、伝統的権威を将軍として推戴し、その補佐役としてとどまるほうが、東国の豪族をまとめるうえでも、より有効であったのだろう。かれらは、都から離れた鎌倉にいて、摂関家の幼い貴公子を将軍に招き、実質的にはかれら自身の独立した北条政権を維持していった。

しかし、そのような時点で、もし畿内に長期の大混乱がおこり、皇族や公卿たちが続々と鎌倉に亡命したと仮定したら、どうなったであろうか。北条氏が天皇家や摂関家を推戴して、その下風に立たねばならぬ可能性はかなり強い。そして、先進的な文化と伝統的権威を背景にしつつ、しかも複雑な都の政局の中で経験を積んだ法皇や公卿たちがその政治力をフルに発揮すれば、北条氏をはじめとする東国の豪族たちが分断支配され、畿内のような荘園体制と貴族支配の体制が東国でもなおしばらく続く可能性は、まったくなかったとはいえないであろう。

そのように考えれば、江南に東晋王朝が樹立され、華北的な貴族支配の体制が再生したゆえんを理解しやすいのではないだろうか。

華北流民の無言の圧力

しかし、われわれは、そのような上層貴族たちの亡命だけを考えてはならない。かれら亡命貴族たちをバック・アップした無言の圧力として、華北からの流民が滔々として南に流れこんでくる現象があったこと、それが江南の人びとの上に大きな圧力になっていたことを見のがしてはならない。

八王の乱から永嘉《えいか》の乱、つまり異民族の蜂起へと、華北の大混乱は、いつ果てるともなくつづき、戦禍はいたるところに広がっていったから、人びとは集まりあって、村ぐるみ町ぐるみ、有力者に統率されつつ続々と避難していった。司馬睿が江南に晋朝の権威を守りつづけていたことが、苦難につき落とされた華北の漢族を招きよせる燈台の火ともなっていたのである。

そのような流民集団の統率者のひとりに祖逖《そてき》という人物がいた。かれは元来、河北省北部の豪族であったが、首都で活躍するうちに、その洛陽が大混乱に陥ると、親党数百家を率いて南下した。道すがら老病者には自分の車馬を与え、自分は徒歩で進む、薬や衣糧は共同で使用する、危機にのぞめば策略をもって切り抜ける、といったぐあいであったから、南下するとちゅうに、この集団に加わる人々にも推戴されて、かれはその行軍隊長となった。

ラクダにのった胡人像　六朝時代のもの

この集団には荒武者どもが多数加わっており、かれが王導らに迎え入れられて、その集団が京口《けいこう》、今の鎮江付近にいったんおちついたとき、かれの部下には乱暴狼藉をはたらく

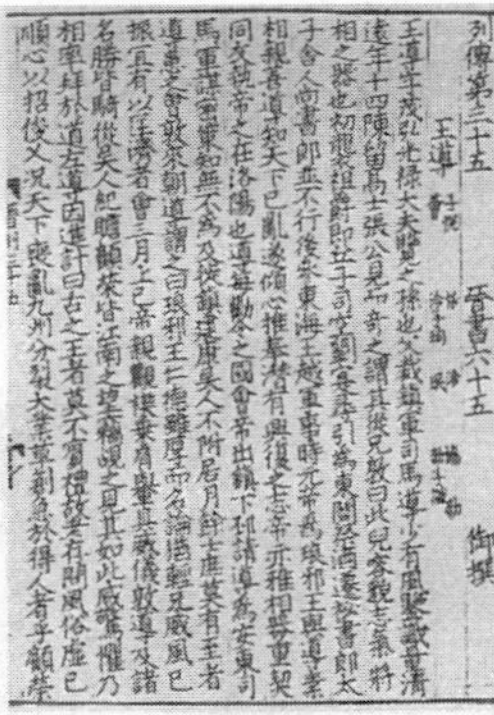
列傳第三十五　王導
晉書六十五　御撰

『晋書』王導伝

ものがかなり多かったという。

京口は、かつて三国の呉の時代に、首都建業《けんぎょう》の東に開拓された広大な屯田地帯に属しており、これ以後、北方から避難してくる流民集団の受け入れ地に使われる。祖逖の集団のように、統率者によってよく統制された北方からの流民集団は、そのまま戦力としてもかなりの威力をもっていた。

司馬睿・王導らが江南の豪族たちを抑えてゆく背景には、続々と流入してくるこのような北方からの流民集団が無言の圧力となっていたにちがいない。なぜなら、このような北人の集団を統御するためには、南人だけではむずかしく、北人に対する伝統的権威として、晋朝を継ぐ司馬睿と、王導らの北人貴族の力が必要だったからである。

祖逖は流民を京口近辺におちつけたのち、その中の荒武者どもを率いてふたたび北上した。そのころ、乱れた華北を制覇しつつあった羯《けつ》族の石勒《せきろく》——後趙国《こうちょうこく》——が南進するのを防ぐためであった。揚子江の北から河南省東南部まで進出した祖逖は、淮水《わいすい》流域の各地に防塁をつくって自衛していた難民の諸集団を安堵させ、その一帯に威令を及ぼして、東晋の北辺を安んじたが、三二一年に病死した。そのあとを継いで、弟の祖約《そやく》が集団を統率した。また、同じように流民集団をまとめて東晋の北辺を守る役割を果たしていたものに、山東地方から南下した郗鑒《ちかん》や蘇峻《そしゅん》らの諸集団があった。草創期の東晋王朝は、このような流民集団の統率者を将軍兼北辺の地方長官に任命し、かれらのもつ中原回復の希望を利用しつつ、その力をバックにして江南の地盤強化に努めたのであった。

王と馬と天下を共にす

華北からする流民の波及現象は、揚子江中流の湖北省・湖南省においても同様であった。そこでは、さらに西方の氐《てい》族・李氏——大成（成漢）国——によって制圧された四川地方からの流民も加わって、激しい流動による混乱は、下流の江蘇《こうそ》・安徽《あんき》の二省よりもさらにひどかった。下流地域は、何といっても東晋政府の膝もとであり、江南の豪族たちも、北来貴族に抑えられたとはいえ、東晋王朝に協力することによって、ともかくも江南デルタ地帯を安定させていたのであるが、中流地方にはそのような安定勢力がまだ成長せず、東晋政府の権威も下流地帯ほど直接には及ばなかったからである。

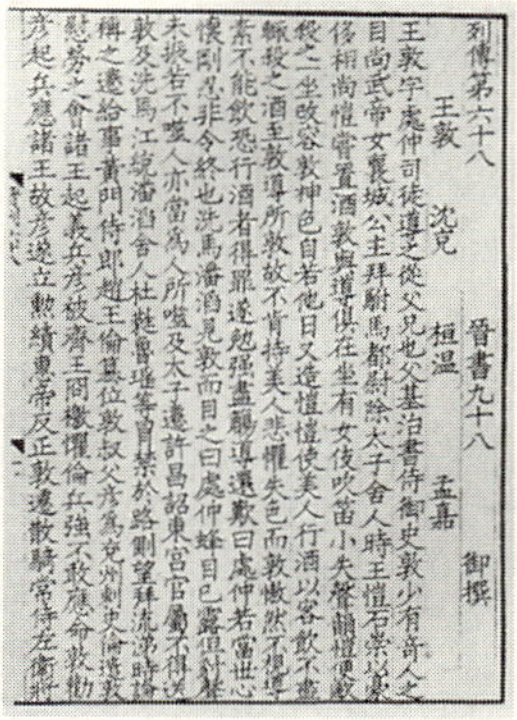
列傳第六十八　　晉書九十八
王敦　沈充　桓溫　孟嘉　御撰
王敦字處仲司徒導之從父兄也父基治書侍御史敦少有奇人之
目尚武帝女襄城公主拜駙馬都尉除太子舍人時王愷石崇以豪
侈相尚愷嘗置酒敦與導俱在坐有女伎吹笛小失聲韻愷便敺
殺之一坐改容敦神色自若他日又造愷愷使美人行酒以客飲不盡
輒殺之酒至敦導所敦故不肯持美人悲懼失色而敦傲然不視導
素不能飲恐行酒者得罪遂勉強盡觴導還歎曰處仲若當世心
懷剛忍非令終也洗馬潘滔見敦而目之曰處仲蜂目已露但豺聲
未振若不噬人亦當為人所噬及太子遷許昌詔東宮官屬不得送
敦及洗馬江統潘滔舍人杜蕤魯瑤等冒禁於路側望拜流涕時論
稱之遷給事黃門侍郎趙王倫篡位敦叔父彥為兗州刺史倫遣敦
慰勞之會諸王起義兵彥被齊王冏檄懼倫兵強不敢應命敦勸
彥起兵應諸王故彥遂立勳績惠帝反正敦遷散騎常侍左衛將

『晋書』王敦伝の一部

そこでは、前節で触れた「蛮」族の張昌《ちょうしょう》の乱以後、不安定な大量の流民によって醸成される反乱は絶え間がなかった。次から次におこる反乱を、晋朝の派遣する地方官のもとで、実際に平定しつづけたのは、第一章において、すでに名を出した陶侃《とうかん》である。江西省出身の南方人、しかも渓蛮の血をひくともいわれる陶侃は、この地方の安定に努力してきた間に、そこで隠然たる勢力をつくっていった。東晋政府が揚子江中流地域に力を伸ばそうとするとき、この陶侃の勢力をとりこむことが、ぜひとも必要であった。そのことにあたったのが、王導の従兄の王敦《おうとん》である。

王敦は三一三年に江西省長官の華軼《かてつ》に対する作戦で総司令官になって以後、さらに上流の湖北・湖南の混乱をしずめるために専心した。陶侃とその姻戚の南人、周訪《しゅうほう》の力を、そのために利用した。幾多の曲折はあったが、王敦はこれらの南人の力を利用しながら、その上に立って、江西省から湖北・湖南、さらに広東省にまで及ぶ広域の総指揮権を握ることに成功した。当時の人々は「王と馬と天下を共にす」と語りあった。揚子江中流地域を抑えた王敦と、下流地域の諸勢力を抑えた王導と、このふたりの王氏の政治力が晋朝の伝統的権威をもつ司馬氏とともに天下をとった、という意味にほかならない。

司馬氏と王氏を中心とする東晋の貴族政権は、このように南人の諸勢力と、北方から流れこむさまざまな流民集団の諸勢力と、それぞれの間のバランスを考えて、その間を調整し、均衡を保たせながら、調整者として支配権を打ち立てていった。したがって、微妙なバランスが崩れるとき、あるいは調整がぎごちなくなるとき、その支配権はしばしば動揺する。

王導の天才的政治力

王導は、そのようなバランス・オブ・パワーを調整して、微妙な統一をつくることにかけては天才的だった。首都建康《けんこう》の南郊で開かれた宴席で、北方からの亡命貴族たちが、失われた華北の首都洛陽とは山河のたたずまいの異なるのを嘆いたとき、「われわれ一同、王室のために力をあわせて中原を奪回すべきである。楚の囚《とら》われびととなって向かいあう手はあるまい」と、王導は一喝して、かれらをひきしめた。江南にようやく足場を固め始めた当初、中原の奪回が絶望的なことはわかりきっていた。しかし、それを標榜することによって、亡命貴族たちをはじめ、多くの流民たちの心を東晋王朝に結びつけたのである。

王導はまた、西晋時代から、すでに貴族社交界における清談のチャンピオンでもあった。かれは江南に移ってから、あるとき、ふとつぶやいた。

——むかし洛水のほとり（洛陽の近く）にいたときには、「有」の哲学を展開した裴頠《はいぎ》や無神論者の阮瞻《げんせん》などの名士たちと、よく哲理を談じたものだ。

ある人が、それを聞いていった。

——ずっと前から、その点ではみなあなたを認めてますよ。今さら言いたてる必要もあるまいに。

——もちろんその必要はない。ただ昔を今になすよしもがな、だ。

王導を中心とする再生された貴族社交界では、魏晋時代の首都洛陽にもまして活発な哲学論議、人物批評の場が開かれていった。痛烈な批評がとびかう世界では、貴族といえども安閑としていられない。

——おまえはどうしてちっとも進歩しないの。俗務に心をみだされたの？　それとも天分に限りがあるの？

才気ばしった姉から、こんなにやられては、一人まえの男子たる貴族は奮起せざるをえない。東晋時代における文人貴族の活力を生みだした一つの源泉は、このような相互批判の場が存在したことにあるだろう。

王敦・蘇峻の乱

固有の勢力基盤が薄弱な北来貴族が、支配者としての優位を維持してゆくには、諸勢力の調整者として動く王導の方法が、もっとも適していた。しかし、いまや東晋の皇帝となった司馬睿、すなわち元帝（三一七～三二二在位）にとって、より強い権力を樹立したくなるのも当然な欲求であった。また、北来貴族のなかにも、政府の権威を高めるために、王導の方法を手ぬるいとする考え方があらわれる。東晋第二代の明帝（三二二～三二五在位）の皇后を出した庾《ゆ》氏一族が、その考え方を実践した。それによって微妙なバランスが崩れ、東晋の支配権は動揺せざるをえなくなった。

まず元帝は、側近の劉隗《りゅうかい》らを信任して、王氏を遠ざけ始めた。そのために、三二二年、王敦は君側の奸、劉隗らの罪状をあげて軍を揚子江下流に向けて進め、ついに首都建康を制圧した。元帝は憂悶のうちに死に、王敦の乱は、明帝のときになって、三二四年、ようやく蘇《そ》峻《しゅん》ら北辺守備軍を導入して平定された。

ついで明帝の死後、わずか五歳の成帝（三二五～三四二在位）が即位すると、外戚《がいせき》の庾亮《ゆりょう》が政治を専決したが、王敦の乱を平定するのに功を立てた蘇峻らの軍団に対して、むしろその勢力をそごうとしたために、三二七年、ふたたび軍団の反乱をひきおこした。北辺守備の役割を果たしていた祖約《そやく》の軍団もまた、蘇峻の反乱に加担した。三二八年、首都建康はそれら粗暴な軍団の鉄蹄のもとに踏みにじられた。庾亮は命からがら逃げだして、江西省方面にいた温嶠《おんきょう》の軍隊をたよっていった。しかし、蘇峻の制圧下にある首都には、王導らが成帝とともに残ることができたことを注意しておかねばならない。

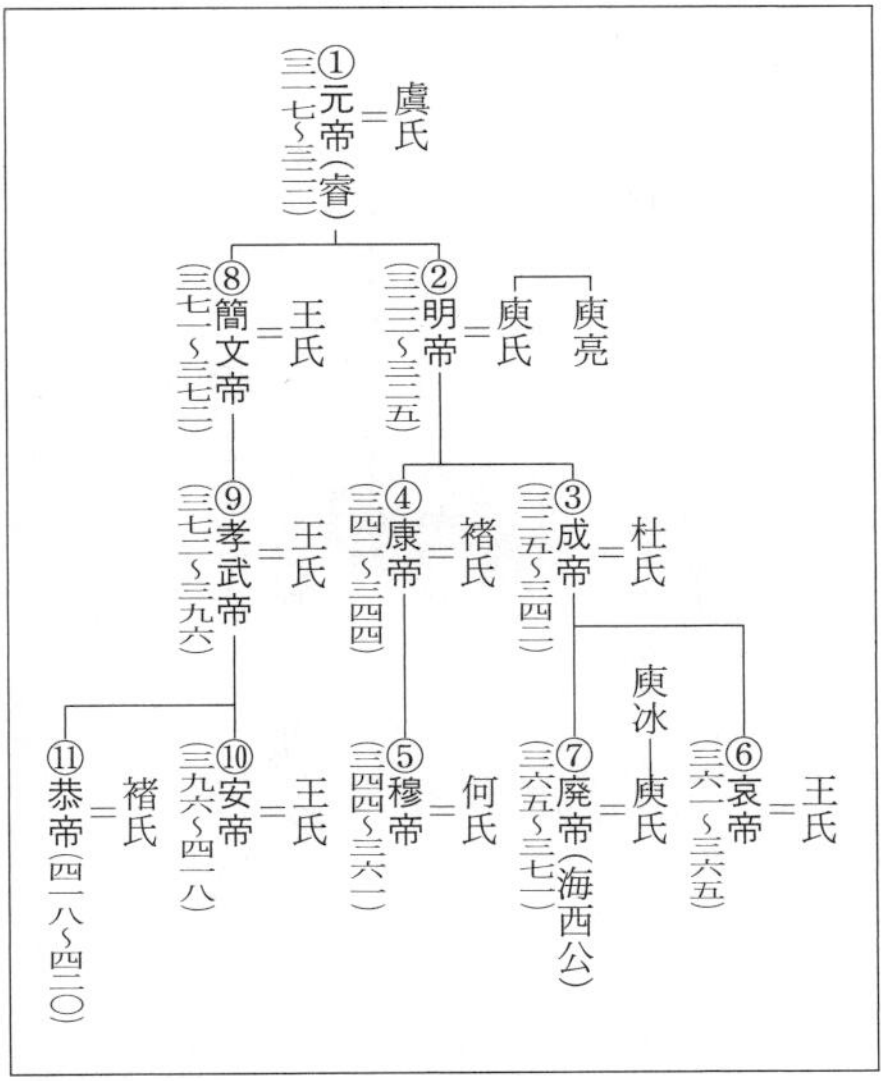

東晋帝室外戚図

　庾亮と温嶠は、王敦なきあと、湖北から湖南にかけて隠然たる勢力を築いていた陶侃の軍団と同盟し、また北辺守備にあたっていた郗鑒《ちかん》の流民軍団を導入して、三二九年、ようやく首都を奪回して反乱を平定することができた。戦乱で荒廃した首都を他に移そうとの議論が沸いたとき、建康にとどまるべきことを説いて、民心をおちつけたのもまた、王導であった。

以上に述べたような三二〇年代の混乱は、流寓政権としての東晋政府の権力を、いっきょに高めようとするあせりから生じたものであった。三三〇年代は、ふたたび王導の方針に復帰する。しかし、政権を支える軍事力が、当初はバラバラの状態であったことが、その混乱をいっそう助長した。さまざまな集団の戦力をまとめて、貴族政権の軍事的な基礎を確立することが最大の急務であった。三三〇年代は、こうして、その軍事力が北府と西府とに大きくまとめられる時期でもあった。

北府と西府

北府とは、鎮北将軍・征北将軍・北中郎将など、軍号に多少のちがいはあったが、とにかく北方正面軍の長官に属する軍府の略称である。この軍団のもとになったものは、先にふれたところの、郗鑒指揮下の流民集団である。それは当時、兗《えん》州とよばれた山東省南西部、徐州とよばれた江蘇省北部の流民数万人を郗鑒がまとめて、しだいに南下してきた集団であって、王敦に対しても大きな圧力となっていたが、ことに蘇峻の乱では江南に渡って、建康の東晋政府を救うために大きな働きを演じた。郗鑒は教養ある知識人であり、王導らと協力して乱後の処理にあたった。

かれはその率いる大集団を、京口とその対岸の広陵（今の揚州）一帯に定着させ、建康政府を支える軍事力に育てていったのである。三三九年、王導が死んだ直後に、かれもまた死の病にとりつかれたが、死の直前に天子にあてた書簡の中で次のように書いている。

私が率いております連中は寄り合い世帯でありますが、おおむね北方人で構成されています。追いたてられて私といっしょに移住してきましたものや、あるいは私のところに新たに身をよせたものたちでございます。人々は故郷を思い、みな帰りたがっておりましたが、私が陛下の御名のもとに土地住宅を供与しました結果、しだいにおちつきだしたようでございます。私が危篤だと聞けば、みな不安がるでしょうし、万一かれらが北方に帰りはじめようものなら、兵力にぽっかり穴があいてたいへんな騒動になりましょう。この連中が心服するような人物を私の後任に任命してくださいますように。

北魏の騎馬像

政府はこの遺言をかなり忠実に守った。歴代の北府軍団長には、これらの連中の人望を得た人物、または得やすい人物、しかも同時に、建康政府を牛耳る貴族たちの世界にもはいりうる教養人が任命された。そして、この連中の新しい居住地区には、故郷と同じ徐州・兗州などの名がつけられ、土地住宅を与えられたものの多くは、兵戸として代々兵役義務を負う職業軍人の家になっていった。北府軍団長は、かくて新しい徐州・兗州の民政長官をも兼ね、その軍団は東晋貴族政権を支える軍事力として働くことになる。

一方、揚子江中流では、三三四年に陶侃が死んだあと、かれがまとめていた軍団長の後任に、庾亮が赴任した。庾亮は王導と政治方針を異にしたが、外戚として貴族の世界における重鎮であることにはちがいない。かれは武昌に設置したその征西将軍の幕府に、多くの優秀な貴族の子弟を集めた。そこは湖北・湖南を中心とする広大な地域の民政機関をも兼ねていたからである。庾亮のあと、その弟の庾翼《ゆよく》にひきつがれたこの幕府は、略称して西府《せいふ》という。それは、いわば建康政府の出張所として、東晋王朝を支える一大拠点に成長すると同時に、北府をバックとした建康政府に対抗できるほどの実力をたくわえていった。

かくて、これ以後の東晋王朝は、北府と西府とのバランスの上に基礎を置くこととなり、また同時に、その対抗関係の間を揺れ動くことになる。

流民集団の定着

北府の形成過程で見られたように、東晋王朝の軍事的な基礎が整備されてゆくのは、流民の定着という、より一般的な現象と関係する。中原の大混乱によって、村ぐるみ町ぐるみ、あるいは個々バラバラに、なんとか江南に移動してきた民衆は、先住者とは別個に、独自の集落を形成するのが普通であった。旧徐州の流民が、京口を中心として定着することによって、そのまま北府軍団を構成する主体となったことは、先に述べたが、その一帯は、かつての大屯田地区が崩壊したあと、南方土着の先住者がほとんどいなかったからであるにちがいない。新しい流入者たちは、いずれ故郷に帰れるときもあろうと期待して、仮住まいの新しい集落に故郷の名をつけることが多かった。

かくて揚子江流域には華北の地名をもつ郡や県がたくさんできた。政府は各地に散在する移住者たちの集落を行政的につかんで、かってに立てられた郡や県の整理を行い、有名無実の地名によってではなく、実際にかれらが住む土地の戸籍につけなおして、それぞれ租税を徴収しなくてはならない。

移住者は南方土着の人々と戸籍を別にされ、保護対象として租税減免措置がとられた。そのかわりに、北府の人々のように、軍役義務を負うものが多かったことだろう。それは北方人を軍事力の基礎にすえる措置であったと同時に、北方から来た貴族たちの経済力を強める効果をもになったと思われる。

このようにして三三〇年代から三四〇年代にかけての時代は、東晋の貴族政権がようやく安定した地盤をつくりあげた時期であった。三四四年、わずか二歳で即位した穆《ぼく》帝（三四四～三六一在位）を補佐して、元帝の末子、会稽王司馬《しば》昱《いく》が万機をすべる。清談を好んだ会稽王昱のもとで、建康の貴族社交界ではいよいよ清談の花が咲いた。

西府軍団長桓温

一方、三四五年に庾翼が死んだあと、西府軍団を統率することになった桓温《かんおん》は、有能な武

謝安　東山に遊興に出かけたところ

将であると同時に、清談の才もなかなかの教養人だった。かれは、三四七年に氐《てい》族の成漢国を滅ぼして、四川省全体を東晋の版図に入れることに成功した。それは東晋の権威を高める大事件であったが、同時に、高まった桓温の威信に対して、建康政府はこれを抑えにかかった。

当時、華北では羯族石《せき》氏の後趙国が崩壊して混乱状態にあり、桓温はこの好機に華北の遠征を朝廷に乞うた。しかし、建康政府はこれを許さないばかりでなく、桓温の競争相手であった殷浩《いんこう》を重用して、北府軍団の力を中心に、独自に北伐を遂行した。有名な書家の王羲《おうぎ》之《し》は、会稽王や殷浩に、その無謀を警告する手紙を書いたが、きかれなかった。はたして殷浩の北伐は大敗に終わり、かねて不満をいだいていた桓温は、これを弾劾して失脚させた。西府に立脚した桓温の威令はいまや北府をも動かすにいたる。

桓温はその軍事力を率いて、三五四年、関中に進入した。前秦の軍隊がたてこもる長安を抜くことはできなかったが、桓温の軍隊を見た関中の漢人たちは「こんにちふたたび官軍を見られようとは思いもよらなかった」といいあって感泣した。桓温は、けっきょく、関中は確保できずに退いたが、三五六年には洛陽を奪回した。このとき、桓温自身は西晋時代の御陵を修復しただけで凱旋したが、ここに残留した晋軍は三六五年まで、ともかく洛陽を確保した。

このような軍事的な大成功をバックにして、桓温は建康政府の実権を掌握する。しかし、三六九年の再度の北伐が前燕によって敗北に終わると、威信の回復をあせった桓温は、当時の皇帝、司馬奕《しばえき》（三六五〜三七一在位）を廃位に追いこみ、やがて自分に譲位させるつもりで会稽王・昱《いく》を皇帝に立てた。いまや桓温に制圧されて完全に弱気になったこの簡文帝（三七一〜三七二在位）は、死の直前、桓温に帝位を奪われてもやむをえないと思っていたが、それを阻止して、簡文帝の子、孝武帝（三七二〜三九六在位）を立てたのは貴族の王坦之《おうたんし》と謝安《しゃあん》であった。

桓温は三七三年に死に、東晋王朝簒奪《さんだつ》の危機はあやうく避けられた。桓温が権勢をふるった三六〇年代から三七〇年代の初めにかけては、西府が北府を圧した時代であるといってよい。そのあと約十年間、政府を主宰したのが謝安である。

王導の後継者、謝安

謝安は、たびたびの出仕要請を断わって、四十歳を過ぎるまで会稽上虞《じょうぐ》県の東山《とうざん》に悠々自適の生活を送ったあと、三六〇年にはじめて出仕してから、いまや桓温の簒奪をくじく中心

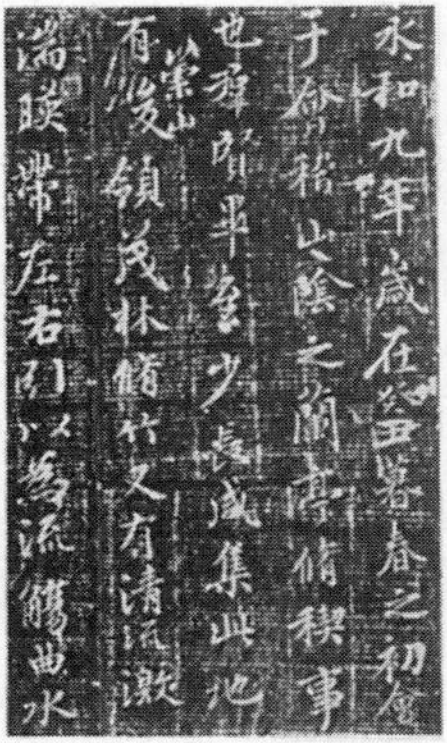
永和九年歳在癸丑暮春之初會
于會稽山陰之蘭亭脩稧事
也群賢畢至少長咸集此地
有崇山峻領茂林脩竹又有清流激
湍暎帶左右引以為流觴曲水

王羲之の「蘭亭序」

人物として、東晋政府の大黒柱になっていたのである。会稽時代のかれは、風光明媚なその一帯に別荘と荘園をかまえた貴族たちの社交界において、すでに人々から大人物として嘱目《しょくもく》されていた。

その社交界には、隠者の生活を送る許詢《きょじゅん》、詩才豊かな孫綽《そんしゃく》、荘子の哲学に精通したシャープな沙門の支《し》遁《とん》、それに、書芸術を完成したことによってあまりにも有名な王羲之など、当時における第一級の文化人がそろっていた。

かれらは詩作をきそい、恵まれた自然の風物を楽しみ、機知にとんだ会話をやりとりするときには、仏典の解釈をも含む哲学論議に花を咲かせることが多かった。三五三年三月の上《じょう》巳《し》、すなわち最初の巳《み》の日、王羲之のよびかけで、王氏や謝氏一族の文人貴族など文化人四十二名が、会稽山陰《さんいん》（浙江省紹興市）の西南八キロあまりの名勝の地、蘭亭《らんてい》に集まって、春風のもと曲《ま》がれる水流のほとりに、かつは酒を飲み、かつは詩を賦《ふ》し、そこに成った二十七人の詩を集めて、王羲之が序文を書きあげた作品「蘭亭序」は、書芸術の絶品として世に名高い。謝安もまたその蘭亭の会に参加したひとりであった。

このような典型的な文人貴族・謝安の政治方針は、東晋王朝の礎石をすえた、かの王導のそれを継ぐものであり、具体的には、北府と西府の軍事力を、それぞれ十分に発揮させながら、その間の調整をとることによって、文人貴族の支配を安定させるものだった。桓温の基盤であった西府の軍団は、その死後もひきつづき桓氏一族に統率させ、これに対して、北府の統率は甥の謝玄《しゃげん》をはじめとする謝氏一族に任せ、両々あいまって東晋政権を支えさせたのである。

蘭亭全景　浙江省紹興市西方の名勝地

肥水の戦い

当時、華北では、前秦の苻堅《ふけん》が着々と諸勢力を制圧し、その巨大な圧力が東晋の北辺にのしかかりつつあった。三七四年、北府軍団長に就任した謝玄は、そのもとに劉牢之《りゅうろうし》をはじめとする勇猛果敢な指揮官をそろえ、かれらの力をかりて北府の諸部隊を強力にまとめあげた。この北府の諸軍は、桓温の弟桓沖《かんちゅう》らが指揮する湖北省の西府諸軍とあい呼応して、前秦の軍隊をしばしば破った。

三八三年、前秦皇帝苻堅は、みずから兵卒六十万、騎兵二十七万と号する大軍を率いて大挙南下し、寿春にまで迫ってきた。建康政府は謝安の弟、謝石を総大将にし、謝玄を先鋒軍団長としてこれにあたった。晋軍は、寿春城にはいった苻堅のもとに大軍がまだ集結しおわらないうちに、肥水《ひすい》を渡って攻撃をかけた。

先鋒の北府の兵を率いる劉牢之らの働きはめざましかった。苻堅の先鋒は崩れた。崩れた軍隊の無秩序な退却は、つぎつぎに後続部隊を混乱させ、前秦の大軍は将棋だおしに総崩れとなっていった。苻堅は流れ矢にあたり、供まわりも失って淮水《わいすい》の北に逃げた。さまざまの異民族や漢族から成る前秦の軍隊は、この敗北を機として分裂し、華北はふたたび大混乱に陥っていったのである。

謝安はもともとおちついた人だった。その悠然たる態度は、苻堅の大軍接近すとのニュースによって、動揺しそうな首都の空気をおちつかせるのに効果的だった。そして、来客と棋をうっているとき、肥水における大勝利の知らせが到着した。謝安はその報告をちらっと見たまま棋を続ける。なにごとですかと客が問う。

――小わっぱどもが賊を破りましてな。

べつにうれしそうな顔もせずに、ゆっくりと答えた。棋がすんで客を送りだしたあと、奥御殿にもどるとき、戸口で下駄の歯が折れた。「ところが、謝玄らの大勝利に、ひそかに胸をわくわくさせていた謝安は、さすがに下駄の歯の折れたのも気づかなかった」と、見てきたような話が伝えられている。

三　東晋の衰亡

貴族制の亀裂

謝安《しゃあん》が諸勢力のバランスを考えて、その間を調整しながら、それぞれの力を十分に発揮させ、よってもって苻堅の重圧をはねのけたことは、東晋の貴族政治の輝かしい成果を示すものであった。肥水《ひすい》の大勝利のあと、謝玄《しゃげん》配下の劉牢之《りゅうろうし》らの北府軍は、混乱に陥った前秦の諸軍を追って北進し、黄河の南部一帯を奪回していったが、中央では孝武帝のもとに、その弟の会稽王・司馬道子《しばどうし》がしだいに権力を握り、謝安は孝武帝から遠ざけられていった。そして三八五年、謝安が死ぬと、司馬道子らの政治運営は、調整者として支配力を維持する貴族政治とは、かなり様相を異にする方向に傾いていった。

司馬道子は、側近のおべっかつかいたちを通じて、名もない微賤の人々を官吏に登用し、官位は賄賂によって取引きされる状態になっていた。宮廷には尼僧たちが出入りして風紀が紊乱《びんらん》しはじめるとともに、俳優や刑事あがりの人物が司馬道子の信任をバックにして官位を売りものにし、巨億の私財をたくわえていった。それは、かの九品中正制度にもとづく貴族制のたてまえと、それによってつくられてきた身分社会の秩序とは、まっこうから対立する。

かつて元帝の側近や、明帝・成帝の外戚庾《ゆ》氏なども、中央政府の権威を高めるために、諸勢力のバランスに対して十分な考慮をめぐらさず、そのために軍隊の反乱をひきおこしたが、かれらは貴族制のもとにおける身分社会を崩すのではなく、それを確立しようとあせったからにすぎない。軍権をすべて握った桓温《かんおん》も、身分社会の上に自己の支配権を立てようとしたものであった。しかし、いまや身分社会の上に成り立つ貴族制そのものが亀裂を生み始めたわけであり、分裂しはじめた貴族層は重大な危機に直面する。謝玄のあと、北府の長官となった貴族の王恭《おうきょう》や、桓温以来、西府に代々勢力を扶植していた桓玄《かんげん》などが、ようやく建康政府と対立していった。

紊乱した宮中において、三九六年、孝武帝は変死した。あとを継いだ安帝は発育不全で、知覚も動作もままならない人だった。司馬道子と、これをとりまく貴族および成り上がり者たちの専権がつづいてゆく。三九七年、王恭は北府軍を率いて内政改革を迫った。司馬道子は、その軍事的な圧力の前に、王恭の要求を入れて、信任する貴族の王国宝らを処断した。王恭はいったん鉾《ほこ》をおさめた。

しかし、王恭は麾下の北府軍団に対する自分の統率力を過信していた。当の北府軍団は、かの肥水の大勝利によって内外にその威力を輝かせたが、それ以来、自己の力を自覚しはじめていた。そして、実戦において赫々《かっかく》たる功名を立てたかの劉牢之が、強力な北府軍団を事実上、掌握していたのである。つまり王恭は、ただその上にのっかっているにすぎなかったのである。

たしかに北府軍団は、これまで貴族政権の傭兵という役割を演じてきたし、また劉牢之も

画像石に刻まれた豪族の生活　山東省出土

傭兵隊長という言葉で呼んでもさしつかえない存在であった。したがって、貴族の王恭はいままでどおり、これをあごで使えるものだと思っていた。ところが、傭兵隊長であるはずの劉牢之は、建康政府をめぐる貴族間の抗争においてキャスティング・ヴォートをとりうることを知っていた。傭兵軍団はすでにそれだけの力をたくわえていたし、その力を自覚していたのである。

三九八年、王恭がふたたび北府軍団を率いて首都に迫ったとき、すでに司馬道子の子司馬元顕《げんけん》と通じていた劉牢之は、麾下の北府兵とともに、その軍団長たる王恭を裏切って、元顕のがわに寝がえった。王恭は無残にも捕らえられて殺された。

劉牢之の北府軍は、いまや建康政府を牛耳ることになった司馬元顕のもとに所属する。そして、三九九年に勃発した孫恩《そんおん》の乱を鎮定するために使われた。

孫恩の乱

孫恩というのは、もと山東省から浙江省の会稽《かいけい》(紹興《しょうこう》市)に避難してきた孫泰《そんたい》というものの子であって、この孫泰がそもそも五斗米道《ごとべいどう》を信奉する道教信者であった。五斗米道とは、第三章で述べたように、もともと漢中から四川省《しせん》にかけて広がっていた宗教である。孫泰は、その教えに加えて、神がかりによる一種の術――巫術《ふじゅつ》――をもっていたらしく、人びとはこれを神のように敬ったといわれている。かれは建康政府と北府・西府との対立によって、ようやく騒然としてきた世情を見て、晋朝の命脈がやがて終わると予見した。そして不安な民衆に、新しい幸福を授けると説いて、揚子江下流デルタ地帯に多くの信者を獲得していった。

その活動を建康政府からにらまれて、孫泰は殺されたが、信者たちはみな「孫泰さまは登仙されたのだ」、つまり永遠に生きる仙人になられたのだ、と信じていた。というのは、その子の孫恩が、当時郁洲《いくしゅう》といわれた海中の島――江蘇省北部の連雲港市の南にあった島で、現在は陸つづきになって雲台山という――にのがれたので、そこで仙人となって生きていると信じたのである。そして信者たちは、依然としてそこに供物を送りつづけた。孫恩はこれを利用して勢力をたくわえた。

たまたま三九九年、建康政府は揚子江下流デルタ一帯の小作人たちを兵士に徴発するという命令を出した。蘇州をはじめとする太湖周辺から会稽にかけて、江南でもっとも進んだ地域の民衆は騒然として沸きたった。孫恩はこの機会をとらえて会稽に上陸し、不安な民衆を動員して地方官庁を襲撃した。孫恩に扇動された狂信者たちの反乱が始まったのである。

孫恩らは、みずから「長生人《ちょうせいじん》」――永遠に不死なるもの――と称した。決戦を覚悟した孫恩は、信者たちの連れている赤ん坊が足手まといになるので、これを水中に投げこませた。

かれらには入水して永生者になるという「水仙《すいせん》」の信仰があった。狂信の母たちは、「おめでとう。おまえはさきに天国に上るのよ。わたしもあとからおまえのところに行くよ」といいながら、子どもを水の中に投げこんだのであった。人々は孫恩の教えに従えば永遠の幸福を確保できる、と信じていたのである。

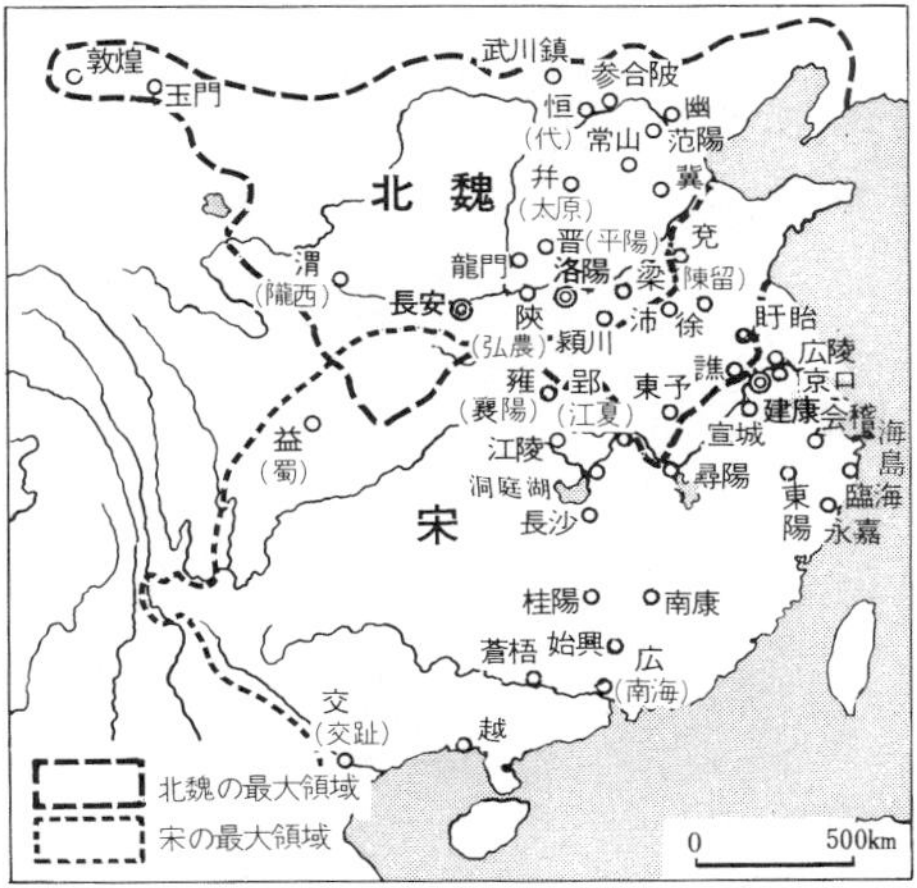

南朝初期の要図

孫恩はまた、ときに応じて集団で宗教的な狂宴をもよおした。狂宴による宗教的な熱狂は急速に民衆の間に広がっていった。ことに前から南方に土着していた人びとは、北方から亡命してきた貴族たちの牛耳《ぎゅうじ》る東晋政権のやり方に、従来からなにかと不満が多かった。一般民衆だけでなく、南方土着の豪族にも、これを支援するものがかなりいたのである。

こうして、かれらの勢いは浙江《せっこう》省から江蘇《こうそ》省に及び、首都建康をさえおびやかすほどになっていった。

建康政府は劉牢之の率いる北府軍団に出動を命じて討伐にあたらせた。のちに東晋王朝にとって代わって、宋王朝を立てることになる劉裕《りゅうゆう》は、一隊を率いてこの討伐に加わった。北府軍団のなかでも、かれの隊はもっとも勇敢であった。ことに四〇一年、孫恩の水軍が揚子江をさかのぼって京口《けいこう》を急襲してきたとき、劉裕はただちに軍をひきかえして、これをむかえうち、かれの働きによって首都と京口の危機が救われた。その後、孫恩の軍を徹底的に追撃して海上に追いだしたのもまた劉裕の功績であった。当然、北府軍団のなかで、かれの地位は向上し、将軍の肩書きをもつ有力な部将となった。しかも、かれの部隊はもっとも軍規厳正で、信望を集めていた。

盧循の乱

四〇二年、孫恩はついに追いつめられて海に身を投げて死んだ。しかし、残党数千人は孫恩の妹の夫である盧循《ろじゅん》を教主として、ひきつづき教団活動と晋朝に対する敵対行為をやめなかった。かれらは福建《ふっけん》省から広東《カントン》省へと海沿いに南下して教線を張り、広東一帯を根拠地にして勢力をたくわえたのち、四一〇年、水軍を使って江西省と湖南省との二方面から、大挙して建康へ攻めのぼった。当時、劉裕の率いる北府軍が、山東省にあった鮮卑《せんぴ》族、慕容《ぼよう》氏の南燕《なんえん》国を討つために、首都を留守にしていたすきをついたのである。

南燕を滅ぼして急遽ひきかえした劉裕は、建康のま近に迫った盧循の水軍を撃破して、ようやく首都の危機を救った。首都を震撼させた盧循の乱は、この敗戦を機として急速に収束に向かう。劉裕の軍隊は追撃に移って、その根拠地広東も抑え、盧循はヴェトナムのハノイにまで逃げて、四一一年に死んだ。こうして二度までも首都を脅かし、十年以上にわたって江蘇省から広東省にかけての海浜地域に勢いをふるった道教系の反乱も、終わりを告げたのである。

この反乱は、海浜地域を根拠地としたこと、その水軍と造船技術がすぐれていたことにおいて特異な性格をもっている。それは最初、江南デルタ地域における南方土着の漢民族の不満と不安を背景にして大きく広がったが、もう一つの支持者層として、南方土着の異民族と水上生活者が大きな役割を演じていたにちがいない。その教線が広げられた福建省などは、当時まだ、ほとんど開発されていないところが多かった。そして、盧循らが大庾嶺《だいゆれい》を越えて江西と湖南へ向かうとき、水流に沿って下る船が、あっというまに山中でつくられたのは、そのあたりの渓蛮《けいばん》が協力したからであった。

ときはまさに、第一章で紹介した詩人陶淵明の『桃花源記』が書かれる前夜である。失われた共同体生活をとりもどしたいという異民族の願いが、孫恩・盧循らの五斗米道系の教えに結びついたと考えることもむりではないだろう。かつて漢中から四川省に広まった五斗米道の信者には、その地の氐《てい》族などの異民族が多かったのと同様である。

桓玄の楚国と劉裕のクーデタ

四〇一年、孫恩の水軍が揚子江をさかのぼって京口を急襲し、首都建康に迫っていると聞いた西府軍団長の桓玄は、首都救援の名のもとに、軍団を率いて揚子江を東に下る姿勢を見せた。孫恩は劉裕によって撃退され、桓玄の軍団は実際に首都に進軍しなかったが、かねてから桓玄と対立していた建康政府の司馬元顕は、このような桓玄の姿勢を見て、劉牢之の北府軍を先鋒部隊とする桓玄討伐に踏みきった。それは、桓玄の西府軍団を東下させる呼び水となった。

司馬元顕の打倒を旗じるしにして首都に迫ってきた桓玄の西府軍に対して、北府軍の劉牢之は戦わなかった。司馬元顕を裏切って桓玄がわに寝がえったのである。かれの寝がえりは王恭のときと合わせて二度目である。北府軍の力を信じていた劉牢之は、桓玄と妥協しても十分自立できると考えたのである。北府軍にそむかれた司馬元顕は、もはやまったく無力であった。桓玄は首都を制圧し、元顕を斬って政府の実権を掌握した。

西府軍団をバックとした桓玄は、たんなる貴族とはちがう強い措置をとった。劉牢之は北府からひきはなされ、その長たる地位から他に移された。そのとき、かれは桓玄に対する反抗を企てたが、すでに遅かった。

劉牢之の失脚後、桓玄は北府軍に対する弾圧を開始する。古くから北府で活躍した将軍たちは多く殺された。かの劉裕らは当時まだ中堅将校として、その弾圧からまぬかれはしたが、もちろん桓氏一族を長とする軍団に組みこまれた。桓玄はその一族を配置して北府の諸部隊を抑えたのである。

四〇三年十二月、桓玄はついに東晋の安帝から禅譲されるという形をとって、帝位につき、国を楚《そ》と号した。東晋はここでいったん滅亡したのである。しかし、わずか三ヵ月後、四〇四年二月、劉裕をはじめとする旧北府兵のクーデタがおこった。三月、桓玄は首都を捨てて西へ落ちのび、五月には追討軍に討ちとられた。楚国は半年のうちに滅び去り、劉裕はふたたび安帝を奉戴して東晋王朝を復活した。

時代転換の接近

こうして、東晋王朝は名目の上では、四二〇年に劉裕が禅譲を受けて宋国皇帝の地位につくまで、なお二十年に近い命脈を保つ。しかし、この間の東晋王朝は、もはや劉裕にとっての隠れ蓑にすぎず、実権は完全にかれの手にあった。したがって、事実上の東晋の滅亡は、桓玄の簒奪《さんだつ》をもって画期としなければならない。つまり、事実上の東晋の滅亡をめぐって、ちょうど四世紀から五世紀へ移り変わる時期は、江南の社会が一つの時代から新しい時代へと転換する時期と一致していたのである。

というのは、いままで見てきたように、司馬道子をめぐって微賤な身分の人びとが顔を出してきたこととといい、多くの民衆の不満と不安が孫恩・盧循の乱となって爆発したこととといい、また、その間に劉牢之や劉裕といった軍人の力が大きく前面に出てきたことといい、四世紀末からおこるすべての現象は、それまで貴族たちの支配のもとに抑えられてきた人びとの、下からの力が大きく盛り上がってきたことを示している。

本章のはじめに述べたように、江南はもともと後進的な、漢民族にとって開発さるべき植民地であった。三世紀から四世紀にかけて、続々と流入する漢民族は先住民と混淆《こんこう》し、これを同化しながら江南の開発を進めてきた。しかし、後進的な社会における農民たちの基礎は、まだまだ弱かった。三世紀には、そのような条件によって、開発領主制ともいえるような孫呉政権の支配体制が成立した。四世紀になっても、やはり、まだ基礎薄弱な農民層の上に、華北から亡命してきた先進的な貴族階級がのっかることができた。

しかし、そのもとで、農民たちの基礎は徐々に固められていった。華北の先進地帯から導入された進んだ農耕技術は、農耕に適した温暖な気候風土とあいまって、江南社会における生産力を高めていった。四世紀末における下からの力の盛り上がりは、その効果がようやくあらわれてきたことを示している。そして、生産力の高まりと、それを背景にした、下からの力の盛り上がりは、次の五〜六世紀においていよいよ進んでゆく。

上にのっかる貴族支配は、それに対応して変容せざるをえないし、変容を迫るもっとも強い力は、まず軍隊の力としてあらわれた。つまり、北府軍を率いる劉裕の台頭ということ、かれによって宋帝国が建設されたということ、そのことが、すでに四世紀のような貴族支配の体制に対する変革であった。次に章を変えて、そのような変容の過程を見ることにしよう。

第七章　貴族制社会の変容——五〜六世紀前半の江南

一　宋・斉軍事政権と貴族

宋国の成立

劉裕《りゅうゆう》は三六三年の春、北府軍団の所在地、京口《けいこう》の町に生まれた。父は役所の下級書記官で、一家はその日暮らしの貧しい生活に追われていた。悪いことに、ようやく劉裕を生みおとした母は、難産のために命を奪われてしまった。空腹に泣きさけぶ子どもを前にしながら、父親は乳母を雇う金もなかった。思いあまって、何度かわが子をしめ殺そうとした。ちょうどそのころ二人目の子を生んだばかりの義理の姉が、これを見かねてこの子に乳を与えてくれたのであった。口べらしのためにあやうく命を消されかけた劉裕——こんな貧乏人の子が、将来、皇帝にまでのし上がろうとは、当時はもちろん、だれにも想像さえできないことであった。

劉裕の祖先は西晋末の戦乱をさけて、故郷の彭城県《ほうじょうけん》（江蘇《こうそ》省徐州市）から揚子江南岸の京口へ移ってきた人びとの中にまじっていた。かれらは、前章に述べた郗《ち》鑒《かん》の率いる集団に属

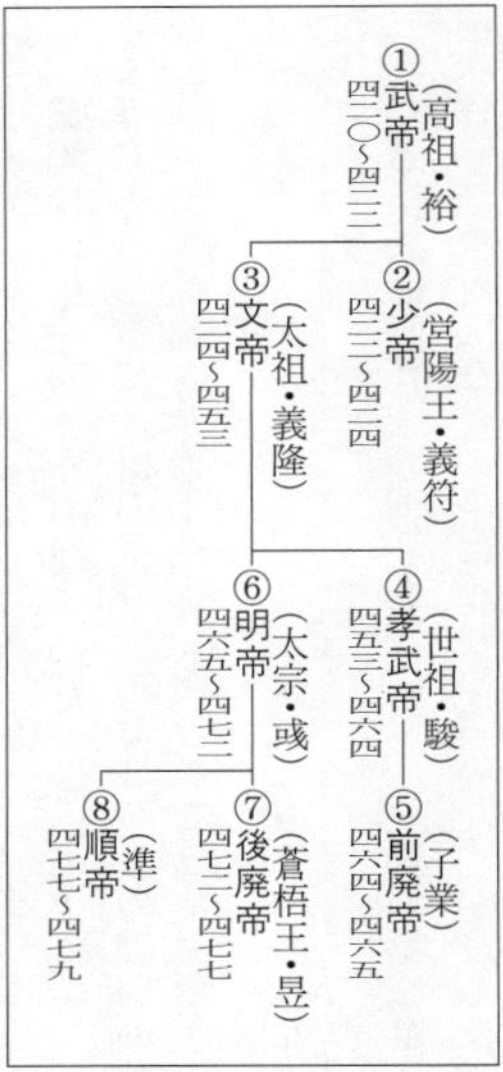

宋朝（劉氏）系図

していたと考えてよい。これらの移民集団が強力な北府軍団に成長していった過程についても、すでに述べたところである。この軍団が肥水《ひすい》の戦いに大勝利をかちとったとき、劉裕はすでに二十歳をすこしこえる年齢に達していた。

それまでわずかばかりの田を耕したり、わらじの行商をしたり、ひたいに汗して家計を助けていた劉裕は、この勇敢な軍団にはいり、武人としてたつ道を選んだ。貧民の子が、その豪胆《ごうたん》と勇気をもってのし上がり始めるのは、まずこの軍団の中においてであり、この軍団の発展を基礎にしたものであった。

三九九年に勃発した孫恩《そんおん》の乱は、劉裕がその名を高める第一のチャンスとなった。一隊を率いたかれは、この乱を鎮定するために縦横に活躍し、しかも、先に述べたように、かれの部隊は、乱暴狼藉者の多い北府軍のなかで、もっとも軍規整然たるものであった。民衆の反乱が、この貧民出身者の評判を高める作用をしたのである。四〇二年、事態は一変して、首都を制圧した桓玄《かんげん》が北府軍の弾圧に乗り出したこと、これに反抗して北府軍団長の劉牢之《りゅうろうし》も殺されたことは先に見た。

しかし、京口と広陵《こうりょう》に古くから住みついた北府の軍人たちの団結は容易には切りくずせなかった。劉裕らはじっと堪えて時の来るのを待っていた。四〇三年十二月、桓玄は東晋王朝を奪って楚《そ》の国を建てた。それは、北府の軍人をまとめてこれに反旗をひるがえすのに絶好の口実をあたえた。「簒奪者桓玄をたおせ！　劉牢之らの仇を討て！」京口と広陵、さらに首都と歴陽《れきよう》（安徽《あんき》省和《わ》県）にいたもとの北府関係者は、これを合い言葉に慎重に連絡しあって、クーデタを計画した。

四〇四年二月、京口と広陵でのクーデタはみごとに成功した。桓玄が派遣しておいた軍司令官は殺され、旧北府兵は劉裕らの手に収められた。ただちにかれらは首都建康に向かって進撃し、桓玄は追討軍に討ちとられた。劉裕はいまや光栄ある北府軍団の総司令官となった。かれは東晋王朝を再興し、これを推戴した。このなんぴとも否定できない功績は、もとはといえば身分の低い劉裕ら、北府の佐官クラスの武将たちや書記官たちの計画したクーデタによるものであった。

南朝宋武帝（劉裕）

東晋王朝の創建に、貴族の王導《おうどう》がもっとも大きな役割を演じたのに対して、事態はいまやまったく異なっていた。四世紀が過ぎて五世紀にはいるとともに、主導権は軍人の手に帰していったのである。

劉裕とともにクーデタをおこした仲間に劉毅《りゅうき》という豪傑がいた。かれは劉裕に対してライバル意識をもちつづけた。学問の素養もすこしあった劉毅は、貴族たちとも気脈を通じていた。このふたりは賭博にも腕をきそいあった。丁と出るか半と出るか、劉毅の目は血ばしってきた。骰《さい》の目はついに劉裕に味方した。この話が象徴的に示すように、劉裕は四一二年、いまやもとの西府を支配していたライバルの劉毅を討滅した。国内には、もはや劉裕に対抗しうる軍事指導者はなかった。

劉裕はまた北に向かっては南燕《なんえん》国を滅ぼし（四〇九年）、さらに遠く長安にまで遠征して、これを一時奪回した（四一七年）。武力を基礎にして、並ぶものなき権力を握った劉裕に、皇帝の称号はふさわしいであろう。例の禅譲《ぜんじょう》劇（第四章一四九ページ参照）がひそかにしくまれて、四二〇年、ついに一介の貧民から成り上がった武将の頭上に、皇帝の冠が燦然《さんぜん》と輝いた。東晋王朝の滅亡、宋王朝の成立――それは新しく軍事政権が誕生したことによって、貴族社会にも微妙な影響を及ぼすことになる。

貴族の軍権喪失

それはまず、政治的には、軍人が主導権を握ってゆくこと、貴族がしだいに受け身の立場に追いやられてゆくことである。四世紀には軍隊はけっきょく貴族政権の傭兵《ようへい》にすぎなかったが、五世紀にはそれが政権を握るところまで発展した。その経過は、一介の貧民劉裕が、帝王の冠をいただくところまでのし上がっていった姿に具体的に見られる。劉裕は帝位についてから、わずか二年で病死したが、死ぬまぎわに遺詔《いしょう》を書きとらせた。その中につぎの二ヵ条がある。

一、京口は軍事上の要地であり、かつ首都建康に近い。ゆえに皇族ないし近親以外のものをその長官に任じてはならぬ。

一、荆州《けいしゅう》は揚子江中流地帯の要衝である。皇子を順次その長官に任ぜよ。

この遺詔は宋代を通じてかなり厳重に守られた。有力な軍府は皇族が握った。この原則は、四七九年に宋にとって代わった南斉王朝においてもだいたい維持された。武力は皇族と、根っからたたきあげた武人にゆだねられ、貴族はついに武力を直接支配することができなくなった。これは四世紀までと異なる一つの様相である。五世紀の宋・斉両政権は、この意味で軍事政権ということができるだろう。

とはいっても、貴族が軍府からすべて排除されたわけではもちろんない。中央政府の要職は依然として貴族が握っていたと同

洛神賦図巻の一部　顧愷之の筆になるものといわれる

様に、地方の軍府においても、参謀にあたる諮議《しぎ》参軍《さんぐん》などの職は、貴族の子弟がはじめに任官するポストとして、以後も長く貴族に占められる。しかし、そこの雰囲気は東晋時代とはかなりちがったものに変わってゆかざるをえなかった。軍府の長官が教養ある貴族から、それほどの教養をもたない武人の皇族にかわり、参軍たちの中にも微賤な身分からたたき上げて出世してきた武人がしだいに数を増してくるからである。

東晋末期、荊州にあった西府の長官に、殷仲堪《いんちゅうかん》という貴族が任命され、そのもとに、かの画聖として有名な顧愷之《こがいし》が参軍として所属していたころ、その軍府の雰囲気を示す一つの話が伝わっている。そこへ、前章で述べたかの桓玄が訪ねてきたときのことである。要談のあとで、かれらがくつろいだとき、みんなで「了語《りょうご》」をやろうということになった。「お了《しま》い」という意味を詩句にあらわすと同時に、句の最後を「了」liǎo の韻《いん》にそろえる遊びである。順番に詩句を作りだした。

顧愷之「火焼平原無遺燎」　火が原っぱを焼きはらって丸坊主。
桓玄「白布纏棺豎旒旐」　白布で棺をくるみ葬式旗をたてる。
殷仲堪「投魚深淵放飛鳥」　魚を深淵に投げこみ飛鳥をにがす。

次にまた「危語」をやった。

桓「矛頭浙米剣頭炊」　矛の先で米をとぎ剣の先でかしぐ。
殷「百歳老翁攀枯枝」　百歳のじじいが枯れ枝にすがる。

顧「井上轆轤臥嬰児」　井戸のろくろに赤子《あかご》をねかす。

席にいた殷仲堪の幕下の、ある参軍がいった。

「盲人騎瞎馬、夜半臨深池」　盲人が目の見えない馬に乗り、夜ふけに深い池にさしかかる。

殷仲堪がいった。「チェッ、胸にささりやがる」。仲堪は、片目が不自由だったからである。

座興の席で、人の不具をあてつけるのは趣味のよいものではないが、ひどいあてつけを受けた長官は、チェッと舌うちをしながらも、座興としてすませていた。そのころの軍府には、まだ余裕のある空気がただよっており、教養貴族たちの清談でも活発な人物批評が行われていた。しかし、それより約三十年あまりのちになると、同じ荊州の軍府では空気がかなり変わってくる。

四三二年、荊州の長官となった皇族の劉義慶《りゅうぎけい》は、その軍府に教養ある文人を集めた。その中には、三国の呉の時代以来、蘇州の名門として東晋時代にも貴族の地位を占めつづけた陸氏のひとり、陸展《りくてん》という人がいた。また当時のもっとも有名な詩人であった第一級の貴族謝《しゃ》霊運《れいうん》の友人で、何《か》長瑜《ちょうゆ》という人物もいた。陸展は皇族の長官にかなりおべっかを使ったらしい。何長瑜は詩を作って皮肉った。

　陸展は白髪《しらが》を染め、
　おそば女《め》にとりいるつもり、
　黒髪は長くはもたぬ、
　キラキラと、また光りだし、

　軍府にいる若者たちの間に、このような人物批評の詩が広がった。長官の劉義慶は激怒して何長瑜を流刑に処した。自由な人物批評の場は、宋代にはいってだんだんと失われていった。そして、貴族たちは東晋時代までに見られたような潑剌とした生気を失っていったように見える。それは、貴族が軍権を直接掌握できなくなったこと、軍の力が貴族の上に大きくのしかかってきたことによるだろう。

謝霊運の書とよばれるもの

元嘉《げんか》の治

　しかし、貴族の支配体制は三世紀以来の長い歴史をもっている。かれらには、政治体制をも含めて、われこそは文化全般をになうものという誇り高い意識があった。かれらは広大な荘園をもち、多くの崇拝者をもち、その社会的勢力はなお強靱《きょうじん》であった。貴族の謝混《しゃこん》は、劉裕の独占的武力支配に抵抗して殺されたが、謝混のもつ大きな荘園は、没収されるどころか、晋から宋への王朝交替にさいしても、微動だにしなかった。

武帝劉裕が死んで二年後、帝位をついだ劉義隆《りゅうぎりゅう》は文帝（四二四〜四五三在位）とよばれる。元嘉の年号をもつその治世三十年間は、国内がよく治まり、人民はそれぞれ自分たちの職業に励むことができた。

文帝はその名が示すように、文を尊重した。政治は名門の王弘《おうこう》・王華《おうか》・王曇首《おうどんしゅ》・殷景仁《いんけいじん》らによって運営され、貴族たちの特権を維持する体制はいよいよ整備された。士の身分と平民の身分との厳重な区別は、皇帝の力をもってしても変えることはできなかった。文帝のお気に入りの書記生がいた。文帝が言った。

「士の身分に入れてほしければ、貴族の王球《おうきゅう》のところへ行って、すわらせてもらえたら、はっきりするのだ。かれのところへ行ったら、わしの言いつけだといって席につけばよい」

その男は王球を訪ねて、そのとおりにやろうとした。王球は扇子をふって言った。

「きみきみ、それはならん」

仏坐像　南朝宋時代のもの。元嘉14年（437）の銘がある

男は帰って文帝に報告した。帝が言った。

「では、わしも、なんともできぬ」

士と平民の区別は、権力とは次元のちがう慣習法の世界にあった。文帝はそれを容認していた。それはまさに文人貴族全盛の時代であるかのごとく見える。世

にこれを「元嘉の治」といって称賛する。

しかし、四三三年、文帝治世の十年目に、一代の詩人として名声をとどろかせた謝霊運は、反逆のかどによって広東のさかり場で死刑に処せられた。実際に、かれが逮捕されてから死刑に処せられるまでに作ったとされる詩を見ると、現在の宋王朝を、かの暴政によって悪名の高い秦に見たて、文帝を王莽《おうもう》のような簒奪者《さんだつしゃ》に比して、前王朝の晋に対する忠義を高らかに唱えている。史書の伝えるかれの行動は、あまりにも奇矯《ききょう》であり、非常識に過ぎる。まさに、失われゆく騎士道のイメージを追い求めたドン・キホーテの姿に似ているのである。それは、いわゆる「元嘉の治」の裏側に、晋朝時代に見られた貴族道が凋落《ちょうらく》してゆくのを示唆するかに見える。

謝霊運が刑場の露と消えてからまもないころ、魏晋時代の生き生きとした貴族社交界の雰囲気を伝える『世説新語《せせつしんご》』という書物があらわれた。その中で、謝霊運は真に貴族の名に値いする最後の人物として登場する。「元嘉の治」はたしかに貴族政治に最後の栄光を与えた時期だった。しかし、同時に、しのびよる衰運を感じながら、かつてのよき時代のことを貴族文人に回顧させる時期でもあったろう。そのような回顧の時期に、往々にして、それまでの時代を浮き彫りにする書物が生まれるものである。

寒門《かんもん》武人の台頭

しのびよる衰運を貴族に感じさせたものは、一つには、文帝といえども巨大な軍府の実権

北魏の華北統一

をふたたび貴族の手に渡さなかったことであり、二つには、実権を握った皇族を手がかりにして、いままで寒門とよんでさげすんでいた微賤のやからがのし上がってきたことである。貴族たちが士の身分と平民の身分との間に慣習法として厳重な区別があることに固執したのは、寒門の台頭を抑えて、自分たちの領分を侵されまいとしたからにほかならない。

それらの寒門出身者は、さまざまの方面で活躍し、進出してゆくが、やはり、はじめにめだつのは軍人である。それは、宋朝を建てた劉裕その人に象徴されたことをすでに見たが、この軍事政権につながって、平民出身者が軍人として台頭するのは自然の成り行きであった。

また、すでに四世紀末から中原に進出していた北魏では、文帝の即位とほぼ年を同じくして太武帝《たいぶてい》が位につき、積極的に五胡諸国をきり従えて、四三九年の北涼《ほくりょう》国征服を最後に、華北の統一を完成した。北魏の圧力とまともに対決せねばならない情勢もまた、宋朝において軍人たちの力を強める方向に作用したのである。

四五〇年、文帝は貴族たちの賛成を得て北魏討伐の計画を立てた。武人の沈慶之《しんけいし》は頑強にこれに反対した。この沈氏とは、前章で述べたところの呉興武康の大豪族として、四世紀の初めから有名な家であったが、田舎豪族として北来貴族に抑えられていたのである。沈慶之は書物を手にしたこともなく、文字も読めず、根っからの武人であった。武将として御前会議に出たかれは、座にいる貴族たちを罵倒《ばとう》しながら文帝に直言した。


国をおさめることは、たとえば、家をおさめるようなものです。畑仕事は下僕にたずね、はた織りごとは下女に問うもの。陛下はいま敵国を討たんとせられるのに、白面書生《はくめんしょせい》どもと事を謀られる。なにが成功するものですか。


文帝は呵々《かか》大笑した。

青白いインテリの公卿《くげ》たちと、書物など鼻にもかけぬ精悍《せいかん》な武人との対決。それをおもしろがって見ているのは、武人の血をひく文人好きの皇帝である。この御前会議の光景は象徴的である。それは、軍事をはなれて一世代を経た当時の貴族の白面書生化と、軍を背負うプライドに満ちた武人の意気と、その間にゆれ動く可能性をもった宋朝皇帝の立場と、この三つを彷彿《ほうふつ》させるからである。このような光景は四世紀には見られない。

そして沈慶之のいったとおり、北伐は惨憺たる敗戦となり、北魏の太武帝は首都建康の対岸まで進出するありさまとなった。幸いに北魏の軍隊はやがて引き揚げて、江南は事なきを得たが、江北は邑里蕭条《ゆうりしょうじょう》たる被害をこうむり、宋朝はこれ以後、衰えていった。

宋斉交替

文帝が、武人沈慶之の反対にもかかわらず、青白いインテリの北伐論を採用したように、文帝一代はとにかく文治に傾いた時代であった。しかし、劉氏の中にひそむ武人の血、あるいは武人のもつ抑えがたい権力欲の焔《ほむら》は、五世紀の後半にはいって連鎖的に爆発した。

四五三年、文帝は皇太子に暗殺された。親衛軍を握った皇太子は気に入らない皇族そのほかをつぎつぎに血祭りにあげた。江州《こうしゅう》（江西省九江市）の軍団長であった皇子の劉駿《りゅうしゅん》は、まっ先に兵を率いて都にかけつけ、皇太子の親衛隊をけちらして、この暴挙を粉砕した。暴には暴をもってむくいられた。孝武帝《こうぶてい》（四五三〜四六四在位）となった劉駿は、皇太子とその子四人、およびその一味となった兄とその子三人を、首と胴体とを別々に獄門にさらしたうえで、揚子江に投げこませたのである。

子が父を殺し、弟が兄の一族を皆殺しにしたのである。皇族の間に猜疑《さいぎ》が広がり、疑心暗鬼が反乱へつながり、反乱のおそれは皇帝をさらに不安にかりたて、無用の血をつぎつぎに流させる。ひとたび猜疑にとらわれた孝武帝は、皇族の反乱を弾圧するのはもちろん、疑わしい兄弟や親戚を、次から次へと殺していった。

血にとりつかれた権力者は孝武帝にかぎらない。つぎの前廃帝（四六四〜四六五在位）もそうであったが、これを殺して位についた明帝《めいてい》（四六五〜四七二在位）は、こんどは死んだ兄、孝武帝の子を十六人も殺した。孝武帝にはまだほかに十二人の子がいたが、これはその次の後廃帝《こうはいてい》（四七二〜四七七在位）にことごとく殺されてしまった。順帝《じゅんてい》（四七七〜四七九在位）をはじめ、生き残った劉氏一族は、宋王朝にとって代わった蕭道成《しょうどうせい》、すなわち南斉王朝の創建者高帝によって完全に消されていった。

「ああ、もう二度と王家には生まれたくない」

宋の一王子が発したこの悲痛な叫びは、権力の家に生まれたものの嘆きを代弁する。

宋朝の滅亡は、第一にこのような皇族相互の血で血を洗う惨劇に起因する。その間に、のし上がりつつある寒門出身の武将の力が増大するのは当然であった。かの沈慶之は、孝武帝のときにすでに確固たる地位を占め、前廃帝のときには位人臣をきわめて政治にも大きな発言権をもっていたが、疑われて殺された。同族を信用できなくなった皇帝が、異姓の武将を信任し、それによって異姓の武将がやがて実権を掌握するのは当然の趨勢《すうせい》であった。明帝に信任された蕭道成が、ついにその果実を手に入れたのである。

劉氏一族を根こそぎ殺した蕭道成は、わが子の蕭賾《しょうさく》すなわち武帝をいましめて、劉氏一族の二の舞いをせぬようにと注意した。この注意は武帝にだけはすこしきいた。しかし蕭道成の甥の蕭鸞《しょうらん》が立って明帝となったとき、血の惨劇は劉氏のときにまさる規模でふたたび荒れ狂う。蕭道成の子孫はつぎつぎに引っ立てられてきた。赤ん坊には乳母もついてゆかされた。仏教信者であった明帝は、まず焼香して涙を流した。すでに毒薬の調製が命ぜられ、棺おけ数十が用意されていた。その夜ふけ、棺おけがつぎつぎにふさがっていった。明帝が焼香して涙を流すときは、その夜だれかが殺されるのだった。

五世紀後半を血ぬるこの王室の惨劇は、中国史上でもすこしく異常である。権力者は多かれ少なかれ権力を奪われはしまいかとの恐怖をいだく。奪うおそれのある人物を猜疑《さいぎ》する。しかし、がんらい猜疑は、自己の権力の不安定に比例して増大するものである。宋・斉軍事政権において、有力な軍団を握るものはほとんど皇族であった。皇帝は他の皇族より比較的大きい武力を握っているにすぎなかった。すきがあれば兄弟といえども、地方の軍団を率いて攻め寄せるであろう。都にいる皇族もこれと気脈を通ずるであろう。複数の武力集団が割拠《かっきょ》する封建時代には、このような権力への妄執《もうしゅう》と猜疑とに狂った悲劇がおこりがちである。五世紀後半は、いわば中国のマクベスたちの時代であった。

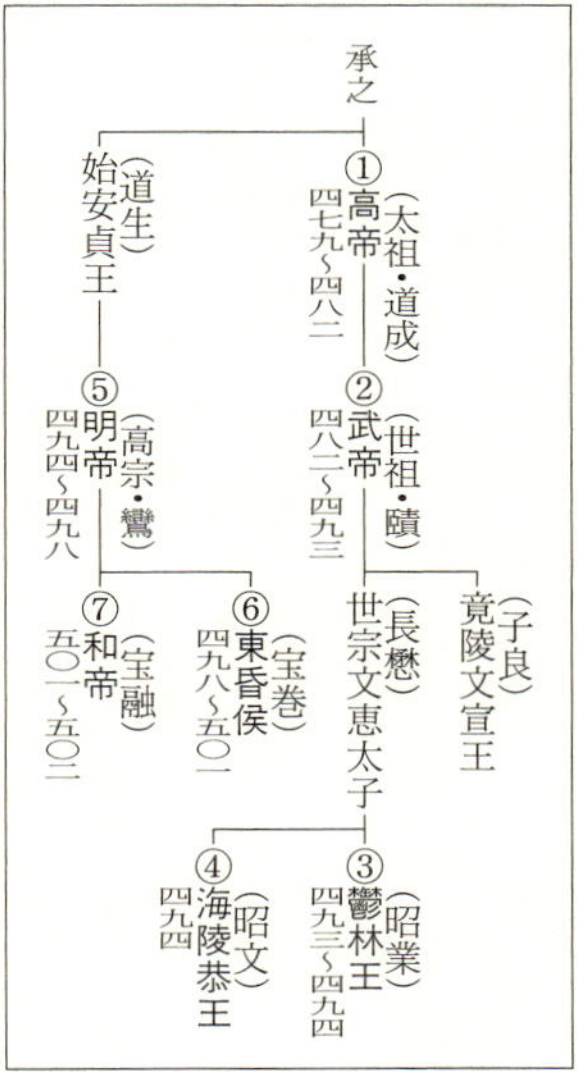

南斉朝（蕭氏）系図

権力者をそのような不安定な状況に追いやった裏には、時代の大きな流れがあった。微賤の身分からのし上がろうとする人びとの力が、社会のいたるところでうごめいていたからである。中央政府の膝もとではもちろんのこと、地方の軍府でも、そのような下からの力が強力に作用しはじめる。地方の軍府に仕えた人びとは、その長官をけしかけて中央に乗りこませ、皇帝にまでもちあげることによって、自分たちもさらにのし上がる機会をねらうからである。

先ほどから述べてきた寒門出身の軍人たちも、その一つであった。そのほかに、当時のことばでいう恩倖《おんこう》、つまり、権力者におべっかを使うことによって信任を得た連中がある。このような人びとの出現もまた、五世紀後半の大きな特徴であった。

恩倖と商人

恩倖の出現は、すでに宋の文帝治世の五世紀前半にも、その傾向が見えないわけではなかったが、顕著な現象となるのは、やはり五世紀後半の孝武帝のときからである。たとえば、戴法興《たいほうこう》という人物は、もともと紵麻《ちょま》を売る商人の子で、かれ自身も若いとき会稽山陰(紹興市)の市場で葛《くず》を売る小商人であったが、学問が好きで、その能力によって、皇帝になる前の孝武帝、つまり劉駿《りゅうしゅん》の軍府に仕えていた。そして、劉駿が建康にはいって皇帝になるとともに、その秘書となって、しだいに勢力を伸ばしてゆくのである。

このような、卑しい身分から出た秘書たちは、同族を信じられなくなった孤独な皇帝のためにこまめに走り使いをし、ごきげんをとっては主人の心を喜ばせる。もちろんかれらにも計算がある。その権力を楯にとり、うまい汁をすおうとするのである。

権力欲にとりつかれた皇帝は、貴族たちのたむろする内閣に、その権限を委任したくない。しかし、政務は多端であって、ひとりで万事をとりしきることはできない。しかつめらしい貴族たちのように、自分にたてつくおそれもなく、思いのままに使うことができるもの、それはあのおべっかつかいどもにしくはない。皇帝はかれらを信任し、国家の大事さえも任すようになる。これらのごきげんとりどもは、虎の威を借る狐《きつね》のように、その勢いは天下を傾けていった。このような恩倖の活躍期は、まさに五世紀後半の殺戮《さつりく》王たちの時代に始まっている。

　こうして中央の政界は、うしろだてをもつ低い身分の恩倖と、貴族たちとの闘争場と化してゆく。しかし、恩倖の勢力と役割を大きくしたものは、たんに皇帝のうしろだてがあったからだけではない。それに加えて、権力をかさに着ることがじつに大きな利益を生むような社会情勢があったからである。それは当時、商業活動がかなり盛んになっており、貨幣所有者が得をする情勢があったからである。じつをいえば、恩倖そのものが商人出身であるばあいもかなり多かった。

斉の高帝（蕭道成）

　五世紀の中ごろには、御用商人が宮中や政府機関にすでにひんぱんに出入りしていた。当時、民間で歌われたあまい恋歌や商人を題材にする歌謡曲が、どっと宮中にまで流れこんで流行しはじめたのも、このころからであった。

つてあらば　たよりおくれよ
つのるおもいは　いやますばかり
井戸に沈んだつるべのような
ゆききり雀のまねはいや

去っていった商人を恋慕う女の歌が、たとえばその一つである。

首都建康の南の入り口に秦淮《しんわい》というクリークがあって、揚子江や東方デルタ地帯に通じていた。そこは行きかうあきんど船の発着で雑踏をきわめていた。後世にはそこに紅燈の巷《ちまた》が栄えたことで有名であるが、六世紀の『玉台新詠集《ぎょくだいしんえい》』（岩波文庫本下巻三〇五～六ページ）に見える右の恋歌は、すでに、このころから花街があったことを示唆するように見える。

こういう商人たちは、実権を握った恩倖に盛んに賄賂《わいろ》を使った。恩倖が切り盛りできる官職が、これらの商人に与えられ、また商業上の特権を許可するお墨付きも渡された。そのかわりに、恩倖のほうもせっせと賄賂を取り立てる。恩倖たちは皇帝から直接揚子江下流のデルタ地帯に派遣されて、滞納の税金や臨時課税を徴収に行った。この役を、当時のことばで「台使《だいし》」という。蘇州《そしゅう》を中心とするデルタ地方はもっとも生産力の豊かなところである。かれらは台使となって派遣されると、この機会をのがさず私腹をこやした。徴税権をフルに利用して賄賂をとり、贈り物が現金でないばあいは、地方官と結託《けったく》してただちに売りさばいたり、あるいは他の地方に運んで金にかえた。台使のこのようなあくどい取り立ては民衆を疲

江南のクリーク風景　（杭州付近）

弊させた。それは、ことに南斉時代において大きな社会問題の一つになったのである。

こうして恩倖は莫大な財産をたくわえた。皇族たちの邸宅をしのぐ宏壮な館《やかた》に住み、邸内にはえんえんとつづく運河をつくり、妓女を乗せて舟遊びをする。かれらの持ち物や着物が新しくつくられるたびに、それらは時の流行になっていった。その豪奢な生活ぶりは、ひと昔まえ、三世紀の洛陽で評判になった富裕貴族たち、石崇《せきすう》や王愷《おうがい》のぜいたくさなど、足もとにも及ばないほどのものであった。

かれらはいまやジリ貧の貴族たちより、経済力においてたちまさりつつあった。それは、当時進行しつつあった経済成長の波に乗ったからであり、逆に、金銭に恬淡《てんたん》をよそおいたがる誇り高き貴族は、どうしてもその波に乗りおくれがちだったからである。

貨幣経済の進展

以上に述べてきたような諸現象は、江南の生産力が

南朝の五銖銭の鋳型　（南京出土）

高まって、物資の交換にともなう貨幣流通が激しくなってきたことにもとづいている。商人が活躍しはじめるのも、商人層をバックにして恩倖が政界にのし上がるのも、貨幣経済の進展という趨勢にのっかったからであった。

　実際に、通貨問題は五世紀の前半から宋王朝の政府では深刻な議論になりつつあった。政府においても、民間においても貨幣が足りない。これをどうするかということが、さし迫った問題となってきた。こういう問題がおこるのは、物資の交流が盛んになって、貨幣の必要度が増してきたからであり、社会に流れている貨幣の量よりも、より以上の貨幣が必要になってきたからである。

　宋王朝の政府はもっともてっとり早い方法をとった。貨幣の質をだんだん悪くして、法定価値はそのままにしておきながら、数量だけを増していったのである。最後には、民間でかってに貨幣を鋳造してもよいことにした。そうなると当然、「悪貨は良貨を駆逐する」かのグレシャムの法則が進行する。良貨は隠されるか、けずりとられて悪質にされた。貨幣の内側がけずりとられて鵝鳥《がちょう》の目玉のような大きな穴のあいた貨幣がどんどん出まわってくる。こんな貨幣は「鵝眼銭《ががんせん》」とよばれる。こうなると、幣制は大混乱に陥り、物価はものすごく騰貴して、四六五年には商取引もできないほどになってしまった。

宋王朝の政府もさすがにこれを放置しておけず、幣制の整理に着手して、以前の良質貨幣だけが有効であるとの法令を出した。税金納入にさいしては、良質貨幣でしか受け入れないことにした。

まもなく、隠されていた良貨はふたたび動きだし、価値基準が回復して混乱は収まった。しかし政府は、社会にいよいよ不足してきた貨幣を新しく発行して、不足を緩和しようとはしなかった。南斉の政府は、むしろ苛酷に貨幣を吸いあげた。国家財政の約四〇パーセントは貨幣でまかなわれるほどになった。四六五年までの放漫な財政政策とは正反対の、この緊縮政策が、生産者たる農民に与えた打撃は大きかった。四八四年、南斉の武帝の皇子竟陵《きょうりょう》王の蕭子良《しょうしりょう》は、この弊害を政府に警告して、こういっている。

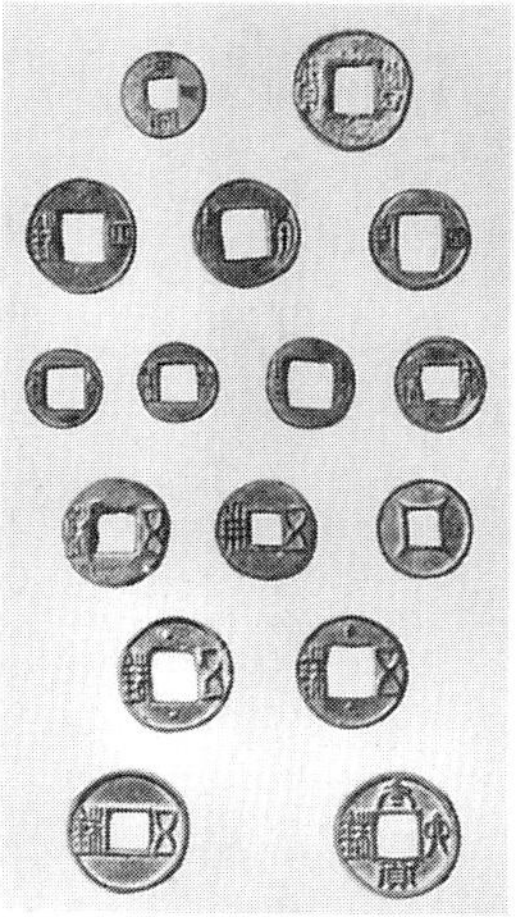
南朝の銭貨

近ごろ銭は貴重で物価は低下し、以前に比べてほとんど半値に値下がりしている。農民は苦労して生産に励んでも、現金収入は少ない。そのうえ、得た銭は、けずりとられたあとの悪質の貨幣である。ところが、政府は定期的に税をとるとき、貨幣で納入を命ずることがたいへん多い。おまけに悪質貨幣では受理せず、規定どおりの良質貨幣で納入せよと命ずる。だが、民間には良い貨幣がひじょうに少なくなっている。農民はかけずりまわって、自分たちの悪い貨幣二枚を良い貨幣一枚にやっとかえてもらって、税を納めねばならぬ。貧しい農民のもつ悪い貨幣は、額面は同じなのに半値にも下がって、その苦しみはいよいよはなはだしい。逆に良質の貨幣をもつ金持ちはますます儲《もう》けているのだ——。

政府に吸収された良質貨幣は、もちろん財政支出に使われる。政府に近いところにいるもの、つまり皇族・官僚・恩倖・御用商人たちは、良質貨幣の所有者となり、使用者となって、ますます儲けてゆくのである。これに反して、政府から遠くなればなるほど、悪質貨幣で損をする。ちょうど金融引き締めのときに、中小企業は銀行からなかなか金を貸してもらえないのに、大企業には多額の融資が出されるようなものであって、現代における信用の二重構造にも似た現象が、五世紀の江南では貨幣の二重構造としてあらわれたのである。

このような経済構造の中で、商取引による利潤追求が進むとき、政府近辺の有利な階層の中でも、貴族のようなプライドの高いものが、もともと微賤の出身で目さきのきく武将や恩倖によって、経済的に抑えられてゆくのは自然の勢いであった。世の風潮は、もはや古い身分意識から、利害打算による個人の利己主義へと傾き始め、下剋上の時代へと向かい始めるのである。

五世紀の総決算

そのような五世紀後半がまさに終わろうとする四九八年、帝位についた南斉の東昏侯《とうこんこう》蕭宝巻《しょうほうかん》は、殺戮王であると同時に、この時代のもう一つの特徴的な皇帝の型、無軌道な青年天子の性格をもまた典型的な形であらわした。情のおもむくままに衝動的に行動し、他人のこと、社会のことを顧慮せずに、ひたすら若い自分の欲望を満たす。

塼刻騎馬武士

恐怖と猜疑のとりこになった殺戮王と、次から次に瞬時の快楽を追い求める無軌道王と、この二つのあらわれ方は、じつは同じ一つの根から出る。不安定な権力と、その上に立つものの不安定な精神状況がそれである。身分社会としての封建時代に下剋上の気運が動くとき、権力の座にある諸侯や武人の中に、われわれはしばしば同じ型の人間を見るであろう。

しかし、下剋上の気運の中で、いままで貴族に独占されていた文化が、より下の広い層に広がり始め、それまでは武人の家としてさげすまれていた階層から教養を身につけた人々が出始めていた。かつて台閣に列する貴族たちを「白面書生ども」と罵《ののし》った沈慶之は、読み書きもできない武人であった。この沈氏の一族は、四世紀から五世紀の中ごろまで武家として鳴らしてきた。ところが、五世紀の後半ちかくになると、この一族から沈演之《しんえんし》や沈約《しんやく》のような文人が出る。ことに沈約は五世紀後半から六世紀の初めにかけて、当代きっての文豪であった。

このような傾向は、元来、武家であった蕭氏《しょうし》、すなわち南斉の皇族にも見られる。前王朝の宋の皇室と同じように、依然として殺戮王と無軌道王を出しながらも、一方では、その中から開明君主たるべき人々も出始めていた。先に引用したように、当時の経済の危険な動きを警告した竟陵王の蕭子良が、その典型である。王自身が仏教にも深い理解をもつ教養人であったが、また同時に、南京《ナンキン》の西郊鶏籠山《けいろうざん》にあった西邸とよばれるその館《やかた》には、当代一流の教養人たちを集めて、文化事業や社会事業を行っていた。そのグループには、貴族と並んで、いま述べた沈約などの新しい型の文人たちがはいっていた。そして、もっとも注意すべきことは、皇室の遠い親戚である蕭衍《しょうえん》が、すでに一流の教養人と並んで、このグループにはいっていたことである。

蕭衍というのは、六世紀前半のほとんど五十年に近い間、南朝に黄金時代ともいわれる治世をもたらした梁《りょう》の武帝《ぶてい》その人にほかならない。竟陵王の幕下にいたグループと、そこに生みだされていた開明的な雰囲気は、六世紀にはいって、この梁の武帝のもとで、大きく花を開くのである。

二　南朝の黄金時代

梁の建国

紀元五〇〇年、まさに六世紀が始まろうとするそのとき、雍州《ようしゅう》（湖《こ》北《ほく》省襄陽《じょうよう》）の軍団長をしていた蕭衍《しょうえん》は、首都建康において暴虐のかぎりを尽くしていた南斉の皇帝東昏《とうこん》侯に対する打倒の軍をおこした。集まった軍勢は、武装兵力三万人、騎馬五千頭、船三千艘ほどであった。この兵力で都に攻め上るにはすこし不安があった。それに、隣の有力な荊州《けいしゅう》軍府には、東昏侯の弟蕭宝融《しょうほうゆう》が、わずか十三歳で軍団長の地位にあり、実務は蕭穎冑《しょうえいちゅう》というものが握っている。蕭穎冑にわたりをつけ、弱年の蕭宝融をロボットにして、荊州軍府と連合するにこしたことはない。この計画は成功した。

梁の武帝（蕭衍）

五〇一年二月、蕭衍は襄陽を進発し、荊州軍団とともに揚子江を下っていった。東昏侯はもちろん抵抗したが、その年の暮れ、この暴君は臣下に殺され、首都はついに陥落した。蕭衍は東昏侯の側近を粛清し、翌五〇二年四月、ロボットにしてきたその弟を廃して、みずから皇帝となった。梁の武帝の五十年に近い治世はここに始まる。それは、形の上では前世紀と同様に、軍団の力を基礎にして成立した軍事政権である。しかし、五世紀の純軍事政権とはおもむきの異なる様相が見られた。五世紀には政権が交替するごとに大量殺戮《さつりく》がくりかえされた。こんどははじめから、それは意識してさけられた。開明への動きが人びとの顔を明るくした。

武帝は、かつて南斉の竟陵《きょうりょう》王蕭子良《しょうしりょう》の幕下にいたとき、この開明的な主君と、教養人たちのグループから深い影響を受けていた。武帝自身がこのグループの中にいて、すでに完全な教養人となっていた。かれは学問と芸術に十分な理解があっただけでなく、みずから学を講じ、芸術を身につけた多才多芸の人であった。それと同時に、当時の政治・社会・経済の諸問題についても、やはり蕭子良のもとで一家の見識をつくりあげていた。いまや三十九歳という脂の乗りきった壮年期に皇帝の地位についた蕭衍は、その抱負を実現して理想的な国家社会をつくろうとするのであった。

まず第一に、かれはかつてのグループのうち、范雲《はんうん》と沈約《しんやく》を召して、このふたりを中心に政府を組織していった。范雲と沈約は当時一流の教養人であったが、家柄としては一流の貴族ではない。前節で見たように、五世紀後半の政界は恩倖《おんこう》によって大きな害毒が流されていた。これを改革するためには、ふたたび商人的な恩倖に権力を与えてはならなかった。と同時に、他方、貴族の側にも大して信用はおけなかった。五世紀を通じて、貴族の白面書生化が進み、かれら青白いインテリは、進取の気風を失って安逸に流れるとともに、政務の運用に能力あるものが少なくなっていた。武帝が信頼をおくことができたものは、自分と同じように、五世紀後半に武将の家や、下級貴族の家々から出始めた堅実な教養人であった。范雲と沈約を中心とする武帝の新政府は、このような層を基軸として、有能な人材をあらゆる階層から結集し、それによって安定した政権をつくろうと意図したものであった。この方針は、少なくともその治世の半ばまでは貫かれた。

それと同時に、礼制と法制を整備して、五世紀の間に乱れた貴族社会の身分秩序を国家の手で統制し、地方軍団の財源も、できるだけ国家の手に収めて、しだいに統一国家の形をつ

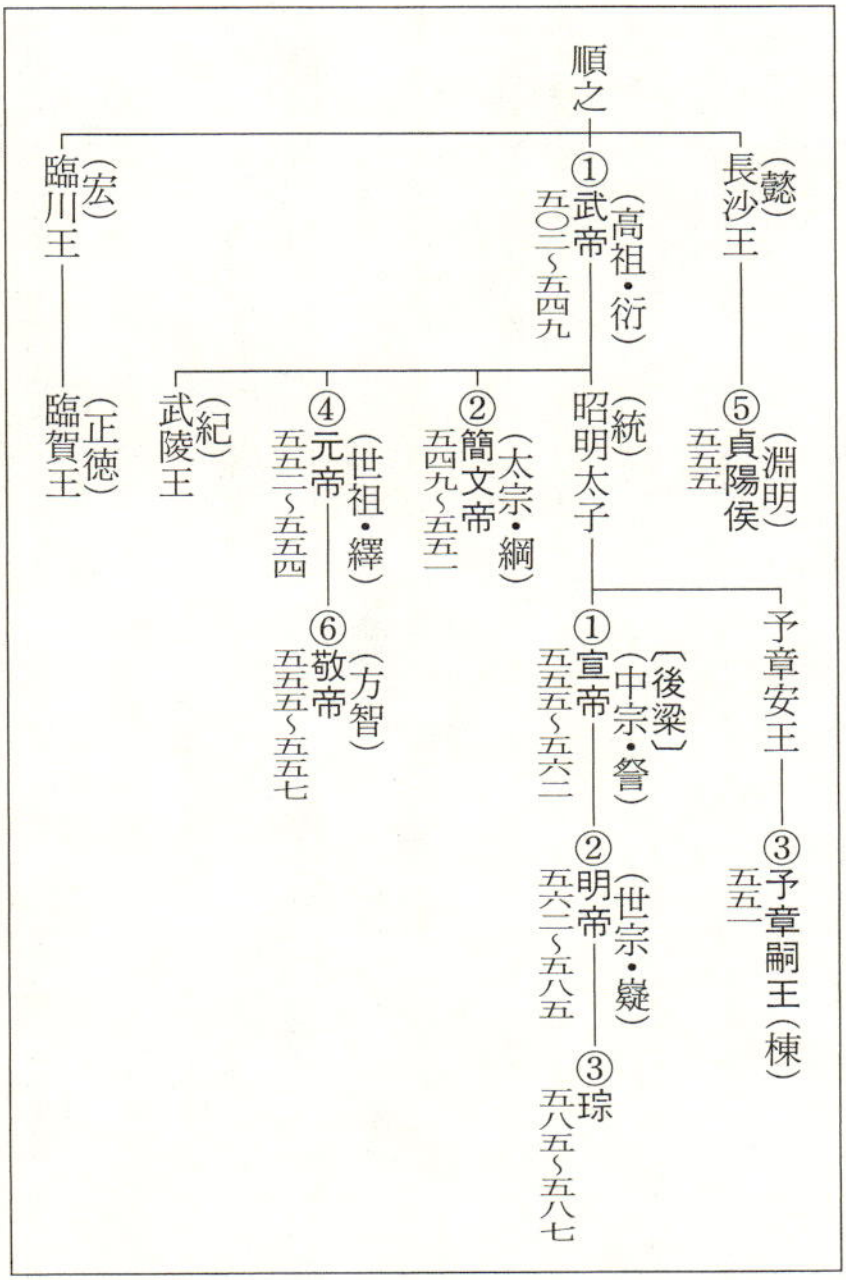

梁朝（蕭氏）系図

くろうと努力していた。そしてこの国づくりの基調をなすものは、武に代わる文治主義であった。

競い咲く江南文化

武帝は即位してから四年目に、国立大学を首都に建て、また五経のそれぞれに博士の官を置き、校舎をつくって、学生の教授にあたらせた。五経を教える学校のほうを五館という。国立大学は宋・斉の時代にもつくられたことはあったが、いずれも長つづきしなかったし、また貴族の子弟だけしか入学を許されなかった。ところが武帝は、貴族のはいる国子学《こくしがく》のほかに、五館のほうは広く一般の秀才にも開放し、定員の制限もつけず、また多くの学生に給費し、国家試験にパスしたものは、ただちに官吏として採用した。この施策は、学問・教養がより広い階層にまで浸透することに役だったし、やがて隋代に始まる科挙《かきょ》制の施行に先鞭をつけたものであった。

このような学術奨励策によって、学問が興隆したことはいうまでもない。それに、武帝自身がたいへんな学者であって、儒学・形而上学・仏教学に深い造詣《ぞうけい》をもち、みずから多くの著作を書いたことも、また学問の発展を刺激した。そして一般の学風は、このような広い教養をもつことと、なににもまして優美な詩文をつくる能力を尊んだことであった。皇太子の蕭統《しょうとう》——昭明《しょうめい》太子とよばれる——を中心にして編集された『文選《もんぜん》』は、古来のすぐれた詩文を結集した詞華集として、わが国にも大きな影響を与えたこと、周知のところであろう。

昭明太子の死後、新たに太子となった蕭綱《しょうこう》の宮廷では、徐摛《じょち》らの文士が技巧をこらした艶麗な詩文を競って作っていた。そのスタイルは「宮体《きゅうたい》」とよばれる。それは、かの南斉の竟陵王・蕭子良のもとに集まった文人たちが作りだしたスタイル――永明年間（四八三～四九三）のスタイルという意味で「永明体《えいめいたい》」とよばれる――を、さらに華美に発展させたものであった。そしてまた、魏晋以来の文学論を集大成した劉勰《りゅうきょう》の『文心雕龍《ちょうりゅう》』や、古来の詩を批評した鍾嶸《しょうこう》の『詩品』など、文学理論・文学批評のジャンルでも、この時代には大きな収穫がもたらされたのである。

鎮江の招隠寺牌坊　昭明太子により『文選』が編集されたところといわれている

　さらに顕著な現象は、道教にも陶弘景《とうこうけい》といった巨匠が出たが、なににもまして仏教が空前の活況を呈したことである。首都建康とその周辺には、呉の時代からすでに仏教寺院が建ち始め、東晋以後には貴族たちが自分たちの寺を造って、しだいに増加した結果、梁《りょう》の初めになると、五百にあまる寺院が建ち並んでいたが、熱烈な仏教信者となった梁の武帝のもとで、さらに二百にものぼる壮大華麗な仏寺が建立されたという。そのころの建康に思いをはせながら、のちに唐代の詩人、杜牧《とぼく》がうたった「江南の春」の詩は、人口に膾炙《かいしゃ》する。

千里　鶯は啼いて　緑　紅《くれない》に映ず
水村　山郭　酒旗の風
南朝　四百八十寺《しひゃくはっしんじ》
多少の楼台　煙雨の中《うち》

なかでも、九重の仏塔、三層の高閣がそびえる般若台《はんにゃだい》、六つの大殿とさまざまなお堂を点在させた同泰寺《どうたいじ》の堂塔伽藍《がらん》は豪華絢爛《けんらん》たるものであった。武帝は自分が建立したこの寺に、「三宝の奴《やっこ》」としてたびたび捨身《しゃしん》した。皇帝の服をぬいで法服をまとい、財物はもちろん自分の身すらも同泰寺に布施して、寺での修行と雑役奉仕に従ったのである。寺院の奴隷となった皇帝をひきもどすために、政府はその身代金《みのしろきん》を払って買いもどさねばならない。武帝が捨身するたびに、政府は実に一億万銭の金を支払った。堂塔伽藍が荘麗をきわめたのは当然であった。はじめは政治に熱意をもっていた武帝も、七十歳近くなると、我を忘れていよいよ仏教にのめりこんでいったのである。五三〇年ごろ、都の南郊、長《ちょう》干《かん》寺での大法会、そしてその寺の大規模な造営もまたその一つであった。五三七年に始まる都の南郊、長それは巨大な出費であり、造営にかりだされる民衆にも大きな負担をかけるものであった。しかし、こうして造られた仏殿には、かの東晋の顧愷之《こがいし》に並ぶ画家として名をはせた張《ちょう》僧繇《そうよう》らの巨大な壁画が描かれた。高さ五〇メートルにも及ぶという瓦官寺《がかんじ》の高層建築といい、南斉以後に書かれていまに残る当時の画論といい、このころは、建築・絵画のジャンルにおいても、また高度な作品を生み出したのであった。

こうして、江南の文化は爛漫《らんまん》と花を開いた。文化的には、それはたしかに黄金時代といってもよかった。北朝治下の中国人たちは、この梁王朝の文化に中国の伝統を見いだして、心からあこがれた。しかし、そこにはまた、爛熟《らんじゅく》と形式化の気配も感じられ始めるであろう。

大胆な経済政策

文化が成熟するのは、やはりその底にある社会のある程度の安定と、それにもとづく繁栄があったからである。武帝は土地を失って故郷を離れた農民には官有地を与えたり、租税を減免したり、農事保護の勅令を出したりしてその保護を図った。そして即位の当初、良質の新しい法定貨幣をかなり強力に発行した。じつは、この通貨対策が当時の経済発展と社会の繁栄にかなり効果的に作用したのである。

前節において、われわれは五世紀、ことにその後半から、貨幣経済の進展が大きくめだってくることを見た。

宋代において、放漫な通貨政策によって良質の貨幣が激減したにもかかわらず、宋代末期から南斉時代にかけて、逆にきびしい緊縮政策をとった結果、竟陵王・蕭子良《しょうしりょう》が指摘したように、良質貨幣の所有者はいよいよもうけ、悪質貨幣しか手にはいらない農民はいよいよ困窮していった。

梁の武帝は、蕭子良の幕下にいたとき、このような指摘を聞いて、事態の認識を深めていた。だからこそ、即位の当初に、新しい良質の貨幣を発行して、農民の苦しみを少なくし、社会の貨幣不足を緩和するとともに、この新貨幣による統一を行おうとしたのであった。

この政策は梁代の経済成長によい刺激を与えたにちがいない。商取引は活発に行われ、揚子江には二万斛《こく》船といわれるほどの大型貨物船が物資を輸送して往来していた。二万斛船といえば、江戸時代の千石船より大きいように思われる。

しかし、商品の量の増加によって貨幣の需要はますますふえる。貨幣の原料である銅の不足は、もはやその需要にとうてい応ずることを許さなくなった。五二三年、武帝は通貨を全面的に鉄銭に切り替えるという、きわめて大胆な政策を打ち出した。ついで官吏に対する俸給は、すべてこの貨幣で支払うことにしたのであった。このことは、官吏の生活が百パーセント貨幣経済の上に成り立ちうるとの前提に立つものである。

鉄銭は、はじめのうちは社会にとって補助貨幣としてプラスに作用したかもしれない。しかし鉄銭は、民間でいくらでも偽造することができたため、五三〇年代になると、鉄銭の価値は急速に下落しはじめた。鉄銭政策は完全に失敗した。もはや武帝は打つ手もなく、ただ成り行きに任すよりほかなかったのである。

鶏鳴寺
(古同泰寺)

瓦官寺址

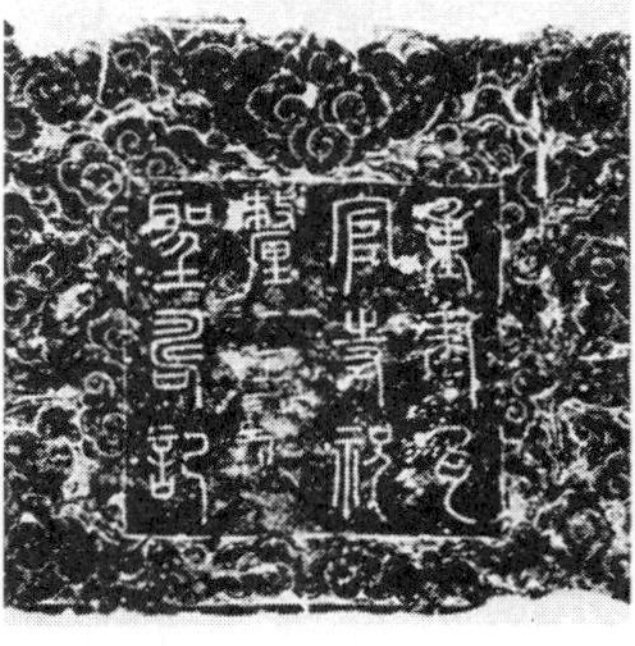

瓦官寺址倒碑篆額拓影

建康城図

六朝時代（5世紀）の武人列像　鄧県画像磚。1958年出土

五世紀から六世紀にかけて進展する江南の交換経済には、貨幣量の不足という条件がつきまとっていた。そのために、先述したとおり、五世紀の間は、政府は悪質貨幣を発行して数量を増したり、それが失敗すると、逆に緊縮政策をとった結果、良質貨幣をもつことができる立場の金持ちはいよいよもうけ、悪質貨幣しか手にはいらぬ下層の貧民はますます窮乏していった。しかし六世紀にはいって、梁の武帝は適切な措置をとって、この事態を緩和した。しかし、それは一時的な緩和であって、問題の解決ではなかった。その緩和状態の上に、梁の文化は花咲いた。

しかし、上層階級がその文化に酔いしれているあいだに、貧富の差はしだいにひどくなりつつあった。鉄銭政策の失敗はこの傾向に拍車をかけた。

農民の流亡は激しくなり、失業者がいよいよふえていった。もはや打つ手もなくなった武帝は、いよいよ仏教信仰に逃避したと見ることもできるだろう。

流亡農民と軍隊の組織

南朝貴族の調度品

流亡する農民は町に流れこみ、あるいは商人たちの利益のおこぼれにあずかるために、その機構の末端に集まっていった。失業者たちがうごめくところは、やくざの温床となり、やくざの組織が続々とできてゆく。と同時に、失業者たちは軍隊の兵員募集に応じ、兵士としての軍府の給与に活路を求めるものがひじょうに多かった。当時は各地の軍府がかってに兵士を募集していたからである。この募集には、やくざたちもその組織をもったままはいっていった。各地の軍隊はやがて数百人からなるやくざの集団といってもよいものになってゆく。このような時勢を目撃した何之元《かしげん》という歴史家は、のちに当時を回顧してこう書いている。

梁の国の人民は大半が兵隊となり、農業をすてて兵士として生活していた。かれらは将官の手さきになって悪事をはたらき、罪もない民衆をしばりあげ、善良な人たちを圧迫した。そのために人民はまた流亡し、盗賊は横行した。こんな状態が何年もつづいた。国家は累卵《るいらん》の危機にひんしていた。

たんにやくざや盗賊たちの集団が無数に発生していただけではなく、梁の軍隊そのものが同じような集団の寄せ集めになっていたとすると、軍司令官の命令は下に徹底するはずもなかった。軍を構成する各軍団の実力者は、それぞれの利害のまま、かってに動きだす可能性を秘めていた。流亡農民が軍隊に流れ、軍隊の暴行がさらに農民を流亡させるという悪循環がおこっていたのである。

破局への急傾斜=消費ブームと貴族

そうとも感じない皇族や高級将官らの上層部は、貴族たちといっしょになって、ぜいたく三昧《ざんまい》に日を送っていた。「一瞬の歓楽のために、かれらは山のような財産を消費する。これが世の風潮となり、しかも日に日にはなはだしくなりつつある」とは、当時のある識者が指摘したところである。前に述べたように、五世紀の恩倖《おんこう》の豪奢《ごうしゃ》な生活は、当時の人びとを驚かせたものであった。しかし、いまやそのようなぜいたく三昧が、より広い階層に広がっていった。

いわば、上流社会には消費ブームがおこっていたのである。寺院が続々と建立され、そこへ多額の喜捨が行われるのもまた、このころの消費ブームの一つのあらわれ方である。武帝がみずから「三宝の奴《やっこ》」となって寺院に捨身《しゃしん》すると、政府はこの奴隷となった皇帝を買いもどすために、億万銭を寺院に支払う。本来それは武帝の信仰の問題ではあったが、社会的、経済的な見方からすれば、これもまた消費ブームをあおる作用をしたのであった。

帝王出御図

貴族の弱体化と破局への道

消費ブームは貴族の経済力をそぐ方向に働いた。かれらの経済力は、じつは、それに堪えるほどのしっかりした地盤をすでに失っていたからである。というわけは、五世紀後半以来の交換経済の進展は、すでに貴族の経済的地盤をしだいに切りくずしていた。ところが、誇り高い貴族には、商行為を軽蔑する傾向があった。

そこで、貴族は現物収入を貨幣に替えるために、商人の手をわずらわすことになる。商人はそれを引き受けて、そのかわりに貴族の特権を使わせてもらえば、自分の商売にたいへんな利益があった。たとえば、貴族の名義を借りて商品を動かせば、運河の要所要所に置かれた関所の通過税や、公設市場の利用税をまぬかれることができたからである。こうして、貴族たちの生活に貨幣が必要になればなるほど、かれらは商人に依存する。商人はその間にますますもうけてゆく。実務を知らぬ貴族は、どうしてもごまかされ、収益がだんだん減っていたのである。

梁の末ごろ、謝僑《しゃきょう》という人は、元来、第一流の高貴な家柄の人であったが、ある日、米がなくなった。その子が言った。

「お父さま、『漢書』を質に入れて、お金を借りましょう」

謝僑が答えた。

「たとえ餓死しても、あれを飯代にあてられるものか」

こんなに追いつめられた貴族も出てきたのである。

貨幣経済の進展と消費ブームの中で、貴族の経済力は底の浅いものになっていた。同じ経済の動きの中で、農民は流亡し、失業者は増大し、社会不安の様相が濃くなりつつあった。おまけに、梁帝国の軍隊は失業集団の寄せ集めになって、内部分裂の危険をはらんできた。

車は恐るべき破局への坂道を転がり始めた。しかも車上の人は、まだ輝かしい梁代《りょうだい》文化に酔いしれていた。そこに突発したのが侯景《こうけい》の反乱である。そして、この乱を契機に、黄金時代は一転して奈落に突き落とされるのである。

第八章　貴族制社会の崩壊——六世紀後半の江南

一　侯景の乱

北朝の降将・侯景

侯景《こうけい》というのは、五四七年に北朝から梁帝国に降伏帰順してきた将軍である。北方では五三四年、北魏《ほくぎ》帝国が東西に分裂して、鄴《ぎょう》を都とする東魏と、長安を都とする西魏とに分かれていた。侯景は山西省の北に生まれた男で、もとは万里の長城の防衛部隊に属する兵士であった。それが北魏末期の大混乱の中で、武勇をもってしだいにのし上がり、ついに東魏の事実上の支配者高歓《こうかん》のもとで河南一帯の兵権を委任され、十万の兵を率いる大将にまでなっていたのである。しかし五四七年の初め、高歓が死んで、その子の高澄《こうちょう》が統治者になると、君権を確立するために、功臣たちに対する抑圧と統制が強化され、功臣としての侯景の東魏における立場は、はなはだ微妙なものになってきた。中央からにらまれていると知った侯景は、東魏から離れ、勢力下の十三の州をもって、梁《りょう》に内属したいと願い出てきたのである。

梁はすでに十年前から東魏と平和条約を結んで、使節を交換していたが、戦わずして黄河

北魏分裂後の中国

以南の地を勢力下に収められることは、棚からぼた餅のようなうまい話だった。武帝は侯景の願いを受け入れ、これを河南《かなん》王に封じて、梁国の一部とする形をとった。東魏はただちに侯景討伐軍をさし向けた。梁も武帝の甥《おい》の蕭淵明《しょうえんめい》を司令官として、侯景応援軍を派遣した。

しかし、戦況は圧倒的に東魏の優勢のうちに進んだ。統制のない梁の軍隊はいたるところで打ち破られ、蕭淵明は捕虜になってしまった。侯景も麾下《きか》の軍勢を失い、敗残の兵わずか八百人を集めて、寿春《じゅしゅん》(安徽《あんき》省)まで逃げてきた。梁としては、侯景のもちかけたうまい話が、一年とたたぬうちにまったく画餅《がべい》に帰したのである。

年がかわって、五四八年、北に連行された蕭淵明から叔父《おじ》の武帝のところへ使いが来た。

東魏は梁との和平を欲しているというのである。じつは東魏が蕭淵明にそういう使いを出させたのである。梁では議論のすえ、六月に和平使節を東魏に派遣した。部下わずか八百人あまりとなった侯景は、ひじょうな不安におそわれた。東魏にそむいて梁をたよってきたのに、その梁が自分の敵の東魏と友好関係にはいれば、自分の立場はどうなるだろうか。蕭淵明からの使いが梁に来たとすれば、おれの命と引き替えに蕭淵明を返そうという提案が東魏のほうから出されているかもしれない。梁がまた東魏に使いを出したというのはいよいよ怪しい。これはうかうかできないぞ、というのが侯景の気持ちであった。

首都建康の陥落

侯景はひそかに戦闘準備を整えた。梁の武帝に不満をもつその甥の臨賀王《りんが》・蕭正徳《しょうせいとく》にもわたりをつけた。

北朝の武士像

五四八年八月、ついに侯景は君側《くんそく》の奸《かん》を除くということを旗じるしにして寿春で兵をあげた。「兵は拙速《せっそく》を尊ぶ」。九月、かれはわずか千人ばかりの兵を率いて、寿春を出発し、まっしぐらに首都の建康をめざして進撃した。

梁の朝廷では、はじめまったくたかをくくっていた。ところが、臨賀王の手引きでかんたんに揚子江を渡った侯景の軍は、早くも十月、都に迫ってきた。あわてて守備についた首都防衛隊は、勢いに乗った侯景軍にけちらされて、宮城に逃げこんできた。宮城以外の建康の町は、侯景軍に制圧された。それから翌年三月まで、五ヵ月に近い凄絶な宮城攻防戦がつづく。

宮城にたてこもった市民十万あまりと兵士二万は、将軍の羊侃《ようかん》に指揮されてよく戦った。宮城攻略に時間がかかると見た侯景は、奴隷解放令を出すとともに、建康市内の略奪《りゃくだつ》を許し、恩賞をばらまいて人集めを行った。恩賞につられて侯景軍の行動に参加する人びとは無数にいた。先に述べたように、当時の都市には失業者が充満していたからである。かれらは、つね日ごろ貧富のはなはだしい格差の中で、金持ちに対する憎しみをもやしていた。侯景軍の首都侵入はかれらの不満に火をつけた。かれらは侯景軍の兵士とともに、歓声を上げて、貴族や金持ちの邸に襲いかかった。

繁華街であった秦淮《しんわい》河一帯をはじめ建康の市内とその周辺は、破壊と略奪暴行のちまたに一変した。それはむしろ暴力的な社会革命にも似た様相を呈するものであった。わずか千人あまりの兵を率いて揚子江を渡り、首都に進撃してきた侯景の軍は、こうしていまや十万に近い大軍にふくれあがったのである。

宮城の中はしだいに食糧不足が深刻になっていった。人びとはからだにむくみを生じ、栄養失調のうちにつぎつぎに倒れていった。死体は道をおおい、埋めることもできないために、「爛汁《らんじゅう》が溝にみつる」悲惨さであった。五四九年三月、宮城はついに陥落した。いまや八十六歳の武帝は、進み出た侯景に冷汗を流させるほどの威厳をまだ保ってはいたが、幽閉されたまま、その五月に憤死した。皇太子の蕭綱《しょうこう》が帝位を継ぎ、これを簡文帝《かんぶんてい》というが、やがて二年あまりのち、侯景に殺される運命にあったのである。

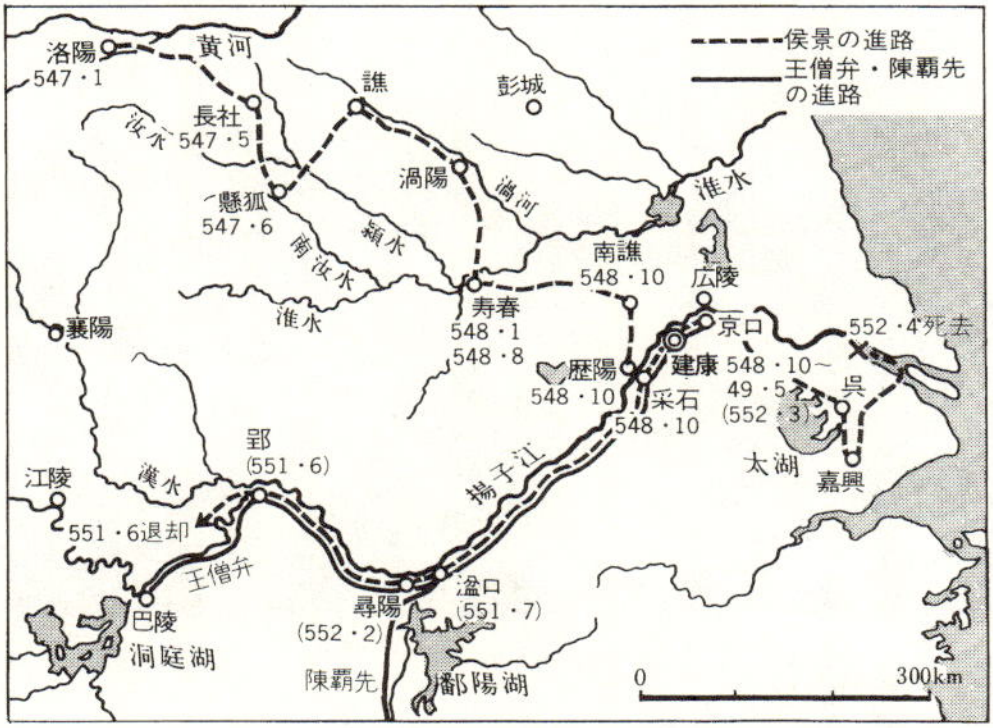

侯景の乱要図

統一の崩壊

北方からのがれてきた敗軍の将侯景が、一千程度の兵を率いて、南朝の中でももっとも栄えた梁帝国の首都に奇襲攻撃をかけ、四ヵ月あまりの包囲戦ののちにこれを屈伏させたということは、まったく驚異的な成功であった。それが成功した理由の第一は、かれが首都およびその周辺の失業者群を扇動することができたことにあった。しかし、もちろん理由はそれだけではない。

理由の第二は、梁帝国の軍隊そのものが内部分裂に瀕していたことである。実際に、五ヵ月に近い宮城攻防戦の間に、各地の梁国軍隊は続々と首

江蘇省崑山風景

都救援に駆けつけ、その数は数十万にのぼったにもかかわらず、世にも奇妙な現象がおこった。かれらは首都を遠巻きにしているだけで、数的にはるかに劣る袋の中のねずみにいっせい攻撃をかけなかった。攻撃は散発的に、小部隊ごとにバラバラになされるだけで、統制ある行動はなにひとつ行われなかった。救援軍司令官は手をこまねいて宮城の陥落を傍観していたにひとしい。そして宮城を占領した侯景が、詔勅と称して、「各地の軍団はおのおのの任地に復帰せよ」との命令を発したとき、かれらはこれ幸いとそれぞれ引き揚げていった。簡文帝が、「もはや勤王の軍隊はない」と、嘆いたのはもっともなことであった。

梁帝国の軍隊は、統制をまったく失った烏合《うごう》の衆にすぎなくなっていた。首都の陥落と武帝の死は、梁帝国の中心を壊滅させた。中心をなくした梁の軍隊はこれ以後まったく分裂する。各部隊の実力者がそれぞれの利害によって、バラバラに動き出し、社会はまったく収拾のつかない大混乱に陥ってゆくのである。

理由の第三は、官吏や貴族など、緊急事態に対処して、人の上に立って指揮すべき立場のものが驚くほど柔弱になっていたことである。梁代には貴族の子弟や高級官吏たちはまったく女性的になっていた。衣装に香をたきしめ、おしろいと紅を顔につけ、ハイヒールもどきの靴をはき、町に出るときは車に乗り、家にいるときはお抱え役によりかかって手を引かれるのが普通であった。馬に乗ることなど、とんでもなかった。首都建康の市長などは、馬がヒヒンといなないて、脚をはねあげるのを見ておじけをふるった。

「あれは虎じゃ。なんで馬などと呼びおるのじゃ」

梁の獅子

侯景が都に攻め寄せてきたとき、首都南郊の朱《しゅ》雀《じゃく》門を守っていた有名な文士庾信《ゆしん》が、鉄面をつけた敵兵を見て、いちもくさんに逃げだしたのも、当時の風潮からすれば、やむをえないことだった。

以上、侯景が異常な成功を収めた理由を三つばかりあげてみたが、そのどれを見ても、梁代社会の底に進行していたいろいろな矛盾と弱点が、この侯景の一撃によって白日のもとに露呈されたものにほかならない。

実際に、侯景の乱が五四八年に勃発して以後、

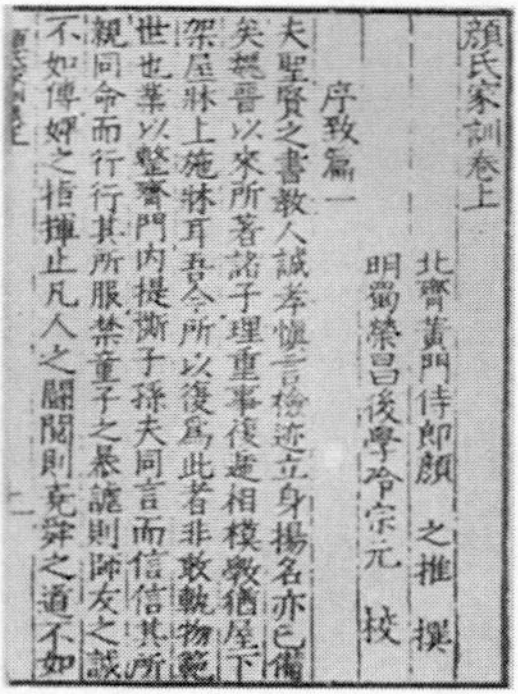
顔氏家訓卷上
北齊黃門侍郎顔　之推　撰
明蜀榮昌後學冷宗元　校
序致篇一
夫聖賢之書教人誠孝慎言檢迹立身揚名亦已備矣魏晉以來所著諸子理重事復遞相模敎猶屋下架屋牀上施牀耳吾今所以復爲此者非敢軌物範世也業以整齊門内提撕子孫夫同言而信信其所親同命而行行其所服禁童子之暴謔則師友之誡不如傅婢之指揮止凡人之鬬閱則堯舜之道不如

顔氏家訓　北斉の顔之推の著。子孫への教訓書であるが，当時の社会状態を知る文献。四部叢刊本

それまでの黄金時代とはまったくうって代わった惨憺たる大混乱が、果てしなくつづいてゆく。侯景は五五二年に打ちとられ、五五七年には、成り上がりの田舎武士陳覇《ちんは》先《せん》が陳王朝を建てるが、それでも社会の混乱は依然として収まらなかった。江南一円に平和がおとずれるのは、侯景の反乱勃発から二十年ちかくもたった五六〇年代の中ごろまで待たねばならない。それまで、江西省の東部から浙江省南部、および福建省にまたがる広い地域に、周迪《しゅうてき》・留異《りゅうい》・陳宝応《ちんほうおう》を首領とする三つの無頼集団が、互いに連繋しながら、それぞれ独立していたのを、陳王朝はようやくそのころになって討ち滅ぼすことができた。

では、六世紀前半五十年間の黄金時代とはまったく対照的な、この二十年ちかい大混乱期に、いったいどのような社会現象がおこったか。それはまず、貴族階級を完全に没落させたことである。

二　貴族の没落

貴族の惨状

柔弱になった貴族が、戦時の大混乱の中で、どんなにもろいかは容易に想像できるであろう。侯景の首都侵入によっておこった半年に近い攻防戦と略奪《りゃくだつ》暴行は、繁栄をきわめた建康の町とその周辺を徹底的に荒廃させた。五五一年、武昌《ぶしょう》の戦いで侯景の軍に捕らえられた顔之推《しすい》は、建康に連れてこられて、その惨状を目撃した。その長歌にいう。

俘《とら》われの身となって、昔の土地建康にかえってみれば、そこは蛮族どもにふみにじられている。御先祖の廟《おたまや》をみては、廃墟と化した都をいたむ古《いにしえ》の黍離《しょり》の詩が思われ、荒れはてたまちをみれば、滅ぼされた殷《いん》の都を詠嘆する麦秋《ばくしゅう》の歌が思われて悲しい。軍鼓は倒れて用いる人もなく、かつて偉勲を記念して作られた鐘もこわれて地に落ちたまま。野はものみな枯れはてて人骨が横たわり、町は人もなくさびれて、飯《いい》をたく烟もみえぬ。昔、百家の名族たち、今は親族すべて滅びさってあとかたもない。どこかでひっそりと王昭君《おうしょうくん》の悲しみを奏《かな》でる音《ね》がきこえ、はずかしめを受けた貴婦人の嘆きの絃《ことのおと》がきこえてくる。かつてわが祖父たちの住まれた長干《ちょうかん》のちまたを通っては、胸の思いのむすぼれてとけず、先祖代々の墓地白下《はっか》にもうでては、さりがたき思いに心ひかれる……。

荒廃した建康には、もはや生気は消えうせていた。わずかに生き残った人びとは、極度の生活難に陥った。『玉台新詠』の編者である有名な文人徐陵《じょりょう》は、当時、東魏に使節として派遣されたまま帰国できずにいたが、その弟徐孝克《こうこく》は、自分の妻を侯景の部将にめとらせ、自分は僧侶となって、家々に乞食《こつじき》してまわりながら、ようやく生きのびることができたほどであった。

西魏の江陵攻略

当時、地方の軍団の中で、揚子江上流の江陵《こうりょう》にあった蕭繹《しょうえき》の軍団がもっとも有力であった。蕭繹は簡文帝の弟で、都が侯景に牛耳《ぎゅうじ》られるとともに、梁王朝を慕う人びとはみなこの蕭繹に望みを託《たく》し、梁の官吏であった人びとは続々と江陵に集まっていった。

蕭繹は部下の王僧弁《おうそうべん》を大将として、侯景討伐軍を出し、おりしも広東方面から北上してきた陳覇先《ちんはせん》の軍と同盟して、五五二年、首尾よく侯景を討ちとることができた。蕭繹は、侯景に殺された簡文帝のあとを継いで江陵で帝位についた。これを元帝《げんてい》という。梁の百官がいよいよ江陵に集まっていったことはいうまでもない。

ところが、湖北省の襄陽《じょうよう》の軍団長をしていた蕭詧《しょうさつ》は、叔父にあたる元帝と仲が悪く、叔父に対抗するために、北朝の西魏と手を握った。梁が大混乱に陥ったのを見て、南方に進出する機会をねらっていた西魏にとって、蕭詧が味方についたことは、まさに絶好のチャンスにほかならなかった。五五四年、西魏の大軍はこの好機を利用して、大挙、江陵をめざして攻め寄せてきた。

江陵軍団の主力は王僧弁に率いられて侯景討伐のため建康に行ったまま、まだ帰っていなかった。江陵はひとたまりもなく包囲占領された。元帝は殺され、ここに集まっていた梁の百官は一般庶民もろとも、羊のように追いたてられ、捕虜として西魏の根拠地陝西省《せんせい》に拉致《らち》されていった。その数は十万以上に達し、まぬかれたものは二百家族あまりにすぎなかったという。先に名まえの出た顔之推もそのひとりであった。この事件は、建康の荒廃について、南朝貴族の中枢を壊滅させる第二の大事件であった。

それというのも、貴族たちは大混乱期に自活できるほどの経済的、社会的地盤を地方にもたなかったからである。かれらは荘園の支配力をとっくに失っていた。政治力もすでになかった。学問教養すら薄っぺらなものになっていた。「かれら貴游《きゆう》の子弟は、根なし草のように戎馬《じゅうば》の間にウロチョロして、どぶ川のほとりに野たれ死にすることになった」とは、顔之推がのちに反省して痛烈に批判している言葉である。

残存貴族の地位と役割

もっとも、かの東晋以来の名門たる琅邪《ろうや》の王氏や陳郡の謝《しゃ》氏などの全員が、この混乱期にすべて消滅し去ったわけではない。生き残った若干の人びとは陳王朝に仕えて、やはり高位高官の座を占めた。しかし、かれらの行動を詳しく調べてみると、陳朝の政策決定にほとんど影響を与えた形跡がない。つまり、政治力はもはや貴族の手にもどらなかった。実際の政治は、はるかに下の階層の手によって動かされ、陳王朝の構成者そのものが、次節に述べるように、田舎侍の寄合世帯になっていたのである。

そのような田舎侍が、生き残った若干の貴族を高位につけたのは、かれらの政府に床の間

南朝の青磁蓮花尊　湖北省武昌出土

の置物のような文化的な飾りをつけるためにすぎなかった。荒涼たる戦乱のあと、過ぎ去った黄金時代の、洗練された文化の香りを伝えるものは、やはり稀少価値をもっていたからであり、文化から遠い田舎侍にとって、それは軽蔑すべき弱さでもあると同時に、やはり心ひかれる美的価値の象徴であったからである。

このように床の間の置物としてではあれ、とにかく高い地位を得た若干の貴族は、まだ幸いであった。そこにありつけなかった貴族は悲惨をきわめる。かの江南貴族の典型であった謝安（二二五ページ参照）から九代目にあたる嫡系の子孫の謝貞《しやてい》は、死ぬ直前に、遠縁の親戚の息子に次のような遺言を残している。

わたしは少年のころに父を失い、十四歳にして母方の親戚に養われたが、十六のとき、侯景の乱にはじまる大混乱がおしよせて、はるか北方の遠国に拉致されたまま二十年あまり、その間、惨憺たる時世を天に号訴し、身の置きどころのない思いをして、ひとしく感ずるところあるにいたった。国に還って母に仕え、先祖の墳墓を守ることができれば、わが分として十分であったのだ。しかるに、はからずも朝廷では、この貧弱な私をとりあげ、立派な官位を与えて下さったが（これは謙辞である）、わたしが死んだところで、何のご恩返しもできはしない。いま新しく母を失った悲しみの中で、命は旦夕《たんせき》に迫っている。ひっそりと土に帰するのに、何もいろいろと思いを煩わすこともない。息をひきとったのちは、ただちに死骸を野原にすてて、仏家でいう尸陁林《しだりん》（風葬）のやり方をとってくれれば、まことに有難いのだけれども、ただ、あまりに変わったやり方にすぎはせぬかと恐れる。だから、薄板でもって体が入るだけの棺を作り、白木の車にのせて、むしろでくるみ、山に穴をほって埋めてくれ。また、わたしは結局、兄弟が少なく、他の子孫もいない。わが子の謝靖《しやせい》はまだ幼少で、世間のことになれていない。それで、ただ三ヵ月だけ焼香台を置き、香水を供えて兄弟の情をつくしてくれればよい。それがすめば、そんなものはすぐとり払ってくれ。むだなことはしてくれるな。

東晋以来の貴族社会において、あれほど輝かしい存在であった謝氏は、身内ももはやほとんどなく、五八五年に謝貞が孤独と貧困のうちに寂しく死んでいったあとは、正史からすっかり姿を消してしまうのである。右にあげた遺言は、まことに南朝貴族の没落を示す、象徴的な文章といってよいだろう。

では、没落してゆく貴族にとって代わったものは、どのような人びとであったろうか。その一つの代表的な人物が陳王朝をつくった陳覇先その人であり、これと似たような田舎侍たちであった。

三　陳王朝の興亡

陳覇先の台頭

陳覇先《ちんはせん》（五〇三～五五九）は、太湖の南、呉興郡長城県（浙江省長興県）の微賤な家に生まれた。はじめは村役場に勤め、やがて都に出て、おかみの油の倉庫番になり、ついで蕭《しょう》映《えい》という侯爵に仕えて、その命令を伝えてまわる走り使いになった。若いとき、こんな職を転々としなければならなかったということは、陳覇先が貴族から見ればまったく下の下の卑しい身分に属していたことを示している。

かれはまめまめしく働いて、しだいに蕭映に認められていった。蕭映が呉興郡の長官から広州（広東）の軍団長兼州長官に栄転してゆくにつれて、そのもとで陳覇先の地位も上り、広州では、蕭映の中直《ちゅうちょく》兵参軍《へいさんぐん》という役についた。軍団長側近の参謀兼部隊長のような職であるが、かれは命令を受けて千人ばかりの兵士を募集し、その隊長として自分に直属する兵士を使いながら、広州や北ヴェトナムでつぎつぎに軍功を立てた。

かれの指揮下の兵士はしだいにふえて、やがて高要《こうよう》県（広東省肇慶《ちょうけい》市）の長官を兼ねる。五四九年になると、蕭映を暗殺して軍団長の地位を奪った元景仲《がんけいちゅう》に攻撃をかけ、これを自殺に追いこんだのち、あらためて蕭勃《しょうぼつ》を軍団長に迎えるほどの実力を示す。もはや広州では、軍団長は実権をもたず、実力はその部下であるはずの陳覇先の手に移っていたのである。

五四九年といえば、中央では、まさに侯景の首都制圧が成功した年である。前節で見たように、首都の救援に駆けつけた梁帝国の軍隊は、統制のとれない烏合の衆にすぎなくなっていた。軍司令官の命令は下部に徹底せず、各部隊を率いる実力者が、それぞれの利害によってバラバラに動く状況になっていた。侯景がわずかな手兵をもって梁帝国を瓦解させた一つの大きな原因が、そこにあったことはすでに見たとおりである。

帝国軍隊の内情がそのような分解作用をおこしていたことは、中央から遠くはなれた広州でも同様であった。軍司令官の元景仲や蕭勃は、もはやその部下である陳霸先の実力に制せられていたのである。

広州軍府の実権を握った陳霸先は、ついで広東の北方、大庾嶺《だいゆれい》山脈の南麓にある始興《しこう》地方（広東省韶関市）の混乱を平定し、その地方の土豪たちの心をつかむとともに、そこに流れこんでいたやくざたちを自分の軍隊に加えることに成功した。五五〇年、首都建康を制圧した侯景の討伐をめざして、始興を出発したとき、陳霸先の軍隊の中核をなしたのは、これら始興の土豪たちや、やくざ連中であった。

陳の武帝（陳霸先）

陳霸先の軍隊は、江西省との境の大庾嶺付近まで進んだが、その周辺にはさまざまな勢力が入り乱れて、かれの行く手をはばんでいた。梁帝国の統一が破れたあとには、陳霸先と同じような性格の勢力が各地に生まれ、それぞれの利害によって行動していたからである。かれが、それらの勢力を打倒して、贛江《かんこう》沿いに南昌に下り、鄱陽湖《はよう》が揚子江とつながる九江《きゅうこう》に出たのは、ようやく五五二年のことであった。

おりしも、当時もっとも有力な軍団を擁していた江陵の蕭繹《しょうえき》は、その部将の王僧弁《おうそうべん》を指揮官として侯景追討の軍を揚子江に沿って下らせていた。陳覇先は九江において、この王僧弁の軍隊と同盟し、あいたずさえて、五五二年のうちに侯景を討ちとって建康を奪回した。その年、蕭繹は江陵において帝位についた。これを元帝とよぶが、その軍隊の主力が王僧弁の指揮のもとに建康にとどまっていたすきに、五五四年、西魏の大軍が江陵に攻め寄せて、元帝はあえない最期をとげたこと、そのさい、江陵に集まっていた梁の貴族たちがほとんど北方に拉致されたことは、前節に述べたとおりである。

陳朝の成立

五五二年に建康を奪回して以来、陳覇先らは王僧弁の軍隊とともに建康に駐留していた。王僧弁は元帝に直属する部将であり、その軍団は元帝麾下《きか》の主力をなす強力なものであったから、建康における主役はなんとしても王僧弁であって、陳覇先は脇役の立場にとどまらざるをえなかった。しかし、五五四年の江陵失陥によって元帝が西魏の軍隊に殺されると、そのあとの帝位継承問題をめぐって、建康ではめんどうな問題がもちあがった。それは北朝の勢力が江南に大きくのしかかってきたことによる。

侯景の乱に始まる江南の大混乱は、北朝の諸勢力が南へのびるためには絶好の機会であった。五五四年に、西魏の大軍が江陵を攻め落としたのは、その典型である。これ以後、西魏《せいぎ》——やがて五五七年には宇文氏の北周《ほくしゅう》王国にとって代わられる——の勢力は、揚子江中流において、その北岸にまで達していた。元帝の甥《おい》の蕭詧《しょうさつ》が西魏と手を握ったことは前節で述べたが、西魏は江陵を攻め落としたのち、蕭詧を梁国のあとつぎとして、ここに傀儡《かいらい》政権を立てた。これを世に後梁《こうりょう》国とよび、五八七年に隋の文帝に滅ぼされるまで、なお三十年あまりの命脈を保つが、実際は西魏——北周の軍隊が江陵を抑えて、その国はまったくロボットであるにすぎなかった。事情は揚子江下流地方でも同様であり、北斉の圧力が大きくのしかかってきたのである。

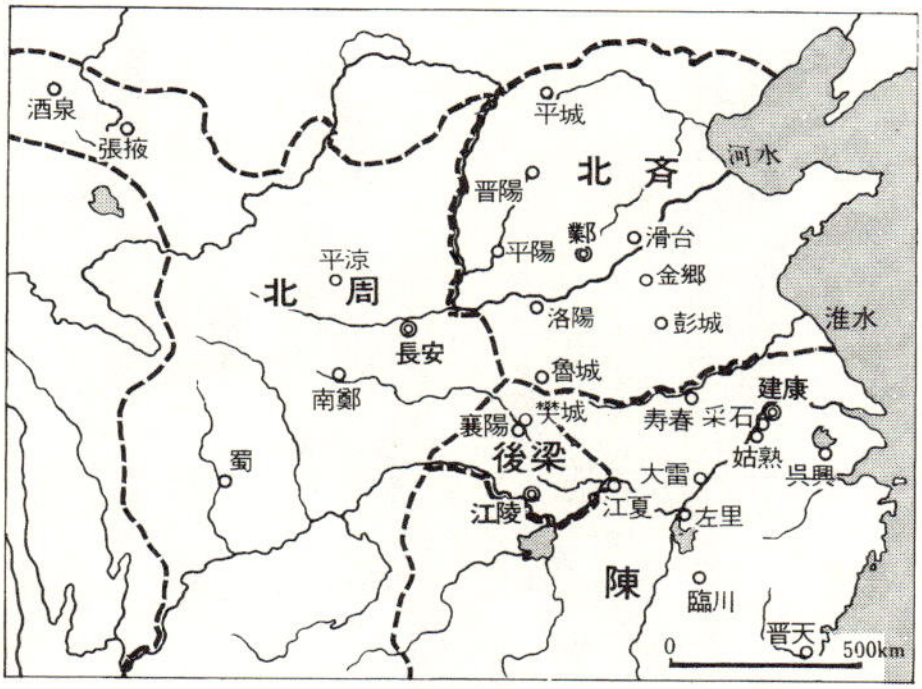

南北朝末期（570年代）の中国

　江陵が陥落して、元帝が殺されると、王僧弁は陳覇先とともに、元帝の第九子蕭方智《しょうほうち》を立てることにし、五五五年、わずか十四歳の蕭方智は建康において即位した。これを敬帝という。ところがちょうどそのとき、北斉は、捕虜にしていた梁王室のひとり蕭淵明という人物を梁国皇帝として迎え入れるよう、軍隊の圧力のもとに王僧弁につきつけてきた。蕭淵明とは、前節（二七八ページ）で述べたよう

加彩俑　北斉時代のもの，北方胡族の風俗を表わしている。1971年，河南省安陽出土

に、梁の武帝の甥であって、はじめ侯景が東魏から梁に寝がえったとき、武帝が侯景を応援して東魏を討つために派遣した梁の北伐軍総司令官である。しかし、その北伐が失敗して東魏に捕らえられ、五五〇年に北斉が東魏に代わるとともに、北斉に残留していたのである。

王僧弁はその要求を拒絶した。北斉軍は蕭淵明を擁して南下し、王僧弁麾下の軍隊を撃破して揚子江の北岸に達した。王僧弁はついにその圧力に屈し、蕭淵明を梁国皇帝として迎え入れることにした。ただし、蕭淵明を護衛して揚子江を南へ渡る兵士は千人にかぎること、それ以外の北斉軍はすべて江北にとどまること、いま立ったばかりの敬帝＝蕭方智は、新しい皇帝＝蕭淵明の皇太子とすること、という条件をつけたうえで。

しかし、首都建康の東の京口《けいこう》に駐屯していた陳覇先は、王僧弁のこの軟弱外交に反対であった。たまたま北斉軍が大挙して南下するとの情報によって、防衛措置を命ぜられた陳覇先は、麾下の軍隊とともに建康に向い、夜襲を敢行して王僧弁を殺した。かれは強硬路線に一転して蕭淵明を廃位に処し、ふたたび蕭方智＝敬帝を立てて、そのもとに全軍をまとめ、その総指揮権を握ったのである。

この陳覇先の措置は、もちろん北斉軍の活発な敵対行動を誘発した。また、王僧弁と深い関係をもつ諸将軍がつぎつぎに離反して、あるいは北斉軍と連繫し、あるいは太湖の南において、また建康の上流において、陳覇先に反旗をひるがえした。陳覇先の統制が及ぶのは、建康を中心とするほんの限られた地域にすぎない状況であった。

この困難な状況において、陳覇先とその部将たちはまさに八面六臂《ぴ》の活躍を演ずる。侵入する北斉軍をいくたびか撃退し、ようやく、揚子江下流デルタの反乱鎮圧に成功する。そして五五七年、陳覇先はついに敬帝から禅譲《ぜんじょう》を受け、みずから帝位について、国号を陳と称した。これがすなわち陳の武帝である。

陳の文帝（陳蒨）

新しい実力者たち

陳の武帝は在位わずか二年で五五九年に死んだ。そのあと、武帝とともに陳国創建の苦しい道を切り開いてきたその兄の子陳蒨《ちんせん》が位を継ぐ。これを文帝（五五九〜五六六在位）というが、その治世の間に、江南にはようやく安定への気運が生まれてきた。

そのころ、江南に無数に乱立していた軍事指導者のなかで、湖南省には、もと梁の元帝の小姓をしていた王琳《おうりん》というものが有力な軍閥となっていた。王琳は梁室の生き残りの蕭荘《しょうそう》を盛り立てて、梁を奪った陳軍と対峙《たいじ》していた。その軍隊には群盗がたくさんいた。このことは、梁代社会の矛盾の中から出てきたやくざや盗賊の集団が、このころの軍隊の大きな部分を占めていたことをよく示している。前章で引用した何之元《かしげん》という歴史家は、この王琳の幕下に仕えたインテリである。

王琳は陳の軍勢にあたるために北斉に支援を求めた。何之元は使節として北斉に派遣された。しかし、その翌五六〇年に、王琳は陳軍と戦って大敗を喫し、蕭荘とともに保護を求めて北斉に亡命してきた。すでに六十の坂をこえた何之元は、これから十年あまりの北斉亡命中に、あの輝かしい梁の黄金時代が、なぜこんなにとめどのない混乱に陥らねばならなかったかを深く反省しながら、梁一代の歴史『梁典《りょうてん》』を書き始めていた。先に（二七三ページ）引用した文章は、かれの著作の現在に残るわずかな部分の、そのまた一部である。

実際に何之元が指摘したように、梁代の末期から、すでに「国家が累卵《るいらん》の危機にひんしていた」のは、江南の各地に無数に発生したやくざや盗賊の集団と、片田舎の名もない土豪の率いる集団が、軍隊のおもな構成要素となって、それらが各自の利害のままに、バラバラに動きだしたからであった。梁帝国崩壊後のとめどのない混乱期は、これらの集団を率いる身分の低い人びとが、新しい実力者となる下剋上の時代であった。陳覇先をはじめ、陳朝の建設を支えた諸将軍もそのような種類の人びとであったし、これに対抗した湖南省の王琳も、江西省東部の周迪《しゅうてき》も、浙江《せっこう》省南部の留異《りゅうい》も、福建《ふっけん》省の陳宝応《ちんほうおう》も、みな同類の人々であった。

しかも、陳霸先の軍団を支えた人びとが、都から遠く離れた広東省始興地方の土豪たちや、そこに流れこんでいたやくざ連中を中心としたことに注意する必要があるだろう。始興地方といえば、遠い片田舎《かたいなか》であったし、右にあげた周迪らが割拠した江西省東部・浙江省南部・福建省などは、江南での後進地域にほかならない。それは、梁末陳初の二十年に及ぶ大混乱のあいだに、先進地帯である揚子江流域の貨幣経済圏が甚大な被害を受け、そこを根拠とした王侯貴族たちが実力を喪失したのに対して、奥地の勢力が相対的に高まったことのあらわれである。

周迪をはじめとする奥地の諸勢力も、長い混乱期ののちに、ようやく自己の地盤を再建しようと努力しはじめていた。相互の闘争よりも、安定への気運が生まれてきたのである。それに、揚子江北岸まで押し寄せた北朝の二大勢力——北斉と北周の両国が、互いに牽制《けんせい》しあって、南に向かう余力をもたなかったことも、江南にとって幸いであった。

このような状況のもとで、揚子江下流デルタを制圧し、湖南の王琳を撃滅した陳朝は、江南各地の実力者をしだいに統合し、周迪・留異を粉砕して、五六四年、福建省の陳宝応を撃滅した。これによって、陳朝はようやく江南一円の統一と安定をもたらすことに成功した。

南朝文化の余映

陳の国家は、いま見てきたように、広東省北部の地盤から出た実力者を中心に、各地の実

南朝　青磁蓮花罐　貴州省平壩出土

力者を合わせてできた田舎侍の寄合世帯であった。行政の運営には、徐陵《じょりょう》のような梁《りょう》代以来のインテリも参加したが、かつては寒人《かんじん》といってさげすまれた身分の低い連中が、いまや幅をきかすようになった。かれらは中書舎人という低い官職を占めながら、詔勅の起草、つまり当時の法律の立案を行い、国政のおおもとを掌握した。徐陵らの占める尚書省、つまり当時の内閣は、しだいに中書舎人らの立案どおりに動く、たんなる執行機関となってゆくのである。

このように、徐陵のような中堅のインテリ階層すら、舎人省を占める寒人階層に押されていった。ましてや数少ない生き残りの貴族は、日本の武家時代の京都の公卿《くげ》たちのように、文化の花をそえる装飾品のような役割を演ずるにすぎなかった。梁の末から陳の初めにかけて、六世紀中ごろの十数年間の大動乱は、江南の社会構成を大きく変えたのであった。

大動乱と、揚子江の北岸まで北方勢力が押し寄せたこととは、江南の商業活動をも大きく後退させた。しかし陳朝治下のしばしの平和の間に、江南デルタの生産力と商業活動はしだいに回復していった。五七〇年代の宣帝《せんてい》（五六九〜五八二在位）の時代には、北斉を攻撃して、一時、揚子江の北、淮水《わいすい》の南をとりかえすほどの力を示した。しかしそれもつかのま、五七七年、北周が北斉を滅ぼして華北を統一し、五八一年、隋がこれに代わって揚子江北岸から大きくのしかかってくるとともに、陳国の運命はもはや風前のともしびであることがだれの目にも歴然としてきた。刹那《せつな》的快楽を追う後主陳叔宝《こうしゅちんしゅくほう》の宮廷文化は、この不安の上に、南朝文化の最後の余映を花咲かせたものであった。

五八二年に即位した陳の後主は、やがて宮中に臨春閣・結綺《けっき》閣・望仙閣という三つの壮麗な宮殿を建てた。その高さは数丈、いずれも数十間の広さをもち、窓や欄間《らんま》や手すりをはじめ、用材には旃檀《せんだん》の香木をふんだんに用い、金銀珠玉や翡翠《ひすい》を大量に使って飾られた。その香りは微風に乗って、一キロ以上にまでただよい、それらの宮殿は朝日に照りはえて、燦然と輝きわたったといわれる。御殿をつなぐ渡り廊下は、みごとな泉水と珍しい樹々の花咲く庭をめぐって延々とつづき、臨春閣に住む後主は、寵愛する張貴妃の結綺閣へ、あるいは孔貴嬪《きひん》・龔《きょう》貴嬪らの住む望仙閣へとゆきかした。

陳の後主（陳叔宝）　閻立本・歴代帝王図巻より

日夜開かれる酒宴には、これらの寵姫たちはもちろん、大臣の江総《こうそう》をはじめとする文士たちが招かれ、詩を賦して贈答する。その中のもっとも婉麗《えんれい》な詩には曲がつけられ、美しい侍女たちが合唱して酒宴に興をそえた。「玉樹後庭花」といった曲がその一つであり、張貴妃らの容色を賛美する内容の曲であった。

後主はこのような酒宴にふけって政務を放擲《ほうてき》した。百官が報告して裁断を請うばあいには、宦官《かんがん》の手を通すほかなかったが、後主は張貴妃を膝にだきながら、宦官からその伝言を聞いたという。綱紀《こうき》は紊乱《びんらん》し、政治はおべっかつかいどもに動かされ、賄賂は公行して、陳国はもはや収拾のつかない状況に落ちこんでいったのである。

南朝の滅亡

そのころ揚子江の中流北岸に、西魏以来、北朝の傀儡《かいらい》政権として存続してきた後梁国王の蕭琮《しょうそう》は、五八七年、隋の首都長安に召し出されたまま止め置かれ、その国は最終的に隋に併合された。もはや揚子江北岸は完全に隋帝国の支配下にはいり、しもは陳の首都建康の対岸はもちろん、かみは四川省に及ぶまで、隋の大軍は陳国討滅のための布陣を完了した。その討伐軍総司令官には、のちの隋の煬帝《ようだい》、当時はまだ晋王の地位にあった楊広《ようこう》が任命された。隋が侵入の構えをこのように明らかに示していたにもかかわらず、そして、これに対処すべき必要な措置が識者から進言されていたにもかかわらず、陳の後主とそのとりまきは、もはや適宜の対策をとることのできないデカダンスの状態に落ちこんでいたのである。

五八九年正月元日を期して、隋軍はいっせいに渡江作戦を開始した。統制のない陳軍は見る見るうちにけちらされ、わずか二十日で宮城は陥落し、後主は貴嬪たちと宮中の井戸に隠れているところを捕らえられた。正月二十二日、総司令官の晋王楊広は建康に入城して陳の旧王宮を司令部とし、江南各地の旧陳軍も圧倒的な隋の兵力の前につぎつぎに降伏し、あるいは粉砕されていった。そして、その年の三月、晋王楊広は、後主をはじめ、もとの陳国の王公百官を捕虜として建康を出発し、首都長安へと凱旋していった。南朝の最後に、かよわく咲いた江南のけしの花は、こうして北方へと摘み去られたのである。

六世紀中葉の十数年に及ぶ江南の大混乱のあとに、ようやく国を建てた陳朝が、もはや往時の南朝諸国家、ことに盛期の梁朝ほどの国力をもつことができなかったのは当然である。それにしても、陳朝がこれほどかんたんに隋帝国に滅ぼされたのは、江南における社会的な諸勢力を十分に結集することができなかったからである。というよりむしろ、結集しにくい情勢があったというほうがよいだろう。それはどういうことか。

すでに見たように、六世紀中葉の大混乱は、貨幣経済の進展を一つの大きな原因とする巨大な下剋上の現象にほかならなかった。貴族はこれによってほとんど勢力を喪失《そうしつ》し、混乱の中をなんとか生き残った貴族も、陳朝では床の間の置物のような存在理由しかもつことはできなかった。徐陵や江総のような中堅のインテリ層も、混乱の間にその層が薄くなっていた。新しい社会の実力者は、各地のやくざ・盗賊などを集めた成り上がり者や、草深い田舎の土豪たちであった。陳朝では、六朝初期の三世紀の江南、かの三国の呉の時代と同様に、配下の兵隊を、父から子へ、兄から弟へと世襲する例が見られる。実力者たちの自立的な小集団が乱立するという状況が一般的だった。

陳朝はそのような分散状態をいちおうまとめることに成功した。しかし、それらのさまざまな社会集団を真に掌握できたかどうかは問題である。かつての呉の時代のように、人格的な主従関係が人びとの意識を強く規制する時代は、もはや遠い昔に過ぎ去っていた。貨幣経済の進展を経過した後に、人びとは利害によって動くことに慣れていた。陳朝のもとで、急速に復活する江南デルタ地帯の商業活動も、またその風潮をうながしたにちがいない。バラバラに動きだしかねない社会をまとめることは、容易なわざではなかった。

陳朝は、大きく見れば、ついにそれに成功しなかったといってもよいだろう。それは、日本史上でいうならば、応仁の大乱後に、下剋上の風潮がなお続いている織豊時代のようなものだった。国内におけるそのようなまとまりの未熟さが、陳朝のもろさの最大の原因であったと思われる。

江南の富と文化

揚子江の南に追いつめられた陳代では、江南の富も文化も、かの大動乱以前の梁朝盛期に比べれば、はるかに貧弱になっていたはずである。しかし、それでも江南文化の伝統とわずかな富を背景にして、かよわく咲いた陳の宮廷文化は、北方からの征服者、のちの隋の煬帝を魅惑するには十分であった。かれは周知のように、帝位についたのち、洛陽から揚州へ、さらに杭州にまで通ずる大運河を開き、揚州に離宮を造って、最後にはそこで死んだ。悪評高い煬帝は、つまり江南の赤いけしに魅せられた男だったのである。

大運河の開鑿《かいさく》という大事業は、伝えられるように、けっして煬帝が遊興の目的だけのため

大運河　揚州付近。右手（東岸）に文峰塔がみえる。鑑真はこの附近から東渡した

に行ったのではないだろう。かれはそれほど馬鹿な男ではなかった。大運河が、以後の中国における国家経済に重大な役割を演じたこと、それが江南の富を吸いあげる巨大なポンプとなったこと、それは次の唐代以後、くりかえし取り上げられる問題であろう。

しかし、ポンプの役割は、唐になってはじめて効果をあげたわけではあるまい。むしろ、最初からポンプの効果を計算して造られたと考えねばならない。煬帝を魅了したものは、単に赤いけしのような江南文化だけではなく、その富にあったことは疑いないと思われる。

すでに本書の第五章からいままで述べてきたように、三世紀以来の江南の開発と、その社会発展の進度はめざましいものであった。それは貨幣経済の隆盛をもたらし、普通に考えられるよりもはるかに高度の経済水準に達した梁朝盛期を頂点として、そこではすでに封建的な中世社会を崩壊させるような現象さえも見いだされる。そして、もし北方からの武力の圧迫がなく、江南だけで純粋に歴史が動いていったと仮定するならば、隋唐《ずいとう》三百年の歴史をとびこして、早くも十世紀の段階に進む可能性すらもっていたと思われる。

しかし実際は、隋唐帝国の重みがずっしりと江南の肩の上にのしかかってきた。江南の余剰生産は、大運河のパイプを通じてつねに吸い上げられ、江南自体の発展は阻害された。とはいえ、のしかかる重みに堪えぬいて、唐の中ごろからふたたび進展しはじめる底力は、四世紀以来の江南の開発によって生みだされたものだということを、われわれはけっして忘れてはならないであろう。

さて、われわれはこのように独自の発展を経過してきた江南に、巨大な圧力をもってのしかかってきた北朝諸国家に目を転ずる必要があるだろう。それは、四世紀における五胡十六国の大混乱期から苦難の道を歩み始め、南朝に花咲いた中国文明をつねに吸収しながら、いわゆる胡族風・漢族風文明を徐々に形成してきた歴史をもつ。そして、この中から生まれてきた隋帝国が、やがて唐へとつながって、次の時代の主役となる。かの巨大な隋唐帝国へと発展するエネルギーはどのようにして形成されてきたのか、そのことが次の課題となるだろう。そこでまず、四世紀における異民族諸国家の形成過程から見てゆくことにしよう。

第九章　異民族諸国家の形成――四世紀の華北

一　匈奴系の諸国家

匈奴族自立とその原因

われわれは第二章において、もともと漠北ステップ地帯に雄飛していた匈奴《きょうど》族の一部が、長城線の内側に移住し、さらに山西省の各地に南下していった経過を見た。そこで見たように、このいわゆる南匈奴は、はじめ、支配部族である屠《と》各《かく》種の攣鞮《れんてい》氏から出る単于《ぜんう》を族長にいただいて、後漢帝国の支配から半ば独立した部族連合体を形成していたが、単于の権威はしだいに失墜して、部族連合は内部から崩壊していった。後漢末の混乱期に、於扶羅《おふら》単于が山西省南部の平陽にとどまったのも（三七ページ参照）、実は匈奴の中核的な諸部族が、単于の居るべき本拠地であった山西省離《り》石《せき》に、かれを受け入れなかったための、やむをえない措置だったのである。

やがて山西省を制圧した曹操《そうそう》は、内部崩壊した匈奴諸部落を、地域ごとに、左・右・南・北・中の五部に分割して統治した。各部はそれぞれ数千から一万ばかりの「落」（三五ページ参照）から成り、その中から「帥《すい》」（晋代では「都尉」と改称される）を選んでこれを統率させた。しかし、それは匈奴人の自治を認めたものではなく、「帥」のそばには漢人の「司馬」が目付役として置かれ、また山西省長官――「并州刺史《へいしゅうしし》」という――が「使匈奴中郎将」の職を兼ねて、五部全体を監督するというしくみであった。魏から西晋にかけての三世紀には、匈奴諸部落はこのような五部分割支配の体制下に置かれていた。

それは、単于の権威が落ちに落ちて、ついに単于がまったく形骸化してしまった姿にほかならない。それとともに、匈奴族の部族連合体制と、そのもとに保障されていた匈奴人固有の部落生活とが、漢人の増大する支配力によって急速に解体しはじめる。かつて部落結合の中で自由身分を享受していた匈奴人は、漢人との経済関係が深まるにつれて、その奴隷や小作人に転落してゆくものが多くなっていった。その典型的な一例は、「匈奴の別種」と意識されていた羯《けつ》族の、石勒《せきろく》において見いだすことができる。

石勒は山西省の羯室《けつしつ》（三九ページ参照）の出身で、その地方における羯族の部落長の家に生まれ、実際に、青年時代から父に代わって部落長の役を務めることも多く、人々に信頼される人物であったといわれる。しかし、そのような部落長の家ですら、経済生活にはけっしてめぐまれていなかった。かれは十四歳のとき、同郷の、おそらくは漢人にともなわれて洛陽に商いに出かけている。それは、漢人との経済関係が深まった証拠であるが、その漢人たちからは侮蔑の目で見られていた。ただ、その中で、郭敬《かくけい》と寧駆《ねいく》という漢人だけは、平生から物質的な援助を惜しまなかったので、石勒もかれらの土地を耕作して恩義にむくいたといわれる。恩義関係からであれ、このような経済的な保護・奉仕関係は、やがて小作の固定化を生みだしてゆくこというまでもない。

BC318年	韓，魏，趙その他が匈奴をひきいて秦を攻撃
280年頃	匈奴の活躍はじまる
215	秦の蒙恬匈奴討伐，長城修築すでに始まる
209～174	冒頓単于の時代
201～128	山西省北部をはじめ，漢へしばしば侵入攻撃
200	平城の戦(漢の高祖，匈奴に敗れる)
139～126	漢の張騫，西域に使いす
127	武帝の匈奴攻撃はじまる
121	霍去病の匈奴討伐
58～31	呼韓邪単于の時代，漢と平和がつづく
57	匈奴，五単于に分立して争う
33	王昭君，匈奴の呼韓邪単于に嫁す
AD　10	中国の内紛に乗じ，その保護国であった車師国を奪い，中国を攻撃
48	南北に分裂
50	南匈奴は北匈奴に攻撃され，西河郡に内徙す
52	北匈奴，後漢と和す
73	後漢の竇固，北匈奴を天山に追う
91	北匈奴，漢に敗れ，烏孫の地に移住す。このころより鮮卑，北匈奴の故地に入る
158	このころ北匈奴は西走。（4 世紀末，ヨーロッパにあらわれるフン族と関係ありといわれる)
166	鮮卑の首長檀石槐，北匈奴の故地をことごとく占有して蒙古高原を統一
216	南匈奴呼厨泉単于，魏に入朝し，鄴に抑留さる
290	劉淵，匈奴五部大都督となる
304	劉淵，大単于と称し，ついで漢王と称す これより五胡十六国時代に入り，匈奴は重要な役割を演ずる
310	劉淵死し，子劉聡つぐ
318	劉聡死し，支配権分裂，劉曜，前趙をおこし趙皇帝と称す
319	石勒(南匈奴に属した羯族)後趙をおこし，趙王と称す
397	沮渠蒙遜（匈奴族の出身）北涼をおこす
407	赫連勃勃（匈奴族の出身）夏をおこす

匈奴関係略年表

天龍山

五台山

やがて三〇二〜三〇三年ごろ、山西省は饑饉にみまわれた。石勒は同類の胡人たちと郷里を出奔したが、まもなく寧駆をたよってもどってきた。当時、北部都尉の劉監《りゅうかん》は、流亡している胡人を捕らえて売りとばしていた。石勒は寧駆のおかげで、それをまぬかれることができたが、けっきょくは山西省長官の強制的な人身売買措置の対象とされ、多くの胡人たちとともに、ふたり一組で枷《かせ》をはめられて、山東省の師懽《しかん》という人の奴隷として買い取られたのであった。

四世紀初頭の饑饉は、このように羯族を含む匈奴人一般の部落生活を破滅させ、かれらの多くを奴隷的境涯に突き落とした。実際にそのころ太原《たいげん》には奴隷市場が成立しており、その供給源は太原を中心として山西省に居住する匈奴人にちがいなかったと思われる。しかし、それは三世紀、いな、それ以前から始まったところの匈奴族の自主性喪失と、それにともなう生活困窮化現象の到達点にほかならなかったのである。

五胡十六国の開幕＝劉氏漢国の成立

このような匈奴族の苦境と、いまや弱小種族として漢人から蔑視される状況とに対して、匈奴人が、自主性回復に動きだすのは当然のことだろう。かれらは五部に分割支配されていたとはいえ、漢人政府が一般の郡県とは別に、五部という特別行政区を設定したこと自体が、匈奴族固有の部落生活を完全に否定しきれていないことの証明であり、かれらにはふたたび結集しうる潜在力が残っていたのである。

かの於扶羅単于の子の劉豹《りゅうひょう》は、五部分割とともに左部帥となっていた。単于の一族が劉氏を称するのは、かつて漢代に帝室劉氏と通婚した関係で、母系の姓を取って中国式にしたのである。劉豹の子の劉淵《りゅうえん》は、父の死後、その左部帥を継ぎ、さらに二八〇年代の終わりごろ、北部都尉に任命された。かれは、「刑法を明らかにし、姦邪《かんじゃ》を禁じ、財を軽んじて施しを好み、真心をもって人びとに接したので、五部のすぐれた人物はすべてかれに心をよせた」と『晋書』にしるされている。かれの信望は左部とか北部とかの枠をこえて、五部全体に及んでいた。かれの後任の北部都尉・劉監が流亡中の同族を捕ら

山西省太原周辺地図

えて売りとばし、おそらくは私腹をこやしたような匈奴族内部の分裂現象がある半面で、劉淵のような人物に嘱目《しょくもく》する空気もまたいっそう強まってきたにちがいない。

そのころ晋朝では、暗愚な恵帝のもとで帝室一族が入り乱れて争う事態がすでに始まっていた。いわゆる「八王の乱」であるが、その八王のひとり、成都王・穎《えい》は、劉淵を幕下の将軍として、その根拠地の鄴《ぎょう》に引き入れ、匈奴の軍事力を味方につけようとしていた。一方、山西の匈奴五部の中にいた劉淵の従祖・劉宣《りゅうせん》は、いまや弱小種族として漢人から蔑視されている匈奴族の自主性を回復すべき好機が到来したと考えて、ひそかに劉淵を大単于に奉戴し、匈奴族の自立を図る計画をめぐらしていた。劉宣は単于一族の姻戚にあたる匈奴貴族の呼延攸《こえんゆう》を鄴に送って、その計画を劉淵に告げた。

劉淵は葬儀に参列したいと称して、成都王に帰国を願い出たが、許されない。そこで、まず呼延攸を帰らせて、成都王に呼応するという名目で匈奴五部を招集するよう、劉宣らに依頼した。たまたま三〇四年、鮮卑《せんぴ》族の応援を得た河北省北部の王浚《おうしゅん》が南下して、成都王の軍を破り、成都王は恵帝を擁して洛陽に落ちのびねばならなくなった。そのとき、劉淵は成都王から、王浚の鮮卑兵その他の敵対勢力にあたるために、帰国して匈奴五部の兵を統率する許可を得たのである。

こうして劉宣らの匈奴貴族に迎えられた劉淵は、まず大単于の号を称して、山西省離石に集まった匈奴族の兵衆五万を掌握する。そして劉宣らの計画に従って、同じ三〇四年の十月、漢王の位について独立を宣言した。その国を漢と称するのは、漢王朝の姻戚として、その血を継ぐものとして、現在の晋王朝を打倒し、漢帝国の再興を標榜したものであって、劉宣を丞相としたのをはじめ、漢王朝風の百官形式にのっとった中央政府を設置したのである。

三〇四年におけるこの匈奴族劉氏の漢国成立は、同じ年に氐《てい》族李氏が四川省において成国を建てた（一九四ページ参照）のとあいまって、さまざまな異民族が中国内地に建国する、いわゆる五胡十六国時代の開幕を告げる重大事件であった。それは、中国内地に移住した異民族の自立運動の開始であったが、しかしそれはもはや塞外《さいがい》における異民族国家の再現でありうるはずはなかった。匈奴族劉氏が漢帝国の再興を標榜したように、中原に建国するものとして、必然的に胡族・漢族の両世界を包括する普遍的な国家の建設に向かうべき運命をになっていた。しかし、それは容易な道ではなかった。以後の華北は、そのための長く苦しい模索の過程をたどることになる。

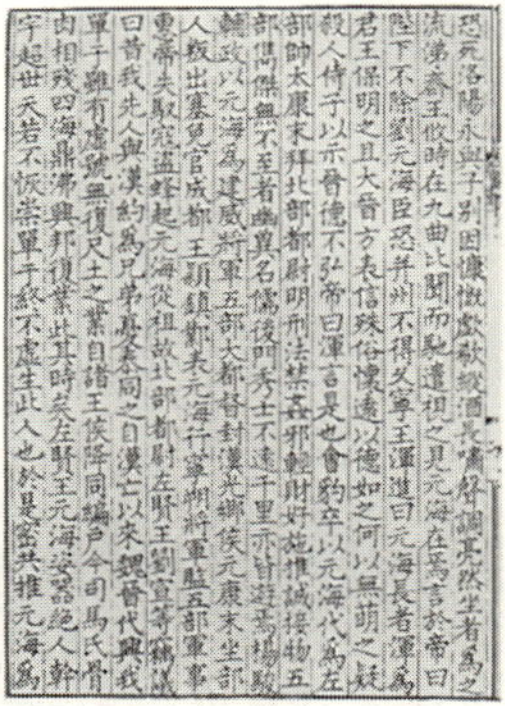
恐元洛陽元海與彌別因慷慨歔欷縱酒長嘯聲調亮然坐者為之
流涕齊王攸時在九曲比聞而馳遣視之見元海在焉言於帝曰
陛下不除劉元海臣恐并州不得久寧王渾進曰元海長者渾為
君王保明之且大晉方表信殊俗懷遠以德如之何以無萌之疑
殺人侍子以示晉德不弘帝曰渾言是也會豹卒以元海代為左
部帥太康末拜北部都尉明刑法禁姦邪輕財好施推誠接物五
部俊傑無不至者幽冀名儒後門秀士不遠千里亦皆游焉楊駿
輔政以元海為建威將軍五部大都督封漢光鄉侯元康末坐部
人叛出塞免官成都王穎鎮鄴表元海行寧朔將軍監五部軍事
惠帝失馭寇盜蜂起元海從祖故北部都尉左賢王劉宣等竊議
曰昔我先人與漢約為兄弟憂泰同之自漢亡以來魏晉代興我
單于雖有虛號無復尺土之業自諸王侯降同編戶今司馬氏骨
肉相殘四海鼎沸興邦復業此其時矣左賢王元海姿器絕人幹
宇超世天若不恢崇單于終不虛生此人也於是密共推元海為

『晋書』「劉淵載記」

漢から前趙へ

独立行動を開始した劉淵は、その後、山西省南部一帯をほぼ勢力範囲に収めて、三〇八年、平陽（山西省臨汾《りんぷん》市）で帝位についた。そのころまでに、かの石勒は奴隷身分から解放されたのち、八王のあい戦う大混乱のさなかに馬賊となり、仲間の十八騎とともにしだいに勢力を広げつつ、成都王・穎側の諸勢力のもとを転々としていたが、けっきょく失敗して劉淵に帰属した。

劉淵はこの石勒や、同じく山東方面から兵をあげて帰降してきた漢人の王弥《おうび》などに東方を経略させ、その勢力は山西南部を中心にして河北・河南に広がっていった。しかし、三一〇年、劉淵は事業半ばにして病死する。

劉淵の死後、その子の劉和が帝位を継いだが、兄弟争いがおこって、大司馬・大単于の地位にあったその弟の劉聡《りゅうそう》が、兄を殺して帝位についた。大単于の地位には、劉聡の弟の劉《りゅう》乂《がい》が任命され、また皇太弟として劉聡のあとつぎの地位をも占めた。

劉聡はその子劉粲《りゅうさん》、同族の劉曜《りゅうよう》、それに王弥や石勒らを将として、河南省の各地を攻略させ、晋の首都洛陽に迫っていった。晋朝側では、この危機のさなかにもかかわらず、懐帝と東海王・越との間に反目が生ずる。そして、越とともに洛陽から出た晋朝の高官、および軍人たちは、越の死後、貴族の王衍《おうえん》に率いられて、河南省鹿邑《ろくゆう》県西南の寧平城まで来たとき、石勒の軍に包囲殲滅《せんめつ》されてしまった。三一一年四月のことであり、王公以下、十万人以上が殺されたという。

一方、首都洛陽はその年の六月、劉曜・王弥らの連合軍に攻め落とされ、宮殿・民家は灰《かい》燼《じん》に帰して、王公以下の死者は三万人あまり、懐帝は捕虜となって平陽に連れ去られ、三一三年、平陽で殺された。これがいわゆる「永嘉《えいか》（三〇七〜三一三の年号）の乱」とよばれる事件である。

劉曜らはまた、三一一年に長安を攻め落としたが、翌々年、晋軍に奪回され、秦王・鄴が一時西晋の帝位を継ぐ。これが愍帝《びんてい》であるが、三一六年、ふたたび劉曜は長安をおとしいれ、愍帝をはじめ晋朝の文官武官を捕虜として、ここに西晋は完全に滅亡した。

こうして劉氏の漢国は、洛陽から関中一帯を抑え、また東方は石勒らが勢力圏を拡大していたが、石勒らは名目上、漢に帰附していたとはいえ、のちに見るように、実質的には独立の勢力であって、実際の漢の勢力圏は山西南部を中心とし、それに新しく河南省の一部および陝西《せんせい》省の関中にまで及んだにすぎなかった。

そのころ平陽における劉聡の朝廷では、すでに政治的混乱が始まりつつあった。劉聡は国力をはるかにこえる宮殿の大造築を強行し、後宮の規模を拡張し、それにともなって外戚・宦官《かんがん》の権力が増大しつつあった。かれらに同調しない朝臣たちは圧迫され、殺されるものも続出した。外戚・宦官たちは劉聡の子の劉粲をそそのかして、三一七年、皇太弟の劉乂一派を誅滅し、劉粲が皇太子となった。

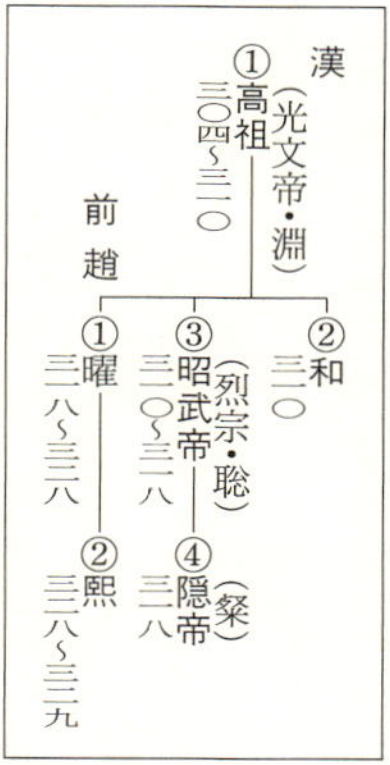

漢（前趙・劉氏）系図

三一八年七月、劉聡が死んで、劉粲が即位すると、外戚の靳《きん》氏と宦官が完全に権力を掌握する。帝室劉氏には誅滅されるものが続出し、ついに皇帝劉粲までも殺されて、外戚の靳準《きんじゅん》が政権を奪うにいたった。靳氏は劉氏と同様に、屠各種に属する匈奴貴族である。

この政変に即応して、長安にいた劉曜と、東方の石勒とは、それぞれ兵を率いて首都平陽に迫ったが、漢の朝臣たちは劉曜のもとに走って、これを皇帝に推戴した。

劉曜はその年の十月、長安において即位し、翌年、国号を趙《ちょう》と改めた。漢という国号が漢民族の意向を考慮して晋朝の打倒を標榜したものであったのに対して、すでに西晋が滅びたあとでは、もはやその意味も薄れ、はっきりと北族の国家であることを示したのである。ついで事実上、東方で独立勢力を形成していた石勒もまた三一九年に趙王の位につくので、劉曜の国を前趙、石勒のほうを後趙《こうちょう》とよんで区別する。

石氏後趙国の華北制覇

石勒のほうは、劉氏の漢国に帰附したのち、烏桓《うがん》族の張氏が率いていた兵力を自分の統率下に統合し、名目上は漢国のもとで河北省南部を中心に版図を広げていった。しかし三〇九年にはその兵力はすでに十万以上、河北省南部一帯に残っていた漢族の知識人を集めて「君子営」というものをつくり、その中から張賓《ちょうひん》という人物を参謀に抜擢した。中国の学者・范《はん》文瀾《ぶんらん》氏は、「石勒が善戦する上に、張賓ら失意の士人たちの知謀が加わって、当時、無敵の強さを形成していた」と、評価している。

三一一年には、すでに見たように、東海王・越から王衍《おうえん》へとひき継がれた西晋首脳部を壊滅させ、また東方の独立勢力として石勒の強敵であった漢人の王弥を殺して、その軍隊を併合した。当時、華北では河北省北部の王浚《おうしゅん》と、山西省中部の劉琨《りゅうこん》とが、晋朝の遺臣として、

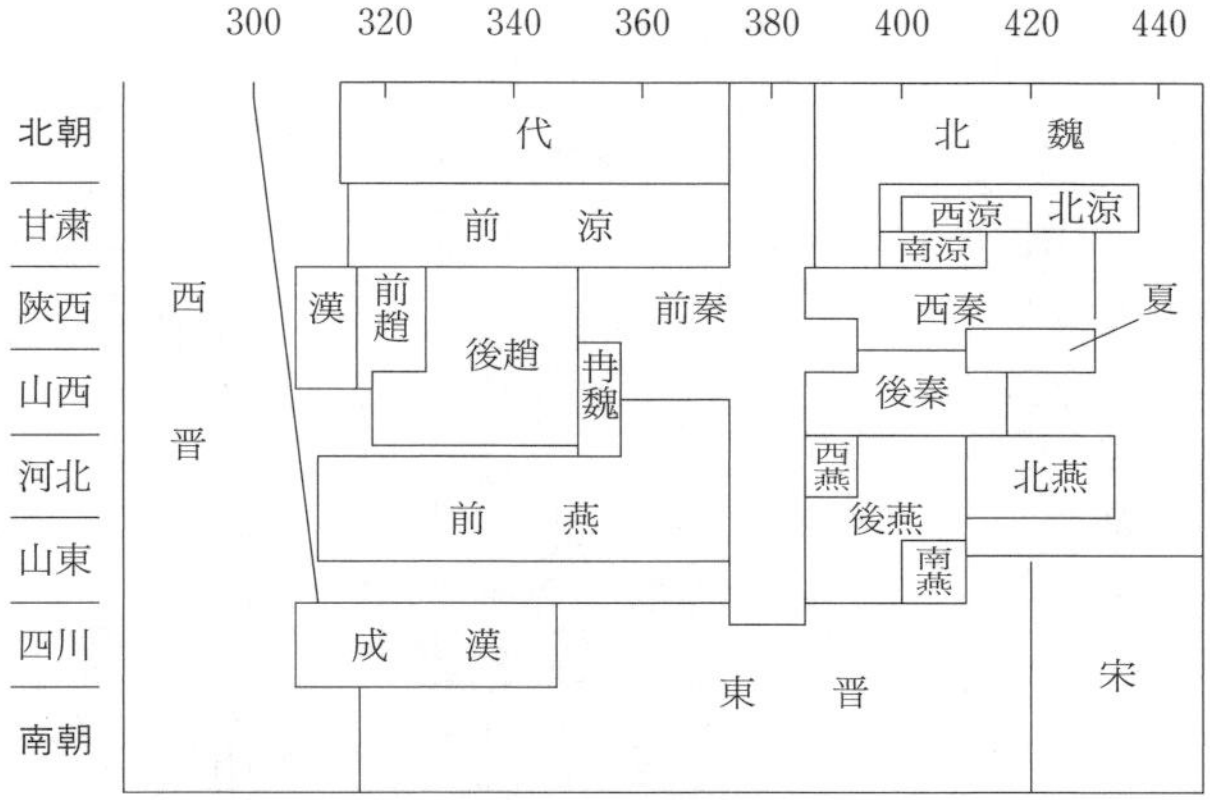

五胡十六国興亡表

なお勢力をもっていたが、三一四年には王浚を、三一八年には劉琨の勢力を粉砕して、華北に残った西晋勢力をほとんど一掃した。そして、同じ年にかの漢国の政変がおこると、石勒は兵を率いて首都平陽に迫ったのである。

　そのとき、漢国の朝臣たちの多くは、同じ劉氏の一族である劉曜のもとに走ったが、羯族はもちろん、平陽に移住させられていた氐族・羌族をはじめ、民衆のほとんどは石勒に降伏した。石勒はかれらをその根拠地である襄国《じょうこく》（河北省邢台市）に強制移住させ、平陽を占領して、山西南部の旧漢国中枢部一帯を版図に収めたのである。このときの漢国政変の事後処理をめぐって、以後の華北は、劉曜の前趙と、翌三一九年に趙王と自称した石勒の後趙国との対抗関係にはいるが、実力はすでに石勒のほうがはるかにまさっていた。

こうして三二二年ごろには、石勒は河北・河南・山東・山西・遼西一帯をほぼ平定し、三二八年には洛陽の奪回をめざして出撃した劉曜を敗死させ、三二九年に前趙国を滅ぼして陝西省を支配下に収めたあと、三三〇年にまず「天王」と称したのち、皇帝の位につく。この後趙国の支配領域は、河西回廊地帯を中心に独立した漢人の前涼国を除けば、だいたい華北全域をおおい、四川省氐族の成漢国と、淮水《わいすい》以南の東晋とを含む揚子江流域に対して、南北に大きく対峙する形勢が、ここにまずできあがったのである。

石勒のこのような華北平定の事業において、その片腕としてもっとも活躍したのは、石勒の従子《おい》にあたる石虎《せきこ》であった。その率いる軍隊は向かうところ敵するものなく、石勒が趙王・大単于の位につくと、かれは単于元輔《げんぽ》という重職に任ぜられた。

単于の制度がつくられたのは、一面では各地の羯人が国軍の中核的構成分子としてまとめられ、石虎をはじめとする石勒の子弟たちに分属して、石氏中心の部族連合体＝戦士共同体の再建を意図したものであった。そして、実際に羯族を中心とする異民族が、後趙国を支える軍事的基盤にちがいなかったのである。

漢人たちは、かれらを「胡」という蔑称でよぶことは厳禁され、羯人に対しては、「国人」という言葉でよばねばならなかった。それは、身をもって漢人の侮蔑を経験してきた石勒らが、いまや華北に君臨する実力者となって、自分たち異民族の地位向上をめざした施策にほかならず、そのような風潮のもとで、こんどは逆に、羯人らが漢人に横暴を働く例も多くなった。

しかし、華北の中心に国を建てた以上、かれらの同族だけで中原を統治できないことを、石勒は十分に知っていた。先に述べたように、早くから君子営を設置して、漢族知識人を傘《さん》下《か》に吸収したことが、その例証である。かれは張賓《ちょうひん》をはじめとする漢人士大夫の協力を得て、律令を制定し、九品官人法にのっとった官吏の登用と査察の制度をつくり、首都の裏国には太学を、郡ごとにも学官を置いて学校制度も整えた。そして、胡族が漢人士大夫を侮辱することを厳禁して、士人の権威を保障した。こうして漢人を政治の枢要にすえ、その力を利用したことが、ひいては後趙国の華北制覇を支える大きな要因にもなったのである。

宗室的軍事封建制

石勒は帝位についてから、わずか三年目の三三三年に死んだ。帝位を継いだのは、皇太子であった石勒の子の石弘であるが、かの実力者石虎がただちに石弘一派を抑えて、丞相・大単于の位を奪い、翌年には石弘を殺して実権を完全に掌握した。

石虎は「天王」という位につき、三四九年に死ぬ直前、皇帝の位についたが、その治世のほとんどは「天王」のままで押しとおした。天王とは、もともと封建制度が行われていた古代において、周の王の地位を示す言葉である。石虎が周王になぞらえて天王と称したのは、当時の君主が一種の軍事的封建制を前提として成立していたことを承認したものと解釈することができるのである。

ここで、その軍事的封建制といわれるものの内容を説明しておこう。後趙国の軍事的基盤が羯族を中心とする胡族の部族連合＝戦士共同体にあったことは、すでに述べたところであるが、そのような事情は劉氏の漢―前趙国でも同様であった。劉氏漢国の全盛期、三一四年に、皇帝劉聡は国家体制を整備して、山西南部の中枢部は次のような二系列の行政方式によって統治することにした。

(1) 左右の司隷を置き、それぞれ二十余万戸ずつを統領する。また一万戸ごとに内史ひとりを置き、合計十三人の内史を置く。

(2) 単于の左右輔を置き、それぞれ六夷（五胡に巴蛮を加えたもの）の十万落を掌握させる。そして、一万落ごとに一都尉を置く。

(1)の領戸制は主として漢人を対象とし、(2)は六夷、つまり非漢族を部落制によって統轄するもので、いわゆる胡漢二重体制によって別々に統治したのである。そして、(2)の統治系統の最高責任者が大単于であり、左右輔を直接の執政官として、六夷、すなわち胡族の二十万にのぼる部落を統率した。この諸部落の非漢族が国軍の主要構成員となる。

前趙の劉曜もまた太子の劉胤《りゅういん》を大単于とし、左右賢王以下の諸王には、「胡羯・鮮卑・氐・羌の豪傑」があてられた。後趙においても、最初は大単于石勒のもとで、実際は単于元輔の石虎が胡族の統轄にあたっていたらしいが、皇太子の石弘のもとにその権限を移したために、不満をつのらせた石虎が、石勒の死後、皇太子を殺し、天王を称して実権を掌握したのであった。

単于や、あるいは左右賢王以下の諸王によるこのような部落統領制は、塞外遊牧民族としての、かつての匈奴国家の体制が中国内地にもちこまれたものであり、漢・前趙・後趙の諸国が匈奴国家の復興をめざした姿にほかならない。

しかし、それは塞外時代の体制そのままの復活ではありえなかった。かつての匈奴世界では、諸王がそれぞれの部族を統率し、単于もかれ自身の部族を直轄しつつ、全匈奴世界の最高統領権を握っていた。そして、諸王は単于の同族または姻戚関係にある異姓によって占められ、単于と諸王を結ぶ紐帯《ちゅうたい》はもっぱら血縁関係にもとづいていた。ところが、いまやかならずしもそうではない。

まず、中国内地において再建された匈奴国家では、最高の首長は大単于ではなくて、中国式の皇帝である。大単于は皇帝につぐ実権者ではあるが、皇帝にとっては臣下である。そして劉曜のばあいに見たように、かれは、「胡羯・鮮卑・氐・羌の豪傑」を左賢王以下の諸王にあてたが、これらの諸王は、もはや匈奴族・屠各種の同族でも姻戚でもなく、他種族の実力者にほかならない。諸王の地位はその性質を変えて、いわば一種の封建的な称号の意味をおびてくるのである。

金銅菩薩像

しかし、劉氏・石氏の宗室つまり王族は、皇帝のもとで、皇太子、あるいは諸王として中国式の将軍号をおびながら、それぞれ軍隊を掌握し、それらの軍隊は主として非漢族出身者から構成されていた。皇帝を中心とした中国式の官制のもとでは、かの大単于もまた、これら宗室の遊星的な軍隊掌握者の中の、もっとも有力なひとりとして組みこまれる。このような軍事組織が、「宗室的軍事封建制」とよばれるのであるが、かの血縁的紐帯にもとづく塞外匈奴国家の骨格は、大単于の行政体制よりも、むしろこのような中国式官制のベールをかぶった軍事組織の中に、かえって再現されていると思われる。

皇帝を中心とする宗室諸王が、それぞれ強力な軍隊を擁する宗室的軍事封建制は、匈奴族なり羯族なり、それぞれの種族が部族的結合を核心として中原に国家を樹立するばあいの必要不可欠な支柱であった。そして、それがうまく作用すれば、一族が力を合わせて強敵を倒し、石勒をして華北を平定せしめるほどの軍事力を発揮するのであるが、一歩まちがえば、同族相互間の陰惨な権力争いに転化する。かの漢国における皇帝劉和と大単于劉聡との兄弟争いも、劉聡の子・劉粲と劉聡の弟の大単于劉乂との争いも、あるいは、後趙国における皇太子石弘と実力者石虎との争いも、すべてそこに原因があった。

このように、宗室的軍事封建制は皇帝権力を制約し、不安定にする契機をはらんでいる。しかも、それが不可欠の体制であったところに、「天王」といった封建制的な呼称が生まれる必然性があったわけであり、また、後趙国は、その体制の強みと弱みとをもっとも極端な形で噴出させたのである。

後趙国の滅亡

三三四年以来十五年間に及ぶ大趙天王・石虎の治世は、華北を制覇した後趙国の国運がもっとも盛んな時代で、その勢威は四方を圧したが、同時に、崩壊への下り坂へと転がり始めた時代でもあった。かれは即位すると、ただちにその子の石邃《せきすい》を太子として国政を委任し、征伐と刑獄のことだけを、みずからとりしきることにした。しかし、かれはその国の繁栄におぼれて、遊猟と土木事業にふけり、さらに後宮の規模を拡張して、民間から数万に及ぶ婦女を徴発したため、縊《い》死《し》するもの、夫の殺されるもの、亡命するものがあいついだといわれる。

土木事業と後宮の拡張に走る現象は、かの漢国の劉聡においても見られたところであるが、それは君主の権威を誇示するための措置なのであって、その背後には、君主権がかの宗室的軍事封建制によって制約されているという事情がひそんでいる。

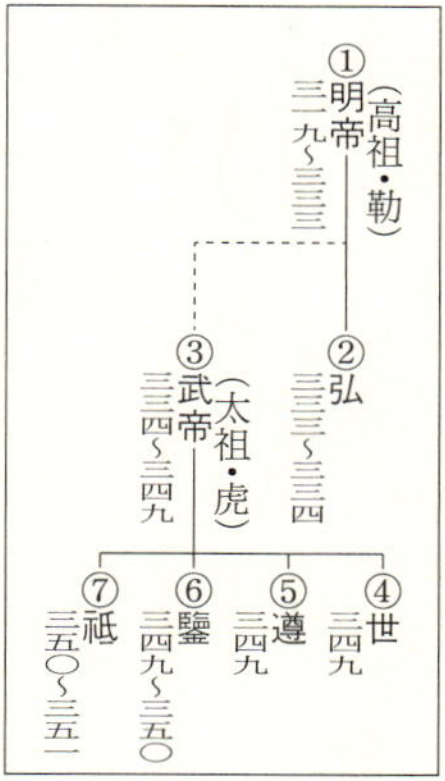

後趙（石氏）系図

実際に、太子の石邃は国政をゆだねられたにもかかわらず、兄弟の石宣《せきせん》と石韜《せきとう》とが、それぞれ軍隊を擁しているうえに、父がかれらに目をかけていたために、太子の地位はかならずしも安定していなかった。不満がつのった太子は、ついに父を殺して帝位につこうとしたが、未然に発覚して殺された。それは石虎が即位して太子を任命したときから、わずか三年目の三三七年に早くもおこったのであって、宗室的軍事封建制の弱点が、兄弟争いから父に対する殺意にまで進ませたものであった。

そのあと、石宣が太子となり、石韜は太尉（最高軍司令官）に任命されて、ふたりが一日交替で国政をとることになった。しかし、かれらは父にならって遊猟にふけり、一個の小皇帝のように女官をかかえ、宦官を養って、淫楽の生活にふける。こうして、実際の政務は宦官が動かすことになり、一方、石宣・石韜兄弟の間には反目が生じてゆく。あげくの果て、三四八年に太子・石宣はひそかに弟の石韜を殺したが、太子のしわざであることが発覚して、石韜に目をかけていた石虎は太子を誅殺した。

石虎はわずか十歳の石世を、あらためて太子に立て、翌三四九年に皇帝の位について権威を高めようとしたが、その年のうちに病死した。石虎死後の後趙国は、もはや宗室の連帯が完全に解体して、お互いが殺しあうなかから、石虎の養子となっていた漢人の石閔《せきびん》が兵力を掌握してゆく。石閔は、首都の鄴における胡族・漢族の入り乱れた混乱の中で、胡族がついに自分の側に立たないことを知るや、羯族に対する殲滅《せんめつ》的な大虐殺を敢行した。すでに第二章で述べたように、このときの死者は二十万以上に達したという。

冉閔の魏国

石閔は、翌三五〇年、皇帝の位について国号を魏《ぎ》と号し、もとの姓の冉《ぜん》氏にかえった。冉《ぜん》閔《びん》の胡族大虐殺は、当然、胡族の猛烈な抵抗をひきおこした。石虎の庶子の石祗《せきし》は襄《じょう》国に

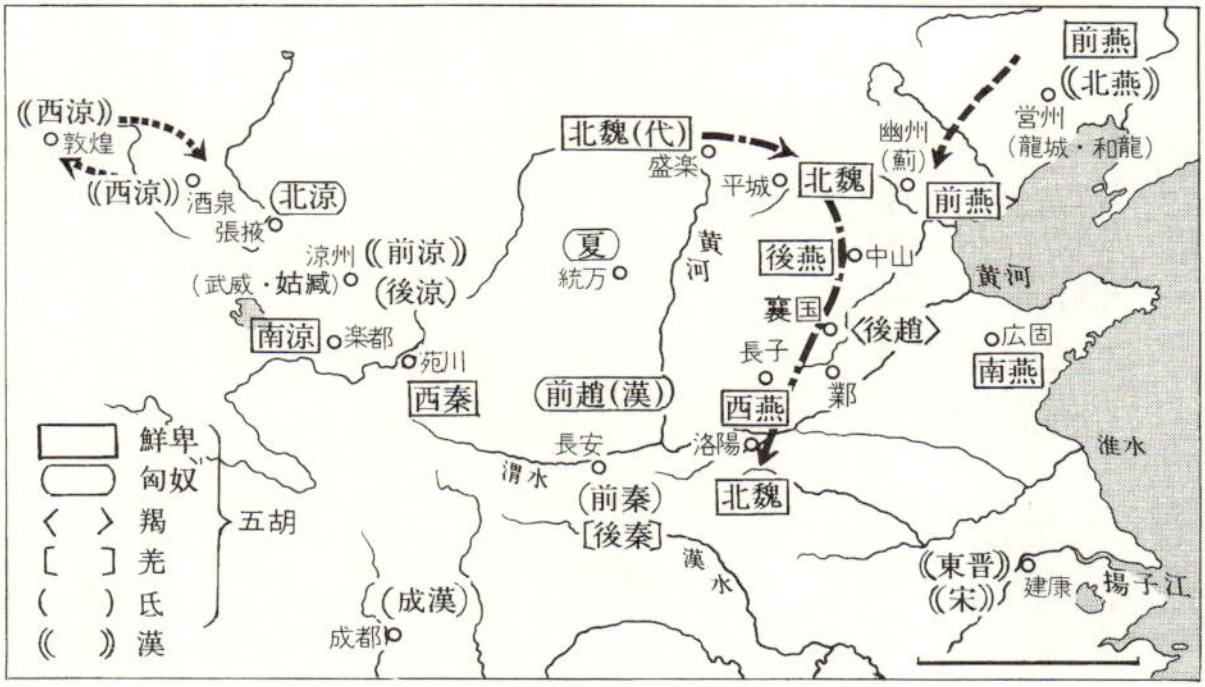

五胡十六国要図

拠って皇帝を称し、羯族はもちろん、次節に述べる鮮卑族の慕容部《ぼようぶ》や羌族などの非漢族がこれと連合した。胡族と漢族の闘争は果てしなくつづき、鄴を中心とする冀《き》州一帯に強制移住させられていた数百万の胡漢諸族は、戦禍をさけて故郷に向かって帰り始めたが、とちゅうで互いに略奪殺戮しあい、餓えと病に倒れて、故郷に帰りつけたものは十人中二、三にすぎず、死屍《しし》累々として野に耕すものはまったくなかったという。

冉閔は力戦して石祗を殺し、三五二年には襄国をおとしいれたが、やがて進軍してきた鮮卑慕容部の軍に殺され、魏国はわずか三年で亡びた。しかし、魏が滅ぼされるとき、その国の漢人の大臣たちが自殺しているのは、秦漢魏晋にはなかった現象であった。国の滅亡にあたって自殺することがここに始まっているのは、当時、漢族と非漢族との間の闘争が極度に尖鋭化していたことを示すものだと、范文瀾氏は注意している。

以上のように、冉閔は石氏後趙国を滅ぼし、かれ自身もまた大混乱の中で滅ぼされた。しかし、後趙国を滅ぼし、大混乱を招いた真の原因は冉閔ではなかった。それは、後趙国自身の体制、つまりかの宗室的軍事封建制がもっぱら中国の富を収奪する機構として作用したために、宗室諸王が族的結束を失って、それぞれ私益を追求し、政治モラルを完全に踏みにじって、とめどのない退廃に陥ったからである。それが国家の解体を導き、漢人の期待を裏切った結果として、かの大混乱を招来したのであった。

中原の匈奴系諸国家は、かくて四世紀の半ばをもって消滅した。河西回廊地域に匈奴族の沮渠《そきょ》氏が建てた北涼国のことは、第二章において少し触れた。同じく五世紀に匈奴系の赫連《かくれん》勃勃《ぼつぼつ》が陝西省に夏国を建てるが、それについてはのちに触れることにして、次に、後趙の滅亡後、中原に覇を唱えた鮮卑慕容部の燕国のことを見ることにしよう。

二　鮮卑慕容部・氏・羌の諸国家

前燕国の成長

第二章において高句麗《こうくり》の国家形成を述べたさい、鮮卑族慕容部の燕国が遼河流域に出現していたことに触れておいた。そこで述べたように、燕《えん》国の基礎をすえたのは、慕容部の族長であった慕容廆《ぼようかい》という人物である。かれは西晋末期、匈奴系民族の自立過程において、中原が大混乱に陥るとともに、そこから続々と避難してくる漢人士大夫を受け入れたので、中国文化が遼河流域に維持されたことも、すでに述べた。しかし、かれはまだ、自分の国を正式に燕国とよんだわけではない。

慕容廆は三〇七年に、すでに鮮卑大単于の称号を唱えていたが、三一七年から三一八年にかけて東晋王朝が成立するときに、これと結んで、東晋から大単于・昌黎《しょうれい》公の称号を受けた。ついで三二五年、石勒と結んだ同じ鮮卑族の宇文部《うぶんぶ》を討って、その本拠をおとしいれると、そのあとで燕王の地位を授与するよう、たびたび東晋に働きかけた。しかし、それが実現しないうちに、三三三年、慕容廆は病死した。

跡を継いだのは、その第三子慕容皝《ぼようこう》である。そのひきつぎのさい、前節で見た匈奴系諸国家のばあいと同様に、ここでも兄弟争いがもちあがった。皝は反抗する兄弟たちを討ち平げ、かれらを応援した宇文部などの鮮卑諸部を圧迫しつつ、三三七年、燕王の位についた。燕国はここに、成立したが、東晋王朝がこれを承認したのは三四一年のことである。これを通常、前燕《ぜんえん》とよぶのは、のちに見るように、あとで成立するさまざまな燕国と区別するためである。

三三八年、慕容皝は敵対する鮮卑の段部《だんぶ》を後趙の石虎《せきこ》と挟撃して粉砕し、ついで後趙と対決して、河北省東北辺を襲うほどの勢いを示した。さらに三四二年には高句麗を討って、その首都丸都《がんと》にまで侵入し、三四四年には宿敵宇文部を壊滅させる。これらの征服戦争によって、その領域は拡大し、ここに流れこむ流民を合わせて、その人口は十倍にもふくれあがった。慕容皝は首都を龍城（遼寧省朝陽市）に移し、国有地を流民に解放して屯田させ、学校制度も整えて善政をほどこした。それは東北方の新興国家として強大な力をたくわえつつあったのである。

三四八年、慕容皝が死ぬと、その子慕容儁《ぼようしゅん》が位を継ぐ。前節で述べたように、石虎が死んで後趙国が大混乱に陥ったのは、その翌年のことである。漢族・胡族が入り乱れて争い、氐族・羌族などもそれぞれ独自の動きを示す華北中原に向かって、東北方にたくわえられていた燕国の力がいっきょに噴出した。三五〇年、燕軍二十万が薊《けい》(北京市)をおとしいれると、ただちに首都をここに移し、やがて三五二年、冉閔《ぜんびん》を斬って、後趙以来の首都・鄴《ぎょう》を占領した。慕容儁は薊において大燕皇帝の位につき、前燕帝国がここに誕生する。

前燕は旧趙国の残存諸勢力を破砕しつつ、河南から山東方面へと進出し、三五七年には都を薊から鄴に移して、だいたい華北の東半を領域に収め、さらに山西省にも進出した。

しかし当時、南からは桓温《かんおん》の指揮する東晋の勢力が、洛陽を奪回して黄河沿辺にまで伸びており(第六章参照)、西方には氐族の前秦国が勃興して、陝西省を中心とするその勢力は山西省にまで伸びていた。三五〇年代から三六〇年代にかけての黄河流域は、後趙国滅亡後の混乱期に生じたさまざまの勢力が、前燕・前秦・東晋という三大勢力の鼎立《ていりつ》状況へと整理されてゆく過程にあったといってよい。

前燕国の滅亡

前燕の慕容儁は、まず東晋を攻撃しようとして大規模な徴兵を行ったが、実行にいたらないうちに、三六〇年に病死した。そのあと、幼弱な第三子慕容暐《ぼようい》が帝位を継ぎ、儁の弟慕容《ぼよう》恪《かく》が国軍最高指揮官となって、これを補佐する。この恪が補佐した七年間が、前燕の絶頂期であって、この間東晋を圧迫して、洛陽をはじめ河南一帯を奪取し、前秦には一指をも触れさせなかった。ところが、恪の死後、これに代わって儁の叔父慕容評《ぼようひょう》が補佐役になると、かれは皇太后と組んで収賄政治を行い、そのため国政は乱れて、その前途に暗い影がさしはじめる。

三六九年、東晋の桓温はふたたび北伐を開始して、燕軍を撃破しつつ、黄河の渡河点枋頭《ほうとう》（河南省濬《しゅん》県西南）にまで達した。前燕の朝廷は前秦に援軍を求める一方で、もとの首都龍城に逃げだすばかりに狼狽したが、勇将慕容《ぼよう》垂《すい》（恪の弟）はそれを引き止めて晋軍に立ち向かい、桓温を大敗させて前燕の危機を救った。

慕容垂は兄の恪なきあと、前燕にとってはもっとも貴重な支柱であった。しかし、その威名があがるにつれて、補佐役の慕容評はい

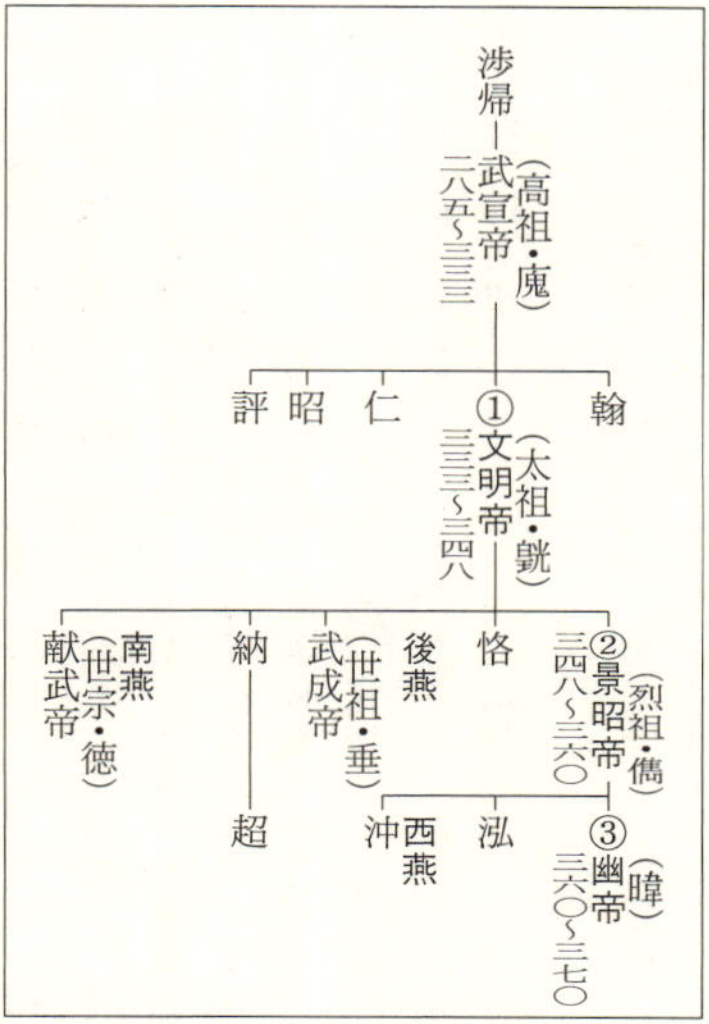

前燕（慕容氏）系図

よいよ猜疑をつのらせ、あげくのはてに、これを殺そうとした。ついに慕容垂は前秦に亡命し、前秦は喜んでこれを迎え入れた。なぜなら、それは前燕にとって、羽翼をもぎとられたにも等しい打撃であったが、逆に、前燕の国政紊乱《びんらん》は、これを攻略する機会をねらっていた前秦にとっては願ってもない事態であったからである。

三七〇年、前秦はいよいよ前燕攻略をめざして、山西省から軍を進めた。慕容評は三十万の兵を率いて潞州《ろしゅう》（山西省長治市潞城北）に防戦したが、いっきょに殲滅《せんめつ》されて、鄴に逃げ帰った。前秦軍は急追して首都鄴をおとしいれ、前燕皇帝慕容暐および王公を捕虜として、鮮卑四万戸あまりとともに、長安に移した。前燕帝国はここにあっけなく亡びさったのである。

前燕国滅亡の直接の原因は、慕容垂の亡命事件に見られるように、国軍の指揮にあたる宗室の族的結合がくずれ、皇太后や慕容評のような権勢者が私益を追求したために、国軍全体が機能麻痺に陥ったことにあった。そのような現象は、すでに前節において匈奴系諸国家のばあいに見たものと共通した面を示している。つまり、いわゆる「宗室的軍事封建制」の解体現象にほかならない。

前燕においても、宗室諸王はそれぞれ軍隊を掌握し、それぞれの軍営は膨大な数の「営《えい》戸《こ》」とよばれる特殊な戸口を領有して、郡県制から区別される「軍封《ぐんぽう》」を構成していた。営戸の実態は明らかではないが、それは、慕容部族の戦士の戦闘活動を支えるために、軍需生産にたずさわる農業労働者・商工業者などから成っていたようである。まだ遼寧《りょうねい》省にあった王国時代の前燕国内に、多くの流民が流れこんだことを先に見たが、かれらのなかには、このような軍営制に組みこまれたものも多かったにちがいない。それはまさに宗室的軍事封建制とよぶにふさわしい。

拓跋族の風俗　太和13年（AD.489）銘の仏並坐像台座

漢化の前進

しかし、前燕がこのような軍営制だけでなく、同時に中国的な郡県制を含むことは、早く慕容廆の時代から見られた現象である。第二章で見たように、かれは、流入した漢人たちの出身地ごとに郡を設置し、そのなかから漢人の名望ある知識人を郡長官に任命した（五八ページ参照）。このように、郡県制を早くから導入し、軍営制の中にも多くの漢人営戸を含んだことは、前燕の国家体制を、匈奴族のばあいよりも、よりいっそう中国式にした原因であろう。

匈奴族の劉氏漢国のばあいは、六夷《りくい》に対する部落統領制と、漢人に対する領戸制の二本立てであり、また、前者を統領する最高責任者として大単于《だいぜんう》の称号は後趙国の最後まで残存した。ところが、前燕のばあいは、慕容儁の皇帝即位と同時に、大単于の称号は廃止され、官制はまったく中国式に統一された。そして、政府の大臣クラスには漢人が多く任命され、いわゆる漢化はいっそう進んだのである。

しかし、かの封建的な軍営制は、華北東半を支配した帝国時代にも中原にもちこまれ、依然としてそれが国軍を維持するための基盤となった。そして、大単于は消滅したが、中国式の「大司馬」という職任が国軍最高指揮官として、軍営すなわち「軍封」を基盤とする諸軍を統轄した。さきに見た補佐役慕容恪や慕容評が、この大司馬であり、諸軍を率いる将軍は、宗室をはじめとする慕容人がほとんどであって、中国式官制のもとに宗室的軍事封建制が持続していたといってよいのである。

軍封を掌握する将軍——大司馬の系列は、軍封を富の収奪機構の核として私益の追求に落ちこむ危険をもつことは、匈奴系諸国家のばあいと同じである。その方向への傾斜は、すでに慕容恪の執政時代から始まっていたが、それが慕容評の時代になって顕在化し、宗室結合の解体と国軍の機能麻痺、ひいては国家の解体をもたらしたことは、さきに見たとおりである。

鮮卑族慕容部の前燕は、国家体制の形式上では、匈奴系のそれよりも胡漢合作の一歩を進めたが、なお、軍事的封建制におけるかれらの種族血縁主義という限界を乗り越えることはできなかったのである。では、次に、前燕を滅ぼした氐族の前秦国を見ることにしよう。

前秦国の華北統一

後趙の時代、陝西省の氐族・羌《きょう》族は石虎に征服されて、膨大な数にのぼる氐・羌の人びとが、首都の鄴を中心とする河南省北部に強制移住させられていた。三四九年に始まる後趙国の崩壊とともに、かれらはいっせいに西に帰り始め、氐族はその酋長の苻洪《ふこう》のもとに、羌族は同じく姚弋仲《ようよくちゅう》のもとに集まって、互いに争いながら関中へ向かった。そのとちゅう、苻洪が非業の死をとげたあと、その子の苻健《ふけん》が衆を率いて、まず長安にはいり、三五一年、天王・大単于の位について、国を大秦《だいしん》と号し、翌年、皇帝の位についた。

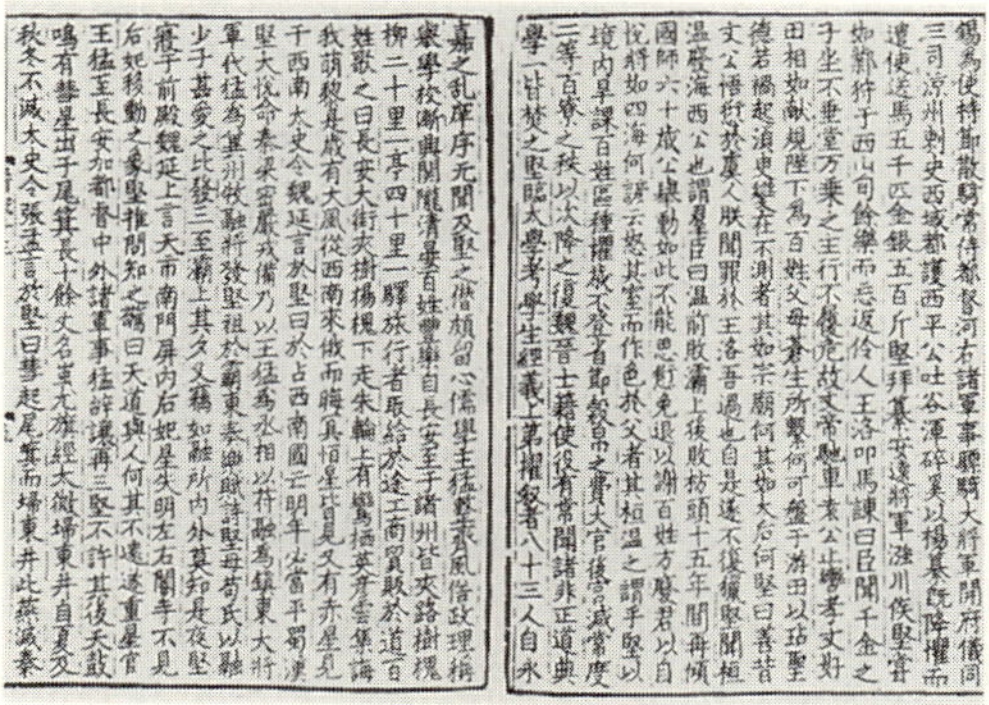

「苻堅載記」　百衲本『晋書』の一部

三五四年、東晋の桓温は、一時、関中に進入したが、まもなく退却し、秦国は関中の全域を掌握する。その翌年、皇帝苻健が死ぬと、苻生《ふせい》がその跡を継いだが、これは恐るべき暴君であった。三五七年、苻健の弟の子苻堅《ふけん》は身の危険を感じてクーデタをおこし、苻生を殺して大秦天王の位についた。天王については、前節で説明したとおりである。

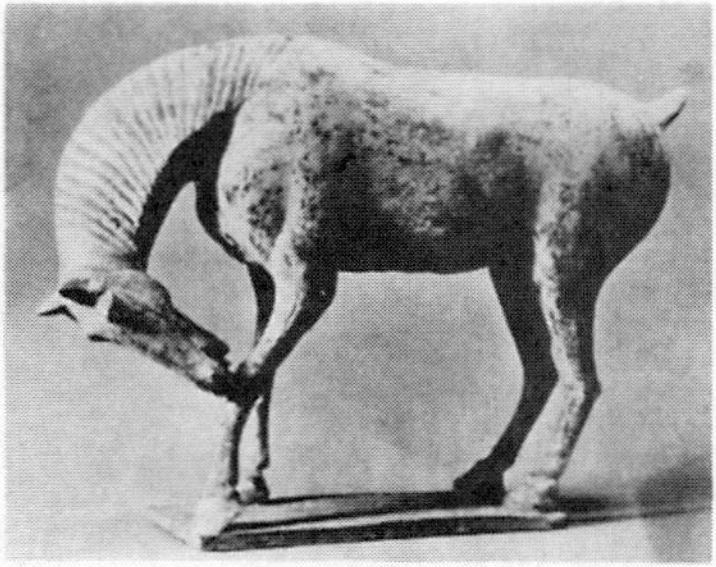

フェルガーナ（大宛国）の汗血馬　北魏時代。陶製のもの

苻堅は五胡のなかでのもっとも偉大な名君として、史書はきわめて高い評価を与えている。かれは漢人の名宰相・王猛《おうもう》の積極的な協力を得て内政を整え、国力を充実させ、さきに述べたように、強敵前燕をいっきょに倒して華北全域を統一した。その盛時を『晋書』は次のように伝える。

永嘉の乱よりのち、学校のことはたえて聞くことがなかったが、苻堅が位につくと、大いに儒学に関心をもち、王猛は民心を整えることに努めた。すじみちだった政治が行われ、学校はしだいに盛んになった。陝西省一帯はすっきりと治まって、人々は豊かなくらしを享受した。首都長安から諸州にいたるまで、道路の両側にはすべて槐《えんじゅ》と柳の並木を植え、二十華里（約一〇キロ）ごとに一つの亭、四十華里ごとに一つの駅舎を作り、旅行者はそこで補給と休息をとり、商人や手工業者は道で自由に取引していた。人びとは、この太平の世をもたらしたおかみをたたえてこう歌いあった。

長安の都大路は
柳・えんじゅの並木みち

朱ぬりの車は行きこうて
鳳凰（＝名天子）さまがお住まいじゃ
すぐれたお方がわんさとおられ
たみくさどもをみちびきたもう

名君苻堅の理想主義

実際に、苻堅は宰相王猛以下の官僚たちに補佐されて、きわめて中国的な徳治《とくち》主義の政治を行ったし、三七五年に王猛が死んだのちにも、なおその政治理念を一貫して堅持しつづけた。たとえば、三七三年に東晋から四川省を奪取し、三七六年、甘粛省から西域にかけて独立していた前涼国を併合し、広大な華北全土に君臨する大帝国をつくりあげたとき、西域諸国は続々と朝貢してきたが、その中には、かの漢の武帝をして、これを獲得するために狂奔させたほどの有名な逸品、大宛《フェルガーナ》国の汗血馬もあった。しかし、苻堅は漢の文帝の故事にならって、汗血馬を含む五百種以上の珍品をことごとく返し、「馬を止むるの詩」を群臣につくらせて無欲を示している。三八二年、いまや前秦の天下統一をさまたげて、ただ一つ東南の一隅に残存する東晋に対して、苻堅はみずから江南遠征に出発する決意をかためた。その危険を予想した名僧道安《どうあん》の忠告に対して、苻堅はこう答えている。

「この遠征は領土の拡張と人口の奪取を目的とするのではない。ひたすら天下を統合して民衆の苦しみを救いたいからなのだ。……そのうえ、このたびの遠征は正義の戦いである。永《えい》嘉《か》の乱以来、江南に流寓したままの士大夫たちを故郷につれもどすのは、その難儀を救い、人材をとりたてるためであって、武力を極度に行使しようとは思わぬ」

苻堅には、谷川道雄氏が指摘するように、江南遠征を「正義と平和と文明のための戦い」と考える理想主義があったのである。しかし、その理想主義は冷厳な現実の前に無残にうちくだかれる。

前秦の崩壊

苻堅は周囲の反対をおしきって、三八三年、先鋒軍団二十五万のほかに、みずから歩兵六十万、騎兵二十七万と称せられる大軍を率いて江南に襲いかかったが、その遠征は、第六章第二節に述べたように、肥《ひ》水《すい》の一戦によって惨澹たる敗北に終わってしまった。総崩れとなった大軍のうち、軍団のまとまりを保つことのできたものは、かつて前燕から亡命して苻堅に重用されていた慕容垂の麾下三万の兵団だけであった。苻堅は供まわりわずか千騎を引き連れて、慕容垂の兵団に身を寄せるはめに陥った。

このときの慕容垂と苻堅との対応は感動的である。慕容垂の子弟や幕僚たちは、この好機に苻堅を討ち取って燕国を再興すべきだと申したてた。慕容垂は、それを退けていう。

「そなたたちのいうことはわかる。しかし、かれは一片の不信ももたずに身を寄せてきたのだ。それをどうして殺せよう。かつて私が亡命したとき、かれは私を国士として受け入れ、最高の待遇を与えてくれた。その後、王猛に殺されかけたときも、また私を晴れの身にしてくださった。その恩に対して、まだすこしも報いていない。秦国の命運がつきるなら、かれを殺すてだてはいつでもある。そのときでも函谷関《かんこくかん》より西に手はつけまい。その東で燕国を復興することができるだろう」

こうして慕容垂は敗残の皇帝苻堅を奉じて兵を集めながら西に向かう。そのとちゅう、内心では独立を期しつつも、敗戦によって民情騒然たる鄴《ぎょう》（前燕の旧都）一帯をしずめさせていただきたいと願い出た。苻堅は、それが鮮卑族慕容部の再独立への行動かもしれないと知りながら、あえて慕容垂を信頼し、それを許可して、とちゅうで別れ、自分はいまや十万ばかり集まった兵士を率いて首都長安に帰っていった。

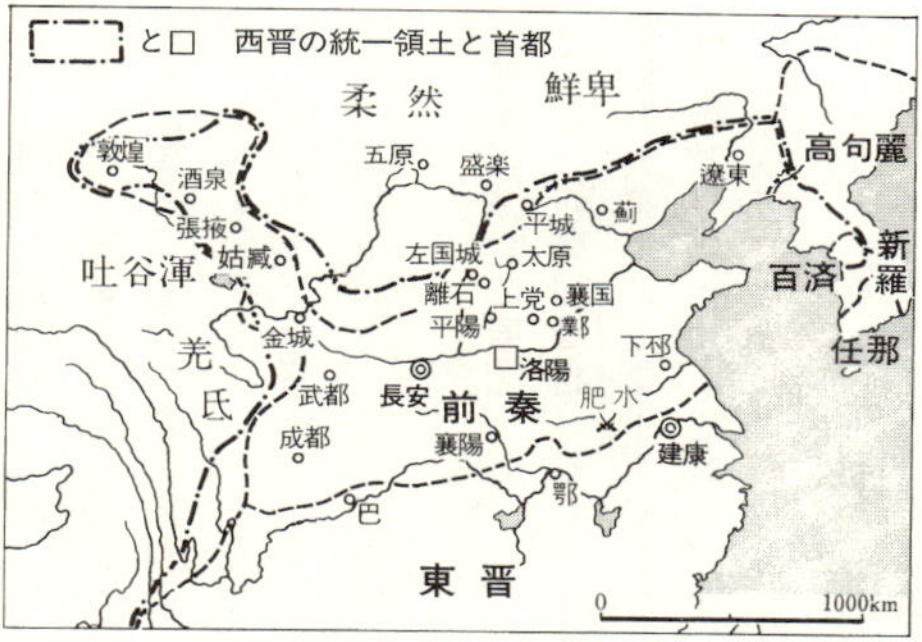

前秦主要図

　このような恩義と信頼の関係は、巨大な前秦帝国がいまや総崩れとなって分解してゆく状況を背景にしているだけに、よりいっそう感動的である。しかし、冷厳な現実の中で、そのような信頼関係は、苻堅の従臣が忠告した言葉を使えば、「小さな信」であり、「国家を軽んずる」結果をもたらすにすぎなかった。その翌三八四年に慕容垂が独立したのをはじめ、各地の鮮卑族・羌族の指導者たちは続々と独立し、三八五年、苻堅はついに、関中で独立運動を始めた羌族の姚萇《ようちょう》——族長姚弋仲《よくちゅう》の子——に捕らえられて殺される。しかし、苻堅が最後まで強烈な理想主義と道義的精神を堅持しつづけたことは、以前の五胡の諸君主に見られない特徴である。そしてまた、かれの死後も苻氏一族がその位牌を奉じて、三九四年までものあいだ、諸勢力に頑強に抵抗したことも、宗室の退廃によって自己崩壊した、かつての五胡諸国家とは異なった様相を示している。

前秦国滅亡の原因

氐族の前秦国においても、以前の五胡諸国と同様に宗室的軍事封建制があった。苻堅がそもそも兵を率いてクーデタをおこし、従兄の暴君苻生を倒して天王の地位についたことは、はじめに見たとおりである。そして、前秦においても、その体制が帝室とその一族をそれぞれ私益の拡大に走らせる要因を含んでいたことも、五胡諸国と異ならない。しかし、苻堅はこれを防いで宗室を抑え、君権を高めるために、徳治主義にもとづく天下統一の理想をかかげたのであって、この方向に推進したのが宰相王猛らの官僚であり、これが成功して華北の統一と宗室の退廃防止に成功したのである。

しかし、その徳治主義は、同族を中心とした統一帝国の建設を志向しただけでなく、さらに、他種族をも平等に扱うところまで理想化されていった。王猛はこの理想化の危険を感知して、さきに引いた慕容垂の言葉にあるように、これを早く抹殺するように建言し、また、東晋に手を出さずに、まず領内の他種族を制圧せよと遺言したが、苻堅はそれを振り切って理想主義につっ走った。併合された旧前燕国の王公は旧主の慕容暐以下、あらためて前秦国の高官に任命され、慕容垂のごときは首都圏長官の重職に任ぜられた。しかも、首都長安を中心とする関中には、多数の鮮卑族が東方から強制移住させられていたのである。

このような鮮卑優遇策は、当然、氐族の前秦国首脳部に不安をおこさせた。しかし苻堅には、「異民族も等しく赤子とみなして天下を一家のごとく混和させるのであって、徳を修めれば旧敵を恐れる必要はない」という、理想化された徳治主義の信念があった。そして三八〇年、河北省北部におこった一部宗室の反乱を平定したのち、関中の氐族十五万戸を東方のいくつかの要地に分散移住させて、治安の推持にあたらせた。

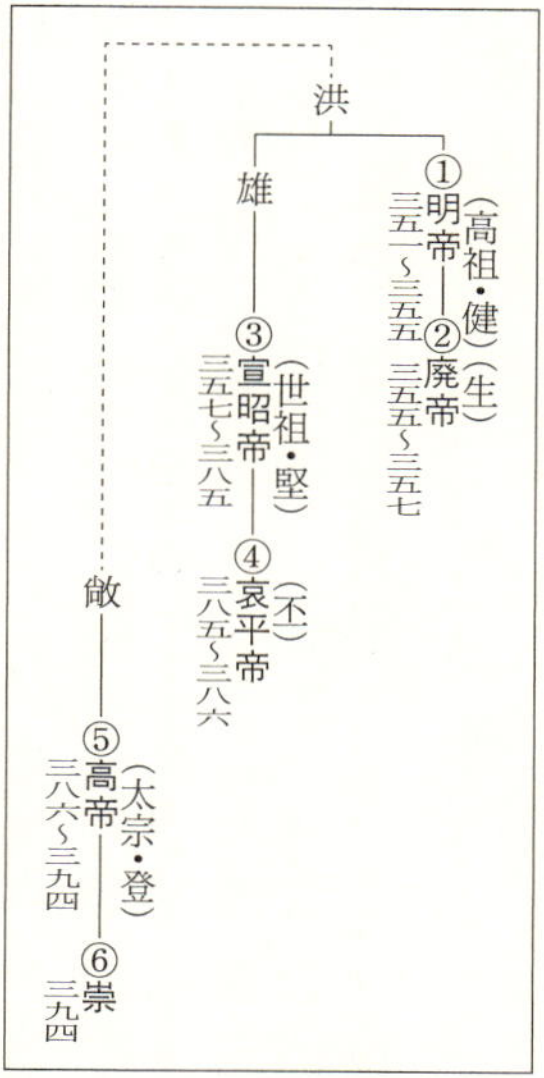

前秦（苻氏）系図

つまり、諸族混和の理想主義が、現実には前秦の中心基地を弱めるような施策をとらせたわけであり、しかも、同じ理想主義から江南遠征を敢行し、そこにおける大敗を契機として、大帝国はいっきょに瓦解したのであった。苻堅は中国伝統の徳治主義によって胡漢諸族を混和し、普遍的な統一国家をつくりあげようとしたのであったが、その理想主義は、現実に根強く存在する種族主義によって手痛い反撃を受けたといわねばならない。

こうして前秦帝国の解体後は、諸族がそれぞれ独立して、互いに興亡をくり広げ、華北はふたたび大混乱に陥った。それらの群小諸国は、やがて山西省北部から雄姿をあらわす鮮卑族拓跋《たくばつ》部の北魏帝国と、東晋から宋へと受け継がれる江南王朝との二大勢力にはさまれて、五世紀前半までにつぎつぎに消えてゆく。それら諸国について、次にかんたんに述べておこう。

華北東半部の興亡

まず、華北東半部の旧前燕領内では、さきに触れたように、三八四年、慕容垂《ぼようすい》が燕国を再興し、やがて中山《ちゅうざん》（河北省定州市）を首都として帝位についた。これを前燕と区別して後燕《ごえん》という。

また、慕容垂の独立を契機として、旧前燕皇帝慕容暐《ぼようい》の弟たちが長安の東と山西省南部に兵をおこし、これに呼応しようとした慕容暐が苻堅に殺されたのち、弟のひとり慕容沖《ぼようちゅう》が帝号を称した。この勢力は西燕とよばれる。西燕は苻堅から首都長安を奪ったが、関中に強制移住させられていた鮮卑族がその勢力の主体であり、かれらは東方に帰ることを望んだため、長安を放棄して、山西省東南部の長子《ちょうし》県を根拠地とした。しかし、すでに東方に独立していた慕容垂との間に意志疎通を欠き、三九四年、後燕はこれを討滅して併合した。

そののち後燕は、南は黄河を渡って山東省の各地を東晋から奪回し、旧前燕領をだいたい回復して、西北の北魏と対峙することになる。しかし、三九六年に慕容垂が死ぬと、宗室の間での不和が表面化し、そこへ北魏が南進を開始して、山西省から河北・河南へと殺到した。三九七年、後燕皇帝慕容宝《ぼようほう》は、首都中山を脱出して北方の旧都龍城に移り、そこで後燕国はなおしばらくのあいだ命脈を保つが、四〇九年に漢人の馮跋《ふうばつ》に国を奪われる。この漢人馮氏の国が、第二章において述べた北燕である。

三九七年における北魏の大攻勢によって、後燕の諸軍団は各地に分断されたが、その中で、南方の鄴に鎮守していた慕容徳は、北魏軍に圧迫されて黄河の南の滑台《かつだい》（河南省滑県）に移り、そこで三九八年に燕王の位についた。これを南燕とよぶ。南燕は山東省方面をおさえて、広《こう》固《こ》（山東省青州市西北）を首都とし、慕容徳は四〇〇年に帝位についたが、四一〇年、その後嗣・慕容超の世になっていたとき、すでに東晋の実力者であった劉裕《りゅうゆう》（第七章参照）の軍によって滅ぼされた。こうして五世紀の初めには、

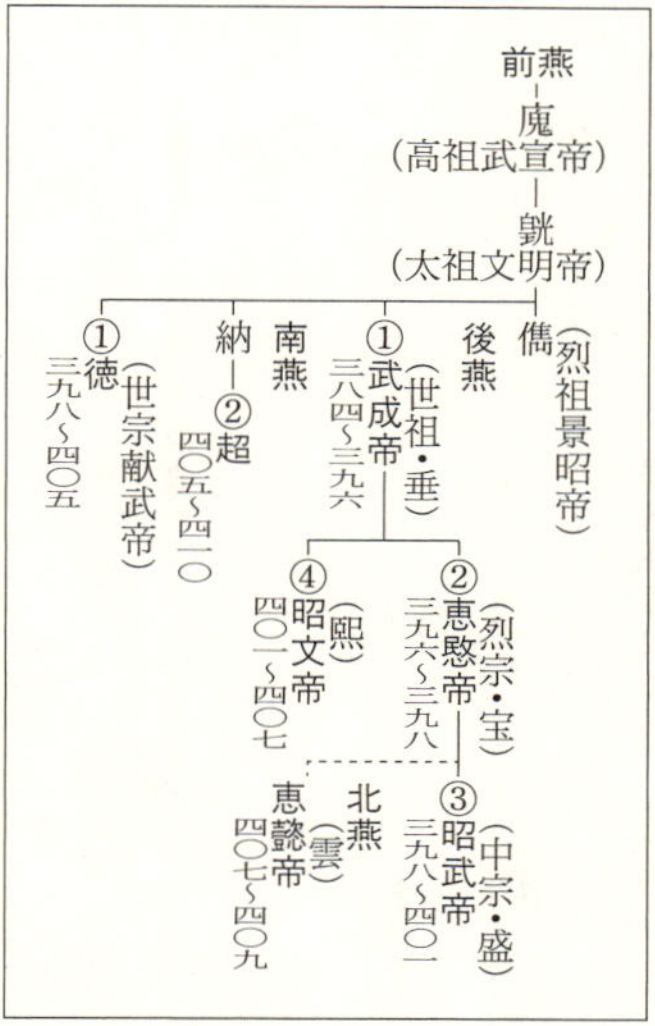

後燕（慕容氏）系図

華北東半部の旧前燕領内は、だいたい北魏の支配下にはいり、一方、実質は劉裕に指導された東晋の勢力もまた、黄河の南まで北に大きく伸びたのであった。

さて次に、前秦帝国解体後に、その根拠地であった関中一帯はどうなっていったであろうか。

華北西半部の興亡

すでに見たように、一時、長安を奪取した慕容沖らの西燕勢力は、東の山西省南部に移動していった。そして、関中一帯をおさえた中心勢力は、前秦皇帝苻堅を殺したかの羌族姚《よう》萇《ちょう》の建てた後秦国である。

姚萇はもともと、かの鮮卑族の慕容垂と同様に苻堅に仕えた将軍であり、三八三年、前秦の大軍が東晋に襲いかかったときには、苻堅に重用されて四川省方面軍総司令官の重職にあった。これが、敗戦による前秦帝国の解体期に、羌族独立運動に踏み切った事情も、鮮卑の独立をめざした慕容垂のばあいと同様である。

姚萇は苻堅を殺したのち、三八六年、慕容沖らが放棄した長安にはいって帝位についたが、名君苻堅に対して、あからさまに裏切りを行った姚萇の前に、氐《てい》族を中心とする苻氏勢力の抵抗は頑強をきわめた。かれは死闘をくりかえして、しだいにこれを圧迫していったが、その在世中には、ついに根絶することができなかった。

三九四年、帝位を継いだその子姚興《ようこう》は、ようやく前秦の残存勢力を滅ぼし、関中を安定させるために、内政の整備に努めた。こうして国力を充実したのち、この後秦《ごしん》国は西に向かって国威を伸ばす。すなわち四〇〇年には、甘粛省東南部に自立していた鮮卑族乞伏《きつぷく》氏の西秦国を降伏させ、四〇三年には河西回廊の氏族による後涼国を滅ぼして、華北西部の強国となった。その結果、かの鳩摩羅什《クマーラジーヴァ》が長安に来て、仏教興隆の気運が盛り上がったことは、すでに第二章に述べたところである。

しかし、後秦国の権威と平和も長く維持することはできなかった。西方、甘粛方面では、もっとも西に独立した漢人李氏の西涼国をはじめ、鮮卑禿髪《とくはつ》氏の南涼国、匈奴沮渠《そきょ》氏の北涼国、四〇九年に後秦からふたたび独立した鮮卑乞伏氏の西秦国、それに、かの遊牧民の吐谷《とよく》渾《こん》国まで加わって、互いに入り乱れて争いあい、後秦は、もっとも近い西秦をおさえるのに苦労する。

北魏の仏立像　（大倉集古館蔵）

さらに、北方のオルドスからは、匈奴族赫連勃勃《かくれんぼつぼつ》の夏国が興起して圧力を加え、東には華北中原を制圧した北魏、南には、すでに東晋の事実上の指導者になった劉裕といった巨大な諸勢力にも対処しなければならなくなった。

四一六年、姚興が死ぬと、五胡諸国におきまりの内部混乱が後秦国にもおこる。この後秦国めがけて、瀕死の獣を襲う禿鷹のように、周辺諸国が後秦国を攻めるが、そのなかで、四一七年、長安に一番乗りしてこの国を滅ぼしたのは、東晋の劉裕であった。しかし、かれがわずかな駐留軍を残して江南にひきあげると、赫連勃勃はただちに大軍を率いて南下し、東晋の駐留軍を一蹴して、翌四一八年、長安で帝位についた。

こうして華北西半部は、関中一帯を制圧した夏国と、四一四年に南涼を滅ぼした西秦と、四二〇年に西涼を滅ぼした北涼との三国が残存する。しかし、これらの三国は、やがて北魏の巨大な力の前に消滅してゆくことになる。われわれは、ここで章を改めて、その北魏帝国に目を向けねばならない。

第十章　北魏帝国と貴族制――五世紀の華北

一　北魏帝国の形成

鮮卑拓跋部の建国

鮮卑族のうちの慕容部が早くから中国文明を受け入れて、東方の遼河流域に燕《えん》国を形成し、さらに華北中原にまで進出したのに対して、拓跋《たくばつ》部の国家形成と中国文明への接触とは、それよりもかなりおくれる。かれらはその故地である興安嶺《こうあんれい》東麓のシラムレン流域から、多年にわたる困難な民族移動ののち、蒙疆《もうきょう》長城地帯へ出てきた。そして、三世紀の中ごろ、力微《りきび》という族長が、拓跋部を中核とする部族連合国家をつくり、盛楽《せいらく》（内蒙古自治区の和林格爾《ホリンゴール》附近）に本拠を定めた。かれは北魏の始祖とされる人物であるが、まだ脆弱《ぜいじゃく》な国家であって、かれの死後、その部族連合は崩壊した。

その後、四世紀の初め、力微の孫の猗盧《いろ》がふたたび諸部族を統合する。かれは、中原の大混乱のなかで山西省中部に孤立した晋の地方長官・劉琨《りゅうこん》を援助したため、その功によって代《だい》王の爵位を受け、山西省の句注山《こうちゅう》（代県の西）以北の地域を所領として認められた。これは

太平真君４年（443）銘仏立像　北魏太武帝のころのもの。金銅製

拓跋国家が華北に踏み出す第一歩であり、この代国にはすでに漢人の知識人たちも若干参与して、王権の強化に努めたが、部族長たちの不満が爆発して、この国家も瓦解した。

瓦解した拓跋諸部の多くは、華北を制覇した後趙国に服属したらしいが、その首都の鄴《ぎょう》に人質としてとられていた什翼犍《じゅうよくけん》が、三三八年、兄の死後、帰国を許されて代王の地位を継ぐとともに、拓跋国家の新しい形成が始まる。長年、鄴にいて中国文明の影響を受けていた什翼犍は、漢人を用いて、中国式の官僚制度と法律を整え、他方では部族長たちの子弟を侍従の職につけて、諸部族の勢力を王権に結びつけることに努力した。しかし、かれが努力してつくりあげた国家もまた、やがて華北を統一した前秦皇帝・苻堅《ふけん》の攻撃にあって、三七六年、無残にも崩れさる。什翼犍が混乱の中に死んだあと、苻堅はその国を河東・河西の二部に分割したのである。

什翼犍の孫の拓跋珪《たくばつけい》は、この苦境のあいだ、河東部を主宰した姻戚の劉庫仁《りゅうこじん》およびその部族である匈奴族・独孤《どっこ》部のてあつい保護のもとに時期を待っていた。やがて三八三年の肥水の敗戦に始まる前秦国解体の大波は、独孤部や賀蘭《がらん》部など、拓跋珪をとりまく諸部族のあいだにも多少の混乱を生じたが、三八六年、かれは諸部族に推戴されて代王の位につき、その年のうちに都を盛楽に定めて、代王を魏王と改称した。魏王国はここに始まる。これを後魏または北魏とよぶのは、漢帝国崩壊後の三世紀初めに、曹操が建てた三国時代の魏と区別するためである。

拓跋珪はその後、敵対する諸部族や、トルコ族の高車《こうしゃ》のほか、柔然《じゅうぜん》のような他種族を攻撃し、また、オルドス一帯の匈奴系部族を平定して大量の労働人口や家畜を捕獲した。しかも、このような遊牧民族特有の征服戦争によるだけでなく、他方では首都周辺の農耕にも努

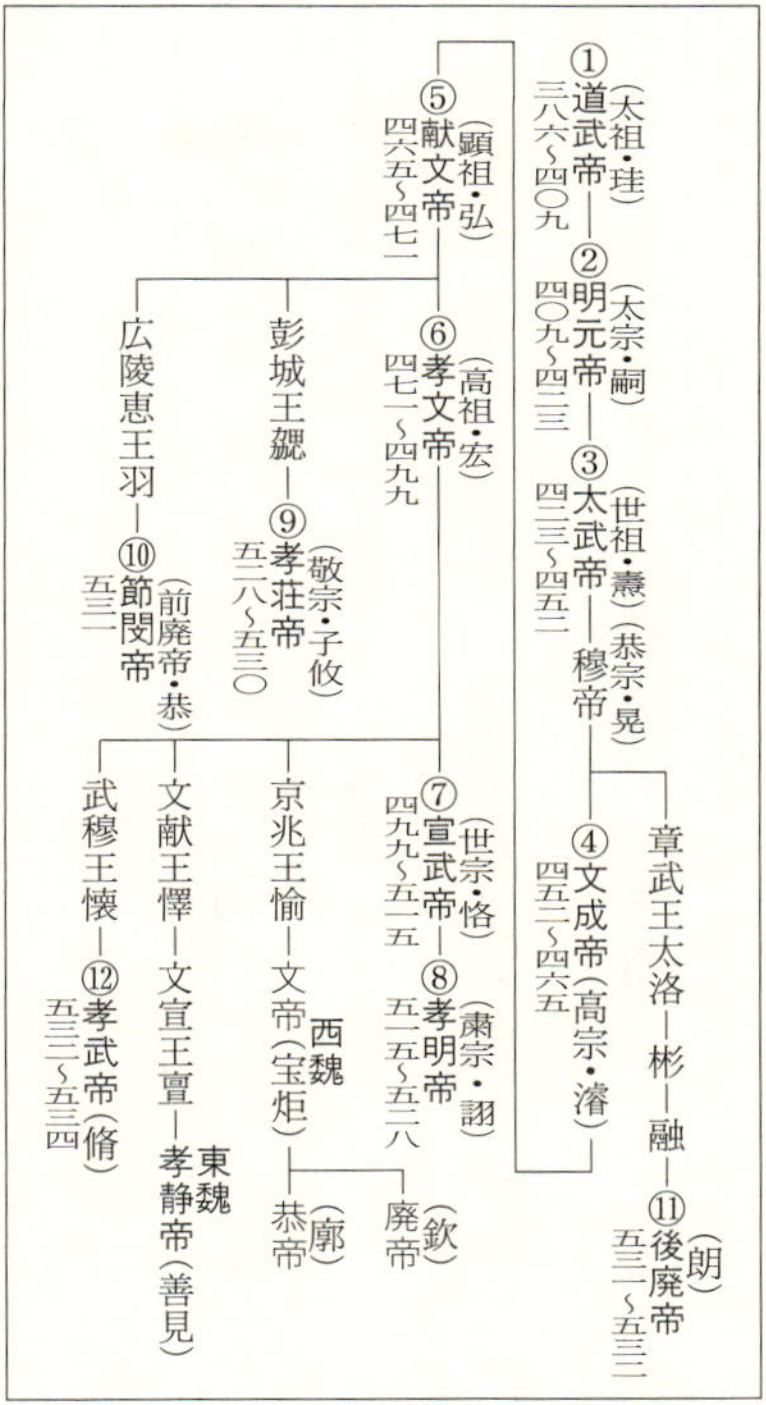

北魏（拓跋氏）系図

め、それによって国力を充実させながら、中原進出の機会をねらったのである。

そして三九六年、後燕国の慕容垂が死ぬとともに、その国の乱れに乗じて、四十万と称せられる北魏の軍勢がいっせいに中原へとなだれこみ、翌三九七年中に、だいたい黄河以北の華北平原を征服したことは、すでに前章において見たとおりである。

あくる三九八年、拓跋珪は占領地域を巡行して、後燕の旧都・中山や鄴などの要地に、総督府ともいうべき「行台《こうだい》」を設置して占領地行政の中核とした。また、その地方の旧官吏、および胡・漢の民衆十万人以上を首都周辺に強制移住させて旧勢力を破砕するとともに、これらの移民のそれぞれに一定の田地を支給し、耕作させることによって、国家財政の基礎をかためる措置をとった。

巡行から帰った拓跋珪は、首都を平城《へいじょう》（山西省大同市）に移し、皇宮を造営して皇帝の位についた。この拓跋珪が道武帝とおくり名される北魏の初代皇帝であって、ここに北魏帝国がその巨大な姿をあらわし始めたのである。

北魏の華北統一

さて、次の五世紀百年間は、四世紀も終わろうとするころに成立したこの北魏帝国が、残存する群小諸国を平定して華北全域を統一し、江南の宋・斉王朝と対峙しながら、西は遠く西域地方にまで進出する時代であり、胡族と漢族を統合する普遍的な国家社会の建設に向かって、かの前秦皇帝苻堅のようなせっかちなやり方でなく、一歩一歩、より着実に進んでいった時代だといってよいだろう。われわれは、まず北魏帝国が華北を統一していった過程を見ることにしよう。

　道武帝は四〇九年に、その子のひとりによって殺され、国内は一時動揺したが、北魏帝国創業の功臣たちは、世継ぎに指定されていた若い十八歳の拓跋嗣《たくばつし》を擁立し、これを補佐して、よく危機を乗りきることに成功した。この青年皇帝は明元帝（四〇九～四二三在位）とよばれる。かれはその後、有能な漢人官僚崔浩《さいこう》らの意見を聞き入れて、当時塞外に大きく勢力を伸ばしてきた柔然に対する警戒をおこたらず、首都周辺の畿内の安定と国力の充実とを心がけた。

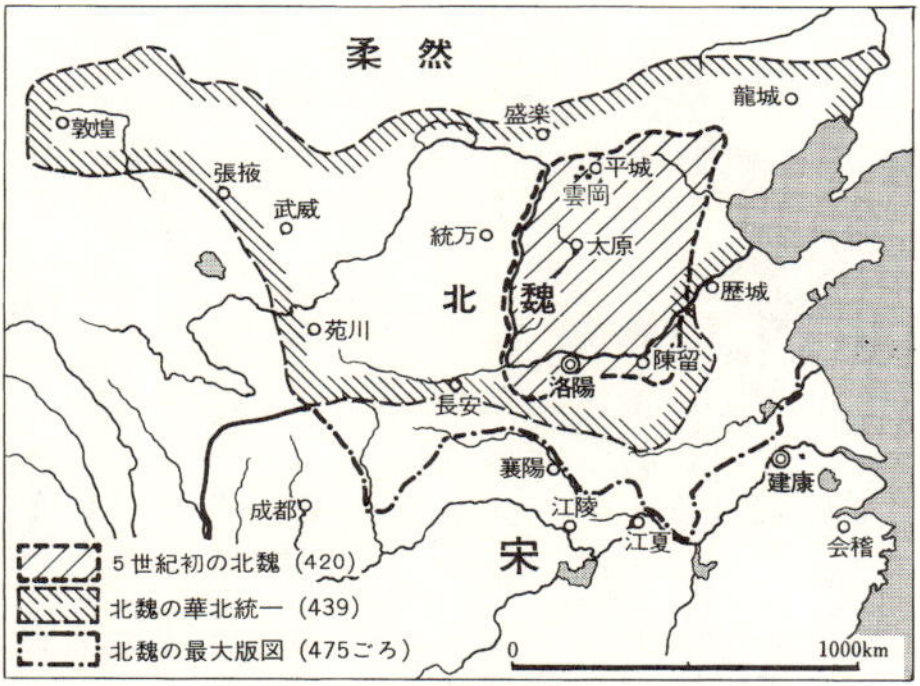

北魏領域拡大図

　その十数年にわたる治世は、周辺諸国のかなり激しい動きの中で、先帝の時代に急速に拡張した国土を、じっと守りつづけた時代であって、ただ、その最晩年に、南朝・宋の武帝、つまり劉裕が死んだ機会に、黄河渡河作戦を敢行し、洛陽を含む河南省一帯を奪取したことが注目される。

　こうしてたくわえられた北魏の国力は、次の太武帝拓跋燾《とう》の時代（四二三～四五二在位）に四方に向かって噴出した。崔浩の知略と鮮卑兵の勇猛とに支えられたその華北統一の大事業と、西方北方への遠征は、次のように進行した。

四二四〜四二五年　大挙して柔然を討ち、遠く漠北に追う。
四二六年　夏国攻撃。長安を占領。
四二七年　夏の首都・統万（陝西省横山県西）占領。
四三一年　西秦を滅ぼした夏が、最後に吐谷渾《とよくこん》に滅ぼされたあと、関中全域を占領。
四三六年　北燕国を滅ぼし、遼河流域を占領。
四三九年　北涼国を滅ぼし、華北統一を完成して、五胡十六国時代は幕を閉じた。
四四五年　西域の鄯善《ぜんぜん》を占領。
四四八年　西域の焉耆《えんき》・亀茲《クチャ》の両国を撃破し、焉耆を占領。
四四九年　柔然に大勝し、柔然はこれ以後、衰えていった。
四五〇年、最後に、太武帝はみずから大軍を率いて南征し、江北を荒らし回って揚子江北岸にまで迫り、南朝宋の首都建康を震撼させたが、けっきょくかなりの損害をこうむって北に帰らねばならなかった。

それにしても、北魏帝国が道武帝以来、三代にわたって、このように着実で順調な、しかも急速な発展をとげたことは、前章において見た五胡諸国のばあいに比べて、すこし様相を異にする。以前の諸国にあっては、帝国を創建した有能な君主が死んだのち、軍隊をもった宗室のあいだに争いがおこって、その国が瓦解するか、傍系の有能な宗室が実力で君主になるか、いずれかのばあいがほとんどであった。道武帝の死後、まだ十八歳と若い世継ぎが擁立されて、北魏帝国瓦解の危機を乗りきることができたような事情は、以前にほとんどなかったことといわねばならない。

このような北魏帝国の安定、つまり帝権の確立をもたらしたものは、道武帝が後燕を中原から駆逐して帝国を創建した三九八年ごろに、麾下の諸部落を解散させたことにあった。それまで部落を統率していた「大人《たいじん》」は、部落から切りはなされて、その統率権を奪われ、諸部落は一定の地区に定住して遊牧民的な移動を禁止された。そして、部落民は国家の直接支配を受けることになったのである。

しかし、解散された旧部落民すなわち北族が、ただちに漢人とまったく同じ立場に置かれたわけではない。かれらは、首都平城の畿外に設定された八国または八部とよばれる特別行政区に定住し、そこでは農耕が奨励されると同時に、一般の州郡の民とは異なった基準によって、軍需品の徴発が行われた。また、そこでは一般の州郡と同様に、漢族の九品官人法に似た任官制度が行われたが、旧大人の一族に対しては、部落解散の打撃を軽減するために、特別の優遇措置が講じられた。このような特別行政区は、その後しだいに縮小され、やがて太武帝の治世のあいだに、ついには消滅したらしいが、ともかく、部落解散という思いきった措置が、宗室の争いによって瓦解した五胡諸国の轍《てつ》を避け、北魏帝国の持続を可能にした最大の原因だということができる。

龍門蓮華洞菩薩頭部

北族系軍団と州鎮制

部落解散によって、鮮卑族をはじめとする北族の旧部落民は、以上のように、首都平城畿外の八国（＝八部）に再編され、その特別行政区もやがて縮小消滅していったが、その消滅によっても、北族系旧部落民がただちに漢人の社会に同化しおわったということはできない。なぜなら、かれら旧部落民から構成される北族系の兵士と、その統率者である同じ北族系の将軍たちこそ、北魏帝国の発展を支えた柱石であり、帝国の版図が拡大するにつれて、かれら北族系兵士たちは華北各地に軍隊として駐屯し、さらにその地に定住する方向をたどったからである。

道武帝の後燕国討滅から太武帝の華北統一まで、北魏帝国の拡大を推進したものは、実際にそれらの北族軍団であった。道武帝が後燕の旧勢力を粉砕するために、その国の旧官吏や胡漢の民衆十万人以上を首都周辺に強制移住させたことは、すでに述べたが、そのあとには、行台《こうだい》を置き、さらに州郡の制度を布いて民政的な支配体制をとった。しかし、後燕の旧都中山をはじめ、河北の要地には鮮卑兵を核とする国軍の一部が常駐し、占領地域に対する軍のにらみは、はなはだ強力なものであった。太武帝が夏国を征服したときにも、敵性のもっとも強い一部の旧夏国官民を首都周辺に強制移住させたのち、その旧都統万《とうまん》には「鎮《ちん》」を置き、司令官にあたる統万鎮将のもとに軍政を施行した。北燕・北涼の二国を平定したときも、この夏国征服とまったく同じ支配方式をとった。

　このように、占領地域に対する軍政組織としては、まず旧敵国の要地に「鎮」が置かれ、「鎮」の管轄する軍管区内の各地に下部組織として「戍《じゅ》」が置かれる。そして「鎮」と「戍」に駐屯する国軍を統轄するのが鎮将であった。やがて、この軍政支配は民政に移行し、鎮は州に、戍は郡に改められ、民政長官たる「刺史《しし》」が、それを統轄するようになる。しかし、軍政から民政への、そのような移管はいっきょに行われたのではなく、一定の期間は州と鎮とが併存された。たとえば、統万鎮は約六十年もの長い軍政支配ののち、ようやく四八七年に夏州と改称され、民政に移行したが、その後も、夏州刺史は統万鎮将を兼任した。つまり、北魏の華北支配は、かなり濃厚な軍政支配の色彩を帯びており、したがって、各地に駐留する北族系軍団の軍事力が、その巨大な帝国を支える根幹であったといわねばならない。

北魏の武士俑

　帝国の根幹たる北族系の国軍の中核は、首都の近衛軍団である。その兵士は羽林《うりん》・虎賁《こほん》とよばれるが、この羽林兵は国家の柱石としてもっとも名誉ある存在であった。そして、この強力な近衛軍が首都周辺ににらみをきかせ、そこに強制移住させられてきた旧敵国人——これは郡県制のもとに組みこまれる——を威圧していたのである。

羽林兵士の近衛軍が中央においてこのような役割を果したのに対して、州や鎮に駐留する北族兵団は、地方における、いわばその出店であった。それは、かつて前秦皇帝苻堅が、関中の氐《てい》族十五万戸を東方の要所要所に分散配置して治安維持にあたらせたのと、同じような役割を演じたのであるが、北魏のばあいには、近衛軍を中核として、畿内畿外がはるかに強力に制圧されていたのである。

このような北族軍団を統率するのは、主として北魏帝室の一族であり、北族系の貴族たちであった。かれらは中国式の将軍号を肩書きとし、軍府を開いて属官を置いていた。これらの軍団に、営戸《えいこ》が従属していたことも、前燕国のばあいに見たのと同様であった（三二八ページ）。いわゆる軍事的封建制の様相は、ここでも依然として存在するのである。

しかし、部落解散をへたのちの北魏では、軍団統率者としての宗室や貴族と、軍団を構成する北族兵士たちとの癒着度がはるかに薄く、その統率者がいわば軍部官僚へと性格をかえていることに注意しなければならない。部族連合国家の遺制としての宗室的軍事封建制は、北魏においてもなお北族的な戦闘共同体の性格を残しながら、五胡諸国よりもさらに一歩、より普遍的な官僚体制へと近づいたといってよいだろう。

漢族知識人（士大夫）の協力

四世紀末から五世紀前半における北魏帝国の驚異的な膨張は、以上に述べた北族戦士たちの働きに負うところが多大であったが、もう一つ忘れてならないものは、漢族知識人たちの協力である。北魏がまだ代国の名で山西省北部に跼蹐《きょくせき》していたころから、そのあたりの漢族知識人はこれに協力していたが、華北の中原が後燕国の領域から北魏の支配に移るとともに、中原に残留していた一流の知識人たちが本格的に北魏の政権に参画しはじめる。そのなかで、もっとも注目すべき存在は、魏晋以来、五胡十六国時代を通じて、河北省南部、清河県の名門でありつづけた崔氏の一門である。

そのひとり崔宏《さいこう》は、道武帝に仕えて官制や律令などの創設に参画し、次の明元帝を擁立した八人の元勲のなかにもつらなっていたが、その子崔浩《さいこう》の働きはまったくめざましい。かれは道武帝にもすでに信任されたが、さきに触れたように、明元帝から太武帝の治世において、北魏の重要な政策はほとんどかれの意見に従って決定され、しかも、それが大きな効果をあげた。ことに太武帝の華北統一事業は、かれの作戦指導によって成功したといっても過言でない。

北魏貴族の風俗　漆板に色鮮やかに描かれたものの一部。山西省大同石家寨司馬金龍夫婦墓出土。全体の高さ81.5cm，幅40.5cm

実際に、戦勝を祝う宴会がもよおされたときのこと、美女のような華奢なからだつきの崔浩を指さして、太武帝はみなのものにいった。

「おまえたち、この人をよく見ろ。なよなよとして、いかにもかよわい。弓もひけず、矛《ほこ》も持てまい。だが、この胸中三寸には、なんと大兵団にもまさるものが秘められているのだ。わしが前後に勝ちいくさをつづけられたのは、みなこの人がわしを導いてくれたからなのだ」

四三一年、太武帝は勅令によって河北各地の名士数百人を召しだし、かれらをすべて官吏に任用した。その中の筆頭は、范陽《はんよう》（河北省涿州《たくしゅう》市）の名族盧玄《ろげん》であった。かれは崔浩の義弟にあたる。その後、北燕・北涼などが滅ぼされたときも、それらの国に仕えていた知名の漢人士大夫が、崔浩らの援助によって官職につくことができた例が少なくない。太武帝の治世は、崔浩らを突破口として、漢族知識人たちが北魏政府に大量に参加した時代であった。そのような情勢は、北魏帝国が胡族の王朝から中国的な貴族制の国家へと転化できる可能性を思わせた。漢族名門の出である崔浩の胸中には、江南に維持されている伝統的な中国文明の国家形態が、早くから理想像としてえがかれており、実際に、大量の漢人士大夫が政権に参与できたことは、その方向への崔浩の努力が、最初の果実を結び始めたのにちがいなかったのである。

すでに早く、四一七年に後秦国が東晋の実力者劉裕《りゅうゆう》に滅ぼされたときのこと、東晋王室の司馬氏の一族や一部の江南貴族たちは、東晋王朝を奪おうとする劉裕の迫害をさけて後秦国に亡命していたが、後秦の滅亡によって、さらに北魏に亡命したことがある。その中に、東晋第一級の貴族と称する王慧龍《おうけいりゅう》という人物がいた。崔浩の弟は、それを聞いて娘をめあわせた。崔浩自身も王慧龍を見て、いった。

第20窟大露坐仏　北魏の傑僧曇曜が時の皇帝文成帝に奏請して造像したものの一つ。全高14m，初期雲岡仏の代表作

第11窟（四面仏洞）の一部　中央石窟群の断崖外壁に点々と刻まれた小窟の一つ。北魏末期の代表的石窟

第 7 窟南壁六菩薩坐像　曇曜五窟に続く初期（5 世紀後半）石窟

雲岡（大同）石窟平面図

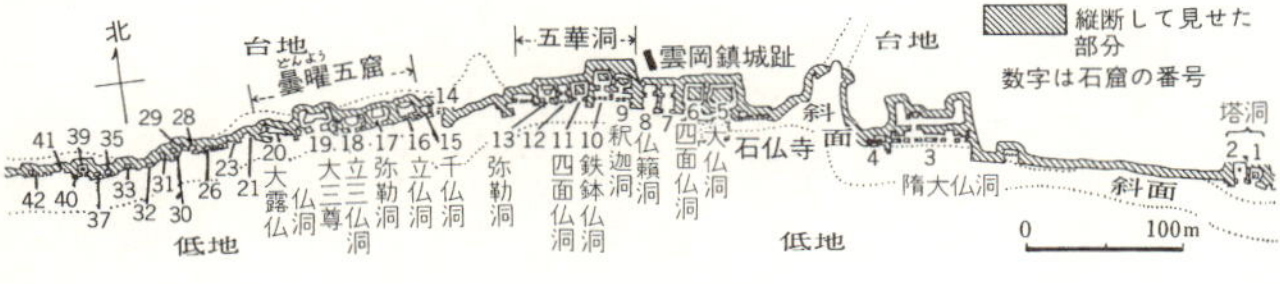

女史箴図　東晋・顧愷之作（大英博物館蔵）

「太原の王氏は代々、鼻のさきが赤くはれあがって、江南ではこれをざくろ鼻の王氏というそうだ。王慧龍は鼻がでかい。まことに貴種だ」

崔浩はこの人物をつねにほめそやしたが、それが北族にとっては、わが国を侮辱するものだ、という反感をおこさせ、ついに太武帝の前で謝罪させられたことがある。この話は、江南の貴族社会とその文明に対して、崔浩らがどれほど憧れていたかを示すと同時に、太武帝の治世の初めごろには、いまだなお中国的な国家体制へ移行することに大きな抵抗があったことを示している。

カバーおよび三五三ページの図に掲げた北魏の屏風の漆《し》画は、山西省大同市、つまり当時の首都平城の東にある司馬《ば》金龍《きんりゅう》夫婦の墓から出土したものであるが、この人は王慧龍と同じころに東晋から亡命してきたその王室司馬楚之《しばそし》の子であって、北魏政府の大臣になったのち、四八四年に死んだ人である。その画は、同時代のかの有名な雲岡《うんこう》石窟の荒々しい様式よりも、むしろ江南の洗練された絵画芸術の流れをふまえ、顧愷之《こがいし》筆「女史箴図《じょししんず》」などに近いとされる。それは、崔浩らが憧れた江南文化の香りを伝える作品だといってよいだろう。

国史事件と北魏朝廷の混乱

漢族知識人たちが北魏政府に続々と参加するにつれて、崔浩はいよいよこの国を中国的な貴族制の国家に改編しようと、工作を開始した。当時の言葉で、「姓族を分明にすること」、つまり社会的に名望家とみなされる程度に応じて、家柄の身分的な差等を明確に規定することと、それによって江南に行われているような貴族制社会のヒエラルキー秩序をつくりあげようと考えたのである。義弟の盧玄は、そんなことを希望するものはほとんどいない、まだ時期尚早だ、と反対したが、崔浩はききいれずに、強引に工作を進めた。それが、さきに王慧龍をめぐってひきおこされたような北族の反感に、油をそそいでいった。

北魏の石硯　山西省大同市出土

　たまたま崔浩らは勅命を奉じて北魏の国史編纂をつづけていたが、その国史は、中国史学の伝統に従って、たとえ国家に不利なことでも、事実をありのままに直筆するという態度で書かれていた。こうして書きあげられた国史を、石碑に刻して首都城内に建てようと提案するものが、編纂官の中にあらわれた。

それは、当時第一級の学者でもあった監修者・崔浩の名を長く後世に伝えようともちかけて、かれに媚びたのだとされている。崔浩はこれにひっかかった。皇太子もそれに賛成した。工費三百万銭をかけて、国史を彫った石碑が列をなして立てられた。

道行く人々は足をとどめて、それを読む。そこには、現在の帝室の祖先である拓跋部族が、はるか北方の文化果つるところから出てきたしだいが客観的に描写されている。北族出身者にとって、それは堪えがたい侮辱とうつり、崔浩らは国家の恥辱を暴露するものだ、という非難が囂然《ごうぜん》とまきおこった。それを聞いて激怒した太武帝は、崔浩以下の編纂官を死刑に処し、それだけではなお足らずに、崔氏一家はもちろん、その姻戚である范陽の盧氏、太原の郭氏、河東の柳氏一族にまで、処刑が波及した。ときに四五〇年六月、これが国史事件とよばれるものである。

崔浩に連累して大弾圧を受けた人々は、すべて華北における第一級の名望家に属し、いずれも学識ある文化人たちであった。それまで太武帝の絶大な信任のもとに、崔浩が営々として築きあげてきた中国的貴族制国家建設への夢は、一朝にしてつきくずされた。異民族王朝としての北魏帝国の性格が、漢族知識人たちの前に、あらためて冷厳な現実となって立ちあらわれたのであった。

太武帝はこの事件の直後、江南の漢族国家宋に対する征服戦争に踏みきったが、すでに述べたように、けっきょく江北を荒らし回っただけで、征服することができずに撤退した。

そのころ北魏の宮廷では、宦官の宗愛《そうあい》が幅をきかせていた。かれは皇太子に迫ってこれを憂死させ、四五二年には、ついに太武帝を暗殺してしまった。そのあと、自分に都合のよい太武帝の末子南安王の拓跋余を帝位につけたが、これもまた殺すという暴挙を重ねたために失脚した。

こうして、太武帝の嫡孫拓跋濬《たくばつしゅん》がわずか十三歳で帝位につく。これを文成帝（四五二〜四六五在位）といい、その死後、文成帝の子の拓跋弘《たくばつこう》が帝位を継ぐ。献文帝とよばれるこの皇帝も十二歳で即位した幼帝で、やがて実権を握った皇太后馮《ふう》氏に迫られて、在位六年ののち、四七一年、わずか五歳の拓跋宏《たくばつこう》、すなわち孝文帝に位を譲り、あげくのはてに馮太后に殺される。

国史事件ののち二十年あまり、宮廷におけるこのような血なまぐさい事件を含む時期について、史書の残した記事はあまりにも乏しい。それは、国史事件によって、国家の重要事件を記録しつづける作業が頓挫したからだと考えられている。だが、宮廷の混乱は、前秦以外の五胡諸国のばあいと同様に、北族に固有な宗室的軍事封建制の腐敗化現象と無縁ではないだろう。北魏のこの時期にも、軍隊を握る宗室・貴族が、その力をバックに私益を追求する傾向はあった。国史事件を契機に、大量の漢族知識人が弾圧されたことによって、その腐敗化現象に対する官僚側の抑止力が弱まった結果、それが宮廷の混乱という形で、氷山の一角をあらわしたのだと思われる。

二　貴族制国家への道

漢族士大夫の底力

前節で見たように、国史事件による弾圧以後、文成・献文の二帝から馮太后の摂政時代にかけて、官界における漢族士大夫たちの力は、前代の崔浩に見られたようなはなばなしさを失い、表面的には大きく減退する。崔浩とともに国史編纂にたずさわりながら、あやうく弾圧をまぬかれた高允《こういん》は、二十七年間も官位を進められなかったが、恨みの色もあらわさずに黙々と出仕して、漢族士大夫たちの指導者と目されていた。かれらは、胡族の政権のもとで日のあたらない地位にいながら、華北農村社会の秩序を支えるために、地道な努力を重ねていた。

たとえば、国史事件ののち、太武帝が江南遠征に出かけたあと、留守役として国政をあずかっていた皇太子拓跋晃《たくばつこう》は、教養のない近侍のおべっかつかいを信任して、かれらのいいなりに広大な農地を占有し、そこからの生産物を商業ルートにのせて、莫大な利益をあげていた。現在の大企業が中小企業を圧迫し、社会責任を無視することによって、一般民衆から非難のまとになっているように、皇太子の営利事業に対する非難の声は遠近に流れて、とめどもないありさまであった。高允は皇太子に忠告して、つまらぬ側近を追放し、農地を貧民に分配するよう申したてたが、けっきょく聞き入れられなかった、と『魏書』にいう。

国史事件以後に見られる北魏宮廷の混乱は、前節の最後に述べたように、北族に固有な宗室的軍事封建制が、私的な利益を追求するための機構となって腐敗してゆくことと、無関係ではなかった。そのことは、拓跋晃が側近を信任して営利行為に深入りし、つまらぬ側近がそれによって勢力を伸ばしてゆく姿によって、具体的に示されている。そのような営利行為は、一般農民を圧迫して、社会不安を生じ、ひいては華北農耕社会全体の農業生産力を低下させて、その上に立つ国家の基礎を弱めるものであった。

高允をはじめとする漢族知識人たちは、そのような方向へと傾かせないように努力したのであるが、拓跋晃が高允の忠告を聞き入れなかったことからもわかるように、文成・献文二帝の間は、かれらの抑止力は大きな効果をあげなかったと思われる。

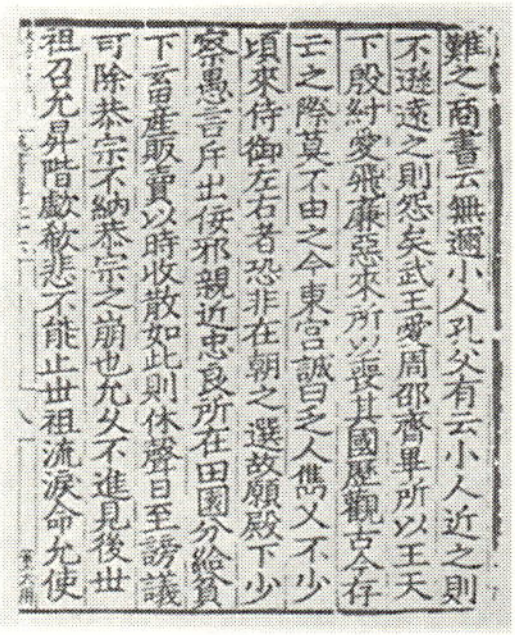
難之商書云無邇小人孔父有云小人近之則
不遜遠之則怨矣武王愛周邵齊畢所以王天
下殷紂愛飛廉惡來所以喪其國歷觀古今存
亡之際莫不由之今東宮誠曽乏人儁乂不少
頃來侍御左右者恐非在朝之選故願殿下少
察愚言斥出佞邪親近忠良所在田園分給貧
下畜産販賣以時收散如此則休聲日至謗議
可除恭宗不納恭宗之崩也允久不進見後世
祖召允昇階歔欷悲不能止世祖流淚命允使

『魏書』「高允伝」　百衲本。北魏の名臣高允を叙述したもの

しかし、かれらの影響力は徐々に北族の中にも浸透しつつあったと思われる。宮崎市定氏が指摘されるように、北魏譜代の功臣である鮮卑族の陸氏は、しだいに中国的な教養を身につけて、河東の柳氏、范陽の盧氏、さらには博陵の崔氏といった漢族社会の名門と婚姻関係を結ぶようになっていた。北族の有力者たちの間に、中国文明に対する理解が深まり、また漢人の名門の方でも、中国的な教養人となった北族を、かれらの仲間に受け入れる気運が醸成されつつあった。

ひとむかしまえ、崔浩が中国的な貴族制国家をつくろうとして、かなり強引に努力したとき、北族の間におこった拒否アレルギーは、その後の二十年あまりの間に、徐々に解消していったのである。

おりしも、南朝では五世紀後半にはいって、第七章で見たように、殺戮王たちが続出する不安定な時期にはいっていた。四六五年、迫害された宋の王族劉昶《りゅうちょう》が、供まわり二十人あまりとともに北魏に亡命したのをはじめ、しばしばおこる内乱のなかで、国境に近い地域の土豪たちは、そのもとにいる民衆とともに、北魏に帰順するものも少なくなかった。

劉昶はそれほど深い教養をもっていたわけではないが、北魏の朝廷ではかれを高く評価し尊重して、以後の制度改革にも、かれは大きな役割をはたす。江南における漢民族の貴族制社会と、その先進文明から刺激を受ける機会がふえたことも、北魏帝国が華北農耕社会に適応する方向へと進むうえで、大きな作用を及ぼしつつあった。

こうして北魏においては、漢族知識人の影響力はしだいに増大し、農耕社会を安定させる必要が自覚されていった。摂政の地位についた馮《ふう》太后は、農業奨励策を進めるとともに、大土地所有者が多くの農民家族をかかえこむことを防ぐために、監察を強めていった。そして、有名な均田法と三長制とがあい前後して施行されることになる。

三長制（隣組制度）

均田法は、趙郡《ちょうぐん》（河北省）出身の漢人官僚である李安世《りあんせい》の上疏《じょうそ》を契機として、四八五年に最初の法令が発布された。三長制は、同じく隴西郡《ろうせい》（甘粛省）出身の李沖《りちゅう》の意見に従って、四八六年に施行された。均田法の発布のほうが、三長制の施行よりも一年早いのであるが、均田法は、三長制を施行して、はじめて実際に行うことができたと思われ、また均田法規も、四九二年に制定された律令において、ようやく整備されたらしいから、われわれは、まず三長制のほうから見てゆくことにしよう。

三長制とは、戸籍をはっきりさせるための隣組制度であって、五家を一つの「隣」とし、五隣を一つの「里」に、五里を一つの「党」にまとめ、それぞれに、隣長・里長・党長を置いて、それらの長には、その中のまじめな人物を任命する。そして隣長は徭役《ようえき》免除にし、里長の家は本人のほかにもうひとり、党長の家には本人のほかにふたりを徭役免除にして、そのかわりに、管下の村落と隣り組みの家々が、きちんと税を納め、徭役人夫を出すように責任をもたせたのである。

北魏の緑釉女俑　山西省大同市出土

この制度は、当時、戸籍制度が乱れて、三十軒、あるいは五十軒にものぼる家々が、「宗主《そうしゅ》」とよばれる豪族の保護下にはいって、一家の中に含まれていた情況を是正するためのものであった。保護下にはいって、小作に似た形となった農家は、国家に徭役義務を負わないかわりに、宗主から高率の地代を搾取され、その額は国家に支払うべき税額の二倍にも達していた。このような不合理を解消し、豪族の家に含まれた農家を国家の手によって自由農にひきもどすとともに、国家財政の基礎をかためようとしたのである。

この制度は、当然、豪族たちの反対をひきおこし、豪族は三長の役職について、依然として管下の農民を私役に使うこともあったろうが、とにかく施行されて、かなりの効果をあげたらしい。そして、この三長制のもとで、各農民家族の所有地は新しく作られた戸籍に登録され、それを基礎にして均田法が施行されることになる。

均田法とその実施

現在、『魏書《ぎしょ》』「食貨志《しょっかし》」に残る均田法規は、四九二年に制定されたものであるらしいが、そのおもな内容は次のとおりである。

十五歳以上の成年男子に「露田《ろでん》」四十畝、妻には二十畝、奴婢《ぬひ》にも同じ面積をわりあてる。耕牛の所有者には、一頭につき三十畝をわりあてるが、四頭までに限る。「露田」とは、木を植えない、はだかの田地という意味で、穀物を作るための耕地である。当時の農業技術では、作物を収穫したあとの田地は、一年間、休耕するのが普通であったから、だいたい規定面積の倍、つまり成年男子には八十畝、妻には四十畝というふうにわりあてる。三年一耕のばあいには規定面積の三倍をわりあてる。その人が七十歳に達するか、死亡したときには、この露田は国家に返さねばならない。奴婢と耕牛にわりあてられた露田も、それらがいなくなれば、もちろん返還せねばならない。十五歳から七十歳までが、田租の納入と徭役の義務を負うことになっていたからである。のちの唐の制度では口分田《くぶんでん》にあたるのが、この露田である。

露田以外に、二十畝の「桑田《そうでん》」が男子にわりあてられる。これは国家に返す必要はなく、子孫に伝えることができる。唐の制度でいう永業田《えいぎょうでん》にあたり、永代所有を認められる。ただし、桑田には、養蚕のための桑五十本と、そのほかに棗《なつめ》五本、楡《にれ》三本を植え、それによって生産される絹などの一部を「調」として国家に納めねばならない。

桑の生育に適しない地方では、棗と楡を植えるための一畝の地のほかに、男子には十畝、妻には五畝の「麻田《までん》」がわりあてられ、麻布を作るように命ぜられる。麻田は桑田とちがって、露田と同じく、国家に返還せねばならない。

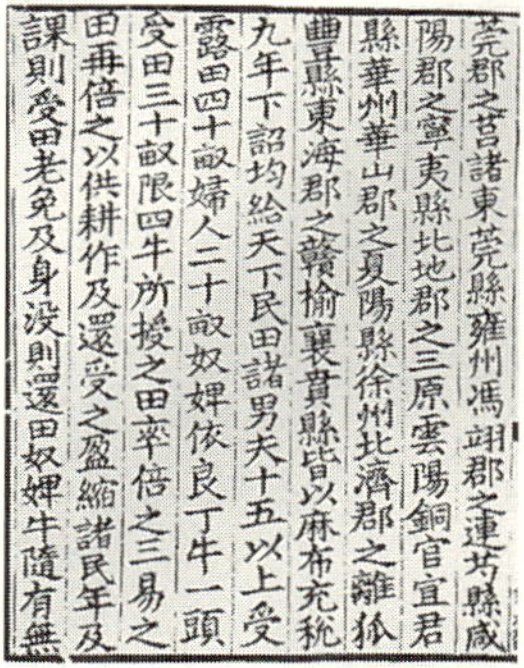
莞郡之莒諸東莞縣雍州馮翊郡之蓮芍縣咸
陽郡之寧夷縣北地郡之三原雲陽銅官宜君
縣華州華山郡之夏陽縣徐州北濟郡之離狐
豐縣東海郡之贛榆襄賁縣皆以麻布充稅
九年下詔均給天下民田諸男夫十五以上受
露田四十畝婦人二十畝奴婢依良丁牛一頭
受田三十畝限四牛所授之田率倍之三易之
田再倍之以供耕作及還受之盈縮諸民年及
課則受田老免及身沒則還田奴婢牛隨有無

『魏書』「食貨志」　均田法に関する記事が見える（太和16年＝492年）

そのほか、一般の庶民には三人に一畝、奴婢には五人に一畝ずつ、宅地がわりあてられる。

なお、地方官に対しては「公田」が支給され、刺史（州長官）に十五頃《けい》、太守（郡長官）に十頃以下、県令（県長官）と郡丞（郡次官）には六頃を与える規定が設けられた。

以上のような内容をもつ均田制は、以後、

それらの諸規定についていくらか変更されはしたが、北朝から隋唐にかけて継承され、さらに古代日本の班田収授制にまで及んだことは、よく知られているとおりである。ただ、北魏の均田法において特徴的なことは、奴婢・耕牛にまで給田されたことであって、それが奴婢・耕牛の所有者に帰することはいうまでもない。

それは、当時、大きな勢力をもって、三長制の施行にも抵抗した「宗主」、つまり大土地所有者との妥協の産物にはちがいない。しかし、三長制と均田法の施行は、そのような大土地所有の進行と、それによって生みだされる小農民の無産化とを是正して、個々の農家が自立できるだけの農地をそれぞれに確保すること、そのような自作農を育成することによって農業生産を増進させ、それを基礎にして国家財政の充実をねらったものにほかならない。

このような政策を建議し、推進した漢族知識人たちは、五胡十六国時代以来の混乱と、異民族支配のもとで、苦しい環境にありながら、華北農村社会の秩序をけんめいに維持しつづけてきた名望家であった。かれらは、むやみに自分の土地所有を拡大し、周辺の農民を無産化して、自己の隷属下に置けば、それによってかえって農業生産が低下し、農民の怨みを買って名望を失うこと、つまりは農村共同体に対する指導力が失われることを熟知していた。かれらが三長制と均田法を推進したのは、そのような立場から、北魏の支配力を借りつつ、華北の農村社会に安定した秩序をもたらそうとしたのだと考えられる。

馮太后の摂政時代に、三長制や均田制を施行し、さらに百官に対する俸禄制度を定めて、かってに民間から財をむさぼることを禁じたのは、先に述べたように、漢族知識人たちの影響力がしだいに増大した結果であるにはちがいない。しかし他方では、先に太武帝の皇太子であった拓跋晃の営利行為を見たように、ことに胡族の支配者たちの間に、拓跋晃と同じような私益の追求と腐敗現象が進行し、その弊害を是正するために、漢族知識人の意見を聞く必要が、胡族支配者にも痛感されていったからだろう。実際に、首都平城を中心とする畿内には、無産者の大群が発生する半面、他方では貴族たちが華美な生活に流れて、貧富の格差がはなはだしくなっていたのである。

龍門石窟の賓陽洞本尊

三長制・均田制はそのような情勢を是正するための施策であった。そして、四九〇年に馮太后が死んだあと、ようやく親政を開始した拓跋宏すなわち孝文帝《こうぶんてい》（四七一〜四九九在位）が、せきを切ったような勢いで、いわゆる漢化《かんか》政策を推進するのも、一つには、そのような胡族国家の体質を改善しようと考えたからだろう。

孝文帝は、中国の教養を完全に身につけた文化人であった。経書や史書はもちろん、老荘の学から仏教の教義にまで深い理解をもち、かれの作る文章はみごとなもので、三長制が施行された四八六年以後の詔勅は、すべてかれの自筆に成るといわれる。このような教養人が、南朝に維持されている先進的な中国文明の国家体制をまねようとするのも当然である。しかし、かれの国家改造に対する熱意は、たんに、かれ個人の好みからきたのではないだろう。平城を中心とする畿内での鮮卑貴族の腐敗と、そのような辺鄙な地域から少数の鮮卑族によって広大な華北を統治せねばならぬ困難とを思うとき、乾坤一擲《けんこんいってき》の打開策をうちだす必要が感じられたにちがいない。

こうして、四九三年、平城から洛陽への遷都が強行される。

洛陽遷都の強行

一世紀に及ぶ首都平城での長い生活に慣れた鮮卑人にとって、遷都はたいへんなショックであった。孝文帝は遷都を決意しながら、それを宣言せずに、大挙して南朝の斉国を親征すると称し、三十万といわれる大軍を動員して、その年の七月、平城を出発した。九月、洛陽に到着してから一週間目、しとしとと長雨の降りつづく中で、諸軍団に出発を命じた孝文帝は、みずから軍服に身をかため、馬にまたがり、鞭を手にしてあらわれた。大臣の李沖らをはじめ、群臣はみな馬前にひれ伏して諫《いさ》めた。

「このたびの遠征は、だれひとりとして願ってはおりませぬ。陛下だけがお望みのこと。おひとりで行かれることになりますぞ。なにとぞ思いとどまられますように」

帝は、激怒して叱りつける。

「おれが天下を統一しようとしておるのに、おまえら儒者どもは計画に疑いをさしはさむのか。死刑に処することもできるのだ。もう、いうな」

馬に鞭うって出かけようとする。軍司令官の大叔父、安定王の拓跋休らは涙を流して諫《かん》言《げん》をくりかえした。ようやくのこと、孝文帝は群臣にいう。

「興奮しすぎたようだ。成功しそうにないことをやっては、後への示しにもなるまい。朕は代々北方にいたが、かねてから中原に移りたいと思っていた。いま南征しないとなれば、ここに都を遷そうと思うが、王たち以下、どうだ。遷都に賛成のものは左側に、不賛成のものは右側にならべ！」

江南遠征よりも洛陽遷都のほうがましだと思った群臣たちは、もはや反対を唱えるものもなく、ここにようやく遷都が決定されたのであった。

ただちに洛陽の宮城造営が始められた。帝は中原の州郡を巡行し、鄴《ぎょう》でその年を越して、北に帰る意志のないことを示した。平城には、信任する叔父の任城王拓跋澄《たくばつちょう》を派遣して、遷都を伝えるとともに、旧都が恐慌に陥らないように鎮撫させた。孝文帝は、翌年の春、ようやく平城にもどって、百官とその家族に新都への移住を命じ、その秋、祖先の皇帝たちの位牌を奉じて洛陽に帰ってきた。

三　貴族制国家の成立

胡族の国家から中国的国家へ

洛陽は、はるか昔の東周のことはさておくとしても、後漢から魏晋にかけて、天下の中心であったこと、いうまでもない。この由緒ある地に首都を定めたことは、北魏帝国が胡族の国家から脱皮して、魏晋の伝統を継ぐ中国的な天下国家へと飛躍する象徴でもあった。長い戦乱で荒れた洛陽の町に、新都造営の活気あふれる槌の音がひびいているあいだ、鄴の仮御殿で越年した孝文帝は、おりしも南朝の斉国から亡命してきた王粛《おうしゅく》を引見した。それは南朝における第一級の貴族、かの有名な琅邪《ろうや》の王氏のひとりである。王粛との対話は、まず混乱期にのめりこんだ斉国を討滅して、天下を統一する方策から始まったというが、南朝の進んだ貴族制社会の現状と、その問題点へと話が発展したのは当然である。青年皇帝は、この最新の情報に目を輝かせ、時の移るのも忘れて対話に熱中した。もっとも新しい、あるべき貴族制国家のあり方が構想され、王粛はこれ以後、孝文帝をたすけて、文物制度の制定に重要な役割を演ずる。

四九三年に始まる遷都と国家改造の大事業は、まことに多忙をきわめたものであった。一方では、国家権力の基幹としての軍事力を確保するために、河南省汲県付近に大牧場を設定し、つねに軍馬十万頭をそこで飼っておくことにした。西北の乾燥した寒冷地から移送され

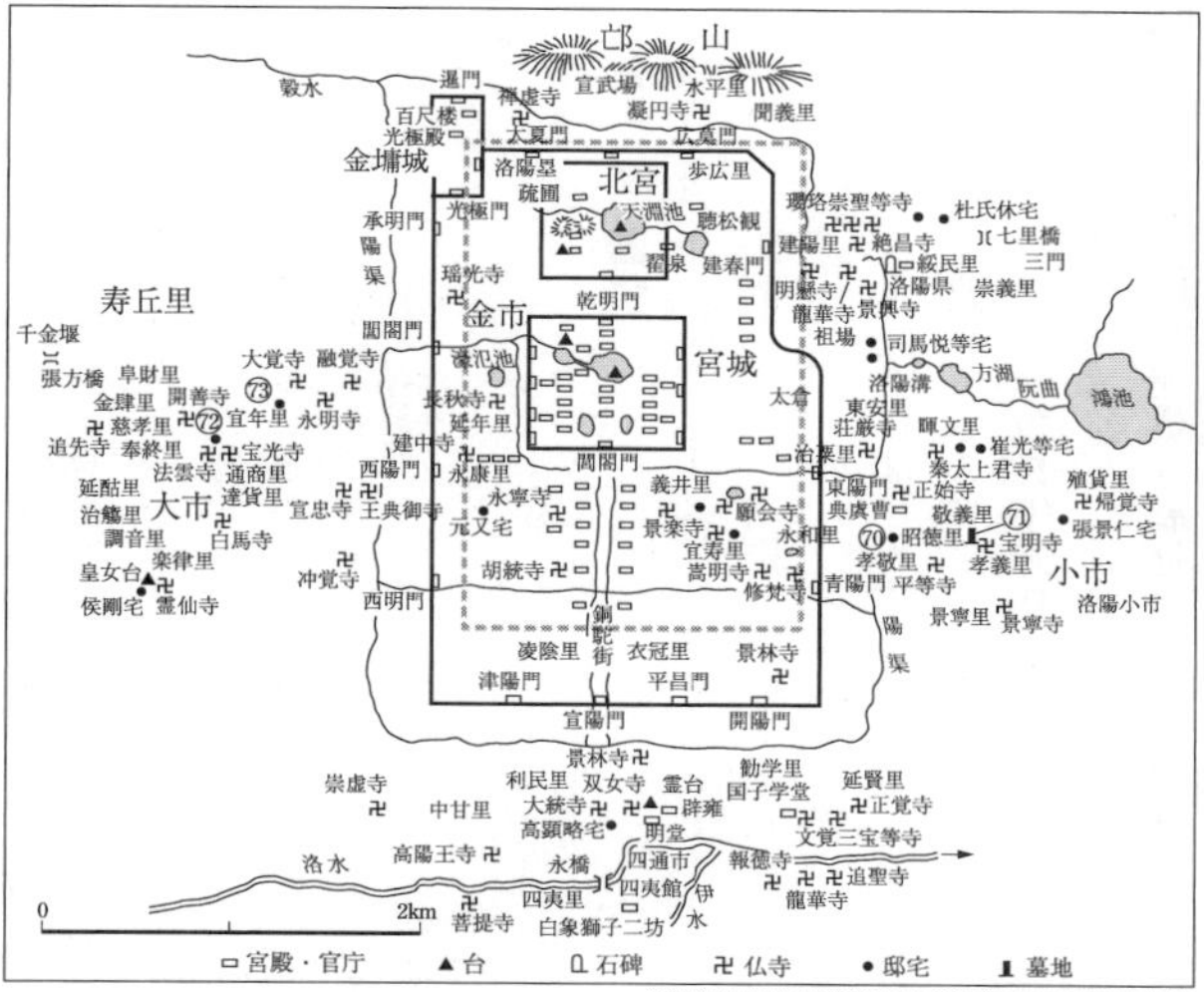

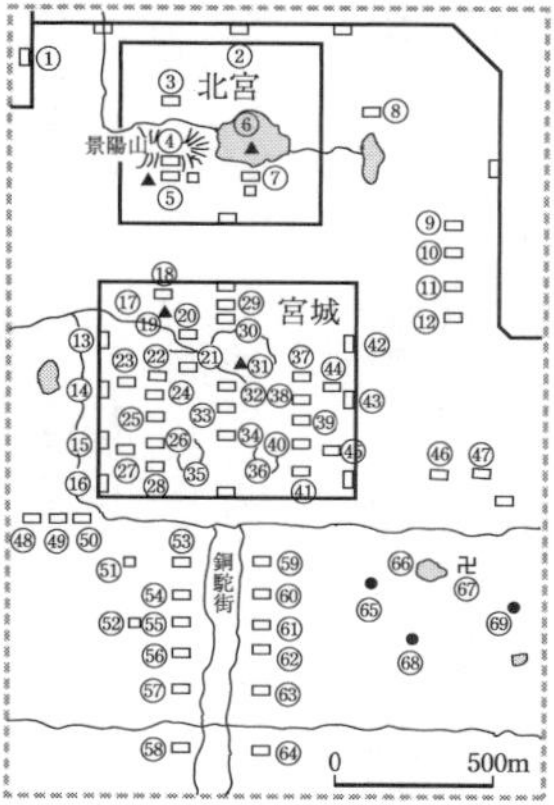

① 含春門　② 宣武観　③ 瑶華宮　④ 都亭　⑤ 清暑殿　⑥ 九華台　⑦ 茅茨堂　⑧ 河南尹　⑨ 旬盾署　⑩ 典農署　⑪ 籍田署　⑫ 司農寺　⑬ 千秋門　⑭ 神虎門　⑮ 通門　⑯ 掖門　⑰ 西游園　⑱ 涼風観　⑲ 凌雲台　⑳ 宣慈観

㉑ 九龍殿　㉒ 宣極殿　㉓ 西柏堂　㉔ 茅茨堂　㉕ 式乾殿　㉖ 徽音殿　㉗ 凝閑堂　㉘ 清暑殿　㉙ 建始殿　㉚ 嘉福殿　㉛ 霊芝釣台　㉜ 宣光殿　㉝ 顕揚殿　㉞ 太極殿　㉟ 沈頫池　㊱ 流化池　㊲ 光極殿　㊳ 清徽堂　㊴ 含章殿　㊵ 明光殿

㊶ 観徳殿　㊷ 東華門　㊸ 雲龍門　㊹ 東堂　㊺ 含温堂　㊻ 導官署　㊼ 太倉署　㊽ 太僕寺　㊾ 乗黄署　㊿ 武庫署　51 御史台　52 昭玄曹　53 右衛府　54 太尉府　55 将作曹　56 九級府　57 太社　58 司州　59 左衛府　60 司徒府

61 国子学　62 宗正寺　63 太廟　64 護軍府　65 高肇宅　66 石崇池　67 昭儀寺　68 段暉宅　69 長孫稚等宅　70 游肇等宅　71 蘇秦冢　72 元彧宅　73 元景皓宅

北魏の洛陽城復原図

る馬が、湿度も温度も高い新しい牧場に慣れるための措置が講ぜられた。鮮卑族の武人十五万を選んで、前述の羽林《うりん》・虎賁《こほん》という近衛軍団が編成された。そのうちに、文武百官とその家族も平城から洛陽に移住を完了した。

他方で風俗の転換が指令された。胡服を着ることは禁止され、朝廷では北族の言語をやめて、中国語を用いることが命ぜられた。もっとも、「三十歳以上のものは、習い性となって、にわかに改めることもできまい。しかし、三十以下で現に朝廷に出仕しているものは、これまでのように胡語を使うことはならぬ。もし故意に使えば、官位を下げる」というものであった。

習俗の中国化

北族出身者の風習を中国式に改めることの中には、胡姓を漢姓に変えることも行われた。帝室の拓跋氏は元氏に、功臣の家の達奚《たつけい》氏は奚氏にというふうに、二字以上から成る胡族の姓は、中国式の一字の姓に改められた。先に、鮮卑族の陸氏が中国風の教養を身につけて、漢族の名門とも通婚しはじめていたことを述べたが、その陸氏とは、もとは歩六孤《ほりくこ》氏という姓を中国式に改めたものにほかならない。

このように風俗習慣を中国式に改めたうえで、胡族と漢族との通婚が奨励された。婚姻関係は、現在でも家と家との社会的なつりあいを考えて、結ばれるばあいが多い。魏晋から南朝にかけて発展した貴族制社会では、家柄の社会的なランキングと、官界に占める地位の貴賤と、この両者が対応する形で固定化し、通婚範囲がそれぞれの階層内部に限定される傾向がめだっていた。華北の漢族社会でも、第一級の名望家とか、それほどでもない地方的な名望家とかいうふうに、社会的なランキングが固定しつつ、婚姻関係もあい応ずる家柄の間で結ばれる傾向にあったが、胡族の支配下では、官界におけるかれらの地位は、かならずしも安定したものではなかった。そのことは、かの国史事件における漢族名門の崔氏や、その姻戚の盧氏の運命に見られたところである。

つまり華北の漢族社会では、名望家の社会的な地位と、官界におけるその政治的な地位との対応関係が、まだ確立しておらず、その意味で、貴族制社会は未成熟であったといわねばならない。

雲岡石窟第５洞実測図

他方、胡族の社会でも、部族制の時代から、部族の統率者・支配者の層と、そうでないものとの間に身分の相違があり、帝国時代にはいってから の勲功や、北魏帝室との通婚関係もからみあって、身分の固定化する傾向が進んでいた。

先に歩六孤氏、つまり陸氏の場合に見たように、かれらの中には貴族階級にふさわしい中国風の教養を身につけたものも生まれつつある半面で、まだ賤民を娶《めと》ったり、一族が低い官職についたりしても平然としている気風が残っていた。胡族の社会に生まれつつある貴族制も

龍門石窟の供養図　北魏時代の豪族の生活風俗の一端，胡族の漢化を示している

また、まだ十分に成熟してはいなかったのである。

姓族詳定

このような実情を背景にして、孝文帝は南朝の先進的な貴族制社会に追いつこうと努力した。貴族制社会を成り立たせる原理は、人格的な資質に価値の基準を置き、しかもその資質は、代々学問教養を伝えて優秀な家風を維持してきた家においてこそ生みだされるものであって、庶民層からは例外的にすぐれた人物が出ることはあっても、そのような資質は一般には一朝一夕でつくりあげられるものではないという考え方にもとづいている。そして、種族の相違を超えたこのような人格主義的な貴族制原理こそ、当時の胡族国家の体質を超克するための、より普遍的な原理となりえたのである。

したがって、胡族と漢族との間の通婚を奨励することも、無原則に行われるのではなくて、貴族制原理によって、両者それぞれのあい応ずる階層の間で行われねばならなかった。そのためには、まず当時の漢族・胡族両者の社会における貴族制的ヒエラルキーの未熟さを、国家の手によって整備する必要があった。その作業が「姓族詳定《せいぞくしょうてい》」とよばれる施策にほかならない。

　洛陽遷都ののち、四九六年に実行されたその施策は、まず漢族の側において、范陽の盧《ろ》氏、清河の崔《さい》氏、滎陽《けいよう》（河南省滎陽県）の鄭《てい》氏、太原の王氏の「四姓」と、これに隴西《ろうせい》の李氏、趙《ちょう》郡の李氏を加えた「五姓」を、北魏帝室と通婚すべき漢族の中の第一級の貴族と認定した。そのほかの家柄についても、祖先以来三代にわたって占めた官位の高低を調べて、甲姓・乙姓・丙姓・丁姓という四つの階層に区分したらしい。このような家格の認定作業は、人材を登用して官職を授けるばあいの基準を定めるためでもあった。

　他方で、胡族に対する「姓族詳定」は、このようにして整備された漢族社会の貴族制ヒエラルキーに準じて行われる。まず、穆《ぼく》氏（もとの姓は丘穆陵《きゅうぼくりょう》）・陸氏（歩六孤）・賀氏（賀頼《がらい》）・劉氏（独孤《どくこ》）・楼氏（賀楼《がろう》）・于《う》氏（勿忸《こつじく》于《う》）・嵇《けい》氏（紇奚《きつけい》）・尉《い》氏（尉遅《うつち》）の「八姓」は、道武帝の時代以来、とくに大きな勲功を立て、最高の官爵を受けてきたから、漢族の「四姓」と同様に、帝室と通婚して恥ずかしからぬ第一級の貴族と認定された。

　そのほかの北族各氏については、部落大人の後裔かどう

	Ⅰ（注1）	Ⅱ	Ⅲ	Ⅳ	Ⅴ
漢族	四姓（五姓）	甲姓	乙姓	丙姓	丁姓
胡族	八姓	姓	族	姓・族の傍系（注2）	

胡族・漢族の家柄のヒエラルキー

注1　四姓は甲姓の中での別格であり，八姓も姓の中での別格である。したがって，広い意味で甲姓といえば四姓を含み，姓の中に八姓も含まれる

注2　傍系は姓・族から分かれた世代の遠近などによって，さらにⅣとⅤに分けられたが，規定がこまかいので，いまは省く

か、北魏の建国以来どの程度に高い官爵を占めたかによって、その高いものを「姓」とし、低いものを「族」のカテゴリーに入れた。つまり、北族の側では、(1)八姓、(2)姓、(3)族、(4)姓または族から分かれた傍系の家、というふうに分けられる。

胡族と漢族の家柄のヒエラルキーを対応させて表示すると、前ページの表のようになる。帝室の拓跋氏あらため元氏が、このような胡漢両者を通ずる貴族制ヒエラルキーのトップに立つことは、いうまでもない。こうして、貴族制国家の建設は、孝文帝による上からの、強引な施策によって、いちおうの形をととのえた。かれは、このような国家改造を強行するとともに、南朝の斉国を討滅しようと南征をつづけたが、四九九年に三十三歳で病死した。

しかし北魏は、その精力的な国家改造事業によって胡族的性格を脱皮し、堂々たる中華帝国の形をとることに成功したが、上からの改革には、国家の内部にさまざまの問題をはらんだまま、強行されざるをえなかった。それらの矛盾は、次の六世紀にはいって徐々に拡大し、やがて重大な結末をみちびくことになる。次に章を改めて、その矛盾の爆発と、新しい解決の模索の過程を見ることにしよう。

第十一章　貴族制国家から府兵制国家へ——六世紀の華北

一　北魏帝国の解体

洛陽の繁栄

孝文帝を継いだその子宣武帝（四九九～五一五在位）は、五〇一年、畿内の人夫五万五千人を動員して、首都洛陽の大規模な修築を行った。宮殿や貴族の邸宅を中心とする従来の都城の外側に、東西二十華里、南北十五華里におよぶ外城を作り、その中を東西南北に整然と通ずる道路によって三百二十三の坊に分け、約十一万戸の民家のほかに、多くの仏教寺院も収容できる大都市が、ここに誕生したのである。

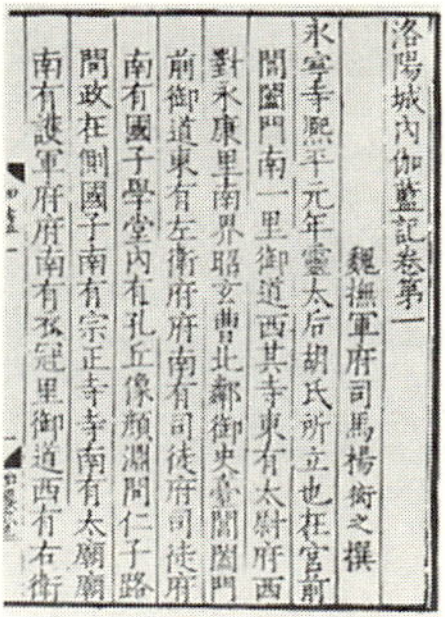
洛陽城内伽藍記巻第一
魏撫軍府司馬楊衒之撰
永寧寺熙平元年靈太后胡氏所立也在宮前
閶闔門南一里御道西其寺東有太尉府西
對永康里南界昭玄曹北鄰御史臺閶闔門
前御道東有左衛府府南有司徒府司徒府
南有國子學堂内有孔丘像顏淵問仁子路
問政在側國子南有宗正寺寺南有太廟廟
南有護軍府府南有衣冠里御道西有右衛

『洛陽伽藍記』の冒頭

仏教は、すでに五世紀の前半に、太武帝が華北統一を進める中で、北涼国を滅ぼしたとき、そこにいた僧侶三千人を捕虜とし、多数の北涼国人とともに、かれらを首都平城に強制移住させたころから、北魏の国内

かれた石窟群。北魏孝文帝の洛陽遷都(494)とともに開掘。唐窟もある

に広まっていた。やがて太武帝の宰相・崔浩は、当時の道教界の指導者となっていた寇謙之《こうけんし》とともに、帝を道教信者にして、四四六年、仏教に対する大弾圧を行わせたが、次の文成帝の時代から、ふたたび仏教は大きく伸びてゆく。平城時代における仏教興隆のあとが、先に触れた雲岡の巨大な石窟群に見られることは、すでに周知のことであろう。

洛陽遷都ののち、宣武帝と、そのあとの孝明帝（五一五〜五二八在位）の時代に、帝をはじめとする貴族の信奉と保護をうけて、仏教は北魏において空前の盛況を呈する。五一八年には、洛陽城内の仏教寺院はすでに五百、北魏の末年には千三百六十七に達し、都市の三分の一は寺院に占められるありさまであったという。その盛況と洛陽の繁栄を今に伝えるものに、楊衒之《ようげんし》の『洛陽伽藍記《らくようがらんき》』という書物があり、また洛陽郊外に現存する龍門の石窟がそれを示している。

洛陽は北魏全土にひろまった仏教の一大中心地として、巨大な仏教都市であっただけではない。宣武帝の建てた永明寺には西域諸国の僧三千人がいたといわれ、また各国からの亡命者と帰化人を受けいれる施設や居住区域も、南郊には設定

龍門石窟全景　河南省洛陽南郊14キロ，伊水沿いの石灰岩の山にほりぬ

されていた。洛陽に居住した帰化人は一万世帯以上にのぼり、そのほか、外国からの使節や商人が頻繁に往来したことも、いうまでもない。珍奇な財宝が流れこみ、西域風の奇術やサーカスなどの見世物が、仏教行事に集まる民衆の雑踏に、華やかな色をそえる国際都市でもあった。

活気に満ちた雑踏は、洛陽城内の東と西に置かれた小市と大市、ことに大市と称する広い市場区域に日々見られるものだった。この市場の周辺には、多くの手工業者や商人が業種別に住みわけて、巨大な消費都市を支えるための経済活動を活発につづけていた。孝文帝のときから「太和五銖銭」などの貨幣が鋳造され、発行されはじめたことも、交換経済の進展に大きな刺激を与えていた。富裕なブルジョアたちの住む問屋街もまた軒をならべていたのである。

貴族制国家の弛緩

首都の生活が華美に流れてゆくにつれて、宮廷と貴族たちの生活もまた、いっそう華美になった。いな、宮廷生活がまず華美に傾き、それが原因となって首都全体の生活を同じ方向に刺激した。両者はたがいに因となり、果となって、社会全体が華美を追求する方向へと流れていった。そこに生ずる問題は、貴族制国家の内部における階層の間の格差、首都圏と地方、ことに辺境との間の格差の増大であり、それに対して不満をもつ人びとの増加である。それはどのようにあらわれてくるのであろうか。

前章の終わりにあげた表で見たように、孝文帝によって作られた貴族制ヒエラルキーは胡漢両者を完全に対等かつ公平に混和させることを意図するものであった。しかし、ここに注意すべきは、形の上ではそうであっても、実際の官職と政治の実権は、それほど公平に分配されたわけではなかったことである。すなわち、北魏の貴族制では、帝室・王族がつねに最高の貴族であり、これを助けるものが陸氏・穆氏をはじめとする北族の八姓だったということである。高位高官は、宗室とこれら北族の貴族とが独占し、中位下位の官職に漢人が進出し、北族の中で上級貴族と認定されなかったものの多くが、実際の官職と特権からしめ出されるという結果になった。

このような情況は、まず、実権を握った宗室によって政治が左右され、皇帝の統制がきかなくなるという事態をひきおこした。諸王が実権の掌握をめぐって争いあい、皇帝は宦官の助力を得て、これを抑えようとするために、宦官の勢力が台頭する。こうした政情不安のうちに宣武帝が死んで、わずか五歳の孝明帝（五一五〜五二八在位）が即位すると、胡太后が摂政となって、そのもとで諸王と宦官との争いはとめどもなく続いていったのである。

しかも、権力につながるかれら王侯貴族は、洛陽の繁栄をバックにして、豪奢な生活を競

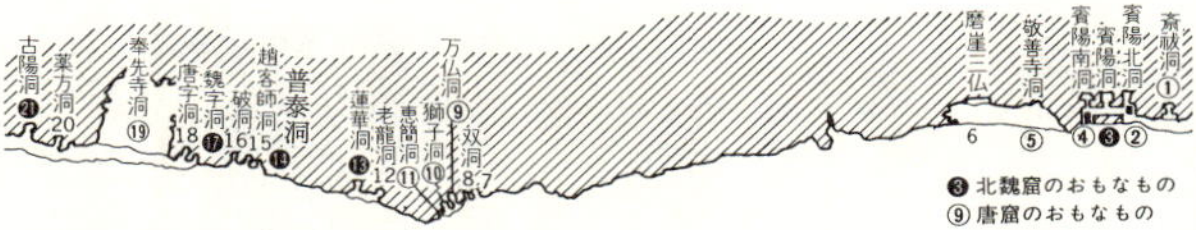

龍門石窟平面図　石窟数1352ヵ所，別に石龕785ヵ所，総計2137ヵ所におよぶ。古陽洞，賓陽洞，魏字洞などは北魏時代に，奉先寺洞などは唐代に造営された

い、収賄はもちろん、売官までが広く行われるようになっていった。そして、権力ある諸王の邸宅は皇宮に匹敵し、妓女数百人をかかえて、一夜の宴に贅《ぜい》をつくす半面、数千人の奴婢を駆使して、大土地の経営をはじめ、生産品の販売や高利貸など、さまざまな営利事業に手を出して巨利をあげた。先に見た洛陽の繁栄と壮麗な仏教寺院の乱立は、皇帝をも包みこんだこれら宮廷貴族たちの経済活動と消費ブームとに、密接に関連するものであった。

宣武帝から孝明帝の治世にかけて、六世紀のはじめ二十年あまりにおけるこのような状況をみれば、われわれは、かの北族に固有であった宗室的軍事封建制の堕落形態に通ずるものを感ぜざるをえない。もちろん、北魏はすでに早く部落解散を断行し、軍事封建制的な遺制は、ことに孝文帝によって、教養主義、人格主義にもとづく中国的な貴族制国家の体制へときりかえられていた。

しかし、宗室と後宮と宦官とをめぐる宮廷政治の混乱は、文治主義のヴェールのもとで、なお胡族的体質が露呈したもののように思われる。かれらの営利主義は、かの均田制をも、当然に有名無実なものにしていったにちがいないのである。

鍍金人物葉形文銀碗　北魏の洛陽遷都前（５世紀中期）のもの。四つの円形の環の中には西域の人物が描かれている。高さ５ cm，口径8.5cm。1970年，山西省大同市南郊北魏遺址（平城）出土

青磁唾壺　北魏・東晋にも仕えたといわれる司馬金龍の墓出土。古越磁とよばれる原始青磁の系譜に属するもの。高さ19.7cm，口 径12.8cm。1966年，山西省大同市石家寨出土

中央軍人の不満爆発＝羽林の変

貴族制的ヒエラルキーのトップ・レヴェルと、それにつながるものが以上のような状況にあったとき、格差のひろがりに対する不満は、そのヒエラルキーの下位に置かれた北族出身の軍人たちの間に鬱積していった。かれらはもともとトップ・レヴェルの北族貴族たちとともに、北魏の軍事力を支え、華北統一の大事業を完遂した功臣の子孫という誇りをもっている。それが、遷都とともに平城から洛陽に移り、羽林《うりん》・虎賁《こほん》の近衛軍団に編入されたまま、ほとんど特権らしいものも与えられずに放置されていたのである。

もちろん、かれらにも、人格主義的貴族制ヒエラルキーの中で、文官として昇進する道が完全に閉ざされていたわけではなかった。しかし、かれらの多くは教養も低く、「書計も知らず」、官吏に向かないことも事実であった。そして官吏の選考が、家格の高下とともに、

人格主義・教養主義にもとづく貴族制原理によって、「賢か愚か」を問題にされるとき、かれらの不利は決定的であった。

　しかも、中位下位の官職を占めた漢族知識人にとって、かれら軍人がそこに進出することは、自分たちの縄張りを犯されることになる。したがって、かれらの進出を極力抑えようとしたために、両者の関係は緊張していった。そのあげく五一九年、漢人名門の張《ちょう》仲瑀《ちゅうう》が、エリート・コースの官職に武人を登用しないように、と建議したとき、近衛軍人の不満はついに爆発した。羽林・虎賁の兵士千人ばかりが集まって、尚書省すなわち当時の内閣にデモをかけ、罵声をあびせて投石をくりかえしたのち、張仲瑀の邸を焼き打ちしたのである。張仲瑀は重傷を負いながら、あやうく逃げおおせたが、その父は火の中に投げこまれ、大やけどを負って二日後に死んだ。この事件が羽林の変とよばれるものである。

騎俑　北魏時代の武人，甲冑を着用している。高さ30.7cm，長さ19cm。山西省大同市石家寨司馬金龍夫婦墓出土

　胡太后摂政のもとにある政府は、姑息な処置によって一時を糊塗《こと》した。羽林・虎賁の軍人のうち、もっとも凶暴をはたらいたもの八人を死罪に処したほかは、大赦令を出して、すべて不問に付し、北族軍人の不満を解消するために、武官の地位に従って文官に横すべりさせることを承認したのである。

　しかし、官職の数は限られている。しかも、官職につく資格のあるものが、こうして激増したにもかかわらず、賢愚を判定してチェックすることができなくなった。したがって、官職への任用は、前任をやめてからの期間の長短だけを基準にして、もっとも長いものから順番をつけ、その順番どおりに進めるしか方法がなくなった。この任用法が「停年格」とよばれるものである。

地方軍人の不満の深刻化

停年格によって、爆発点にまで達した羽林・虎賁軍士の不満はいちおう解消されたが、このような人事の頽廃《たいはい》によって官界の空気が沈滞してゆくのは当然であった。そして、中央における北族軍人の不満は、これで解消したとしても、それよりはるかに深刻な重大問題は、地方、ことに辺境に配置された軍人の不満であった。

前章第一節の「州鎮制」の項で述べたように、北魏の華北支配は、要所要所に配置された「鎮」や、「鎮」が「州」にきりかえられたのちにも、なおそこに駐留する北族軍士の軍事力によって支えられていた。かれらは、中央の羽林・虎賁の軍士ほどではないにしても、やはり北魏を支える誇り高い軍人としての矜持《きょうじ》をもちつづけていた。

ところが、孝文帝以後における貴族制国家への転換は、これらの軍士を置き去りにした形で、文治主義への路線をつっ走っていった。かれらにとって、仕官への途はまったく閉ざされ、時とともに身分は低下して、鎮兵であること、軍籍にあることが通婚の妨げにさえなっていった。それは、かの羽林・虎賁の軍士よりも、はるかに惨めな境涯にとり残され、中央において貴族風の生活になじんだ同族との間に、はなはだしい格差を生じていったのである。

　その矛盾がもっとも激しかったのは、首都から遠くはなれた北方の長城地帯、国防の第一線に配置された、いわゆる北鎮であった。そして、その中の沃野《よくや》・懐朔《かいさく》・武川《ぶせん》・撫冥《ぶめい》・柔《じゅう》玄《げん》・懐荒《かいこう》の六つの鎮を中心にして、五二三年、ついに北魏帝国の崩壊をみちびく大反乱の幕が切っておとされた。これが世にいう「六鎮《りくちん》の乱」である。その反乱は、六鎮の兵士たちが、あまりにもはなはだしい差別と屈辱に対する悲憤を爆発させたものであった。

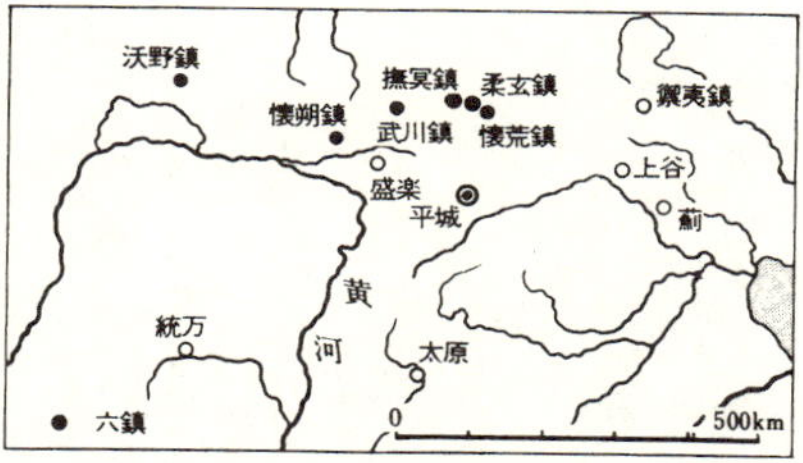

六鎮の配置図　北辺防備のため長城地帯に配置されていた

六鎮・城民の大乱

　北鎮の軍士たちは、もともと胡漢の良家の出であって、仕官の途も開かれ、徭役免除の特権も与えられていたが、先に述べたように、孝文帝のころから事態は変化していった。漢族系の軍人はやがて軍籍を免ぜられて、士大夫の生活にもどる半面で、新たに流刑者が続々と鎮兵として送りこまれ、従来からの胡族系の光栄ある軍士たちも、やがては流刑者の同類とみなされて、賤民視されるようになっていった。

　そして、かれらは「府戸《ふこ》」、つまり鎮将の開く将軍府に隷属する軍戸とよばれ、鎮将から賤民のように使役されることになる。

　しかも、はじめは帝室の中のすぐれた人物が鎮将に任命さ

城民所在地

れていたのに、洛陽への遷都以後は、北辺防衛が軽視され、鎮将には凡庸な人物ばかりが任命される状態になっていった。かれらは蓄財に熱をあげ、しかも、中央から左遷されてくる官吏たちが、これと結びついて、鎮では賄賂なしには事がはこばないありさまであった。鎮将と鎮兵との、光栄ある北魏国軍将兵の結合関係は、収奪と隷属との関係に転化したのであった。

五二三年の春、沃野鎮の、姓は破六汗《はろくかん》、名は抜陵《ばつりょう》らの鎮民は鎮将を殺し、真王元年と改元して、北魏王朝否定の旗を高くかかげた。その反乱は、たちまち六鎮全体から、東は遼西、西は甘粛《かんしゅく》にいたる長城地帯全域に波及し、あまつさえ、甘粛東南部から陝西《せんせい》にかけては、氐《てい》・羌《きょう》族を中心とする反乱まで勃発した。二十万といわれる破六汗・抜陵の反乱軍は、北魏の征討軍とこれに協力した柔然《じゅうぜん》族の軍に破られ、いったん北魏に降伏して、河北省一帯に移された。しかし、かれらは同じ北鎮の民、杜洛周《とらくしゅう》や葛栄《かつえい》らに率いられて、ふたたび河北一円を反乱にまきこみつつ、しだいに南下していった。

このように、北辺の国境地帯に勃発した反乱が、ただちに長城地帯全域から華北内部へと波及したのは、華北各地に残存していた鎮、または鎮から州へきりかえられたところにも残存していた州軍の兵士たちが、北方六鎮の鎮民たちと同じ境涯におちこんでいたからであり、その反乱に共鳴したからにほかならない。鎮民は一般の州郡の民と区別されて、軍籍に編入され、鎮城所属の民という意味で、「城民《じょうみん》」ともよばれたが、州においても軍籍に属する「城民」が各地に存在していた。そのことは、谷川道雄氏が、史書の記述から城民の存在した州を抽出した前ページの地図によって明らかである。

六鎮の反乱は、こうして城民の反乱という形で全国的な規模に拡大した。北魏帝国の支柱であるべき地方軍の、この総反乱に対して、洛陽の政府はもはやまったく無力であった。しかも、この動乱のさなかに、宮廷内部の争いはやまず、胡太后の党と孝明帝の党とが、しのぎをけずって争いあっていたのである。

そのとき、稽胡《けいこ》族の爾朱栄《じしゅえい》は、八千戸以上の部落民を擁し、その牧地には数万頭の馬を所有する族長として、秀容《しゅうよう》（山西省忻州市）一帯に大きな勢力を築いていた。北魏帝国は、自分たち鮮卑族の部落は早く解散したものの、異なった系統の北人部族に対しては部落解散を強制せず、「領民酋長《りょうみんしゅうちょう》」という名のもとに部落民を世襲統領させて朝貢関係に置くとともに、必要なときに従軍させることにしておいたのである。近衛軍以外の地方軍がすべて動揺しているとき、北魏政府

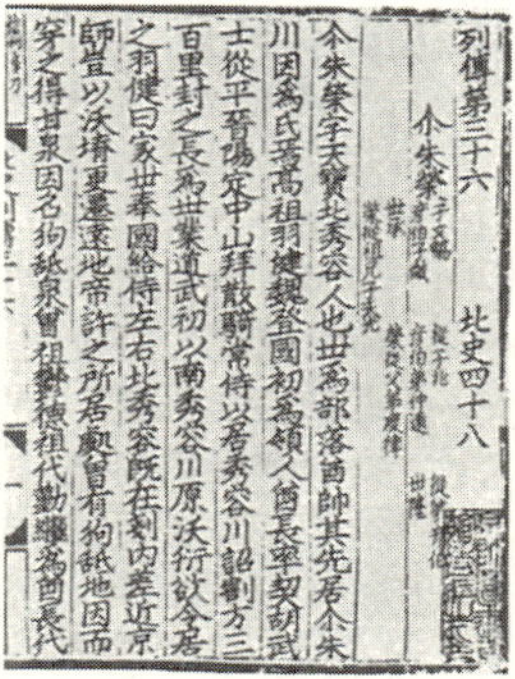
列傳第三十六　北史四十八
尒朱榮
尒朱榮字天寶北秀容人也世為部落酋帥其先居尒朱
川因為氏焉高祖羽健魏登國初為領人酋長率契胡武
士從平晉陽定中山拜散騎常侍以居秀容川詔割方三
百里封之長為世業道武初以南秀容川原沃衍欲令居
之羽健曰家世奉國給侍左右北秀容既在劃內差近京
師豈以沃塉更遷遠地帝許之所居處曾有狗舐地因而
穿之得甘泉因名狗舐泉曾祖鬱德祖代勤繼為酋長代

『北史』唐李延寿撰

は、この爾朱栄の勢力を警戒しつつも、これに援助を要請せざるをえなかった。

二 東西二重政権の出現

北魏の滅亡

爾朱栄は家財を投じて、混戦をつづける周辺の諸軍の中から、有能な武将たちを自己の陣営に引き入れていた。その中には、懐朔《かいさく》鎮民の高歓《こうかん》や、高歓とともに行動しながら、のちに南朝の梁に降伏して、しかも梁帝国を大混乱におとしいれた、かの侯景《こうけい》（第八章参照）も、すでに加わっていた。爾朱栄の軍団は、こうして旧鎮民を傘下に入れながら、強力な新興勢力に成長していったのである。

五二八年、宮廷内部で争いつづける孝明帝の党は、爾朱栄の軍を洛陽に進駐させ、これと結ぶことによって、胡太后の党を抑えようとした。爾朱栄は高歓を先鋒として洛陽に向かったが、太后の党は、その進駐前に帝を毒殺した。しかしそれは、爾朱栄に政権干渉の口実を与えることになった。かれは先帝すなわち宣武帝の従弟にあたる元子攸《しゆう》を孝荘帝（五二八～五三〇在位）として擁立し、洛陽に進駐して、乱脈をきわめた胡太后とその一派を捕え、その罪を問うて、これを黄河に投げこんだ。かれはさらに洛陽の腐敗した政界を刷新しようと意気ごんで、皇族や朝士二千人以上を河陰に虐殺した。

この暴挙は、爾朱氏に対する反発を朝野にまきおこし、爾朱栄に擁立された孝荘帝自身が腹にすえかねて、おりあらばこれを誅殺しようとねらうほどであった。しかし、強力な軍隊を率いた爾朱栄は、東方では葛栄《かつえい》の勢力を粉砕し、南では、一時洛陽に進入してきた南朝梁の軍隊を撃退し、西は関中を平定して、孝荘帝に禅譲を迫るけはいを示してきた。

五三〇年、爾朱栄が参内する機会をとらえて、帝はついにこれを誅殺し、同時に、河北各地の豪族たちに決起をうながすための使者を派遣した。これに対し、爾朱栄の甥爾朱兆は報復の軍をおこして洛陽に進入し、その年のうちに帝を殺して、他の皇族を皇帝に擁立した。この動きに対して、渤海《ぼつかい》郡の高乾《こうけん》兄弟をはじめ、同郡の封《ほう》氏、范陽の盧《ろ》氏、趙郡の李氏など、河北各地の名族はそれぞれ郷里に兵力を結集し、たがいに連携しながら、爾朱氏に対する反抗運動に立ちあがった。

このとき、爾朱兆の部将として、もとの北鎮の反民二十万あまりを統率していた高歓は、食糧調達を名目として、部下とともに東方に移動し、信都《しんと》（河北省冀《き》県）に迫ってきた。すでに信都を占拠していた高乾ら河北の名族たちは、高歓が爾朱氏から独立する意図をもつことを察知した。五三一年、両者の連携が成立し、北魏帝室のひとり元朗《げんろう》を推戴して、そのもとに連合政権を樹立した。

その翌年、高歓らの連合軍は鄴《ぎょう》を占領した。爾朱兆らはこれを討滅するために、二十万と称する大軍を各地から鄴の周辺に雲集させた。両軍の勝敗は鄴の郊外、韓陵山《かんりょうざん》の戦いにおいて決定した。大敗した爾朱氏は、もはや麾下の諸軍に対する統制力をまったく失った。旧北鎮反民系の諸軍は、かねて爾朱氏とその部族の横暴に不満をつのらせていたから、この大敗

劉懿墓誌銘　東魏時代（539年頃）の書体

を機として、逆に爾朱氏を殲滅《せんめつ》しはじめたのである。

爾朱氏が洛陽で殲滅されたのち入城した高歓は、爾朱氏の立てた皇帝（前廃帝）も、自分たちが信都において擁立した皇帝（後廃帝）も、ともに廃位に処して、新たに元脩《げんしゅう》を帝位につけた。これを孝武帝（五三二～五三四在位）というが、実権は爾朱氏の手から高歓にかわっただけであって、北魏帝国は爾朱栄が実権を握ったときから、すでに事実上は消滅していたのである。

高歓は晋陽（山西省太原市）に幕府を開いて、洛陽の北魏朝廷を操縦した。当時、長安を中心とする関中には、かの六鎮の一つ、武川鎮から南下した宇文泰《うぶんたい》らが独自の勢力を形成していた。高歓から掣肘《せいちゅう》されることを嫌った孝武帝は、五三四年、洛陽から宇文泰のもとに脱出した。高歓はやむなく他の皇族、元善見《げんぜんけん》を帝位につけた。これを孝静帝（五三四～五五〇在位）という。

こうして、孝静帝を奉ずる高歓と、孝武帝を長安に迎えた宇文泰と、この二大勢力が華北の東西に対峙する。これを東魏および西魏とよび、北魏はここに東西に分裂した。高歓は西魏に近い洛陽から、孝静帝を鄴に移して、これを新しい首都とした。以後、洛陽は東魏と西魏とのはげしい戦場に投げこまれ、繁栄をきわめたこの大都市は、ふたたび瓦礫《がれき》の山へと一転していった。それはまさしく、外見は堂々たる貴族制国家、北魏の瓦解を象徴する姿にほかならなかったのである。

東の高歓と西の宇文泰

六鎮の反乱を発端として、五二〇年代のはじめから十年あまりのあいだ、華北に吹き荒れた大動乱のあらしは、北魏帝国を完全に解体して、東の高歓と西の宇文泰とを中心とする東西二つの新しい勢力を生みだした。この新勢力を生みだした第一の原因は、北魏帝国が貴族制国家として整備されてゆく過程において、賤民化されつつあった鎮民・城民たちが、その自由身分を回復するために立ちあがったことにあった。北族戦士たちの、もりあがるこのエネルギーを結集したものが、新しい政権の第一の構成要素を形づくる。

そのことは、高歓がもともと懐朔《かいさく》鎮民の出身であり、宇文泰もまた武川鎮民から出た人物であることにおいて明白である。高歓の出自について、渤海郡の名族だと史書にいうのは疑わしく、祖父のとき以来、永年北方にいて、鮮卑風の賀六渾《がろくこん》という呼び名をもつほどに鮮卑化していたのである。

一方、宇文泰が宇文部族に属する北族であったことは、いうまでもない。かれらは、北鎮の反乱期、爾朱氏との離合の時期、東西に分かれて独立しつつ対決する時期、という困難な

黄釉加彩鎮墓獣　北魏　墓の悪気をはらい，葬者を守護する怪獣。唐三彩の魌頭《きとう》までつづく空想的怪獣。高さ34.5cm。1966年，山西省大同市石家寨司馬金龍夫婦墓出土

三段階をのりきって、それぞれに自己の覇権を確立してきたのであった。かれらが大混乱の渦中から最後の勝者として残ったのは、その間にたたきあげた武将としてのすぐれた能力と、人心を収攬《しゅうらん》するに足る政治家としての才能とに負うことはもちろんである。

しかし、かれらの成功は、その個人的な資質によるだけではない。かれらと同様に鎮民から、あるいは各地の混乱の中から成りあがった有能な武将たちが、自由を求める鎮民その他の民衆を率いて、高歓らに協力し、ともに難局をきりぬけて、時局収拾にあたったからである。

かれらは高歓とともに、あるいは宇文泰とともに、新しい政権を構築した功労者であり、当時の言葉で、「勲貴《くんき》」とよばれる。たとえば、高歓に協力した侯景などがそれであって、かれらが作りあげた軍事政権は、それらの「勲貴」、実は成りあがりの武将たちの寄り合い世帯でもあった。

高歓または宇文泰と、これらの「勲貴」たちとは、ともに苦労を分かちあってきた同輩である。高歓と宇文泰は、「勲貴」たちの中の第一人者ではあっても、多くの同輩を圧倒して、ただちにみずから皇帝の地位につくことはできなかった。成り上がり者の寄り合い世帯をま

とめ、かれらの政権を維持するためにも、伝統的な文化と権威の象徴である魏の朝廷を奉戴する必要があった。東魏（五三四〜五五〇）と西魏（五三五〜五五六）の両朝廷がこうして成立する。そして、それぞれが魏の正統後継者を主張して争うとき、それぞれの実力者の幕府は軍事的な要地に置かれねばならない。

こうして、高歓は晋陽《しんよう》に幕府を開き、鄴《ぎょう》の東魏朝廷には重臣を派遣して、これを遠隔操作した。宇文泰は華州（陝西省大茘《たいれい》県）に幕府を置いて、長安の西魏朝廷を制御した。朝廷と幕府とが別々の場所にあって、幕府が朝廷を遠隔操作するという二重政権の形ができたのである。それはまさに日本の幕府時代、ことに南北朝に分かれて争った時代を想起させるであろう。

鍍金高足の銅杯　北魏の旧都平城遺址の出土。器腹にたての四巻葉を飾り，葉間に浮彫りで人物を配置してある

東西両政権の課題

幕府の主宰者としての高歓と宇文泰に課せられた問題は、一方において朝廷を監視し制御しながら、他方では、朝廷の権威を利用しつつ同輩の「勲貴」を抑えて、その上に自己の地位を高めてゆくことにあった。すなわち、「勲貴」を抑えつつ、しかもかれらの協力を失わない形で、いかに自己を中心とする戦力の統合を果たすかが課題となったのである。

「勲貴」には、北鎮出身の胡族または胡族の風習に化した漢人が多かった。高歓の軍隊では、号令その他に鮮卑語が用いられた。しかし、渤海の高乾《こうけん》兄弟をはじめ、華北各地の漢人名望家たちが、その地の民衆を結集し、当時の言葉でいう「郷兵《きょうへい》」部隊を率いて、北鎮勢力と提携しながら、高歓の政権をつくりあげたことは、前節でのべたとおりである。「郷兵」部隊が東西に対峙する両政権を支え、それぞれの戦力の大きな部分を占めたことは、宇文泰においても高歓のばあいと同様であった。

　そして、漢人の高乾兄弟のように、その中の功労者は「勲貴」の仲間にはいっているのである。したがって、「勲貴」をどのような形で統合するかの問題は、胡族と漢族との統合と、その背後にある「郷兵」の組織化とにつながることであった。

　つまり、高歓と宇文泰とがかかえた問題の第一は、北魏末期の貴族制国家が生みだした極端な身分格差の矛盾に対して、鎮民・城民および郷兵たちがまきおこした自由回復のエネルギーを、もっとも効率の高い戦力に統合し、組織化することであり、民衆の自発性を持続させながら、いわば軍国主義体制をつくりだすことにあった。それが、対峙する相手国を倒して、生き残りうる唯一の道であった。結論を先取りしていえば、この道に成功したのが、宇文泰の開いた西魏＝北周国家であり、その道にまっすぐ進むことができずに滅亡したのが、高歓の東魏＝北斉国家であった。

　さて、西魏＝北周が、どのようにして成功していったかはのちに見ることにして、まず東魏＝北斉のばあいを見ることにしよう。東魏＝北斉が西魏＝北周のように、自発的な軍国主義体制へとスムーズに移行できなかった第一の原因は、同国が、教養ある名望家たちの多い河北・河南を中心に立地していたことであり、かれら名望家たちの文治主義が軍国主義と衝突したからである。それは、北族系武将と漢人貴族との抗争という形で尖鋭化し、胡族と漢族との統合問題がからんで、いっそう複雑な様相を呈する。

しかも、東魏では、当時なお繁栄を誇っていた南朝梁帝国の影響をまともに受けて、その高い文化水準から刺激を受けることも強かった。また、東魏＝北斉は、その文化水準が西魏＝北周よりも高かったうえに、交換経済もまた西よりもはるかに活発であった。梁帝国のそれに刺激された点もあったにちがいないが、北魏以来、東魏＝北斉の地域にはいりこんでいた西域のソグド商人たちは、西魏＝北周によって西方に直進する道が絶たれたにもかかわらず、北方の突厥を通じて西域との往来を活発に行っていたらしい。この活発な経済活動と高い文化水準は、東魏＝北斉がかんたんに軍国主義化することを妨げたのである。

われわれは、そのようなさまざまな要因が、東魏＝北斉の政治過程にどうあらわれるかを追跡することにしよう。

三　東魏＝北斉の悲劇

東魏の苦悩

五三四年、孝静帝を奉じて鄴《ぎょう》に遷都した高歓《こうかん》は、鄴都の造営を行う一方で、自分は晋陽を根拠地として爾朱氏の残存勢力を一掃し、西魏との対決に総力を結集しようとしていた。

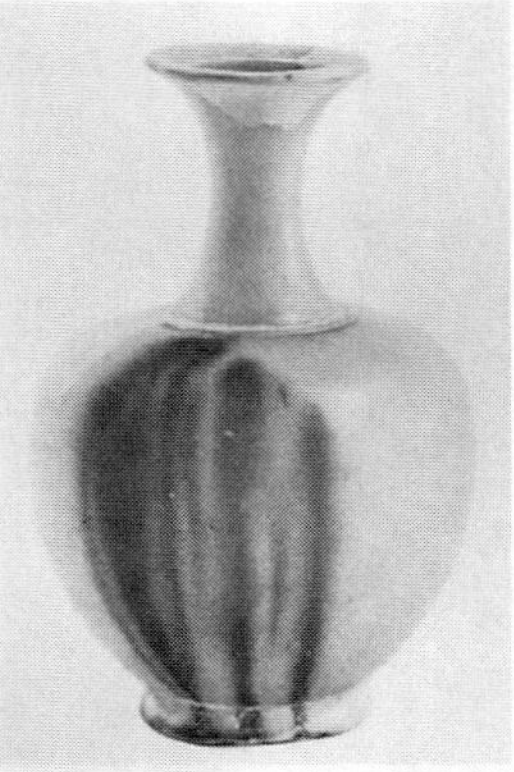

青釉緑彩瓶　北斉　唐代白磁の先駆品。全体に黄ばんだ透明釉がかかっている。高さ22cm，口径6.7cm。1971年，河南省安陽市洪河屯北斉武平6年（575）范粋墓出土

五三六年、世継ぎの高澄《こうちょう》を朝廷補佐役の名目で鄴に送り、実は朝廷を監視させた。高澄は漢人名門の崔暹《さいせん》を重用し、人材の登用に心がけて、孝静帝につながる漢族知識人を自己の傘下に集めていった。それは朝廷の力をそぐために有効な方法であったが、ここに芽ばえてくるのは、高澄傘下の漢人貴族たちによる「勲貴」抑圧の動きである。

そのころ早くも、成りあがりの武将たちの間に、地位をかさにきて暴力的に民衆から財貨をまきあげ、収賄その他の汚職行為に走る傾向がはじまっていた。高歓が西魏と事をかまえようとするのに対して、漢族知識人は、外敵よりもまず「内賊を除く」ことが先決だと主張した。「内賊」とは「勲貴」を指す。これに対して高歓はいう。

「北魏のとき以来、貧汚の気風はすでに久しい。それにいま、武将たちの家族には関中に残っているものが多く、宇文泰が武将たちに誘いをかけて、人情が安定しておらぬ。江南では蕭衍《しょうえん》（梁の武帝）じじめが学問・礼楽に心がけて、わが中原の士大夫たちは、文明の所在地として、これを羨むことはなはだしい。いま急に綱紀をひきしめて容赦なく弾圧すれば、武将はことごとく宇文泰に帰属し、士大夫はすべて蕭衍に走る。人材が流出すれ

ば、国家も瓦解する。しばらく待て」西の軍国主義と南の文明とに、いまにも引き裂かれまじき東魏の苦しい立場を、この言葉はよく象徴している。

高歓は、当面むしろ「勲貴」をおだてて、西魏討滅にふるい立たせることにした。西魏との決戦は、五三七年から五四三年まで数次にわたって行われ、山西省南部から渡河して関中に進入した高歓が、沙苑《しゃえん》に大敗したこともあった。しかし、五四三年、洛陽郊外邙山《ぼうざん》の決戦において宇文泰に決定打を与えて関中に敗走させたとき、高歓のほうも連年の戦争に疲弊して、これを追撃する余力をもたなかった。こうして洛陽の西、陝《せん》州（弘農。河南省三門峡市）の東を境にして、両国は休戦状態にはいり、それぞれ国内の整理に向かっていった。

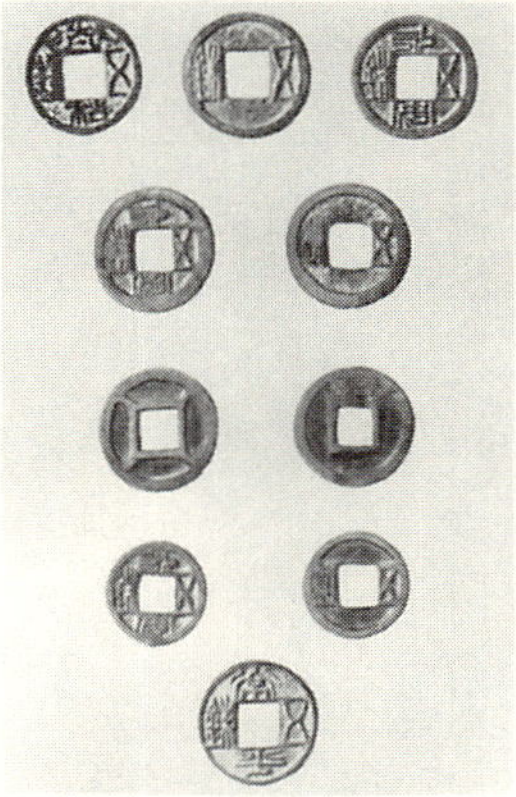

北魏と北斉の銭貨

勲貴弾圧と北斉の誕生

懸案であった「勲貴」弾圧の措置が、高歓の承認を得て、いよいよ五四四年から開始される。それは高氏の権威を高め、やがては東魏朝廷を廃止して、高氏自身の政権を樹立するための必須の措置であった。その推進者は世継ぎの高澄であり、かれをとりまく崔暹《さいせん》らの漢人貴族たちである。伝統的な文人貴族た

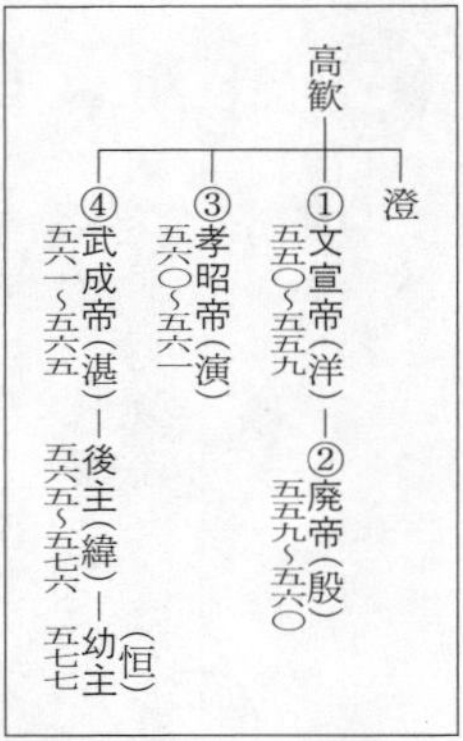

北斉（高氏）系図

ちは、高氏の傘下に、成りあがりの武将「勲貴」を抑えにかかったのである。

「勲貴」を弾圧するには、かれらの汚職という絶好の口実があった。中央にいた「勲貴」と、それにつながる人びとは投獄され、あるいは免職に処せられ、弾劾文の中には侯景《こうけい》の名も含まれていた。侯景は、いまや河南大将軍・兼司徒という最高の官職を帯び、黄河以南の領土経営を委任された総大将であった。かれは高歓の旧友として、これに兄事したが、世継ぎの高澄などは眼中に置いていなかった。「高王の在世中は、あえて異をとなえぬ。が、なくなられたら、おれはあんな鮮卑の小わっぱに協力などできるものか」と、もらす始末であった。

五四六年、高歓が病臥したとき、侯景のもとに中央への召喚状がとどけられた。それは高歓の親書の形になっていたが、実は高澄から出たことを侯景は看破した。高澄の勲貴弾圧に不満をつのらせていた侯景は、翌五四七年、高歓の死を契機として、ついに東魏に対する反乱にふみきった。そして高澄の征討軍に敗れたのち、梁帝国に降伏して、江南を大混乱にまきこんだことは、すでに第八章に述べたとおりである。

侯景を南に追いやった高澄は、とりまきの漢人貴族たちとともに、魏の孝静帝から禅譲を受ける計画を進めていった。五四九年、おりしも余人を退けて、かれらがその方法を密談していたとき、高澄は給事役の奴隷に刺殺されるという突発事件がおこった。
あとを継いだ高澄の弟高洋は、勲貴たちの反対を押しきって、五五〇年、禅譲を強行させた。それを支持し推進したのは、やはり楊愔《よういん》らの漢人貴族層であった。こうして東魏朝廷は亡び、高洋は北斉初代の文宣帝（五五〇～五五九在位）とよばれることになったのである。

文宣帝の惑乱

文宣帝は楊愔らを重用して、はじめは政治に精励した。民戸を財産の多少によって九等に分け、その戸等に応じて税と力役を負担させたり、鮮卑族の勇士を選抜して近衛軍を充実し、漢族の勇士を国境防衛軍に編入して、柔然や突厥に大勝利を博したり、あるいは、万里の長城の修築、法制の整備、乱立された郡県の整理削減をするなど、北斉の基礎を固めて、強力な国家にしたてていった。しかし、やがてかれは残虐淫乱な皇帝へと急速に傾いてゆく。

范粋墓誌　拓本　北斉の高官范粋の墓誌。当時の書風などもよくわかる。青石に刻まれている。高さ42.5cm，幅43.5cm。1971年，河南省安陽市洪河屯范粋墓出土

かれは先に見たように、「勲貴」の反

対を押しきって、漢人貴族に支持されつつ帝位についた。かれの人物が父の高歓や兄の高澄に及ばないことは、即位前からの定評であった。魏斉禅譲に反対する人に対して、支持者たる漢人貴族のとった論理は、「父兄に及ばないからこそ、早く帝位につくべきだ」というのであった。つまり、覇者としての実質が欠けた点を、皇帝という名の権威によって補うべきだというのである。

文宣帝は実を名に近づけようとして努力した。しかし、内にはかれの即位に反対した「勲貴」たちに対する不安があり、外には着々と軍国主義体制をととのえる西魏＝北周に対するいらだちがあった。努力が目に見える形で期待するほどの果実をもたらさないとき、不安といらだちが倍加する。それをまぎらすために、酒量が急速にふえてゆく。不安にさいなまれて自尊心だけが先行する暴虐皇帝の姿は、第七章で述べた南朝の宋・斉両王朝にしばしば見られたところである。それとまったく同様に、文宣帝は魏の拓跋＝元氏を皆殺しにし、即位に反対した「勲貴」や、諫言する重臣をつぎつぎに殺し、完全なアルコール中毒の惑乱の中で、五五九年に死んだ。

その惑乱した「勲貴」誅殺を、裏で操っていたのが楊愔らの漢人貴族であったことに注意する必要があるだろう。伝統的な漢人貴族と成りあがりの武将「勲貴」たちの対立が、惑乱した皇帝を踊らせたともいえるのである。

文宣帝の死後、楊愔は、太子殷《いん》（廃帝）のもとに権力を集中しようとした。鬱積していた反発はただちに諸王と勲貴の側からおこり、五六〇年、かれらはクーデタによって楊愔らを斬った。そして、その年の八月、諸王・勲貴に推されて、文宣帝の弟の常山王・演《えん》が即位した。これを孝昭帝（五六〇～五六一在位）という。

北斉の終末

孝昭帝は「勲貴」の路線に立って、文宣帝時代の弊害を改め、高歓時代に範を求めたが、落馬の事故にあって、わずか一年後に死んだ。遺詔によって、そのあとを継いだ弟の武成帝（五六一～五六五在位）の時代になると、ふたたび北族系勲貴勢力と漢人貴族との確執がはじまり、さらに西域商人の出身という和《わ》士《し》開《かい》らの恩倖《おんこう》が、君主におべっかを使うことによって大きな勢力をもってきた。恩倖の台頭は、そのバックに経済活動の活発化と、西域商人をはじめとする政商の出現があった。このことはまた、南朝の五世紀後半以後の現象と共通する。こうして、政界は北族系勲貴・漢人貴族・恩倖の三《み》つ巴《どもえ》の闘争場と化していった。

黄釉楽舞人物文扁壺　北斉，５人の舞楽人が描かれ，いずれも胡服をきた深目高鼻の胡人。携帯に便利なように作られた瓶。高さ20.3cm。1971年，河南省安陽市洪河屯　北斉武平６年（575）范粋墓出土

武成帝は文宣帝とまったく同じタイプの惑乱天子であった。恩倖・和士開の勢力は急速に伸び、政界は金によって動く乱脈な様相を帯びていった。それにもかかわ

らず漢人貴族の祖珽《そてい》は、和士開と結んで、帝権の強化と、それに密着する和士開の権力保持とのために一策を進言した。すなわち、武成帝が上皇となって太子緯《い》（後主）に譲位し、和士開が二代にわたって皇帝の恩寵を受けられるようにしようというのである。五六五年、譲位が行われて後主（五六五～五七六在位）が即位した。上皇は五六八年に死んだが、和士開の権勢はそのまわりに同類の恩倖を集めて、いよいよ盛んであった。

五七一年、和士開らの専権に対する不満は諸王・勲貴の側からおこり、クーデタによって和士開らを斬った。するとこの機会に、漢人貴族祖珽は生き残った恩倖たちと結び、後主を動かして勲貴弾圧にふみきらせ、北周を威圧していた名将斛律光《こくりつこう》までも殺してしまった。これによって北周の侵攻に対する防衛力は激減したのである。

勲貴を排除することに成功した祖珽は、文林館というアカデミーに漢人貴族・知識人を結集した。かれらにとって恩倖勢力は最後の敵である。祖珽らはいよいよ最後の対決に立ちむかった。しかし、五七三年、かれらは逆に敗北した。祖珽は失脚して病死し、文林館の知識人たちはほとんど殺されるという悲劇的な結末となった。あとにはただ、恩倖によるまったくの乱脈だけが残る。北斉は、もはや北周の侵攻の前に、まさに鎧袖《がいしゅう》一触《いっしょく》、たちまちにして崩れ去るもろさになっていたのである。

四　西魏＝北周の成功

新軍団組織＝府兵制

五七七年、自滅的な解体過程をたどりつつあった北斉は、北周の武帝（五六〇〜五七八在位）の軍によって滅ぼされ、華北はふたたび統一された。北周の軍事力を最初に組織したものは、かの西魏の実力者・宇文泰《うぶんたい》であった。かれは東魏の高歓にくらべれば、はるかに少ない兵力と貧弱な民力しかもたなかったにもかかわらず、それを効率の高い軍隊に編成していったのである。

宇文泰の勢力を支えたものは、一つには武川鎮をはじめ、北鎮から南下した北族系軍士を中心とする鎮民《ちんみん》勢力であり、二つには、かれに協力した関中の豪族たちが率いる郷兵《きょうへい》集団であったこと、高歓のばあいと同じである。しかし、宇文泰においては、この郷兵集団を積極的に組織化したことに注意しなければならない。

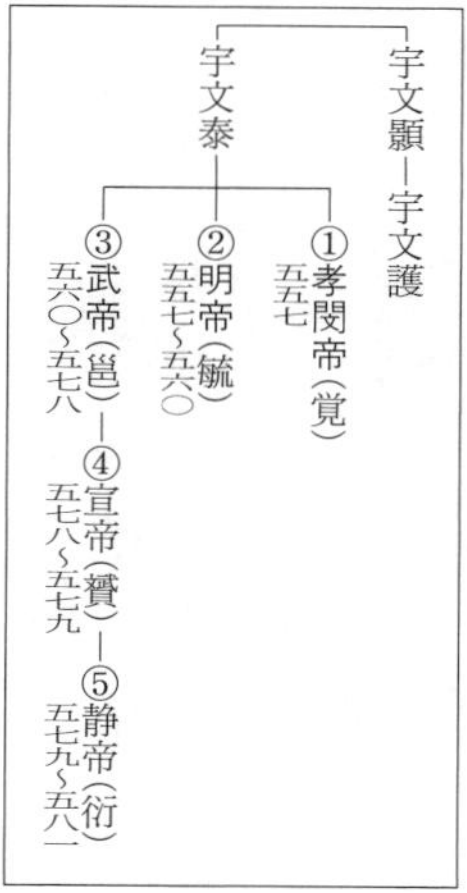

北周系図

兵力が高歓よりも少なかった宇文泰は、高歓との決戦期、ことに五四三年における邙山《ぼうざん》での敗戦後に、各地の名望あ

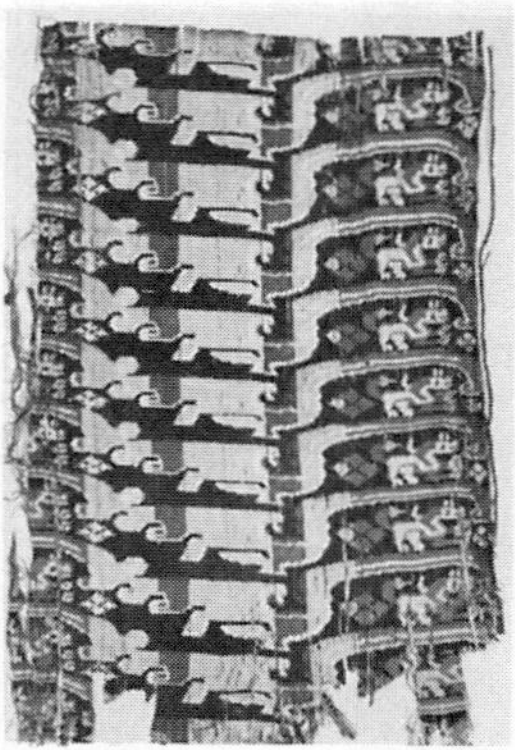

虁文《きもん》錦　北朝時代のもの，紅，藍，黄，緑，白の五色の彩糸が使われている。西域高昌の墓誌（567年）と共に出土。長さ30cm，幅16.5cm，1967年，新疆トゥルファン・アスターナ北区88号墓出土

る豪族を指名して「郷帥《きょうすい》」に任じ、それぞれの地方において郷兵の結集を積極的に推進させた。これらの郷兵部隊には、漢人だけでなく、五胡十六国時代以来、関中に多く流入していた胡族も含まれていた。そして、旧来の北魏系鎮民部隊が主として近衛軍団を構成するのに対して、やがてこれらの郷兵部隊は府兵制とよばれる軍団組織にまとめられてゆくのである。

　府兵制の組織は五五〇年ごろまでに成立したらしいが、それは全部で二十四軍から成り、「開府」と称する司令官がそれぞれ一軍を統率する。その上に「大将軍」がふたりの「開府」つまり二軍を統轄し、さらにその上に「柱国《ちゅうこく》」という肩書きの最高司令官が、ふたりの「大将軍」、つまり合計四つの軍を指揮する。そして、西魏には六人の「柱国」があった。すなわち西魏の軍は、府兵制によって六柱国—十二大将軍—二十四開府に系列化されたわけで、この全体の統轄者が、西魏の丞相兼総軍司令官である宇文泰であった。

　軍の単位の下には、いくつかの「団」があり、儀同《ぎどう》将軍・大都督《ととく》・帥《すい》都督・都督といった序列の指揮官が置かれた。郷兵部隊は以上のような軍団組織に組みこまれ、もはやかれらは

「郷兵」とよばずに、「府兵」と称せられた。府兵は「租・庸・調」の税と力役負担を免除され、戦士として必要な馬や食糧は、六軒の家がこれを提供する。いわば自弁の兵士であり、栄誉ある軍士としての自発的参加の形をとったのである。

これは、北魏末の大混乱が、北族系戦士たちの、かつての栄誉ある身分への回復運動を発端としておこったことと関連して、その自発性を生かす方向に沿ったものということができるだろう。決起した漢人の郷兵部隊においても、腐敗した貴族制下における身分格差の開きに対する反発と、自由回復への志向があった。この制度は、それらの動きに乗って、民衆の自発的エネルギーを生かすものであったと考えられる。そして、このような方策が、軍隊をかかえるための国家財政の負担を大きく軽減させたことはいうまでもない。

こうして軍団組織を整備した西魏において、柱国・大将軍という肩書きの軍司令官が最高の実力者たちであり、地位はこのような軍功の大小によって決定される。東魏＝北斉におけるような伝統的文人貴族の階層は、ここではほとんど問題にされなかった。むしろ、漢族風の教養主義は否定され、五四九年には、かの北魏の孝文帝以来、胡姓を漢姓に改めてきたものは、ふたたびもとの胡姓にもどるように命令された。漢人の官僚に胡姓を賜与することも行われた。むしろ、漢人社会を胡族化する方向さえ見られるのである。

実際に、五五四年には、これと同じ方向に沿って、

官名	人名
大冢宰	宇文泰
大司徒	●李弼
大宗伯	●趙貴
大司馬	独孤信
大司寇	于謹
大司空	侯莫陳崇

西魏の六官の制
●印は漢人，他はすべて北族出身者である

勲功の高い諸将軍を北魏建国前の三十六部族の後裔とし、次に位するものを北魏に帰属した拓跋部以外の九十九部族の子孫とみなし、それらの諸将軍が統率する軍士にも、それぞれの将軍の姓を名のらせることにした。西魏の軍団は、かつての部族連合形式における自発的戦士集団の構造になぞらえられた。西魏の軍国主義は、このような復古調を帯びた軍団の再編成に照応する。

周礼的官制の施行

そのような復古調は、官制の上にもあらわれている。すなわち、まず宇文泰の信任を得て富国強兵政策を遂行してきた蘇綽《そしやく》が、『書経』の文体にならって「大誥《たいこう》」を作り、これを公文書の模範とした。それは、魏晋以来の文章を、古に復することによって根本的に改革しようとするものであった。そのことは、五五六年に公布された「六官《りくかん》の制」において、いっそう明らかである。

「六官の制」は、漢魏以来の繁雑な官制を改めて、『周礼《しゆらい》』にのっとった簡潔素朴な形にかえそうとすることであった。それは、同じく蘇綽によって着手され、五四六年にかれが死んだのち、盧弁《ろべん》がこれをひきついで完成した。

『周礼』にしるされた周代の官制とは、大きくは六種、すなわち天地春夏秋冬にかたどって、天官・地官・春官・夏官・秋官・冬官という六つの省に分かれる。天官府の長官は大冢《ちよう》宰《さい》といい、行政を担当する。いまでいえば総理大臣にあたる。地官府の長は大司徒《しと》で教育をつかさどり、春官府の長は大宗伯《そうはく》で儀礼を、夏官府の長は大司馬《しば》で軍事を、秋官府の長は大司寇《しこう》で刑獄法律を、冬官府の長は大司空で土木工芸を、それぞれ管理したことになっている。

西魏の「六官の制」では、五五六年当時、四〇五ページの表のような人物がこれに任命された。これらの人物は、すべて先に述べた府兵軍団の最高司令官、すなわち「六柱国」と同一人物であることが注意されねばならない。しかし、行政官としてのかれらの職掌が、『周礼』にいうとおりであったかどうかは疑わしい。しかし、府兵軍団司令官がそのまま最高行政官であったことは、つまり、一種の軍国主義体制が完全にととのえられたことを意味している。

宇文泰は府兵軍団の最高総帥であると同時に、最初は丞相として、のちには大冢宰としてて、すべての行政官を統率する総理でもあった。しかしまた、いちめんでは西魏の天子に対して臣下であり、ひとりの柱国大将軍として、また、六官のひとりとして、他の柱国や五官と対等であった。

このように横につながる同僚関係を含みながら、統率と従属という縦の関係をも合わせたところに、この組織の性格が見いだされる。それは東魏＝北斉が、かの勲貴たちをついに十分には把握できなかったのに対して、西魏では、これを『周礼』の古制と北族的部族連合の形とをないまぜながら、たくみに制度化したということができる。復古調のヴェールのもとに、現実の勢力関係を生かす原理と制度が、ここに新しく作りだされたのである。

五五六年、この制度を完成した直後に宇文泰は死ぬ。孝武帝—文帝—廃帝—恭帝とつづい

北周武帝（宇文邕）

てきた西魏朝廷は、宇文泰のあとをついで実権を握ったその兄の子宇文護《うぶんご》によって禅譲を迫られた。そして宇文護は、宇文泰の世継ぎの宇文覚《うぶんかく》に禅譲を受けさせて、「天王」の位につけ、ここに北周王国が成立した。そして、軍権を掌握した宇文護は、自分を古代の周王国における周公旦《たん》の地位に比したのである。それは、西魏朝廷に対する宇文泰の地位と同じであり、先に述べた西魏の周礼的府兵制国家の構造と原理が、そのまま引き継がれたことを意味する。

北周帝国の華北統一

宇文護は、五五七年に天王宇文覚と対立すると、これを廃して、その弟宇文毓《いく》を立てたが、これまた五六〇年にこれを殺して、さらにその弟の宇文邕《よう》を立てた。これが名君といわれる北周の武帝（五六〇～五七八在位）である。宇文護は、五七二年にこの武帝によって誅殺されるまで、朝廷をこのように制圧する一方、勲貴をつぎつぎに誅殺し、自分の占める大冢宰のもとに他の五官を隷属させて、権力集中を推進していった。つまり、それは『周礼』的形式の外被をまといながら、その実質を変えていったのである。

このような集権化の路線は、『周礼』的原理のままでは国家の新しい発展が不可能であることを示すものであった。また実際に、このような集権化の下敷きがなければ、武帝による華北統一は不可能であったと思われる。府兵制国家における軍団の自発性を残しながら、その分統体制を一点に集中することがなければ、統一帝国の形成はむずかしい。武帝は宇文護から、その集中化された権力をひきついだあと、まさにそのようなバランスのとれた時点で、北斉を併合することに成功するのである。

前節で述べたように、そのころ、北斉は国内の諸力をまとめることができないどころか、「勲貴」と漢人貴族と恩倖との三《み》つ巴《どもえ》の闘争によって、自壊作用をおこしていた。北斉の後主は、最後に勝ち残った恩倖たちにとりまかれ、利己的な享楽主義の渦まく風潮に流されて、刹那の快楽を追求するばかりであった。

第八章に述べたように、南朝・陳の勢力は、宣帝の治下に、五七三年、揚子江の北から淮水の線に進出し、江淮地方を北斉の手から奪回していたが、北斉はもはやこれを押しもどす力さえもたなかった。

五七六年、北周の武帝は、そのような北斉の衰弱を見とどけたうえで、北斉に対する進撃を命令した。よく統制された北周の府兵軍団は、北斉の軍事的な要地である晋陽をめざした。北斉の後主は寵妃をともなって、遊猟がてらに、迎え討つ北斉軍の督戦にでかけた。晋陽の北斉軍は善戦したが、そのような統率者のもとでは、しょせん府兵軍団の進撃をくいとめることはできなかった。

北斉の後主は、総崩れとなった軍を放りだして、まっさきに首都の鄴《ぎょう》に逃げかえったが、もはや何の対策を講ずる能力ももってはいない。五七七年正月元日、わずか八歳の皇太子に帝位を譲り、追撃してくる北周の軍を避けて、正月三日に鄴から山東省方面に脱出した。あわよくば、黄河の南で兵を募って一旗あげ、どうしてもうまくゆかねば、南朝の陳国に亡命しては、という顔之推《がんしすい》らの進言に従ったのである。

帝位を譲られた幼い皇太子も、またその六日後に都を脱出して、父のあとを追った。北周の武帝は正月二十日に鄴に入城し、青州（山東省青州市）に逃げた後主や幼帝に対する追及をやめなかった。各地の北斉軍はもはやバラバラになって、北周に投降するものが続出する。わずか数十人の供まわりをつれただけの後主らは、陳国へ亡命しようとしたが、今までもっとも信頼してきた恩倖の中には、北周とひそかに内通して、一身の安全だけを願うものもあった。

「周の軍勢はまだ遠くにおります。青州で兵隊を募れば、南に亡命する必要はございません」

恩倖に言われて、ぐずぐずしているうちに、北周の軍勢が殺到した。まっさきに降伏したのは、その恩倖であった。後主らはみな北周軍に捕えられた。後主らを生けどりにさせると約束して、その恩倖は北周に内通していたのだといわれている。

五　新しい時代への展開

北周の滅亡

宿敵の北斉を簡単に滅ぼして、華北の統一に成功した北周の武帝にとって、天下平定への前途は洋々たるものに思われた。北斉の衰弱に乗じて北上していた南朝・陳の軍勢に対しても、かれは手痛い打撃を与えて、陳軍は萎縮した。四世紀のはじめにおける西晋の崩壊以後、三百年に近い中国の大分裂時代は、北周の武帝が統率する新しい府兵軍団の力によって、ようやく終結するきざしを見せていた。

武帝自身もまた、天下統一への意欲をもやし、その方向へと進み始めた。北斉を併合した翌年、五七八年に、陳軍に大打撃を与えて、これをひるませると、一転して北方の遊牧帝国・突厥《とっけつ》に対する親征の旅に出かけた。北斉の残党が突厥に逃げこんで、不穏な動きをやめなかったからである。しかし、その親征の途上で、武帝は病い

北周の菩薩立像　天和元年（566）の銘がある

に倒れた。親征は中止され、首都・長安にひき返した武帝は、その雄志が遂《と》げられないのを嘆きつつ、わずか三十六歳の若さで世を去った。

あとをついだ宣帝（五七八〜五七九在位）は、父の偉業をつぐ能力をまったくもっていなかった。父が北斉を併合した直後のこの時期には、旧北斉領の統治について、さまざまの容易ならぬ問題が山積していたはずである。また、宇文護《うぶんご》から父の時代にかけて、府兵制の諸軍団は皇帝の統制下に強力にまとめられてきたとはいえ、広大な旧北斉領に配置されたそれらの諸軍団をまとめるためには、占領地政策と関連して、新たな統制措置が考えられねばならなかったであろう。

ところが、父のきびしいしつけのもとに成長した宣帝は、ひとたび帝位につくと、父の威圧から解放されて、個人的な欲望を思うさまに追求し、情念のおもむく方向をなんら制御することなく、ただちにそれを行動に移し始めた。酒色にふけるのはもちろんのこと、気に入らぬ功臣たちはつぎつぎに殺され、思いつきのままに朝令暮改して、大臣たちにはなんの相談もしないありさまであった。

宣帝は即位の翌年、早くも太子の宇文衍《うぶんえん》に位を譲った。そのとき、太子は年わずかに七歳、これを静帝（五七九〜五八一在位）という。そして、宣帝はみずから天元皇帝と名のり、自分のことを「天」とよんで、「天」「高」「上」「大」といった名称は、自分以外に用いることを禁止した。「高」という姓のものは「姜《きょう》」姓に変えさせ、官名でもそれらの字のついたものは、すべて改めるしまつであった。それは、まさに内容をともなわないヒステリックな権威追求の姿を示すものにほかならず、かの北斉の文宣・武成の二帝と同様に、あるいはそれ以上に、無軌道天子の惑乱が、かえって不安といらだちとに由来することを物語るであろう。

こうして、しだいに群臣から見はなされた天元皇帝は、惑乱のすえ、その翌年、五八〇年に二十二歳の若さで死んだ。そのあと、皇后の父の楊堅《ようけん》が朝臣たちに推されて執政となり、やがて敵対勢力を倒したのち、五八一年には静帝に禅譲を迫って隋朝を創始した。北周・宣帝の惑乱は、周隋革命への道をきわめて容易なものにしたのである。

いまや隋の文帝となった楊堅は、その年のうちに、残存する旧北周王室・宇文氏を皆殺しにした。惑乱天子の宣帝は、自分一身のみならず、その国家と一族全体の墓穴をみずから掘る結果を招いたのであった。

隋の武士俑　甲冑で身をかため，盾をもつ武士。高さ21.4cm。河北省景県封氏墓出土

分裂時代の終結

隋の文帝・楊堅は、その父・楊忠のときから六柱国のひとりとして、府兵軍団を率いる一方の旗がしらであった。北周の宣帝が死ん

で、楊堅が執政の地位を占めると、旧北斉領の中心地域を鎮定していた尉遅迥《うっちけい》は、楊堅に北周簒奪《さんだつ》の意図ありと見て楊堅打倒の行動をおこしたが、この尉遅迥もまた、早くから柱国大将軍の地位にあった府兵軍団の大立て物である。両者の対決は、つまり府兵軍団どうしの対決にほかならず、そこから生まれる勝利者の権力もまた、府兵軍団の軍事力を基盤にするものにほかならない。

したがって、尉遅迥らを倒して形成された楊堅の隋帝国は、けっきょく北周以来の府兵制をその国家形成の基盤とする。隋の文帝は、北周の武帝によって達成された華北統一事業のあとをつぎ、周隋革命以後、旧北斉領を含む華北全域の安定と、府兵軍団の整備につとめたあと、五八九年、その優勢な軍事力をもって、江南の一隅に残存する陳王朝をいっきょに粉砕し、四百年に及ぶ長い分裂状態をようやく終結させたのであった。

その意味で、周隋革命による隋帝国の形成は、北周の府兵制国家を受けついで、これを発展させたものにほかならない。そして、長い混乱と分裂を最終的に収束した原動力は、西魏＝北周から隋へと発展的に継承された府兵制軍団の軍事力であったといってよいだろう。

府兵制は、すでに前節で述べたように、がんらいは武川鎮を中心とする北族系軍士たちの身分回復運動と、関中の各地における郷帥—郷兵たちの自由回復意欲とを、効率よく統合し、組織化した制度であった。それは、胡族と漢族との統合という視角から見るならば、かの北魏の孝文帝が両方の社会の上層部を中心にして、胡漢統合の貴族制社会をつくろうとしたのとはちがって、そのような上からの貴族制社会を転覆させる形で、より下層の胡族と漢族とが協同して生みだした制度にほかならない。華北における胡漢の融合は、社会のいっそう深いところから、より広い層にわたって進行し、両方の力を効果的に結集した府兵制国家が、つぎの新しい時代をきりひらいたということができる。

これに対して北斉では、そのような統合に成功しないまま、分散する諸力が相互に闘争して、けっきょく自滅したことを先に述べた。力の結集がうまく行われなかったのは、南朝の陳においても、また同様であった。第七章と第八章で述べたように、五世紀から六世紀にかけて、江南では貴族制社会を下から突きあげ、これに変容を迫る動きが、しだいに活発になっていた。

その動きが、侯景《こうけい》の乱を契機にして爆発し、こうしておこった六世紀中ごろの大混乱は巨大な下剋上の現象にほかならなかった。貴族たちが没落したあとに、江南の社会を動かす新しい実力者は、各地のやくざなどを集めた成り上がり者や、草深い田舎の土豪たちにかわっていた。陳朝は、乱立するそれらの自立的な小集団を、しっかりと一本にまとめる制度をつくりあげてはいなかった。

このように、北斉でも陳でも、国内の諸力を十分にまとめることができなかったこと、むしろ、社会の諸勢力を結集しにくい情勢があったこと、そのことこそ、府兵制国家としてのまとまりを維持し発展させた北周—隋帝国が、中国全土を制覇することのできた理由であると考えることができる。

新しい時代の課題

しかし、第八章で述べたように、陳朝治下の江南で、社会の諸勢力がまとまりにくかったのは、下剋上現象の収拾が困難であったからであり、その下剋上現象をおこした少なくとも一つの大きな原因は、江南における貨幣経済が、普通に考えられているよりも、もっと高いレヴェルに達していたからだと思われる。そしてまた、梁代に頂点に達した南朝の高い文化水準が、陳朝になっても、なお少なからず維持されていたことも、北周のような軍国主義的な体制にまとまりにくい条件となっていた。

民間における活発な経済活動と、高い文化水準とは、軍国主義的な統制を困難にする。その事情は北斉においても同様であり、武人の「勲貴」に対して、商人系の恩倖と漢人貴族との対立があったことは、そのあらわれである。つまり、北斉も陳も、その意味では当時の先進地域であり、後進地域としての関中を基盤にした北周だけが、強力な軍国主義体制をつくることに成功したのであった。

したがって、北周とその系譜をひく隋王朝が、先進地域たる旧北斉領を併合し、さらに旧南朝領域を合わせて、統一帝国を維持し発展させてゆくためには、北周以来の府兵軍団を根幹としつつも、さまざまな変容をとげねばならなかった。隋王朝になって、西魏＝北周以来の『周礼《しゅらい》』ふうの古式な官制がただちに廃止され、魏晋以来の制度に復帰したのは、その一例にしかすぎない。

しかし、それもたんなる復帰ではなく、北魏から北斉へ受けつがれた制度と、南朝において発展した制度とを合わせ、しかもその弊害を去って、新しい総合をはからねばならなかった。隋唐の諸制度が、北周系・北斉系・南朝系の三つの源から、どのようにして形成されたかについては、すでに陳寅恪《ちんいんかく》氏の『隋唐制度淵源略論稿』という名著が存し、また同じ講談社学術文庫の布目潮渢・栗原益男氏の『隋唐帝国』においても述べられている。

黄河下流風景　山東省斉河県を流れる黄河。この附近は河床が地面より高い天井川である。黄河は中国第二の大河，全長約4800km

　ここではただ、先進地城におけるひとりの知識人が、南朝の梁から西魏へ、さらに北斉へ、そしてまた北周から隋へと転々としつつ、この困難な時代を生きぬくなかで、どのような考えを抱いたか、それを見ることによって、新しい時代の課題に触れてみよう。

知識人の願い――『顔氏家訓』

その知識人とは、すでに何回か名をあげた顔之《がんし》推《すい》（五三一～五九一）である。かれは第八章で述べたように、もともと南朝の梁に仕えた人であり、第一級の貴族ではなかったが、名のある家に生まれた知識人であった。それが、侯景の乱に始まる南朝社会の大変動期にまきこまれて、首都建康の惨状を目撃し（二八五ページ）、五五四年の江陵陥落によって、西魏軍の鞭のもとに追いたてられつつ、関中に拉致《らち》されていった（二八七ページ）。青年時代のこの体験は、南朝貴族の腐敗ぶりを、かれに痛切に反省させるものであった。

しかし、ようやくたどりついた関中は、古代に栄えた文化の痕跡もない索漠たる世界であった。そこでは、新興の胡族軍人たちが、若干の漢族士大夫の協力のもとに、『周礼』式とやらの復古主義イデオロギーを鼓吹していたが、それはまったく野蛮な、部族連合制のような軍政支配を糊塗《こと》するためのヴェールにすぎないと、顔之推には思われた。

南朝から連れてこられた知識人たちは、この息苦しい軍国主義の西魏＝北周に、やむなく仕える人もかなりいた。兄の顔之儀《がんしぎ》もまたその道を選んだが、顔之推にはどうしても堪えられなかったらしい。かれは周到な脱走亡命計画に着手した。

五五七年のはじめと推定されるころ、妻子と若干の同行者をつれて、大胆にも大水の出ている黄河に舟を乗り出して、二八〇キロもの長途を一気に流れくだり、北斉への亡命に成功した。黄河が北周領から北斉領に出る間に、砥柱《ていちゅう》の険といって、岩石が河中に累々と突出している難所がある。普通の水量ならば、舟は難破する。水かさが大きく増したときを選んで、滔々たる大河の流れのままに、それを乗りこえる冒険をやってのけたのであった。

北斉には、前節で述べたように、漢人貴族にとって、さまざまなむずかしい局面があった。しかし、南朝文化の自由な空気の中に育った顔之推にとって、そこは北周よりもはるかに住みよかった。かれは北斉王朝に仕え、しだいに出世して、祖珽《そてい》の統率する文林館アカデミーで重要な文化事業に従事した。五七三年、文林館の知識人たちの上に悲劇がおとずれたとき（四〇二ページ）、かれは危うくその惨劇からまぬかれた。そして、自壊してゆく朝廷の中にあって、ことに北周の大攻勢のさなか、裏切り者の続出する朝廷に最後まで踏みとどまって、北斉の後主に陳朝への亡命を建策した。しかし、それも実現せずに、けっきょく北斉が滅亡したことは前節で述べたとおりである。

征服者・北周の武帝は、文林館系の知識人たちを、こんどは丁重に関中へと移住させた。顔之推もまたその中に加えられた。しかし、依然としてきびしい北周政権下における関中の生活は、かれにとって、けっして好ましいものではなかった。できるだけ自己抑制しつつ、ひっそりと暮らしながら、北周から隋への移り変わりを過ごしていった。

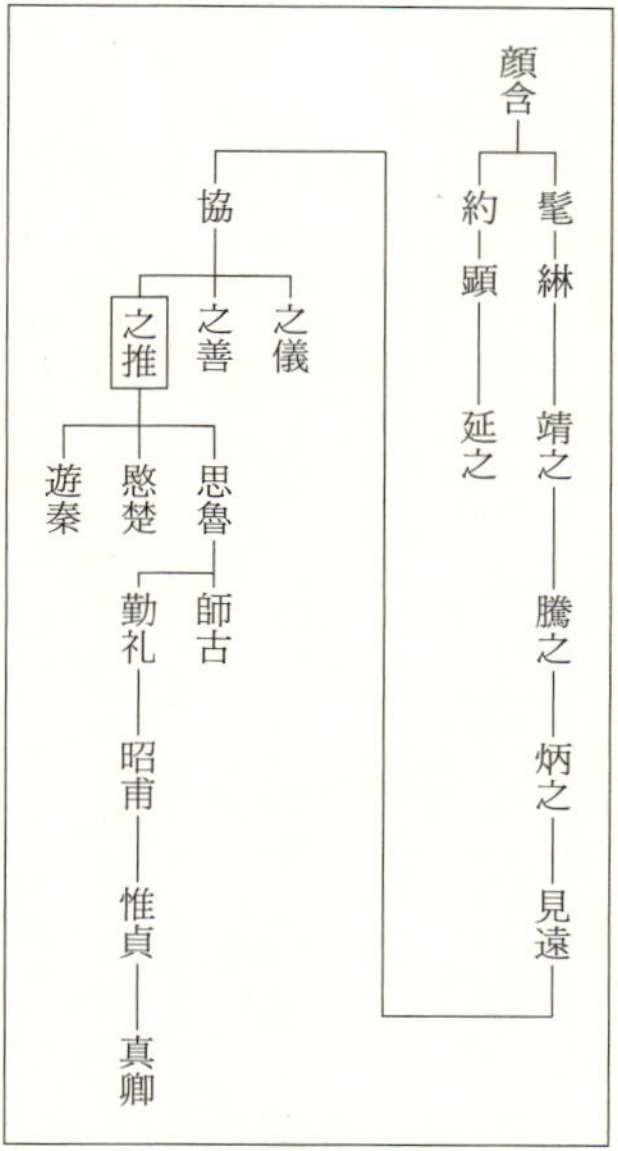

顔氏家系

その間に、かれは前から長年にわたって書きためてきたことを、子供たちへの戒しめとして、『顔氏家訓』の形にしあげたと思われる。今に伝わるその書物は、「家訓」といえば、この書をさすほど有名なものであって、かれは、その中で、自分の体験にもとづきつつ、子供たちが真に人間らしく生きてくれるようにとの願いを吐露している。それは、たんに顔氏の子孫に対してだけではなく、新しい世代に対して、あるべき人間像を示したものだと考えてよいだろう。

知識人の強靭性

『顔氏家訓』に説くところは多岐に及ぶ。その詳細は、精密な注をつけられた宇都宮清吉氏の名訳が出ているので（平凡社「中国古典文学大系」および同社「東洋文庫」所収）、それについて見ていただくことにして、ここでは、知識人の再生を示唆する若干の文章を、つぎに引用しておこう。

「父兄はいつまでも頼りになるとは限らない。故郷の一族だって、国家の制度だって、常に保証になってくれるとは言えたものでない。一旦さすらいの身となれば、誰しも援護してくれる人が必ずあるというわけではなかろう。おのずから自分で自分の生活を守るほかないことになるのだ。諺にも、『山と積んだ身代より、つまらぬ芸が身の助け』といっているではないか。ところで芸の中でも習い易くて、しかも貴重なのは読書術に及ぶものはない……」

「学芸を身につけているものは、たとえ如何なるところへ行っても、安住の場所だけは見つかるものだ。あの（侯景の）大乱以来、俘囚《ふしゅう》のうき目におちた人は数々あった。その中には代々身分もない階層に属してきた身でありながら、わずかに『論語』や『孝経』ぐらいの書物が読めるというだけで、けっこう先生と呼ばれる人物も事実いたのである。しかし反面には、何十代となく高い身分官階を維持しつづけてきた家柄に生まれながら、書籍というほどのものが読みこなせない連中は、例外なしに地を耕すか馬の世話方にでもなるほかなかったのも事実である。こうした実例を見れば、誰しも勉強しなければという気持ちに駆られるであろう。もし常に数百巻の書物さえ家蔵できていれば、たとえ何百代を重ねても、身分もない階層におちこむことだけは、よもあるまいと思うのだ」

「鄴（北斉）が平定されてのち、われらはみな関中に移住せしめられることになった。その時分のこと、長男の思魯《しろ》（二十歳をすこし出ていたと思われる）が、あるとき私に言ったことである。

——官場には官位も俸給も得る途《みち》がなく、家にはまとまった財産もありません。こうなっては、筋肉の力にまかせて父上をお養いするのが当然となってまいりました。私はいつも父上から課業を見ていただき、経書や史書の勉強だけに骨を折っていますが、はたしてこのまま、子たるものが平気でいてよいのかどうか。私はまことに疑問なきをえないのです。

私は思魯に対して、父としてはっきり説明しておいた。

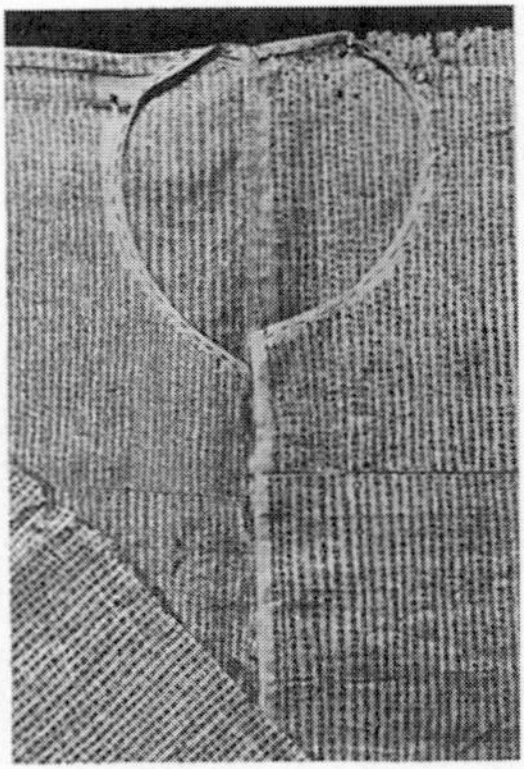

科挙に臨む受験生の下着（カンニングペーパー）　小さな文字で「論語」や「孟子」などが書きつめられている

――子が父を養わねばならぬと思うのは、子として当然の心構えである。だが、父が子の学問教育を怠ってはならぬと思うのは、これまた父として当然のことである。お前に学問をすてて財産に専念させ、私が豊かな衣食をさせてもらったとして、私が安んじてそれを旨《うま》いと思いながら食べていられるだろうか。安んじてそれを暖かいと思いながら着ていられるだろうか。お前が古聖王の開かれた道を自分の進むべき道とし、それに関するわが家代々の学問を継承することに努力してくれるなら、たとえ食わせてくれるものは粗末でも、着せてくれるものは賤しいものでも、私はむしろ喜んでそれを食べさせてもらおうし、着せてもらおうと思っているのだ」（勉学篇）。

科挙への道

すこし長く引用したが、右の文章は、大混乱の渦中を生きぬいた知識人が、故郷からも親戚からも離れたさすらいの孤独の中で、学問と教養の必要性をあらためて確認し、生きることは読書学問にありとの信念をますます固めていったようすを、痛いほどわれわれに示している。

そこでは、読書によって「古聖王の道」を学び、文明の基礎とその伝統を護持することが、すなわち具体的に生きること、職を得て身分を維持することに、そのまま直結してゆくのである。そのような知識人の意識は、社会が郷村共同体を解体させ、親族共同体からさえ個人が放出される方向に動けば動くほど、そして、そのような社会の荒波の中に個人が翻弄《ほんろう》されればされるほど、単家族を最後のよりどころとして、ますます強烈に自覚されていったのであった。

このような意識は、顔之推に特殊なものではありえない。かれと同時代の知識人たちは、同じような環境に生きて、多かれ少なかれ同様の意識を心の中にもっていたにちがいない。『顔氏家訓』という作品は、同時代人の意識の少なくとも一面を、あざやかに反映するものと見てよいだろう。そしてまた、この作品が多くの人びとに読みつがれていったことは、そのような意識の広がりを示すなによりの証拠である。それは、乱世における中国の知識人の強靱さをまざまざと示すと同時に、この乱世が終わったあとの、新しい世界における知識人のあり方に対する指

坐仏七尊碑像　碑首に双龍を彫り主要部中段に七尊を配してある。北斉時代（557年）の作。石灰岩，高さ150cm（リエトベルク美術館蔵）

標でもあった。

文化的な先進地域を統合した北周―隋帝国は、顔之推と同様な考え方をもつ知識人たちを、その傘下《さんか》に組み入れて、かれらの積極的な協力をひきだす方策を考慮しなければならなかった。また、バラバラになった社会の中で、無数に生じている小集団の有力者たちを、顔之推が示したような読書人にしたて、国家社会の秩序を安定させるために、それらの新しい知識人を手足として役だてることは、統一帝国にとっても必要なことであった。そのような状況から生みだされた制度が、六世紀末、隋の文帝の治世に創始された科挙《かきょ》にほかならない。

科挙という試験制度は、応募者の出身を問わず、試験によってすぐれた読書人を選抜し、及第者に為政者の職と身分を保障する制度である。それは、まさに顔之推がいうように、読書によって「古聖人の道」を学ぶことが、そのまま職を得て身分を維持することにつながるという読書人理念を、国家的規模で実現しようとするものである。顔之推の見方と、科挙制度のねらいとはまったく一致する。

そのような見方を生みだし、そのような制度を発想させる事態が、この当時すでに存在していたのである。

それはつまり、「あの大乱以来、……代々身分もない階層に属してきた身でありながら、……書物が読めるというだけで、けっこう先生と呼ばれる人物も事実いたのである。しかし反面には、何十代となく高い身分官階を維持しつづけてきた家柄に生まれながら、書籍というほどのものが読みこなせない連中は、例外なしに地を耕すか馬の世話方にでもなるほかなかった」事態にほかならない。身分と階層序列の固定した貴族制社会が崩壊しつつあるという一種の巨大な水平化現象こそ、新しい読書人理念を生み、その実現をめざして人々を進ませる根本原因であった。

科挙による真に新しい読書人階級の形成は、周知のように、隋唐三百年を過ぎたあと、十世紀の宋代まで待たねばならない。しかし、六世紀末の隋代に、すでに科挙制度が発足し、読書人理念が自覚されていたことは、すでにその方向に向かって一歩大きく踏みだしたことを意味している。それがただちに宋代の段階にまで直進しなかったのは、旧北斉領のいわゆる「山東」貴族（華山以東の中原《ちゅうげん》の貴族）を中心とする知識人たちが、顔之推と同様に、新しい読書人へとみずから脱皮して、政治的、社会的、文化的ヘゲモニーを容易に他に奪われなかったからだと思われる。

そのような脱皮と転進こそ、隋唐時代につづく新貴族主義を形成するものにほかならない。事実、顔之推の家系から、顔師古《がんしこ》というすぐれた史学者や、かの有名な書家・顔真卿《がんしんけい》などを生みだして、新しい唐代文化を発展させていったのであった。その意味で、顔之推は六朝時代をしめくくる人物であると同時に、新しい時代をきり開く指標でもあったのである。

おわりに

魏晋南北朝時代というおそろしく錯雑《さくざつ》した時代の歴史をたどって、ようやくその大分裂状態が隋帝国の再統一によって幕を閉じるところまで到着した。それは、漢帝国によってまとめられていた古代世界が崩壊して、各地方、各民族がそれぞれ自立を求めながら、たがいに関係しあいつつ、新しい秩序を模索する苦悶の時代であった。さまざまな地域に、さまざまな時期におこる混乱は、そのような苦悶の叫びにほかならない。

しかし、はじめに述べたように、この恐るべき混乱時代にも、中国文明は新しい胡族的要素を導入しながら、着実に前進し、豊かさと深みを増していった。その文明圏は、混乱のさなかにかえって膨張し、東アジアの文明世界を形成していった。この時代は、中国文明の柔軟さと強靭さをまざまざと示すと同時に、その文明をになった中国人、とくに知識人の強靭さに目を見はる思いを禁ずることができないのである。

「歴史を動かすものは民衆である」とは、人のしばしば唱えるテーゼである。私は本書において、むしろ文明の中核的な荷担者であった文人貴族・知識人に重点を置いて、歴史の展開を追跡してきた。その態度は右のテーゼに反すると、人は非難するかもしれない。しかし、「民衆」とか「人民」とかの言葉だけを抽象化して、いくらふりまわしても、「歴史を動かす民衆」の具体的な姿は、かえってどこかに消えうせる。民衆の意志が歴史の諸現象の中に、具体的にどのような形であらわれるかを常に注意する以外に、過去の時代の「民衆」に接近する方法はないのである。

大混乱のつづく六朝時代には、「民衆」にとっても武力こそはたよるべき力であったと思われるにもかかわらず、武力をもたない文人貴族と知識人は、ついに武士階級の形成を許さなかった。文人貴族や知識人は、なぜそれほどの強さを維持することができたのか。その強さはけっしてかれらだけの力ではないだろう。むしろ、いわゆる「民衆」の大多数が、武人ではなくて文人ないし知識人のほうを、かれらの指導者として選んだと解さなくては理解できないのである。

文人貴族ないし知識人の強さは、この大混乱期を通じて見られる具体的な歴史現象である。それを「民衆」がどのような形で支持したか、あるいは否定していったかの具体相は、抽象的に「民衆」というものを措定することによって判明するのではけっしてない。当時の「民衆」というものを具体的に理解させる史料がきわめて少ない以上、われわれはむしろ回り道をして、当時の支配者層の行動や思想から、かれらが「民衆」によってどのように支持されたらしいか、否定されたらしいかを探る以外に、具体的な方法はないのである。だから私は、文人貴族や知識人、あるいはその反対に軍人たちや商人たちに関する研究が、もっともっと進まねばならないと考えている。

私は以上のような考えにもとづいて、文人貴族と知識人を中心に、それと交錯する軍人や商人を織りまぜながら、この時代の歴史を本書のような形にまとめた。これまでに積みあげられた多くのかたがたの研究に負うことはいうまでもないが、第八章までは私の考えによって、できるだけ一貫させたいと努力した。そのさい、第七章と第八章では、人物往来社版『東洋の歴史4・分裂の時代』(昭和四十二年)の中で、私が執筆した「江南の開発」という文章を多く利用した。私自身の考えが基本的には変わっていないし、また、その書は人物往来社が解散して以来、絶版になったはずであるから、そのまま多くを利用しても許されると考えたからである(のち中公文庫に『中国文明の歴史』4、二〇〇〇年、として収まる)。

第九章以下は、畏友の名古屋大学教授(現京都大学名誉教授)・谷川道雄氏の考え方を基本線にすえ、それに加えてさまざまの研究を参照しながら、私なりにまとめてみた。実は、はじめにはこの部分を谷川氏自身に執筆していただくつもりでいたが、私の遅筆のせいで第八章までの完成が遅れ、ついに谷川氏にお願いできないまま、私が続いて最後まで執筆することになってしまった。氏の学説は私にとってもっとも理解しやすいので、それを基本線として借用したのであるが、いうまでもなく、私が勝手にねじまげたところもあり、本書に誤りありとすれば、それはすべて私の責任である。

以上のようにして、私は本書をまとめるさい、できるだけ論旨を一貫させたいと思ったために、学界ではまだ承認されない私なりの考えをふんだんに盛りこむことになった。したがって、ここに書かれていることは、確固不動の定説を集めたものではなく、私自身の一つの解釈を提示したものだと受け取っていただきたい。歴史事実に関しては、できるかぎり誤りなきを期したが、事実のもつ意味は私なりの解釈が多いことを、ご了承いただきたいと思う。歴史学とは、歴史上の諸事象をどこまで整合的に解釈できるかを試みるものだと、私は考えている。

本書には、文化的な事象に対する記述が少なくなったことを、心から残念に思っている。六朝時代は、仏教・道教などの宗教の面において、学問や思想、芸術や文学の分野において、言及すべきことが山積している時代である。ここに欠如したそれらの問題については、それぞれの関係の参考文献を見ていただきたい。

最後に、本書をまとめるにあたって多くのかたがたの研究を参照させていただいたが、そのかたがたに謝意を表するとともに、本書の地図や系図などの作成と図版の選定に協力してくださった衣川強氏と桑山正進氏とに厚くお礼を申しあげる。また私の遅筆によってご迷惑をかけた編集部の論清光氏をはじめ、多くのかたがたに深くお詫び申しあげる。

参考文献

まず、本書を執筆するにあたって参考にした文献と、それに関連するものを挙げ、本書で十分に触れることができなかった文化史関係の文献を後に挙げて、参考に供する。

一　本書の全体にわたるもの

(1)『**中国中古の文化**』内藤虎次郎（教養文庫）弘文堂　一九四七（『内藤湖南全集』第一〇巻　筑摩書房　一九六九　に『支那中古の文化』として収録）

(2)『**魏晋南北朝通史**』岡崎文夫　弘文堂　一九三二。のち、『魏晋南北朝通史内編』として東洋文庫　平凡社　一九八九

少し古いが、まとまった通史として、現在でも名著たる価値を失わない。随処に著者の深い洞察が秘められている。

(3)『**南北朝における社会経済制度**』岡崎文夫　弘文堂　一九三三

貴族制度、田土問題、建康の歴史などに関する研究論文を集めたもの。

(4)『**魏晋南北朝経済史**』武仙卿　宇都宮清吉・増村宏訳　生活社　一九四二

(5)『**六朝史研究　政治・社会篇**』宮川尚志　日本学術振興会　一九五六

(6)『**六朝史研究　宗教篇**』宮川尚志　平楽寺書店　一九六四

(5)(6)ともに、この時代における多方面の諸問題を研究した専門論文集である。

(7)『**匈奴史研究**』内田吟風　創元社　一九五三

本書第一章の民族、および第九章以下の叙述に基礎をすえられた研究である。

(8)『**漢代社会経済史研究**』宇都宮清吉　弘文堂　一九五五

この書は表題どおり、漢代を主な対象とするが「世説新語の時代」という名論文が収められており、本書第三〜第四章にあたる部分の基礎をなす。

(9)『**九品官人法の研究——科挙前史**』宮崎市定（東洋史研究叢刊）東洋史研究会　一九五六。のち『宮崎市定全集』6　岩波書店　一九九二、中公文庫　中央公論新社　一九九七

この時代の官僚制度と貴族の存在形態が浮き彫りにされた名著。

(10)『**大唐帝国**』宮崎市定（世界の歴史7）河出書

房　一九六八。のち『宮崎市定全集』8　岩波書店　一九九三
この書は平易に書かれた概説書であり、表題は唐代を主とした印象を与えるが、六朝時代に多くのページがあてられ、著者の深い洞察がうかがわれる。
(11)『**秦漢隋唐史の研究**』上・下　浜口重国　東京大学出版会　一九六六
六朝時代の制度・社会階層などを精確な基礎の上に解明された名論文を多く含む。
(12)『**中国古代の家族と国家**』守屋美都雄（東洋史研究叢書）東洋史研究会　一九六八
六朝時代の南人と北人の問題、家訓の問題などに関する研究を含む。
(13)『**魏晋南朝の政治と社会**』越智重明　吉川弘文館　一九六三
(14)『**門閥社会史**』矢野主税　長崎大学史学会　一九六五
(15)『**中国経済史研究**』西嶋定生　東京大学出版会　一九六六
農業技術、たとえば「火耕水耨」の問題や、屯田の研究などを含む。
(16)『**魏晋南北朝租税の研究**』吉田虎雄　大阪屋号書店　一九四三（再版）大安、一九六六
(17)『**中国文明と官僚制**』エチアヌ・バラーシュ　村松祐次訳　みすず書房　一九七一
中国全般にわたる考察が主であるが、四世紀以後の土地制度の論文を含む。
(18)『**中国中世史研究**』中国中世史研究会編　東海大学出版会　一九七〇
(19)『**世界歴史**』岩波講座（第五巻　古代5）岩波書店　一九七〇
この(18)(19)は、本書の叙述と密接に関連する多くの論稿を含んでいる。
次に中国の学者の著作のうち、重要なものだけを挙げる。
(20)『**中国通史簡編**』修訂本　第二編　范文瀾　北京、人民出版社　一九五八
(21)『**両晋南北朝史**』上・下　呂思勉　上海、開明書店　一九四八
(22)『**隋唐制度淵源略論考**』陳寅恪　商務印書館　一九四四
（『陳寅恪先生論集』台北、中央研究院歴史語言研究所　一九七一　にも収められている）。のち『陳寅恪文集之四』上海古籍出版社　一九九二
(23)『**陳寅恪先生文史論集**』上・下　香港、文文出版

社　一九七二～七三

(22)以外の、この碩学の六朝時代に関する多くの論稿を網羅してある。

(24)『**魏晋南北朝史論叢**』　唐長孺　北京、三聯書店　一九五五

(25)『**魏晋南北朝史論叢続編**』　唐長孺　北京、三聯書店　一九五九

(26)『**三至六世紀江南大土地所有制的発展**』　唐長孺　上海人民出版社　一九五七

(27)『**魏晋南北朝史論集**』　周一良　北京、中華書局　一九六三。のち『北大名家名著文叢』　北京大学出版社　一九九七

(28)『**魏晋南北朝隋初唐史**』上　王仲犖　上海人民出版社　一九六一

二　本書の各章に関するもの

各章の叙述の中で、多くの方がたの説を引用し、その中には名前を出した学者もある。それらの方がたの著書や論文を中心にして、密接に関係する文献を、各章ごとに分けて、以下に列挙する。すでに一に挙げた著者の論集に含まれるものは、できるだけ省略した。

第一章

(29)『**文明の生態史観**』　梅棹忠夫　中央公論社　一九六七。のち中公文庫　中央公論新社　一九九八に改版

(30)「**乾燥地域の国家**」　谷泰（『人間――今西錦司博士還暦記念論文集・三』　川喜田二郎等編　中央公論社　一九六六）

(31)『**照葉樹林文化**』　上山春平編（中公新書）中央公論社　一九六九

いわゆる生態史観については(29)が有名であるが(30)は一そう具体的に歴史とからみ合わされて有益である。(31)は主として日本を対象とする。

(32)『**校訂訳注　斉民要術**』　西山武一・熊代幸雄訳　アジア経済出版会　一九六九

(33)「**六朝時代の地方誌について**」　青山定雄（『東方学報・東京』一三―一　一九四二）

(34)『**中国古歳時記の研究**』　守屋美都雄　帝国書院　一九六三

ここには、周処の『陽羨風土記』も訳注をつけて収録されている。

(35)『**荊楚歳時記**』　守屋美都雄校注　帝国書院　一九五〇。のち東洋文庫　平凡社　一九七八

(36)「**後漢における知識人の地方差と自律性**」　勝村哲也（(18)に収む）

汝・潁の優劣論争がここで取扱われている。
(37)『烏桓与鮮卑』　馬長寿　上海人民出版社　一九六二
(38)『チベットの文化』　R・A・スタン　山口瑞鳳・定方晟訳　岩波書店　一九七一
(39)「古代閩越人与台湾土著族」　凌純声（『学術季刊』一―二　台北、一九五二）
(40)「日本文化の基礎構造」　岡正雄（『日本民俗学大系』二　一九五八）

第二章

(41)『世界歴史』　岩波講座（第六巻、古代6）岩波書店　一九七一
この中に、朝鮮・日本における国家形成の問題や、榎一雄「中央アジア・オアシス都市国家の性格」をはじめ、内陸アジアにおける遊牧国家・ソグド商人・シルクロードによる東西の文化交流や仏教伝播の諸問題が収録されていて、有益である。
(42)『埋もれた金印』　第二版　藤間生大（岩波新書）岩波書店　一九七〇
(43)『倭の五王』　藤間生大（岩波新書）岩波書店　一九六八
(44)『日本の古代文化』　林屋辰三郎（日本歴史叢書）岩波書店　一九七一。のち岩波同時代ライブラリー　岩波書店　一九九七
(45)「六―七世紀の東アジア」　西嶋定生（岩波講座『日本歴史』第二巻　一九六二）。のち『中国古代国家と東アジア世界』東京大学出版会　一九八三、『古代東アジア世界と日本』岩波現代文庫　岩波書店　二〇〇〇
(46)『西域文明史概論』　羽田亨　弘文堂　一九三一
(47)『西域文化史』　羽田亨　座右宝刊行会　一九四八
(48)『西域文化研究』　六冊　西域文化研究会編　法蔵館　一九五八～六三
(49)『さまよえる湖』　S・ヘディン　岩村忍訳（角川文庫）角川書店　一九六八
(50)『楼蘭』　A・ヘルマン　松田寿男訳（東洋文庫）平凡社　一九六三

第三章

(51)「後漢王朝と豪族」　五井直弘（岩波講座『世界歴史』第四巻、古代4　岩波書店　一九七〇）。のち『漢代の豪族社会と国家』名著刊行会　二〇〇一
(52)「県郷亭里制度の原理と由来」　古賀登（『史林』

五六―一一九七三)。のち『漢長安城と阡陌・県郷亭里制度』雄山閣出版　一九八〇
(53)『二十二史劄記』　趙翼(和刻本影印)汲古書院　一九七三
(54)『支那家族研究』　牧野巽　生活社　一九四四
(55)「後漢党錮事件の史評について」　増淵龍夫(『一橋論叢』四四―六　一九六〇)
(56)『宦官』　三田村泰助(中公新書)中央公論社　一九六三
(57)「紀元二世紀の政治＝宗教的道教運動について」　R・A・スタン　川勝義雄訳(『道教研究』二
(58)「黄巾の乱と五斗米道」　大淵忍爾(19)に収む)一九六七)
(59)『三国志実録』　吉川幸次郎　筑摩書房　一九六二(『吉川幸次郎全集』第七巻　筑摩　一九六九に再録)。のちちくま学芸文庫　筑摩　一九九七
(60)『三国志の世界』　狩野直禎(人と歴史シリーズ)清水書院　一九七一。のち同社　清水新書　一九八四
(61)『三国志』　全十冊　小川環樹・金田純一郎訳(岩波文庫)　岩波書店　一九五三～七三
(62)『三国志演義』上・下　立間祥介訳(中国古典文学大系)　平凡社　一九五八
(61)(62)ともに正史の『三国志』でなく、小説のそれの訳である。
なお、この章は主として、
(63)「シナ中世貴族政治の成立について」　川勝義雄(『史林』三三―四　一九五〇)
(64)「貴族制社会の成立」　川勝義雄(19)に収む)などにもとづいて、まとめた。

第四章
(65)『中国思想通史』第二・三巻　侯外盧等　北京、人民出版社　一九五七
(66)『中国の隠者』　富士正晴(岩波新書)岩波書店　一九七三
(67)「范曄と後漢末期」　吉川忠夫(『古代学』一三―三・四　一九六七)
(68)『世説新語』　劉義慶　村上嘉実等訳(世界文学大系)筑摩書房　一九六四
(69)「晋武帝の戸調式に就て」　宮崎市定(同氏著『アジア史研究』第一、東洋史研究会　一九五七に収む)。のち『宮崎市定全集』7　岩波書店　一九九二
(70)「西晋の田制と税制」　藤家禮之助(『史観』七三一九六六)。のち『漢三国両晋南朝の田制と税制』

東海大学出版会　一九八九
戸調式の解釈については、本巻を書き終えたのち、最近になって、
(71)「**魏晋の占田・課田と給客制の意義**」堀敏一（『東洋文化研究所紀要六二　一九七四）。のち『均田制の研究―中国古代国家の土地政策と土地所有制―』岩波書店　一九七五
が、諸説を再検討し、本巻の解釈とは異なった説を提出している。
なお、この第4章は(64)のほか、
(72)「**漢末のレジスタンス運動**」川勝義雄（『東洋史研究』二五―四　一九六七）
(73)「**曹操軍団の構成について**」川勝義雄（『人文科学研究所創立二十五周年記念論集』一九五四）
を中心にしてまとめたものである。

第五章
(74)「**孫呉政権の成立をめぐって**」大川富士夫（『立正史学』三一　一九六七）。のち『六朝江南の豪族社会』雄山閣出版　一九八七
(75)「**魏晋南朝の門生故吏**」川勝義雄（『東方学報』二八　一九五八）
(76)『**諸葛孔明**』宮川尚志（桃源選書）桃源社　一九六六
(77)『**諸葛孔明**』狩野直禎（中国人物叢書）人物往来社　一九六六
この章は、
(78)「**貴族制社会と孫呉政権下の江南**」川勝義雄(18)に収む）
(79)「**孫呉政権の崩壊から江南貴族制へ**」川勝義雄（『東方学報』四四　一九七三）
を中心としてまとめた。

第六章
(80)『**中国の仙人――抱朴子の思想**』村上嘉実（サーラ叢書）平楽寺書店　一九五六
(81)『**抱朴子**』村上嘉実訳（中国古典新書）明徳出版社　一九六七
(82)『**抱朴子外篇簡注**』四冊　御手洗勝　広島大学中国哲学研究室　一九六五～七〇
(83)『**抱朴子**』本田済訳（中国古典文学大系）平凡社　一九六九。のち同社　東洋文庫　一九九〇
(84)『**王羲之を中心とする法帖の研究**』中田勇次郎　二玄社　一九六〇
(85)『**王羲之**』吉川忠夫（人と歴史シリーズ・東洋）清水書院　一九七二。のち同社　清水新書　一九

八四
この章は(79)のほかに、
(86)「**劉宋政権の成立と寒門武人**」 川勝義雄（『東方学報』三六 一九六四）
(87)「**中国前期の異端運動**」 川勝義雄（『異端運動の研究』京大人文科学研究所 一九七四に収む）。のち『中国人の歴史意識』（平凡社選書）平凡社 一九八六、（平凡社ライブラリー9）一九九〇
などをもとにしてまとめた。

第七章
(88)『**劉裕**』 吉川忠夫（中国人物叢書）人物往来社 一九六六。のち中公文庫 中央公論新社 一九八九
(89)『**玉台新詠集**』三冊 鈴木虎雄訳解（岩波文庫）岩波書店 一九五三〜五六
(90)『**梁の武帝**』 森三樹三郎（サーラ叢書）平楽寺書店 一九五六
(91)『**文選**』 斯波六郎・花房英樹訳（世界文学大系）筑摩書房 一九六三
(92)『**文選（詩篇）**』 網祐次・内田泉之助訳（新釈漢文大系）明治書院 一九六三〜六四
(93)『**文選（文章編）一**』 小尾郊一訳（全釈漢文大系）集英社 一九七四
(94)『**文心雕龍**』 興膳宏訳（世界古典文学全集25）筑摩書房 一九六八
(95)『**詩品**』 興膳宏訳（『文学論集』に収む）朝日新聞社 一九七二
この章は(86)のほかに、
(96)「**世説新語の成立をめぐって**」 川勝義雄（『東方学報』四一 一九七〇）
(97)「**侯景の乱と南朝の貨幣経済**」 川勝義雄（『東方学報』三二 一九六二）
(98)「**南朝貴族制の没落に関する一考察**」 川勝義雄（『東洋史研究』二〇―四 一九六二）
を中心にしてまとめた。
(72)(73)(75)(78)(79)(86)(96)(97)(98)は、川勝義雄著『六朝貴族制社会の研究』岩波書店 一九八二に収む。

第八章
(99)『**侯景の乱始末記**』 吉川忠夫（中公新書）中央公論社 一九七四
この章は(97)(98)のほかに、
(100)Kawakatsu, Y.: La décadence de l'aristocratie chinoise sous les Dynasties du Sud (*Acta Asiatica 21. 1971*)

をもとにしてまとめた。

第九〜十一章

(101)『隋唐帝国形成史論』　谷川道雄　筑摩書房　一九七一。のち増補版　一九九八
五胡十六国から北朝を経て、隋代のはじめに至る歴史の展開が、隋唐帝国を生みだす過程として追求されている。本書のこの部分の叙述は、この事を基本にすえて書かれた。そのほか、

(102)『中国南北朝史研究』　福島繁次郎　教育書籍　一九六二。のち増訂版　名著出版　一九七九

(103)『北魏洛陽の社会と文化』　服部克彦　ミネルヴァ書房　一九六五

(104)『北朝経済試探』　韓国磐　上海人民出版社　一九五八

(105)『北朝胡姓考』　姚薇元　北京、中華書局　一九六二
など参照。均田制に関しては、

(106)「均田制と租庸調制の展開」　堀敏一（(19)に収む）。のち『均田制の研究―中国古代国家の土地政策と土地所有制―』岩波書店　一九七五

(107)「均田制」　池田温（『古代史講座』8　学生社　一九六三に収む）
などを参照したが、

(108)『中国経済史研究――均田制度篇』　西村元佑　京大東洋史研究会　一九七〇
の大冊がある。また、

(109)『府兵制度考釈』　谷霽光　上海人民出版社　一九六二
は(11)とともに府兵制度研究の基本文献であり、

(110)『顔氏家訓』　宇都宮清吉訳（中国古典文学大系9）平凡社　一九七〇。のち同社　東洋文庫　一九八九・九〇
は、訳注とともに、巻頭の解説が顔之推を知る上で、有益である。

三　文化史関係の参考書

すでに一・二に挙げたものを除き、日本で刊行された主な単行本だけ列挙する。

〔思想・宗教〕

(111)『魏晋学術考』　狩野直喜　筑摩書房　一九六八

(112)『魏晋時代における喪服礼の研究』　藤川正数　敬文社　一九六〇

(113)『中国古典解釈史・魏晋篇』　加賀栄治　勁草書房　一九六四

(114)『六朝思想史研究』村上嘉実　平楽寺書店　一九七四
(115)『東洋思想史研究』福井康順　書籍文物流通会　一九六〇
道教関係の論文が若干収められている。
(116)『道教の基礎的研究』福井康順　理想社　一九五二
(117)『道教の研究』吉岡義豊　法蔵館　一九五二
(118)『道教経典史論』吉岡義豊　道教刊行会　一九五五
(119)『道教史の研究』大淵忍爾　岡山大学共済会書籍部　一九六四
(120)『道教――不死の探究』H・マスペロ　川勝義雄訳　東海大学出版会　一九六六。のち東洋文庫平凡社　一九七八、平凡社ライブラリー　二〇〇〇
(121)『列仙伝・神仙伝』沢田瑞穂訳（(83)と合冊）
(122)『六朝宗教史』宮川尚志　弘文堂　一九四八（修訂増補版　国書刊行会　一九七四）
同じ著者の(6)とともに参照する必要がある。
(123)『道教と仏教』第一　吉岡義豊　日本学術振興会　一九五九
(124)『道教と仏教』第二　吉岡義豊　豊島書房　一九七〇
(125)『魏書釈老志の研究』塚本善隆　仏教文化研究所出版部　一九六一（『塚本善隆著作集』第一巻　大東出版社　一九七四に再録）。のち『魏書釈老志』東洋文庫　平凡社　一九九〇
(126)『支那仏教史研究・北魏篇』塚本善隆　弘文堂　一九四二　再版、清水弘文堂　一九六九。のち『塚本善隆著作集』2　大東出版社　一九七四
(127)『肇論研究』塚本善隆編　法蔵館　一九五五
僧肇の論文の訳注と、それに関する研究を集めたもの。
(128)『慧遠研究』遺文篇・研究篇　木村英一編　創文社　一九六〇～六二
(129)『中国仏教通史』第一巻　塚本善隆　鈴木学術財団　一九六八
(130)『支那中世仏教の展開』山崎宏　清水書店　一九四二。三版　法蔵館　一九七一
(131)『考証法顕伝』足立喜六　三省堂　一九三六
(132)『弘明集研究』上・中　牧田諦亮編　京都大学人文科学研究所　一九七三～七四
中国仏教史関係の文献は彪大な量にのぼる。それらについては、
(133)『改訂新版中国仏教史』道端良秀　法蔵館　一

九六五。のち『中国仏教史全集』1　書苑　一九八五
(134)『**仏教史概説・中国篇**』　野上俊静等　平楽寺書店　一九六八
などの附録にある参考文献などを見られたい。

〔**文学**〕
(135)『**中国散文論**』　吉川幸次郎　弘文堂　一九四九、筑摩書房　一九六六
(136)『**吉川幸次郎全集・第七巻**（**三国六朝篇**）』　吉川幸次郎　筑摩書房　一九六九
この中には(135)のほかに、歴史・思想学術に関する論考も多く収められている。
(137)『**中国文学における孤独感**』　斯波六郎　岩波書店　一九五八
(138)『**中国中世文学研究**』　網祐次　新潮社　一九六〇
(139)『**中国文学に現われた自然と自然観――中世文学を中心として**』　小尾郊一　岩波書店　一九六二
(140)『**洛神の賦**』　目加田誠　武蔵野書院　一九六六
(141)『**中国文学論集**』　吉川幸次郎編　新潮社　一九六六
一海知義「陶淵明論」および高橋和巳「六朝美文論」が収められている。文学論のためには、(94)(95)は必須の文献である。(91)～(93)の『文選』と関連するものを以下に挙げる。
(142)『**古詩選**』　入谷仙介（新訂中国古典選）　朝日新聞社　一九六六
(143)『**漢・魏・六朝詩集**』　伊藤正文・一海知義編訳（中国古典文学大系）　平凡社　一九七二
(144)『**漢・魏・六朝・唐・宋散文選**』　伊藤正文・一海知義編訳（中国古典文学大系）　平凡社　一九七〇
(145)『**曹植**』　伊藤正文（中国詩人選集）　岩波書店　一九五八
(146)『**潘岳・陸機**』　興膳宏（中国詩文選）　筑摩書房　一九七三
(147)『**陶淵明詩解**』　鈴木虎雄　弘文堂　一九四八。のち東洋文庫　平凡社　一九九一
(148)『**陶淵明伝**』　吉川幸次郎（新潮叢書）　新潮社　一九五六、（新潮文庫）　一九五八、(136)に収録）。のち中公文庫　中央公論新社　一九八九
(149)『**陶淵明**』　一海知義（中国詩人選集）　岩波書店　一九五八
(150)『**陶淵明**』　一海知義訳（世界古典文学全集）　筑摩書房　一九六八（(94)と合冊）

(151)『六朝唐宋小説集』前野直彬訳（中国古典文学全集）平凡社　一九五九
(152)『六朝唐宋小説選』前野直彬編訳（中国古典文学大系）平凡社　一九六八
六朝小説の選択には(151)と(152)の間に多少の出入りがある。
(153)『捜神記』竹田晃訳（東洋文庫）平凡社　一九六四

〔美術〕
(154)『六朝時代美術の研究』長広敏雄　美術出版社　一九六九
(155)『中国の石窟寺』長広敏雄編（世界の文化史蹟）講談社　一九六九
(156)『中国の仏教美術』水野清一　平凡社　一九六八
(157)『中国石仏像』北野正男　綜芸舎　一九五八
(158)『雲岡と龍門』長広敏雄　中央公論美術出版　一九六四
(159)『中国絵画史研究——山水画論』米沢嘉圃　東京大学東洋文化研究所　一九六一
(160)『増補・漢六朝の服飾』原田淑人　東洋文庫　一九六七
(161)『世界美術全集』8　中国II　平凡社　一九五〇
(162)『世界美術大系』第九巻　中国美術I—III　講談社　一九六三〜六五
(163)『世界美術全集』14　中国(3)六朝　角川書店　一九六三
(164)『書道全集』三（三国・西晋・十六国）、四（東晋）、五（南北朝I）、六（南北朝II）平凡社　一九六〇〜六六

四　基本史料

一〜三の中で日本訳された六朝時代の文献をかなり多く挙げたが、歴史の史料として基本的なものは、まず正史である。六朝時代の正史は数が多く、その巻数と編著者を合わせて記すと、

1『三国志』六十五巻　晋・陳寿
2『晋書』百三十巻　唐・太宗皇帝編
3『宋書』百巻　梁・沈約
4『南斉書』五十九巻　梁・蕭子顕
5『梁書』五十六巻　唐・姚思廉
6『陳書』三十六巻　唐・姚思廉
7『魏書』百十四巻　北斉・魏収
8『北斉書』五十巻　唐・李百薬
9『周書』五十巻　唐・令狐徳棻等

10**『南史』**　八十巻　唐・李延寿
11**『北史』**　百巻　唐・李延寿
となる。このうち1〜6および10・11は最近、和刻本の影印が汲古書院から出たし、1と4〜6および8・9は、北京、中華書局から校定標点本が出た。それらが利用するのに便利である。なお、それらの部分訳が出ているのを次に記しておく。

(165)**『三国志』**　宮川尚志訳（中国古典新書）　明徳出版社　一九七〇

(166)**『晋書』**　越智重明訳（中国古典新書）　明徳出版社　一九七〇

(167)**『漢書・後漢書・三国志列伝選』**　本田済訳（中国古典文学大系）　平凡社　一九六八

(168)**『訳注中国歴代刑法志』**　内田智雄編　創文社　一九六四
『晋書』刑法志と『魏書』刑罰志の訳注を収める。

(169)**『訳注続中国歴代刑法志』**　内田智雄編　創文社　一九七〇
『隋書』刑法志を含む。六朝時代の刑法に関する基本資料である。『隋書』刑法志については、

(170) Balazs, Etienne, *Le traité juridique du "Souei-chou"*. Leiden, E.J. Brill, 1954
のフランス語訳があり、また『隋書』食貨志（六朝時代経済史の基本史料）についても、

(171) Balazs, Etienné, *Lé traité économique du "Souei-chou"*. Leiden, E.J. Brill, 1952
のフランス語訳がある。

なお、司馬光『資治通鑑』の六朝時代の部分は、単に正史の要約というにとどまらない価値をもつ。これも汲古書院から和刻本（山名留三郎訓点）の影印が出て入手しやすい。また、『国訳漢文大成』に読み下し文が収められている。

参考文献　補遺

（旧版刊行後に出版された日本書）

一　概説・通史・研究動向

『図説中国の歴史3　魏晋南北朝の世界』岡崎敬　講談社、一九七七

『中国史』(上)　宮崎市定　岩波書店　一九七七

『中国の歴史』(五)「動乱の群像」・(六)「世界帝国へ」　陳舜臣　平凡社　一九八一　のち同社ライブラリー

『長安の春秋』（人物中国の歴史6）駒田信二編　集英社　一九八一

『東アジアの世界帝国』（ビジュアル版世界の歴史8）尾形勇　講談社　一九八五

『戦後日本の中国史論争』谷川道雄編　河合文化教育研究所　一九九三

『アジアの歴史と文化2　中国史―中世』藤善眞澄編　同朋舎出版　一九九五

『中国史2　三国～唐』（世界歴史大系）松丸道雄他編　山川出版社　一九九六

『魏晋南北朝隋唐時代史の基本問題』谷川道雄他編　汲古書院　一九九七

『隋唐帝国と古代朝鮮』（世界の歴史6）礪波護・武田幸男　中央公論社　一九九七

『遊牧民から見た世界史―民族も国境もこえて―』杉山正明　日本経済新聞社　一九九七

『中国史概説』熊本崇編　白帝社　一九九八

『中華の分裂と再生』（岩波講座世界歴史9）妹尾達彦他　岩波書店　一九九九

『人物中国五千年4　対立から融合へ（三国・南北朝時代）』久米旺生編　PHP研究所　一九九九

『中国文明の歴史4　分裂の時代―魏晋南北朝』森鹿三編　中央公論新社　二〇〇〇

『中国通史―問題史としてみる―』堀敏一　講談社　二〇〇〇

二　政治・制度・貴族制

『均田制の研究―中国古代国家の土地政策と土地所有制―』堀敏一　岩波書店　一九七五

『門閥社会成立史』矢野主税　国書刊行会　一九七六

『六朝貴族制社会の研究』川勝義雄　岩波書店　一九八二

『中国史上の民族移動期―五胡・北魏時代の政治と社会―』田村実造　創文社　一九八五

『六朝貴族制研究』中村圭爾　風間書房　一九八七

『中国貴族制社会の研究』川勝義雄・礪波護編　京都大学人文科学研究所　一九八七
『漢三国両晋南朝の田制と税制』藤家禮之助　東海大学出版会　一九八九
『西晋の武帝　司馬炎』福原啓郎　白帝社　一九九五
『中国中世史研究　続編』中国中世史研究会編　京都大学学術出版会　一九九五
『天空の玉座―中国古代帝国の朝政と儀礼―』渡辺信一郎　柏書房　一九九六
『府兵制の研究―府兵兵士とその社会―』氣賀澤保規　同朋舎　一九九九
『漢魏晋史の研究』多田狷介　汲古書院　一九九九
『中国古代の政治と社会』越智重明　中国書店　二〇〇〇
『六朝都督制研究』小尾孟夫　溪水社　二〇〇一
『古代中国の皇帝祭祀』金子修一　汲古書院　二〇〇一

三　社会・経済・都城

『中国古代中世史研究』宇都宮清吉　創文社　一九七七
『荊楚歳時記』守屋美都雄訳　布目潮渢・中村裕一補訂　平凡社　一九七八
『中国民衆叛乱史㈠秦〜唐』谷川道雄・森正夫編　平凡社・東洋文庫　一九七八
『平城の歴史地理学的研究』前田正名　風間書房　一九七九
『魏晋南北朝水利史研究』佐久間吉也　開明書院　一九八〇
『中国古代の社会と経済』西嶋定生　東京大学出版会　一九八一
『中国古代社会論』渡辺信一郎　青木書店　一九八六
『六朝江南の豪族社会』大川富士夫　雄山閣出版　一九八七
『中国中世社会の探求―歴史と人間―』谷川道雄　日本エディタースクール出版部　一九八七
『中国古代農業技術史研究』米田賢次郎　同朋舎出版　一九八九
『中国の城郭都市―殷周から明清まで―』愛宕元　中央公論社　一九九一
『中国歳時史の研究』中村喬　朋友書店　一九九三
『魏晋南北朝社会の研究』佐藤佑治　八千代出版　一九九八

四　民族・東アジア国際関係・東西交流

『北アジア史研究—鮮卑柔然突厥篇—』内田吟風　同朋舎出版　一九七五
『中国古代国家と東アジア世界』西嶋定生　東京大学出版会　一九八三
『中国古代の諸民族』李家正文　木耳社　一九八九
『古代遊牧騎馬民の国—草原から中原へ—』船木勝馬　誠文堂新光社　一九八九
『高句麗史と東アジア—「広開土王碑」研究序説—』武田幸男　岩波書店　一九八九
『中国と古代東アジア世界—中華的世界と諸民族—』堀敏一　岩波書店　一九九三
『華南民族史研究』谷口房男　緑蔭書房　一九九七
『匈奴—古代遊牧国家の興亡—』沢田勲　東方書店　一九九六
『古代東アジアの民族と国家』李成市　岩波書店　一九九八
『魏晋南北朝時代の民族問題』川本芳昭　汲古書院　一九九八
『東アジア文化圏の形成』李成市　山川出版社　二〇〇〇
『五胡十六国—中国史上の民族大移動—』三﨑良章　東方書店　二〇〇二

五　芸術・文化・出土文物

『六朝の美術』大阪市立美術館編　平凡社　一九七六
『敦煌講座』全九巻　大東出版社　一九八〇〜八八
『中国絵画史』上　鈴木敬　吉川弘文館　一九八一
『中国書道史』神田喜一郎　岩波書店　一九八五
『王羲之の書翰』森野繁夫・佐藤利行　第一学習社　一九八五
『中国書道全集㈡魏・晋・南北朝』中田勇次郎　平凡社　一九八六
中国石窟シリーズ『敦煌莫高窟』『炳霊寺石窟』『麦積山石窟』『雲岡石窟』平凡社　一九八〇〜九〇
『ヴィジュアル書芸術全集』㈣三国〜東晋、㈤南北朝　西林昭一編　雄山閣出版　一九九一
『中国中世の文物』礪波護編　京都大学人文科学研究所　一九九三
『中国仏教彫刻史論』松原三郎　吉川弘文館　一九九五
『華陽国志』中林史朗訳　明徳出版社　一九九五
『西域文書からみた中国史』關尾史郎　山川出版社　一九九八
『やさしく極める〝書聖〟王羲之』石川九楊　新潮

社　一九九九
『流沙出土の文字資料―楼蘭・尼雅出土文書を中心に―』冨谷至編　京都大学学術出版会　二〇〇一
『毒薬は口に苦し―中国の文人と不老不死―』川原秀城　大修館書店　二〇〇一

六　思想・宗教・精神世界

『中国仏教通史』塚本善隆　春秋社　一九七九
『羅什』横超慧日・諏訪義純　大蔵出版　一九八二
『中国宗教史研究㈠』宮川尚志　同朋舎出版　一九八三
『六朝精神史研究』吉川忠夫　同朋舎出版　一九八四
『南北朝の仏教』(上)(下)（中国仏教史3、4）鎌田茂雄　東京大学出版会　一九八四・九〇
『六朝思想の研究―士大夫と仏教思想―』中嶋隆蔵　平楽寺書店　一九八五
『中国人の歴史意識』川勝義雄　平凡社　一九八六
『六朝士大夫の精神』森三樹三郎　同朋舎　一九八六
『道教の世界』窪徳忠　学生社　一九八七
『六朝道教史研究』小林正美　創文社　一九九〇
『中国の千年王国』三石善吉　東京大学出版会　一九九一
『シリーズ・東アジア仏教』1〜5　高崎直道・木村清孝編　春秋社　一九九五〜九七
『中国南朝仏教史の研究』諏訪義純　法蔵館　一九九七
『北魏仏教史論考』佐藤智水　岡山大学文学部　一九九八
『六朝道教の研究』吉川忠夫　春秋社　一九九八
『六朝道教儀礼の研究』山田利明　東方書店　一九九九
『六朝道教思想の研究』神塚淑子　創文社　一九九九

七　文学

『中国中世文学評論史』林田慎之助　創文社　一九七九
『世説新語と六朝文学』大矢根文次郎　早稲田大学出版部　一九八三
『中国人の機知―「世説新語」を中心として―』井波律子　中央公論社　一九八三
『中国の隠遁思想―陶淵明の心の軌跡―』小尾郊一　中央公論社　一九八八
『陶淵明とその時代』石川忠久　研文出版　一九九

四
『陶淵明の精神生活』長谷川滋成　汲古書院　一九九五
『南朝の門閥貴族と文学』佐藤正光　汲古書院　一九九七
『六朝美文学序説』福井佳夫　汲古書院　一九九八
『文選の研究』岡村繁　岩波書店　一九九九
『陶淵明伝論—田園詩人の憂鬱—』和田武司　朝日新聞社　二〇〇〇
『六朝詩人伝』興膳宏編　大修館書店　二〇〇〇
『六朝詩人群像』興膳宏　大修館書店　二〇〇一
『西晋文学論—玄学の影と形似の曙—』佐竹保子　汲古書院　二〇〇二

八　三国志関係

『「三国志」の智恵』狩野直禎　講談社　一九八五
『曹操—矛を横たえて詩を賦す—』川合康三　集英社　一九八六
『三国志曹操伝』中村愿　新人物往来社　一九八六
『三国志の世界』加地伸行編　新人物往来社　一九八七
『三国志人物事典』渡辺精一　講談社　一九八九
『人間三国志』㈠～㈥　林田慎之助　集英社　一九八九～九〇
『諸葛孔明—三国志の英雄たち—』立間祥介　岩波書店　一九九〇
『三国志の英傑』竹田晃　講談社　一九九〇
『三国志演義の世界』金文京　東方書店　一九九三
『三国志人物縦横談』高島俊男　大修館書店　一九九四
『三国志の英傑　曹操伝』守屋洋　総合法令出版　一九九五
『カラー版　三国志の風景』小松健一　岩波書店　一九九五
『三国志研究要覧』中林史朗・渡邉義浩　新人物往来社　一九九六
『三国志曼荼羅』井波律子　筑摩書房　一九九六
『曹操—魏の武帝—』石井仁　新人物往来社　二〇〇〇
『関羽伝』今泉恂之介　新潮社　二〇〇〇
『曹操—三国志の真の主人公—』堀敏一　刀水書房　二〇〇一

年表

西暦	年号	中国	東アジア諸国	世界
二五	光武帝 建武元	劉秀（光武帝）即位。後漢朝（～二二〇）成立。赤眉なお盛んに活動		
二七	三	赤眉、光武帝に投降	三二 高句麗、後漢に朝貢	三〇 イエス処刑
三六	一二	光武帝、蜀を平定し、天下を再び統一す		
四八	二四	匈奴の日逐王比、南単于となり、来降	四八 匈奴南北に分裂	五四 ネロ帝即位
五七	中元二	光武帝死去、明帝即位	五七 倭の奴国の首長、後漢に朝貢して印綬を受く	
五八	明帝 永平元	功臣の鄧禹、耿弇死去		六〇 このころパウロ、ローマに来る
六〇	三	漢中興の功臣二十八将の像を雲台に画く		
六四	七	陰太后死去。このころ楚王英すでに仏を奉ず		
七三	一六	竇固、北匈奴を討ち、班超、西域に向かう	七四 西域諸国入朝	七〇 ローマ、エルサレムを破壊
七六	章帝 建初元	前年、明帝死去、章帝即位		
七九	四	馬太后死去		
八七	章和元	北匈奴の五十八部族来降		
八八	二	章帝死去、和帝即位、竇太后摂政		
八九	和帝 永元元	竇憲、北匈奴に大勝、大将軍となる		
九二	四	竇憲誅せられ、宦官の勢力上昇はじまる		
九七	九	竇太后死去。班超、甘英を大秦国に派遣		九八 トラヤヌス、ローマ皇帝となる（～一一七）ローマの版図はその
一〇二	一四	班超死去。宦官鄭衆を侯に封ず		
一〇五	元興元	和帝死去、生後百余日の殤帝即位、鄧太后摂政	一〇五 高句麗、遼東に侵入	
一〇六	殤帝 延平元	殤帝死去、安帝即位、鄧太后摂政をつづける		

一〇七	安帝	永初元	羌族反乱、西域都護廃止
一一四		元初元	羌族、漢中を掠奪
一二一		建光元	鄧太后死去、大将軍鄧騭ら自殺
一二五	少帝	延光 四	安帝死去、少帝即位して十月に死去。宦官ら順帝を立つ。宦官十九人、列侯となる
一二六	順帝	永建元	隴西の羌族反乱
一三五		陽嘉 四	宦官に養子の襲爵を許す。梁商、大将軍となる
一三九		永和 四	宦官張逵ら誅せらる
一四〇		五	南匈奴反乱し、鎮圧さる。羌族、畿内に入寇
一四四	沖帝	建康元	順帝死去、二歳の沖帝即位。大将軍は梁冀
一四五	質帝	永嘉元	沖帝死去、質帝即位
一四六	桓帝	本初元	太学生を三万人に増す。梁冀、質帝を毒殺し、桓帝を迎立す
一四八		建和 二	安息の僧・安世高、洛陽に来て仏経を訳す
一五九		延熹 二	梁皇后死去。梁冀、誅せらる。宦官単超ら列侯となる
一六六		九	第一次党錮事件おこる。学者・馬融死去
一六七		永康元	党人を赦し、終身禁錮。桓帝死去、霊帝即位
一六八	霊帝	建寧元	大将軍竇武、太尉陳蕃、宦官を誅せんとして殺される
一六九		二	第二次党錮の徹底的弾圧はじまる
一七六		熹平 五	前年、石経を太学門外に立つ。この年、党人の一族郎党にまで禁錮令を拡大す

一〇七 倭国王帥升ら朝貢
一二一 鮮卑、雲中に入寇し、また馬韓などを攻撃す
一二六 鮮卑、漁陽に入寇
一三五 烏桓、雲中に入寇
一四六 高句麗、遼東を襲う
一五六 鮮卑、モンゴルを制圧
一六六 南匈奴、烏桓、鮮卑入寇
一六八 烏桓、王を称す
一七七 鮮卑、遼西に入寇

治世に最大となる
一四四 クシャーナ朝のカニシカ王即位（〜一七二）。仏典結集。ガンダーラ美術の最盛期

一七八		光和元	売官を行う。公は千万、卿は六百万銭。	一七九 鮮卑、幽并二州に入寇。このころ倭国大乱	一八〇 ローマの賢帝マルクス・アウレリウス（一六一〜）死去
一八四		中平元	二月、黄巾の乱おこる。三月、党人を大赦す		
一八五		二	崔烈、貨を納めて司徒となる。宦官ら黄巾の賊張角を平定せる功により列侯となる。黒山賊おこる	一八三 倭の女王卑弥呼立ち、戦乱おさまる	
一八七		四	滎陽・長沙に反乱おこる。陳寔死去	一八六 鮮卑また幽并二州に入寇	
一八八		五	白波賊おこる。政府、州牧を設け、西園八校尉を置く		
一八九		六	外戚何進、天下の名士荀攸らを召す。四月、霊帝死去。少帝即位。八月、何進が宦官に殺されたのを機に、袁紹、宦官を皆殺しにす。九月、董卓、洛陽を制圧、少帝を廃し、献帝を立つ。遼東太守公孫度、自立して侯を称す		
一九〇	献帝	初平元	正月、東方の諸州、董卓討滅の軍をおこす。三月、董卓、都を長安に遷す		
一九一		二	袁紹、冀州を領す。荀彧、曹操に協力しはじめる		
一九二		三	正月、孫堅戦死。四月、董卓殺され、関中、大混乱におちいる。青州黄巾、曹操に降伏す。このころ張魯、漢中に五斗米道の独立国家をつくる		
一九五		興平二	孫策、江南に進出す。曹操、兗州牧となる		
一九六		建安元	曹操、関中を脱出した帝を許に迎え入れ、その周辺に屯田を開く	一九八 高句麗、丸都城を築く	

二〇〇	五	官渡の戦いで、曹操、袁紹を破る。孫策死去		
二〇一	六	曹操、劉備を汝南に破り、劉備、荆州に走る		
二〇五	一〇	前年、曹操、鄴を取り、冀州牧となる。この年、袁氏の残党を平げ、華北を大体、制圧す		
二〇八	一三	赤壁の戦いで、曹操は劉備・孫権の連合軍に敗れ、天下三分の大勢成る。曹操、丞相となる		
二一二	一七	孫権、建業経営に着手。荀彧自殺		
二一三	一八	曹操、魏公となり、禅譲工作はじまる		
二一四	一九	劉備、成都に入り、益州牧となる		
二一五	二〇	曹操、張魯を討ち、五斗米道王国解体す。劉備と孫権と荆州を分割す		
二一六	二一	曹操、魏王となる。南匈奴単于、魏に属す		
二二〇	延康元	正月、曹操死去。九品官人法制定され、中正を置く	二三〇 倭の女王卑弥呼、このころ韓とともに遼東の公孫氏に属す	二二三 パルティア最後の王アルタバヌス五世即位（～二二六）
	黄初元	十月、曹丕受禅（文帝）。魏朝成立す		
二二一	二	四月、劉備、帝位につき（昭烈帝）、諸葛亮を丞相とす		
二二二	三	十月、孫権、黄武と改元して呉国建つ。天下三分す		

魏の文帝

		魏	蜀・呉	
二二三	黄初四		昭烈帝死去。後主即位	
二二六	七	文帝死去。明帝即位	魏と呉と連年戦う	二二六 ササン朝

二二七	明帝	太和元	翌年、公孫淵、家をつぎ、魏、これを遼東太守に任ず	諸葛亮、出師の表を上り魏を討って漢中に屯す		ペルシア創建（～六五一）
二二九		三	連年、呉・蜀と戦う	孫権、帝を称す		
二三〇		四	司馬懿、漢中を攻む	呉、夷州を征伐す		
二三四		青龍二	明帝、寿春まで呉を親征す	諸葛亮、五丈原に死去		二三五 ローマに軍人皇帝時代はじまる
二三六		四	陳羣死去	呉、大銭を鋳る	二三六 高句麗、呉の使節を斬って魏に送る	
二三八		景初二	司馬懿、遼東の公孫氏を滅ぼす	呉、当千大銭を鋳る		
二三九		三	明帝死去。斉王芳即位	蜀の蔣琬、大司馬となる	二三九 卑弥呼、魏に使節を送り、親魏倭王の詔書印綬を受ける	
二四〇	斉王芳	正始元	曹爽ら実権を握る			
二四二		三		前年、呉の太子孫登死去し、この年、孫和太子となる	二四三 卑弥呼、再び魏に朝貢	二四二 このころ、マニの布教、ペルシアではじまる
二四九		嘉平元	司馬懿クーデターをおこし、曹爽・何晏らを誅殺す。王弼死去。州大中正設置	呉、このころ太子党と魯王覇の党と対立す	二四六 魏将毌丘倹、高句麗の丸都を攻めおとす 二四八 卑弥呼死去	二四九 ローマ、キリスト教徒に対する大迫害おこる
二五〇		二	江陵において呉を大破す	孫権、太子和を廃し、魯王覇に死を賜う		
二五二		四	前年、司馬懿死去。子の司馬師この年、大将	呉の大帝孫権死去。孫亮即位（廃主）		

二五三		五	軍となる 呉軍の北征を撃破す	呉の諸葛恪殺され、孫峻、丞相となる		
二五四	高貴郷公	正元元	司馬師、斉王芳を廃し、文帝の孫、高貴郷公髦を立つ			
二五五		二	毌丘倹ら司馬師を討って失敗す。司馬師死去。弟の昭つぐ	蜀の姜維、魏を討つ		
二五六		甘露元	魏将鄧艾、姜維を破る	呉の孫峻死去。孫綝かわって実権を握る		
二五八		三	司馬昭、反抗した諸葛誕の軍を平定す	呉の孫綝、主を廃し、孫休を立つ（景帝）。景帝、孫綝を誅す		
二六〇	元帝	景元元	司馬昭、反抗する主君を殺し、元帝奐を立つ		二六一 韓、魏に朝貢	二六〇 ローマ皇帝、ササン朝軍の捕虜となる。ガリア駐屯軍を率いるポストゥムス、「ガリア帝国」を称す
二六二		三	嵇康処刑さる	蜀の姜維また魏を討つ		
二六三		四	司馬昭、相国晋公となる	蜀軍敗れ、蜀、亡ぶ		
二六四		咸熙元	司馬昭、晋王となる	呉の景帝死去。孫晧つぐ（烏程侯）		
二六五		泰始元	八月、司馬昭死去。子の司馬炎、十二月に魏		二六六 倭の女王壹与、晋に朝貢	

西暦	王朝	年号	中国		東アジア	世界
			帝より受禅。晋朝成立			
二六八	晋の武帝	四	律令成る。太保の琅邪王祥死去			
二七四		一〇	山涛、吏部尚書となる	名臣陸抗死去	二七七 鮮卑拓跋部の力微死去	
二七八		咸寧四	杜預、鎮南大将軍となる			
二八〇		太康元	前年十一月、大挙して呉を討ち、この年三月、呉亡んで天下一統さる。十月、州郡の兵を大きく削減す。占田課田法（戸調式）発布			
二八五		六	前年、杜預死去。鮮卑の慕容廆、遼西に入寇す		二八六 高句麗、帯方郡を攻む	二八四 ローマにディオクレティアヌス即位（～三〇五）。専制君主政治はじまる
二八九		一〇	慕容廆降伏。これを鮮卑都督とす。劉淵を匈奴北部都尉とす			
二九〇	恵帝	永熙元	武帝死去。恵帝立つ。外戚楊駿執政。劉淵、匈奴五部大都督となる			
二九一		元康元	賈皇后、楊駿を殺し、楚王瑋を殺し、専権はじまる			
二九三		三	賈后、楊太后を殺す		二九三 慕容廆、高句麗を攻む	二九三 ローマ帝国に四分統治制はじまる
二九六		六	氐族酋長斉万年反乱。翌年、周処戦死す		二九四 慕容廆、大棘城に拠る	
二九九		九	斉万年の反乱平定。江統「戎を徙す」べきを論じ、聞かれず			
三〇〇		永康元	趙王倫、賈后一党を誅滅し、また張華・裴頠らの名臣を殺す			二九六「ガリア帝国」最終的に崩壊す
三〇一		二	趙王倫、帝を称し、恵帝を幽閉す。八王の乱			

			はじまり、成都王穎ら、倫を殺す。氐族酋長李特、蜀に入り、成都を攻む		
三〇二		太安元	長沙王乂、斉王冏を殺す	三〇二 高句麗、玄菟郡を侵す	
三〇三		二	李特殺され、李雄これをついで益州に拠る。成都王穎ら、長沙王乂を討つ。荊州に張昌の乱おこり、石冰、江南にむかう		
三〇四		永興元	長沙王乂殺さる。琅邪王睿、洛陽から封地に脱出す。劉淵、漢王と称し、李雄、成都王と称して、みな独立す。江南豪族ら石冰の乱を平ぐ		
三〇五		二	成都王穎、洛陽に拠る。江南に陳敏の乱おこる		
三〇六		光熙元	李雄、帝位につき国を大成と号す。成都王穎、河間王顒あいついで殺さる		三〇六 コンスタンティヌス一世、ローマ皇帝となる（〜三三七）
三〇七	懐帝	永嘉元	陳敏の乱、平ぐ。琅邪王睿・王導ら建鄴に入る。慕容廆、鮮卑大単于と称す		
三〇八		二	劉淵、平陽に帝位につく。江南豪族、琅邪王睿に協力す		
三一〇		四	劉淵死去。劉聡、兄を殺して帝位につく。周玘、江南呉興の乱を平ぐ		
三一一		五	石勒、王衍らを殲滅し、劉曜ら洛陽を陥れ、懐帝を捕えて平陽に移す。琅邪王睿、周馥の軍を滅ぼす	三一一 高句麗、晋の西安平を取る	
三一三		建興元	劉聡、懐帝を殺す。愍帝、長安で即位。琅邪	三一三 高句麗、楽浪に進	三一三 ミラノの

		東晋の年号	五胡十六国から北朝へ	東晋から南朝へ		
三一四	愍帝	二	王睿、丞相となり、江西の華軼を討つ。王敦、その総指揮をとる 襄国（河北省邢台）に拠った石勒、王浚を滅ぼし、河北全体を制圧す。涼州に事実上自立した前涼の張軌死去、張寔つぐ。江南豪族周勰反乱し、ただちに鎮圧さる		入して郡治を滅ぼす 三一四 さらに帯方を侵し、郡治を滅ぼす	勅令発布、キリスト教公認
三一六		四	劉曜、長安を陥れ、愍帝降伏して、西晋完全に亡ぶ			
三一七	元帝	建武元	劉聡、愍帝を殺す	琅邪王睿、晋王となる。『抱朴子』成る		
三一八		太興元	石勒、劉琨を滅ぼし、山西北部を制す。劉聡死去。劉曜独立す	琅邪王睿、帝位につく（元帝）		
三一九		二	劉曜、国号を趙と改む（前趙）。石勒もまた趙王を称す（後趙）	祖逖、北進して石勒の軍と戦う	三一九 高句麗、慕容廆に敗る	
三二〇		三	前涼の張寔殺され、張茂つぐ			三二〇 グプタ朝のチャンドラグプタ一世即位（〜三三五）
三二一		四		祖逖死去		
三二二		永昌元	後趙、このころまでに山西以東を制圧す	王敦反す。元帝死去。		
				明帝即位		
三二四		太寧二	前涼の張茂死去、張駿つぐ	王敦死去		

三二五	明帝	三		明帝死去。成帝即位。庾太后摂政		三二五 ニカエア宗教会議。アリウス派の追放決定
三二七	成帝	咸和二		蘇峻・祖約ら反乱をおこす		
三二八		三	石勒、劉曜と洛陽に戦い、これを殺す	蘇峻、首都建康を制す		
三二九		四	石勒、前趙を滅ぼし、華北を制圧す	陶侃ら蘇峻の乱を平定す		
三三〇		五	石勒、皇帝を称す			
三三三		八	慕容廆死去、慕容皝つぐ。石勒死去、石弘つぐ			
三三四		九	成の李雄死去。李越、李期を立つ。石虎、石弘を殺し、居摂天王となる	陶侃死去。庾亮、西府を統帥す	三三四 高句麗、楽浪郡の故地に平壌城を増築す	
三三五		咸康元	後趙、鄴に遷都。仏図澄、国師となる			
三三七		三	石虎、太子邃を殺す。慕容皝、燕王を称す(前燕)			
三三八		四	成の李寿、李期を殺して自立し、国号を漢と改む。鮮卑拓跋部の什			

三三九		五	翼犍、代王となる。燕王慕容皝、高句麗を攻む	王導、郗鑒死去。翌年、庾亮死去		三三九 ササン朝でキリスト教迫害はじまる
三四二		八	前燕、龍城に遷都	成帝死去、康帝即位	三四二 高句麗の首都丸都に前燕の軍攻めこむ	
三四三	康帝	建元元	成漢の李寿死去、子の勢、立つ			
三四四		二	前燕、宇文部を滅ぼす	康帝死去。穆帝即位。褚太后摂政		
三四五	穆帝	永和元	張駿、涼王を称す（前涼）	会稽王昱、執政。庾翼死去。桓温、西府の長となる	三四六 百済建国	
三四七		三	成漢滅亡。前年、張駿死去、張重華つぐ	桓温、成漢を滅ぼし、蜀を晋領とす		
三四八		四	慕容皝死去、その子儁つぐ	桓温、征西大将軍となる		
三四九		五	石虎、皇帝を称するも病死し、後趙、大混乱に陥る。冉閔、胡族を虐殺す	征北大将軍褚裒、北征し敗れて帰る		
三五〇		六	冉閔、魏国を立つ。前燕南下し、薊に遷都。中原混乱つづく			
三五一		七	氐族族長苻健、長安に入って天王大単于を称	殷浩、桓温と対立す		

三五二	穆帝	八	（前秦）す 苻健、帝位につく。前燕、冉閔を殺し、魏亡ぶ。慕容儁、帝位につく	殷浩、北征して戦果あがらず	
三五三		九	前涼の張重華死去。張祚立つ。	殷浩、北征失敗。王羲之ら蘭亭の会を行う	
三五四		一〇	前秦、桓温を退けて関中を制圧す	殷浩失脚し、桓温実権を握る。桓温、北伐して関中に入ったが、退却す	
三五五		一一	前秦の苻健死去、苻生つぐ。前涼の張祚殺され、張玄靚立つ		三五五 高句麗、前燕に質を送る
三五六		一二	前燕、前秦、東晋、河南で相い戦う	桓温、北伐して洛陽を奪回す	三五六 新羅建国
三五七		升平元	前秦の苻堅、暴君苻生を殺して天王となる。前燕、鄴に遷都	穆帝親政	
三六〇		四	前燕の慕容儁死去、慕容暐つぐ	謝安、桓温のもとに出仕す	
三六一		五		穆帝死去。哀帝即位	
三六三	哀帝	興寧元	前涼の張天錫、主君を殺して自立す	桓温、大司馬都督中外諸軍事となる	

西暦	皇帝	年号	華北	東晋	朝鮮・日本	世界
三六五		三	前燕、洛陽を占領す	哀帝死去。海西公奕即位。洛陽失陥	三六六 任那をめぐる交渉がはじまる	
三六七	廃帝	太和二	前燕の慕容恪死去	前年、会稽王昱、丞相となる		
三六九		四	前燕の慕容垂、桓温を枋頭に破る。垂そのあとで前秦に亡命す	桓温の北伐失敗す	三六九 百済の近肖古王、高句麗に大勝し、百済の統一完成す。任那府、設立さる	
三七〇		五	前秦王苻堅、鄴を陥れ、前燕亡ぶ			
三七一	簡文帝	咸安元		桓温、帝を廃し、会稽王昱を立つ	三七一 百済、高句麗の平壌城を攻む	
三七二		二	前秦、王猛を宰相とす	簡文帝死去。孝武帝即位	三七二 高句麗、前秦から僧および仏典を送らる	
三七三	孝武帝	寧康元	前秦、蜀を東晋から奪取す	桓温死去。謝安ら政をたすく	三七三 高句麗、はじめて律令を頒布す	
三七五		三	王猛死去			三七五 西ゴートがローマ領内に移動し、ゲルマン民族大移動はじまる
三七六		太元元	前秦、前涼を併合し、什翼犍の代国を攻めて二分す		三七七 高句麗、新羅など前秦に朝貢	三七六 このころインドのグプタ朝最盛期
三八〇		五	苻堅、関中の氐族十五万戸を東方に分散配置す	前年、王羲之死去	三八一 東夷西域六十二国、前秦に朝貢	
三八三		八	苻堅、東晋を討ち、肥水に大敗。華北ふたた	謝石・謝玄ら前秦軍と肥水に戦い、大勝		

三八四	孝武帝	九	び混乱に陥る 慕容垂独立す（後燕）。羌族の姚萇、秦王を称す（後秦）。慕容冲独立す（西燕）	利をあぐ 晋軍北伐。河南を制し、洛陽に入る		
三八五		一〇	姚萇、苻堅を殺す。呂光、姑臧に独立し（後涼）、乞伏国仁、大単于と称す（西秦）	劉牢之の部隊は鄴まで進撃したが、撤退す。謝安死去		
三八六		一一	拓跋珪、代王となる。四月、代を魏と改む。後燕は中山に、後秦は長安に都を定む。前秦の苻登、帝位をついで南安に拠る			
三八八		一三	西秦の乞伏国仁死去。弟の乾帰つぐ	謝玄死去。謝石死去		
三九二		一七		殷仲堪、西府の長となる	三九二 新羅、質を高句麗に送る。この年以後、高句麗と百済、連年戦争	
三九四		一九	前年、後秦の姚萇死去、子の興つぐ。前秦、後秦によって完全に滅ぼさる。後燕、西燕を滅ぼす	後燕によって山東方面を奪回さる。このころから司馬道子、権を専らにす		三九五 ローマ帝国、東西に分裂す

西暦	皇帝	年	華北	江南	朝鮮・日本	西方
三九六		二	後燕の慕容垂死去。子の宝つぐも内政みだる。北魏、後燕を侵攻	孝武帝変死。安帝即位。司馬道子と王恭との間、一触即発	三九六 高句麗の好太王、水軍をもって百済を攻め、倭との連合軍を破る。百済、降伏して王弟を質とす	
三九七	安帝	隆安元	南涼国独立。北涼国独立。北魏、中山を陥れて南下し、黄河以北の中原を制圧す。慕容宝、龍城に逃走して、後燕を維持す	北府の長・王恭、司馬道子に内政改革を迫り、道子はやむなく王国宝らを処断す		
三九八		二	北魏、平城に遷都し、拓跋珪、帝位につく(道武帝)。このころ部落解散。慕容徳、滑台に独立(南燕)。慕容宝殺され、盛つぐ	劉牢之の寝がえりによって王恭殺さる		
三九九		三	呂光死去して後涼混乱す。呂纂つぐ。法顕、印度へ求法の旅に出る(〜四一三)	奴客徴発令発布。孫恩の乱おこる。桓玄、殷仲堪と戦い、これを殺して西府の長となる	三九九 倭軍、百済とともに新羅を討つ	
四〇〇		四	西秦、後秦に降伏。敦煌に西涼国独立。南燕、広固に移る	劉牢之・劉裕ら孫恩を討つ	四〇〇 高句麗、新羅を助けて倭と戦う	
四〇一		五	後涼の呂纂殺され、呂	孫恩の水軍、建康に		四〇一 西ゴート

四〇二	安帝	元興元	隆立つ。沮渠蒙遜、段業を殺して北涼を奪う 後秦の勢威、諸涼国を圧す。北魏、後秦と戦う	迫り、劉裕これを撃退す 孫恩自殺。盧循南進。桓玄、東下して建康を制圧す。司馬道子・劉牢之ら殺さる	四〇二 柔然、漠北に覇をとなう	王アラリック、イタリア侵入をはかる
四〇三		二	後秦、後涼を滅ぼす	桓玄、安帝から受禅、楚国を建つ（永始元年）		
四〇四		三	翌年、鳩摩羅什、後秦の国師となる	劉裕のクーデタ成功。桓玄殺され、安帝復位	四〇四〜四〇五 高句麗、後燕と戦う。倭軍、高句麗に敗退す	四〇六 ヴァンダル族・アラン族などガリアに侵入
四〇七		義熙三	赫連勃勃、夏国を建つ。後燕、高句麗王の支族・高雲に国を奪われて亡ぶ			
四〇九		五	馮跋、北燕を建つ。西秦、後秦よりふたたび独立。北魏の道武帝殺され、明元帝つぐ	劉裕、南燕を討つ		
四一〇		六	晋室の一族司馬国璠ら、劉裕制圧下の江南より後秦に亡命す	劉裕、南燕を滅ぼす。盧循、建康に迫り、劉裕に撃退さる		四一〇 アラリック、ローマを陥れて掠奪
四一一		七		盧循、ヴェトナムに追われて自殺		

四一二		八		劉裕、劉毅を討滅す	四一二 高句麗の好太王死去	
四一四		一〇	西秦、南涼を滅ぼす	前年、土断を施行す		
四一六		一二	後秦の姚興死去。後秦乱る	劉裕に中外大都督を加う。北伐して洛陽を陥る	四一三 倭王讃、東晋に朝貢。高句麗好太王の子連、東晋に朝貢して高句麗王に任官さる	四一五 ヒスパニアに西ゴート王国成立
四一七		一三	後秦滅亡。司馬休之、国璠、王慧龍ら晋の亡命者たちは北魏に入る	劉裕、長安を陥れ、後秦を滅ぼす		
四一八	恭帝	一四	夏国、長安を取り、関中を制す	劉裕、宋公となる。安帝を殺し、恭帝を立つ		
四二〇（宋）	武帝	永初元	北涼、西涼を攻め、翌年これを滅ぼす	劉裕、受禅して帝位につく（武帝）。東晋亡び、宋国成立	四二〇 百済王、高句麗王、宋から任官さる	
四二二		三		武帝死去。少帝即位	四二一 倭王讃、宋から任官さる	
四二三	少帝	景平元	北魏の明元帝死去、太武帝立つ	徐羨之ら専権		
四二四		元嘉元		少帝廃され、文帝立つ		
四二五		二	夏の赫連勃勃死去。太武帝、柔然を漠北に逐う	文帝、親政す	四二五 倭王讃、宋に朝貢	四二五 エフタル、ササン朝に侵入をはじむ
四二六		三	北魏、夏を討ち、長安を占領す	徐羨之を誅す。江陵の謝晦を滅ぼす		四二六 アウグス

四二七	文帝	四	北魏、夏の首都統万を占領す	陶淵明死去	四二七 高句麗、平壌に遷都	ティヌス『神国論』成る
四三一		八	夏、西秦を滅ぼし、吐谷渾、夏を滅ぼす。北魏、関中全域を占領す	前年、四銖銭を発行す	四三〇 倭王また宋に朝貢	
四三三		一〇	北涼の沮渠蒙遜死去	謝霊運、処刑さる		
四三六		一三	北魏、北燕を滅ぼし、遼河流域を占領す	功臣・檀道済殺さる	四三七 西域十六国、北魏に朝貢	
四三九		一六	北魏、北涼を滅ぼし、華北を統一す。南北朝対立の形勢成る		四三八 倭王讃死去、あとをついだ珍、宋に朝貢	四三九 ヴァンダル王、カルタゴを攻略し、王国の首都とす
四四三		二〇	魏、鄯善を占領す。翌年、仏教を弾圧す	元嘉暦を用う。『後漢書』の著者・范曄、処刑さる	四四三 倭王済、宋に朝貢	四四三 ローヌ河上流にブルグント王国成立（〜五三四）
四四八		二五	焉耆を占領し、亀茲を破る	このころ通貨対策に苦しむ		
四四九		二六	柔然に大勝す			
四五〇		二七	宋に対して南征し、大いに威を振るう。国史事件により、崔浩処刑され、漢人士大夫弾圧さる	北伐失敗。北魏に江北を荒らされ、建康震撼す	四五一 倭王済、宋より安東大将軍を受く	
四五二		二九	太武帝、宦官に暗殺され、けっきょく文成帝			四五二 フン族アッティラの

四五三		三〇	即位す。仏教ふたたびおこる	文帝、皇太子に暗殺さる。皇子劉駿、太子を討って帝位につく		軍、イタリアに侵入
四五四	孝武帝	孝建元		南郡王義宣の乱。四銖銭発行	四五五 高句麗、百済を攻め、新羅、百済を援助す	四五五 このころエフタル族が中央アジアより西北インドに侵入
四五九		大明三	翌年、雲岡石窟の開鑿はじまる	竟陵王誕の乱	四六〇 漢人闞氏、高昌王となる。倭国、宋に朝貢	
四六四		八		孝武帝死去。前廃帝即位	四六二 倭王興、宋より安東将軍を受く	
四六五	廃帝	泰始元	文成帝死去。献文帝即位。馮太后摂政。宋の王室・劉昶、北魏に亡命す	二銖銭を発行し、私鋳を許す。幣制混乱して商取引行われず。帝、諸王や沈慶之らを次つぎに殺し、けっきょく帝自身も殺さる。明帝立つ。		
四六六		二		幣制改革に着手 晋安王子勛の乱		
四六九		五	宋から青州を取る		四六八 高句麗、新羅を侵す	
四七一		七	献文帝、五歳の太子宏（孝文帝）に譲位、み			

四七三	明帝	泰予元	ずから太上皇帝と称す 柔然、魏を侵す	明帝死去。後廃帝即位		
四七四		元徽二		桂陽王休範の乱。蕭道成、平定す	四七五 高句麗、百済の首都漢城を奪う。百済、熊津に遷都	
四七七	後廃帝	昇明元	前年、馮太后、献文帝を殺し、摂政となる	蕭道成 帝を廃し、順帝を立つ。袁粲ら蕭道成を討って敗死す	四七八 倭王武、宋に朝貢し、安東大将軍に任ぜらる	四七六 西ローマ帝国滅亡
四七九 (斉)	順帝	建元元		三月、蕭道成、斉公となり、四月、受禅して斉国と号す。宋亡ぶ	四七九 倭王武、鎮東大将軍に進めらる	四八一 フランクのクロヴィス即位。メロヴィング朝成立(～七五一)
四八二	高帝	四	翌年、同姓通婚を禁止す	高帝死去。武帝即位		
四八五		永明三	均田法発布			
四八六		四	三長制施行			四八八 ササン朝カワード一世即位。このころマズダ教おこり、カワード改宗す
四九〇		八	馮太后死去。孝文帝親政	巴東王子響の乱		
四九二		一〇	均田法規、令文に制定			
四九三	武帝	一一	洛陽遷都を決行す	武帝死去。廃帝立つ		
四九四		建武元	南朝から亡命した王粛を鄴で引見す。龍門石窟の開鑿はじまる	蕭鸞、帝を殺し自立す(明帝)。竟陵王子良死去		

四九六	明帝	三	姓族詳定。前年、はじめて五銖銭を発行す			
四九八	明帝	永泰元		王敬則の乱。明帝死去。東昏侯立つ	四九八　麹氏高昌国成立	
四九九	東昏侯	永元元	孝文帝死去。宣武帝立つ	東昏侯暴虐		
五〇〇	東昏侯	二		蕭衍、兵を襄陽におこす		
五〇一	和帝	中興元	洛陽大修築	蕭衍、南康王宝融を奉じて進軍。東昏侯殺され、蕭衍、建康を制圧す		
五〇二（梁）	武帝	天監元		蕭衍、南康王より受禅、梁朝成立し、南斉亡ぶ。	五〇二　梁、倭王を征東大将軍に任命す	
五〇八	武帝	七	京兆王愉の乱。高肇、彭城王勰を殺す	九品の官階を十八班に改む		
五一三	武帝	一二		沈約死去	五一三　このころ百済、倭国に五経博士を送る	五一一　クロヴィス王死去。フランク王国分裂す
五一五	武帝	一四	宣武帝死去。孝明帝立つ。諸王、高肇を誅す。胡太后摂政。大乗の賊おこる			
五一九	武帝	一八	羽林の変おこる。前年、宋雲、インドへ求法の旅に出る			

五二〇	武帝	普通元	元乂、胡太后を幽閉す	北魏と和親関係に入る	五二〇 新羅、律令を頒布す	
五二三		四	六鎮の乱おこる。宋雲、西北インドより帰る	法定通貨を鉄銭にきりかえる		
五二四		五	鎮を州に改む。乱、大きく広がる			
五二五		六	胡太后ふたたび摂政			
五二八		大通二	胡太后、帝を殺す。爾朱栄、洛陽に入り、太后はじめ皇族・朝士を虐殺す	前年、武帝、同泰寺に捨身す		五二七 東ローマのユスティニアヌス大帝即位（〜五六五）
五二九		中大通元	梁軍、魏の亡命皇族を送って北進し、一時洛陽に入ったが、敗退す	武帝、ふたたび同泰寺に捨身す		
五三〇		二	孝荘帝、爾朱栄を殺す。爾朱兆、帝を殺す。東方諸豪族、反爾朱の旗をあぐ			
五三一		三	爾朱氏、節閔帝を立て、高歓自立して東方豪族と廃帝を立つ	昭明太子（蕭統）死去。蕭綱、太子となる（のちの簡文帝）		五三一 ササン朝のホスロー一世即位（〜五七九）。このころササン朝の黄金時代
五三二		四	高歓、鄴を占領。爾朱氏の軍を滅ぼし、洛陽にて孝武帝を立つ			

五三四	武帝	六	孝武帝、洛陽から関中の宇文泰のもとに走る。高歓、孝静帝を立て、鄴に遷都。宇文泰、孝武帝を殺す	前年、武帝、同泰寺で般若経を講ず		五三四 ブルグント王国滅亡して、フランク王国に併合さる。クロタール一世、オータンを破壊
五三五		大同元	宇文泰、文帝を立て、魏は東西に分裂す		五三六 新羅はじめて年号を立つ	
五三七		三	高歓、宇文泰を攻め、沙苑で敗北す	長干寺に阿育王塔を修め、大法要を営む	五三八 百済、泗沘に遷都、扶余と改む。百済の聖明王、仏像・経論を倭国に送る	
五四二		八	西魏、六軍を置く			
五四三		九	邙山の決戦で、宇文泰、高歓に大敗す		五四一 梁の仏経工匠画史、百済に来る	
五四四		一〇	高歓の勲貴弾圧はじまる		五四五 新羅はじめて国史を撰す	
五四六		中大同元	西魏の蘇綽死去	武帝、同泰寺で仏書を講ず		
五四七		太清元	高歓死去。高澄つぐ。侯景、反す	武帝、同泰寺に捨身。侯景の降伏を受け入れる		
五四八		二		侯景の乱、勃発す	五四八 高句麗、百済の独山城を攻む	
五四九		三	西魏、胡姓への復帰を行つ	侯景、建康を陥る。武帝死去、簡文帝立つ		
五五〇		大宝元	高澄殺され、高洋、孝	侯景みずから漢王と	五五〇 百済と高句麗、長	五五〇 このころ

			静帝より受禅。東魏亡んで北斉成立す（文宣帝）。このころ西魏、府兵制を布く	称す	年の戦争によって、ともに疲弊す	ササン朝領内にネストリウス派ひろまる
五五一	簡文帝	二	西魏の文帝死去、子の欽（廃帝）立つ	侯景、簡文帝を殺し、漢帝と称す		
五五二	元帝	承聖元		王僧弁・陳覇先、侯景を討滅す。湘東王繹、江陵で即位（元帝）		
五五四		三	宇文泰、帝を廃し、恭帝を立つ。西魏の軍、江陵を陥れ、梁の百官を関中に拉致す	江陵失陥。元帝殺さる	五五四 百済の聖明王、新羅を攻めて戦死す	
五五五	敬帝	紹泰元	北斉、蕭淵明を梁帝とすべく王僧弁に迫る	後梁国成立す（～五八七）。陳覇先、王僧弁を殺し、蕭方智を帝とす（敬帝）		
五五六		太平元	西魏、六官の制を施行。宇文泰死去、その子覚、周公となる	陳覇先、奮闘して建康周辺の北斉軍を撃滅す		
五五七（陳）	武帝	永定元	宇文覚、恭帝より受禅。西魏亡んで、周朝成立。宇文護、覚を廃	陳覇先、敬帝から受禅して、梁亡び陳朝成立す（武帝）		五五八 クロタール一世、フランク王国を再

五五九		三	して毓（明帝）を立つ 北斉の文宣帝死去。廃帝立つ	武帝死去。文帝立つ		統一す
五六〇	文	天嘉元	北斉の常山王演、帝を廃して自立す（孝昭帝）。楊愔ら殺さる。 北周の宇文護、帝を廃して邕（武帝）を立つ	陳軍、王琳と北斉の連合軍を撃滅し、王琳を北斉に走らす		
五六一		二	北斉の孝昭帝死去。武成帝立つ		五六二 新羅、任那日本府を滅ぼす	
五六四		五	北斉、北周の軍を破る	福建の陳宝応を滅ぼし、江南を統一す		
五六五	帝	六	斉の武成帝、太子緯（後主）に譲位し、みずから太上皇帝という		五六五 陳、僧および仏経を新羅に送る	
五六六	廃	天康元	斉の太上皇帝死去。	文帝死去。廃帝立つ		
五六八	帝	光大二	北周の楊忠死去し、子の堅つぐ	安成王頊、帝を廃し、翌年正月、帝位につく（宣帝）		
五七一		太建三	斉の琅邪王儼、和士開らを殺す。儼もまた殺さる			五七〇 このころマホメット、メッカに生まる
五七二		四	周の武帝、宇文護を誅して親政を行う。斉の		五七二 このころ突厥は東西に分裂す	

五七三	宣帝	五	名将・斛律光、殺さる。斉の祖珽失脚。文林館の漢人知識人ら殺さる	北斉を討ち、江北の数郡を取る		
五七四		六	周の武帝、仏教・道教を弾圧す	翌年、智顗、天台宗を開く	五七四 新羅、皇龍寺の丈六仏を鋳造す	
五七七		九	周、斉を滅ぼし、華北統一さる		五七七 新羅、百済を破る。百済、経論・造仏工・造寺工を倭国に送る	
五七八		一〇	周の武帝死去。宣帝立つ			
五七九		一一	宣帝、太子（静帝）に譲位、みずから天元皇帝という	江北の諸郡、北周に取られる		
五八〇		一二	天元皇帝死去。楊堅、実権を握り、隋王となる			五八〇 このころフランク王国の三分国において宮宰の権力強まる
五八一		一三	楊堅、静帝を廃し、隋朝成立す			
五八二		一四	隋、新都を龍首山南に造営す	宣帝死去。後主即位		
五八三	後主	至徳元	大興城に遷都	後主改元す		
五八七		禎明元	後梁を滅ぼす		五八七 蘇我馬子、物部守屋を滅ぼす	
五八九		三	陳を平定し、天下統一成る	陳亡ぶ。後主ら捕われて関中に移さる		

＊年号は魏晋南朝のものしか採録できなかった。正閏の観念にもとづくのではなく、もっぱらスペースの制限による。

黒龍江省
ハルビン
モンゴル
長春
吉林省
万仏堂石窟
瀋陽
義県
遼寧省
朝鮮民主主義人民共和国
内モンゴル自治区
北京市
フフホト
寧夏回族自治区
北京
天津
雲岡石窟
大同
河北省
天津市
五台山
曲陽
銀川
天龍山石窟
太原
修徳寺
大韓民国
黄河
石家荘
山西省
龍興寺
青州
邯鄲
済南
須弥山石窟
響堂山石窟
泰山
駝山石窟
永靖
固原
山東省
蘭州
慶陽
霊泉寺石窟
安陽
経石峪
炳霊寺石窟
慶陽北石窟
孔望山摩崖
鞏義
鞏県石窟
洛陽
鄭州
連雲港
天水
扶風
西安
甘粛省
長安
白馬寺
龍門石窟
麦積山石窟
法門寺
江蘇省
河南省
陝西省
安徽省
棲霞寺石窟
上海
南京
広元
合肥
上海市
千仏崖摩崖
湖北省
武漢
寧波
杭州
長江(揚子江)
万仏寺
成都
重慶市
阿育王寺
浙江省
天台山
南昌
重慶
長沙
江西省
湖南省
福州
貴州省
福建省
貴陽
台北
台湾(中華民国)
広西チワン族自治区
広東省
広州
南寧
香港
マカオ
ヴェトナム
海口
海南省

魏晋南北朝時代の主要仏教遺跡

新疆ウイグル自治区
天山山脈
ウルムチ
キジル石窟
クチャ
吐魯番
（トゥルファン）
トユク溝石窟
高昌故城
ゴビ砂漠
タクラマカン砂漠
楼蘭遺跡
敦煌
莫高窟
安西
楡林窟
文殊山石窟
酒泉
張掖
馬蹄寺石窟
金塔寺石窟
武威
天梯山石窟
西寧
コンロン山脈
民豊
尼雅遺跡
ツァイダム盆地
青海省
チベット自治区
ラサ
四川省
ネパール
ブータン
インド
バングラデシュ
昆明
雲南省
ミャンマー
ラオス
タイ
現在の国境
現在の省・自治区・特別市界
現在の省都
（自治区・特別市を含む）
仏教遺跡所在都市
仏教石窟
石窟以外の仏教遺跡
山（仏教関係）

解説

氣賀澤保規

はじめに

本書は、一九七四年に刊行された講談社版『中国の歴史』全十巻のなかの第三巻、「魏晋南北朝」を文庫本にしたものである。この時代を概説した書物としてつとに名著の評判が高く、文庫本化が広く望まれながら、著者川勝義雄が一九八四年に京都大学教授（人文科学研究所）の在職中に早世したこともあり、再刊までに日時がかかってしまった。このたび著者の直接の教えを受けたものの一人として、私が再刊に協力させていただくことになったが、それにあたり原著に見られた誤植を修正したうえ、国名や地名の今日名への変更、シリーズから独立させるための表記の見直し、あるいは漢字へのルビの追加などを可能な限り行った。また一部の図表を入れ替え、また巻末には旧版以後に出た日本における主要な刊行図書の一覧を追加した。それ以外は原著の本文にはふれていない。

この文庫本のために本書を詳しく読み直すなかで、私は改めて深い感銘と充実感を、恩師の謦咳《けいがい》に接する思いにしばしば襲われながら、味わった。一語一語を大切にしたわかりやすい表現力と、時代の姿や内奥を生き生きと語りきる文章力、その上に全体を貫く柔軟な思考と骨太な構想、そして歴史に対する確かな視座と透徹した見通し。本書に認められたそうした側面は、著者の歴史研究に賭けた姿勢そのものであり、同時に出版以来三十年近い歳月が経過しながら、なお新鮮さを失わず、高い評価を与えられている理由になっていることも知ることができた。

魏晋南北朝という時代は、中国が歴史段階に進んで以降、最も長い分裂の状態にあったと考えてよい。後漢の滅亡を確定づけた一八四年の黄巾の乱に起点を置けば、隋が江南に拠った最後の陳朝を制圧した五八九年までの、ちょうど四百年の歳月がそれである。だが本書は、さらに先行する後漢の全体を視野に入れ、具体的にはその半ばの紀元一〇〇年前後から説き起こすことになった。

このやや変則的ともいうべき形がとられたのは、元のシリーズで本書の前巻に配された、これも名著と評価の高い西嶋定生著『秦漢帝国』（のち講談社学術文庫）が、後漢の前期で筆を止めたことと関係する。それは、西嶋氏が精緻でしかも大胆に組み立てた秦漢帝国像に後漢後半の動向がうまく組み込めなかった事情にもよるが、同時に、後漢の動向をふまえることで、はじめて魏晋南北朝の構造や特質を鮮明にしえた本書の立場にも配慮された結果でもあろう。時代認識を異にする東京と京都の学者のこうした暗黙の了解は興味をひくが、ともかく本書は後漢、ことに後半期を重要な助走段階に加えて出発するのである。

中世論をめぐる西洋と中国——華やかな「暗黒時代」

魏晋南北朝は、前を漢（前漢・後漢）、後ろを隋唐という中国史上に屹立する二大帝国にはさまれた谷間の時代である。中国史流にいえば「一治一乱」のサイクルの「乱」の時代、著者はそこに「華やかな暗黒時代」という、かつて誰もが用いたことのない刺激的な表現を当て嵌《は》め、本書を貫くテーマと著者の深い洞察を凝縮させた。

本書を手にするとき、まず実感されるのは、著者川勝の念頭に去来する西欧歴史世界との比較の視座である。魏晋以降の五胡とよばれる異民族の跳梁が、古代ローマ帝国の崩壊とヨーロッパ中世の状況に似ること、その東西双方の発端が、ともにモンゴル高原に出る匈奴の流れ、つまり北匈奴の系統が西進してフン族となってゲルマン民族の移動を誘い、南匈奴は南下して五胡時代を開き、北から南への民族移動を促したこと。あるいは西のキリスト教に東の仏教と、宗教が存在感を強める趨勢。これらに言及する一方で著者は、みずから滞在したフランス・ブルゴーニュの古都オータンの歴史や、ベルギーの中世史家アンリ・ピレンヌの説を例に引きながら、古代ローマ帝国の地中海古典古代世界の崩壊から西ヨーロッパのカトリック的、ゲルマン的中世文化の形成への推移にも目を向ける。

西欧の歴史を強く意識するこの姿勢は、じつは中国史家に必ずしも一般的ではなく、著者の史観の一つの特色をなすといってよい。なぜそうまでして、中国史を考えるのに西洋史にこだわるのか。それには大きく二つの理由があった。共通性と異質・独自性との両面においてである。

ご存知の方も多いと思うが、日本の中国史学界は魏晋南北朝から隋唐期をどのように位置づけるかをめぐり、第二次大戦後長く激しい論争をつづけてきた。一方は後漢から魏晋にかわる二世紀後半から三世紀のころに大きな歴史的断絶を認め、後漢までを古代、それ以後隋唐までを中世とする京都学派の考え方である。これにたいして、その時期にそれほど積極的な断絶を認めず、隋唐まで一貫して長い古代の段階にあったとするのが、「歴史学研究会」系あるいは東京系ともいうべき立場である。そしてこの二つの学派の間で、著者は京都学派の立場から魏晋南北朝を中国中世として定置させる先頭に立っていた。

このような位置にあった著者が、古代ローマ帝国にかわる中世封建時代の到来を、漢帝国の崩壊から魏晋南北朝時代の成立に重ねる。それは、戦前からマルクス史家を中心に沁みついたアジア的停滞論・東洋特殊性観にたいし、中国史もヨーロッパ史とならぶ歴史発展の地平にあったことを明確にさせるとともに、魏晋南北朝こそはまぎれもなく中国中世であることを正当づけるものに他ならなかった。右の「華やかな暗黒時代」における「暗黒時代」とは、文明の衰退したヨーロッパ中世を意識しての言葉であった。

川勝中国中世論と貴族制――「華やかな」暗黒時代

しかし著者にとって、ヨーロッパの古代・中世を引き合いに出す意味は、じつはもう一方の側によりウェートがかかっていた。異質・独自性としての面であり、「華やかな暗黒時代」の「華やかな」にこめた問題でもあった。

確かに、魏晋南北朝時代はヨーロッパ史との共通性をもって動き出した。なかでも後漢後半期に登場しはじめる新興豪族は、みずからの私兵を擁して武人的分権支配をつよめ、封建領主に発展しうる本質を内包させていた。著者はこれを「豪族の領主化傾向」とよぶ。その後においても、江南に勢力を張った三国期の孫呉政権の開発領主型の支配体制や、南朝歴代王朝の創業時における軍事政権的性格、北の五胡政権支配層を中心とした軍事封建的構成などに封建制との接点があり、各地の軍団に属する兵士の世襲的形態＝世兵制に武士の萌芽があった。魏晋期以降の社会各層にみられた「門生・故吏」の関係——先生と門生、上役と下役の関係に由来する人間関係——にも、封建的主従関係の本質が読みとれた。

こうした封建制に傾斜する様相をたえず有しながら、しかしその中心に立つべき豪族は、結局は封建領主への道を貫徹できなかった。なぜなのか。

著者によれば、豪族の領主化を阻んだもの、それは一口にいって郷村社会を基点とする共同体の側からの抵抗であった。漢代、農民たちは「里」とよばれる百戸程度のまとまり（集落）のなかで日常生活を営み、父老とよばれる長老的存在がそれを領導した。それを基本単位として、その上に幾重にも重なる地域社会の輪（サークル）が広がり、そのような場から形成される世論＝「郷論」によって推薦された人材が、漢朝の官僚となった。著者はこの構造を「郷論の重層構造」とよび、また「郷論主義」と集約する。封建領主化路線とはこうした郷論主義を支える社会秩序に根底から改変を迫るものである以上、郷村共同体側の抵抗に直面するのは当然であった。

郷論主義に関連して、著者がもう一つ注目するのが、それによって押し上げられた儒教的教養をそなえた官吏や知識人の去就であった。かれらは、本格化していく宦官政治と領主化路線を前に、厳しい弾圧にさらされながら、黄巾の乱以降の政治情勢のなかで、郷村社会への影響力を背景に名士として復活する。そして魏晋の九品官人法（九品中正制）を介して社会上層部を占める貴族へとつながっていく。つまり、後漢末の厳しい時代を生き抜いた郷論主義的知識人こそが、次代を担う貴族の源流となるのである。

豪族の領主化を阻んだ郷論主義の先にあったのが、魏晋南北朝期の貴族制となる、と著者は考える。したがって貴族制は、たんなる皇帝権に付属する寄生官僚的制度でも、文化的シンボルでもなく、時代と社会に根ざして生まれた支配体制ともいうべきもので、この理解から当時を「貴族制社会」と集約することが許される。かくして本書は、貴族制社会の形成（形成への序曲）―成立―定着―変容―崩壊の形をとって、魏晋南北朝全史を追いかけることになった。

武人領主ではなくて文人貴族が支配層を構成する、そこに西洋とは異なる中国中世の特質をみてとった著者は、さらにいう。西洋と同様に異民族の侵入や戦乱、破壊や殺戮が繰り返されたその時代に、驚くべきことに新たな文明を創出せしめたと。それは、書の王羲之、画の顧愷之に、陶淵明らの多くの詩人、そして何よりも「駢儷《べんれい》体」という均整華麗な文章スタイルの完成と『文選』の編纂など、文学・芸術の分野に現われる。老子・荘子の道家（老荘）の思想、仏教と道教という宗教・信仰、それらの発展による濃密な宗教・思想の時代が到来したのもこの時期のことであった。五胡の華北への侵入をうけて、しかも、それまで華北に集中していた中国文明は、五胡の華北への侵入をうけて、周辺へ周辺へと流れ出し、中国南部はもとより、東方諸国の民族的覚醒と主体的な文明受容をうながし、東アジア文明圏の形成へと導いた。他方、シルクロードを通じて仏教をはじめとする西方の文化と人を積極的に受け入れた。いうなればこの時期、西洋が文明の衰退に向かったのとはうらはらに、中国では本体をなす漢族文化に胡族や西方の影響を加えて、文明の拡散膨張のコースをたどったのである。

西と東が同じ厳しい時代状況に立ちながら、中国のそれ＝魏晋南北朝は、貴族制と後世に影響をのこす高度で華やかな貴族文化を創出し、東アジア全域にその文明圏を押し広げた。そしてその中心に強靱に生き抜く文人貴族層があった。「華やかな暗黒時代」にこめた著者の意図は、ここにおのずから明らかで、わたしたちは本書から改めて、魏晋南北朝が中国史ひいては東アジア史に占める重要さを実感するはずである。

著者川勝義雄と西洋学

本書はこのように、ヨーロッパ史との比較をつうじて魏晋南北朝の位置を確かめ、また中国史のもつ重厚さと独自性を浮き彫りにした。この独自性とはヨーロッパを基準にした中国的特殊性ではなく、普遍的な歴史、諸地域の対等な関係のなかでのそれであることを著者はいっている。本書で語られた内容は、後年『六朝貴族制社会の研究』（岩波書店、一九八二年）の大著となって結実するが、一方比較史の視座から中国史をみる目は、『史学論集』（朝日新聞社、一九七三年）の成果へと連なるのである。

それにしても、中国史家川勝義雄の西洋史への造詣や関心はどこからきたのだろうか。川勝は一九二二年に京都市東山の知恩院近くの粟田口にあった、粟田焼き窯元の四男として生まれ、京都一中、旧制三高をへて京都大学で東洋史を学び、そのまま人文科学研究所に奉職して、終生そこに留まった。その間、六〇年代前半の二年間、パリのフランス極東学院に留学し、また七〇年代後半に二度、調査と研究のために都合一年余をパリを中心に過ごしたが、それ以外長くは京都を空けていない。つまりその生涯は、一時期のフランス・ヨーロッパ滞在を除いては、京都を一歩も離れることはなかったのである。そして今、東山の西大谷の墓所に眠っている。

その人となりや仕事については、島田虔次氏（故京大教授）の慈愛にみちた紹介があり（川勝著『中国人の歴史意識』の「あとがき」、平凡社、一九八六年）、ここではそれ以上は控えるが、ただ西洋の学問に目を開かせたという点で、西田哲学門下の俊秀で、義兄（姉上の夫）の下村寅太郎氏（故東京教育大学教授）の影響は何といっても見逃せないだろう。下村氏はこの二周りも年下の義弟をその中学生頃から啓発し、東洋史の道へ進む契機を与え、その後も学問の指標でありつづけたという（前掲『史学論集』「あとがき」）。また大学では、西洋中世史の鈴木成高教授のもとに出入り、薫陶を受けている。人文科学研究所に入っては、桑原武夫氏以下西洋学の錚々たる顔ぶれが身近にいた。このような若いときから良質な西洋の学問と接する機会に恵まれた上、フランスでそれに磨きをかけたことが、中国史をとらえる新たな視座につながったことは確かである。

川勝はよく「ぼくは京都（人）が嫌いだ」と口にした。京都人のもつ守旧性や形式主義、表と裏、建前と本音の二重性などからくる息苦しさを指してのことと思うが、しかし私は、そうしたものの見方、感じ方、あるいは泰然とした身のこなしのうちに秘めた研ぎ澄まされた感性に、京都人そのものをみていた。また、困難な時代を生き抜いた中国の文人貴族とその貴族制の世界に限りない愛着を抱く発想と目線が、京都人だから起こり得るものと密かに思っていた。してみるならば、川勝の中国中世史論、貴族制社会論は、純粋な京都人の感覚と西洋的な視点が重なって、独自に生み出されたといえなくはないのである。

私は、川勝がフランス留学から帰国して最初にもった講義の末席に、ちょうど専門課程に進んだ学部三回生のときに連なった。以来、亡くなるまでの二十年近く、それこそ計り知れない指導を受けたが、その中で一度、七〇年代末、フランス高等研究院に招かれた滞在先のパリからいただいた、街路樹アカシアの押し花をそっとしのばせた分厚い手紙のことが忘れられない。当時様々な面で行き詰まっていた私に、中国史研究の意味、研究者としてのあり方などを懇々と示した文面であったが、その終わりにフランス語を学び、フランス東洋学の立場から中国史をとらえ返すことも考えてよいのではないか、とあった。

しかし若かった私は、中国の黄色い大地に直接踏み出す道を選び、結果として恩師の助言に耳を貸さなかった。だが気がつけば今、アメリカ東北部の小都市で、本書と向き合い、これを書いている。フランスとは伝統や趣きを異にする土地柄ではあるが、外から中国やアジアを見つめる立場に変わりはなく、一周遅れでやっと昔出された宿題にたどりついた気分である。本書が提示した貴族制社会像とそれを支える時代認識は、なお色褪せずに私の前にあり、これからの研究の指針でありつづけるはずである。

二〇〇二年九月　　アメリカ・ハーバード大学エンチン図書館にて

（明治大学教授）

ワ　行

マ　行

ヤ　行

ラ　行

ナ　行

ハ　行

タ　行

サ　行

索　引

KODANSHA

本書は、一九七四年、小社から刊行された『魏晋南北朝』
（「中国の歴史」第三巻）を底本とした。

川勝義雄（かわかつ　よしお）

1922年，京都市生まれ。京都大学文学部卒業。東洋史専攻。京都大学人文科学研究所教授。著書に『六朝貴族制社会の研究』『史学論集』『中国人の歴史意識』，訳書に『道教—不死の探究』など多数がある。1984年没。

講談社学術文庫

定価はカバーに表示してあります。

魏晋南北朝《ぎしんなんぼくちょう》

川勝義雄《かわかつよしお》

2003年5月10日　第1刷発行
2023年6月27日　第15刷発行

発行者　鈴木章一
発行所　株式会社講談社
東京都文京区音羽 2-12-21 〒112-8001
電話　編集（03）5395-3512
販売（03）5395-4415
業務（03）5395-3615

装　幀　蟹江征治
印　刷　株式会社広済堂ネクスト
製　本　株式会社国宝社

ISBN4-06-159595-4

「講談社学術文庫」の刊行に当たって

これは、学術をポケットに入れることをモットーとして生まれた文庫である。学術は少年の心を養い、成年の心を満たす。その学術がポケットにはいる形で、万人のものになることは、生涯教育をうたう現代の理想である。

こうした考え方は、学術を巨大な城のように見る世間の常識に反するかもしれない。また、一部の人たちからは、学術の権威をおとすものと非難されるかもしれない。しかし、それはいずれも学術の新しい在り方を解しないものといわざるをえない。

学術は、まず魔術への挑戦から始まった。やがて、いわゆる常識をつぎつぎに改めていった。学術の権威は、幾百年、幾千年にわたる、苦しい戦いの成果である。こうしてきずきあげられた城が、一見して近づきがたいものにうつるのは、そのためである。しかし、学術の権威を、その形の上だけで判断してはならない。その生成のあとをかえりみれば、その根は常に人々の生活の中にあった。学術が大きな力たりうるのはそのためであって、生活をはなれた学術は、どこにもない。

開かれた社会といわれる現代にとって、これはまったく自明である。生活と学術との間に、もし距離があるとすれば、何をおいてもこれを埋めねばならない。もしこの距離が形の上の迷信からきているとすれば、その迷信をうち破らねばならぬ。

学術文庫は、内外の迷信を打破し、学術のために新しい天地をひらく意図をもって生まれた。文庫という小さい形と、学術という壮大な城とが、完全に両立するためには、なおいくらかの時を必要とするであろう。しかし、学術をポケットにした社会が、人間の生活にとってより豊かな社会であることは、たしかである。そうした社会の実現のために、文庫の世界に新しいジャンルを加えることができれば幸いである。

一九七六年六月

野間省一